# संसदीय प्रणाली

## क्या बना दिया, क्या बना सकते हैं

# संसदीय प्रणाली

## क्या बना दिया, क्या बना सकते हैं

अरुण शौरी

प्रभात प्रकाशन, दिल्ली
ISO 9001:2008 प्रकाशक

प्रकाशक • **प्रभात प्रकाशन**
4/19 आसफ अली रोड,
नई दिल्ली-110002

संस्करण • प्रथम, 2016
अनुवाद • प्रणय कुमार सुमन
मूल्य • चार सौ रुपए
मुद्रक • यश प्रिंटोग्राफिक्स, नोएडा

---

**SANASDEEYA PRANALI** *by* Arun Shourie ₹ 400.00
Hindi Translation of The Parliamentary System
Published by Prabhat Prakashan, 4/19 Asaf Ali Road, New Delhi-2
e-mail: prabhatbooks@gmail.com ISBN 978-93-5186-579-7

अंतिम साँस तक
दूसरों के भले की सोचते रहनेवाले
मेरे माता-पिता की स्मृति में,
हमारी सरपरस्त **मालती शुक्ला** के लिए,

हमारी जान **अदिति** के लिए,
**अनीता** और मेरी ओर से!

# आभारोक्तियाँ

इस पुस्तक में कुछेक उन बातों को लिया गया है, जिनकी अपील मैंने 'द्वितीय नानी ए. पालखीवाला मेमोरियल लेक्चर' में की थी। संभवत: हम आधारभूत ढाँचे (संविधान के) के कवच के लिए किसी अन्य की तुलना में श्री पालखीवाला के ऋणी हैं। इस ऋण के लिए और कितनी ही अन्य चीजों, जिनके लिए हम उनके ऋणी हैं, यह मेरे लिए अत्यंत सम्मान की बात थी कि मुझे उनके सम्मान में बोलने के लिए कहा गया। मैं 'नानी ए. पालखीवाला मेमोरियल ट्रस्ट' के ट्रस्टियों के प्रति अत्यंत कृतज्ञ हूँ कि उन्होंने मुझे भाषण देने के लिए कहा।

मैं अपने दोस्तों, सुप्रीम कोर्ट केसों के सुरेंद्र मलिक और संजय कपूर का ऋणी बना हुआ हूँ, जिन्होंने मुझे अपना शानदार सॉफ्टवेयर इस्तेमाल करने की अनुमति दी।

मैं चुनाव आयोग की शोध शाखा का भी ऋणी हूँ। मैंने मौजूदा चुनावों के परिणामों की चर्चा में उनके आँकड़ों का इस्तेमाल किया।

मैं 'प्रभात खबर और राँची एक्सप्रेस' के दोस्तों का भी शुक्रिया अदा करता हूँ जिन्होंने मुझे झारखंड की घटना को व्यवस्थित करने में मदद की।

मैं संजय कानविंदे का भी ऋणी हूँ, जिनके चित्र का प्रयोग आमुख पृष्ठ पर किया गया है।

मैं 'हिंदुस्तान टाइम्स' के वीरेंद्र सिंह का भी ऋणी हूँ, जिनके संसद् भवन के चित्र का प्रयोग पुस्तक की शुरुआत में किया गया है। और मैं 'द टाइम्स ऑफ इंडिया' के मनोज छाबड़ा का भी ऋणी हूँ, जिनके उत्तर प्रदेश विधानसभा के चित्रों का इस्तेमाल इस पुस्तक के आखिर में किया गया है।

# अनुक्रम

# 1

# परिचय

आज भारत में दो ही तरह की स्पर्धा रह गई है। पहली तो दौड़ है सृजन करनेवालों की, जिसमें एक ओर अधिक ऊर्जावान लोग हैं और सदैव आगे बढ़ने के लिए प्रयत्नशील रहते हैं तो दूसरी ओर है राज्य की सत्ता, जो दीमकों से खोखली हो चुकी है। दूसरी दौड़ है उनके मध्य जो नवीन भारत के निर्माण में अपना योगदान दे रहे हैं—प्राथमिक स्तर पर कार्य को कर दिखानेवाले व्यापारी वर्ग के लोग व दूसरी ओर राजनीतिज्ञ स्तर के लोग, जो प्राचीन भारत को ढो रहे हैं। उदाहरण, जो अपने आप को दौड़ में बनाए रखने के लिए जातिवाद के विष को आज के समाज में ठूँस-ठूँसकर भर रहे हैं, ताकि उनकी दुकानदारी चलती रहे।

यदि घटनाक्रम को इच्छानुसार आगे बढ़ने के लिए स्वच्छंद छोड़ दिया जाए तो इसका परिणाम कुछ भी निकल सकता है, एक गतिशील अर्थव्यवस्था और उसके संघटक प्रशासन की बदहाली से इतना लड़खड़ा जाएँ कि राजनीतिक वर्ग पर इतना दबाव पड़े कि वह विवश होकर अपने कार्यकलाप में सुधार करे, जिससे प्रशासन में सुधार लाया जा सके; या बिहार अथवा उत्तर प्रदेश की तरह प्रशासन इतना भ्रष्ट हो जाए कि आर्थिक विकास एक बार फिर अवरुद्ध हो जाए।

ऐसा क्यों होता है, इसी विलोमकारी स्थिति को लें। हर वर्ष उद्योगों में नए-नए ऐसे निदेशक/प्रबंधक उभरते हैं, जो उत्कृष्ट काम कर रहे हैं और नवीन आयामों को छू रहे हैं। लेकिन सार्वजनिक जीवन में द्वितीय स्तर के लोग तृतीय स्तर के लोगों का मार्ग प्रशस्त कर रहे हैं, अर्थात् राजनीतिज्ञों पर निर्भर अपराधियों का मार्ग राजनीतिज्ञ ही प्रशस्त करते हैं और फिर ऐसे अपराधियों को बढ़ावा देते हैं, जो राजनीतिज्ञ बने बैठे हैं।

ऐसा क्यों होता है कि हमारे व्यापारीगण नए-नए क्षेत्रों में अपना हस्तक्षेप कर रहे हैं तथा अपनी उपस्थिति का भान करा रहे हैं। साथ-ही-साथ वे बाहर के देशों में भी नवीन योजनाएँ बना रहे हैं, भविष्य को लेकर विचार कर रहे हैं तथा दूरगामी परिणाम भी प्राप्त कर रहे हैं। आज वे अपने कार्य-क्षेत्र की नित नई ऊँचाइयाँ छू रहे हैं ताकि वे आनेवाले कल में दुनिया को पराजित कर सकें। ऐसा क्यों होता है कि हम जीवन में एक ओर इस तरह के कार्यकलाप देखते हैं तो दूसरी ओर हमारे राजनीतिज्ञ छुद्रतम प्रवृत्ति की ओर अग्रसर हैं। ऐसा क्यों होता है कि उनका क्षितिज सिकुड़ता ही जा रहा है?

संक्षेप में, यह सारगर्भित पुस्तक संसदीय प्रणाली के ढाँचे के कुछ आयामों के बारे में है परंतु वास्तव में इसको होना चाहिए कुछ इस तरह कि 'हमने संसदीय व्यवस्था और इसके ढाँचे को कैसा बना डाला' जो कि हमें ले जाता है उस राजनीति की ओर, जो आज हमें हर ओर दृष्टिगोचित हो रही है। यह उनके हाथ में सत्ता की महत्ता सौंपती है जो हमारे सामने है और उस प्रणाली के ढाँचे के बारे में है, जिसे हम आनेवाले कल में एक समाधान के रूप में अपना सकते हैं।

यद्यपि ऐसा कहा जा सकता है कि ऐसा कोई भी ढाँचा नहीं है, जिसे बिगाड़ा न जा सकता हो और किसी विद्वान् ने ऐसा ठीक ही कहा है कि कोई विरोध/अनशन इत्यादि संवैधानिक व्यवस्था के परिवर्तन के लिए किया जाता है, वह वास्तव में पलायन की ओर अग्रसर होने का ही एक है, चूँकि बजाय इसके कि वह इसे ठीक करे, उलटे यह समय नष्ट करता है या उस पर विवाद करके हम समय व्यर्थ गँवाते हैं। इससे इतर नए तौर-तरीकों पर विचार करके, अगर कई वर्षों के बाद विचार करें तो हम पाते हैं कि समस्या तो जस-की-तस बनी हुई है और तब बनाई गई नवीन व्यवस्था आज अपने आप में एक समस्या बन गई है। यह एक खुली चेतावनी है। लेकिन यह अभी आधा सत्य ही है।

हमारा ढाँचा एक विशेष तरह के तौर-तरीकों को बढ़ावा देता है तो दूसरा ढाँचा दूसरी तरह के तौर-तरीकों को, जो कि अधिक लाभप्रद हों। हमारी कर-व्यवस्था 1950-60 के दशक की है, जिसमें जबरन कर-वसूली के तरह-तरह के प्रावधान हैं, जिनसे न तो कोई अधिक राजस्व आता है और न ही कोई समता आती है। यह तो बस काली अर्थव्यवस्था में काले धन को ही बढ़ावा देता है। जैसे कर की दरें कम की जाती हैं तो अधिक राजस्व एकत्रित होता है। इसी प्रकार लाइसेंस-कोटा

राज में तकनीकी ज्ञान या बाजार की जानकारी उतनी आवश्यक नहीं है, जितना कि वाणिज्य व उद्योग मंत्री के संज्ञान में होना तथा डीजीटीडी में बैठे सरकारी अधिकारी को तथा आयात-निर्यात कार्यालय में बैठे अधिकारी को, जी हाँ, निर्यात अधिकारी को भी जानना आवश्यक है, यदि आपको कुछ निर्यात भी करना है तो जिसमें देश की बहुमूल्य विदेशी मुद्रा की बचत होगी, जिसकी हमारे देश को महती आवश्यकता है, तो भी आपको कुछ आला अधिकारियों की अनुमति की आवश्यकता पड़ेगी। इस ढाँचे में एक विशेष तरह के मुट्ठी भर लोग ही ऊपर जा पाते हैं, न कि सभी प्रकार के लोग, जिसकी सक्षमता राज्य तंत्र के बेहतर उपयोग के कौशल में निहित होती है। अब जबकि इस ढाँचे को दरकिनार कर दिया गया है तो हमें अपने लोगों में एक बिलकुल नवीन प्रवृत्ति देखने को मिली, हम देख रहे हैं कि एकदम नवीन तरह की उद्यमशीलता उन्नति कर रही है।

आगे पुस्तक में सुझाए एक सुझाव को ही उदाहरणस्वरूप लेते हैं। हम इस सच्चाई पर शोक करते हैं! हाय-तौबा मचाते हैं कि आज चुनाव प्रत्याशियों द्वारा बाँटी गई धनराशि और उन जातियों से बुरी तरह प्रभावित होते हैं; जिनके लिए उसने काम किया होता है। हम आम प्रत्याशियों पर माफिया के भारी पड़ने की आशंका से त्रस्त हैं, क्योंकि उनका अपराधियों का एक खासा नेटवर्क है, जिसकी वे किसी भी दिशा में लामबंदी कर सकते हैं। कल्पना करें कि हम लोग चुनाव प्रक्रिया को समाप्त कर दें और उसकी बजाए विधायकों को लॉटरी के द्वारा चुनें। फिर किसी व्यक्ति के रुपए को पानी की तरह बहाने की ताकत; वह इस नहीं उस जाति का है; उसके पास अपना काम निकलवाने के लिए अपराधियों की पूरी सेना है, इनमें से कोई भी 'बल' उसके चुने जाने के अवसर बढ़ा नहीं पाएँगे। धन/जाति/अपराध के प्रभाव का मिट जाएगा।

इस तरह कहा जा सकता है कि ढाँचे से परिणाम प्रभावित होते हैं। उनका प्रभाव व्यवहार पर भी पड़ता है। और इस सच्चाई के होते हुए कि कोई भी ढाँचा ऐसा नहीं है, जिसे बिगाड़ा नहीं जा सकता, हमें नए विकल्पों की खोज करने से रुकना नहीं चाहिए।

इस संक्षिप्त पुनरावलोकन से इन निष्कर्षों को बल मिलता है—

- आज के समय की सबसे मुख्य समस्या यही है कि चुनाव व्यवस्था तथा इससे उपजती संसदीय प्रणाली एक ओर निर्वाचन पद्धति को खोखला

करती हैं तो दूसरी ओर ऐसे लचीले व्यक्तियों की कमी है, जिनमें अरब की संख्या तक पहुँच चुकी जनसंख्या को संचालित करने की सक्षमता, सत्यनिष्ठा और समर्पण भावना हो।

- इस तरह, आज प्रशासन में जो समस्याएँ सामने हैं, उनकी जड़ हमारी विधायिका में है।
- आवश्यकतानुसार, हमें विधायिका की भूमिका और उसके प्रभाव को कम करने के उपाय ढूँढ़ने चाहिए।
- उसी के अनुरूप, हमें ऐसे उपाय ढूँढ़ निकालने चाहिए, जिनसे व्यवस्थापिका के प्रबंधन को और बेहतर किया जा सके।
- उसके पश्चात्, हमें विधायिका के स्थान पर यह संतुलन व्यवस्थापिका की ओर ले जाना चाहिए।
- विधायिकाओं के अलावा संस्थाओं की ओर से भी उत्तरदायित्व मिले, इसका प्रयास किया जाना चाहिए।
- विशेषकर, हमें न्यायपालिका की शक्तियों और भूमिका को बढ़ाना चाहिए।

यद्यपि, यह तथ्य भी महत्वपूर्ण है कि यह सुझाव मात्र अर्धसत्य है और ऐसा कोई ढाँचा नहीं, जो स्वयंमेव रोगनाशक का कार्य करे। जैसाकि हम जानते हैं, संसदीय प्रणाली के उकसाए/भड़काए गए दोषों को त्रुटिपूर्ण धारणाओं/विचारों से मदद मिली और वे और अधिक बदतर हो गए। 'आम आदमी' की संकल्पना। विधायिका का 'नागरिकों का प्रतिनिधि' होने की भावना। सदियों से प्रचलित उक्ति 'नागरिक संप्रभु है'; 'अतः संसद् संप्रभु है'; 'अतः सांसद संप्रभु है'; 'अतः सांसदों की बहुसंख्या संप्रभु है'; 'अतः सांसदों की बहुसंख्या का नियंत्रक संप्रभु है'; इस तरह के विचार ही राजनीतिज्ञों की नींव हैं: ये तो हाथ की कठपुतली के जैसे हैं, जिन्हें तनिक भी असुविधा होने पर राजनीतिज्ञ, न्यायपालिका की तरह, एक ओर पटक देते हैं। और जैसे ही सार्वजनिक जीवन में व्यक्तियों की गुणवत्ता का स्तर गिरता चला गया है, राजनीतिज्ञ अपने बल का बढ़ा-चढ़ाकर बखान करने के लिए और उनके व्यवहार पर उठते सवालों का दमन करने के लिए इन विचारों को किसी अस्त्र की तरह अकसर अधिकाधिक उपयोग करने लगे हैं।

दस वर्षों तक संसद्-सदस्य के नाते वैयक्तिक स्तर पर इसे देखकर, हमारे राज्यों की विधायिकाओं के प्रबंध का स्तर किस सीमा तक गिरा है उसके बारे में

लेख पढ़कर, मुझे इस बात की आशंका है कि वर्तमान में हमारे प्रशासन को और हमारी स्वंत्रताओं को सर्वाधिक सन्निकट संकट इस तरह के दावों की शृंखला से है, जो आरंभ तो होता है 'नागरिक संप्रभु है' से और समाप्त 'अत: संसद् संप्रभु है' पर होता है। अत: मैंने इस पुस्तक के एक बड़े अंश में इन घटनाक्रमों के इस चक्र को फिर दोहराया है, जनता के नाम पर क्या घोषित किया गया था, से लेकर क्या दावा किया गया था और फिर संसद् की संप्रभुता के नाम पर क्या छीन लिया गया तक। हर दूसरे महीने इस तरह की माँग विधायिकाओं के अंदर और बाहर उठती रहती है कि मुझे आशंका है कि ऐसे घटनाक्रम, जो तीन दशक पुराने प्रतीत होते हैं, आज भी सामयिक जान पड़ते हैं।

इन घटनाक्रमों को दोहराने का एक कारण भी है। इमरजेंसी का समय हमारी पीढ़ी के लिए कई प्रकार से एक विशेष क्षण था, इसने मध्यवर्ग की चेतना को झिंझोड़ा और उसका राजनीतीकरण किया। लेकिन हमारे लोगों का दो-तिहाई जी हाँ, दो-तिहाई—तब तक जन्मा ही नहीं था। अन्य जो छठा या सातवाँ हिस्सा जन्मा भी था, तो वह इतना छोटा था कि नहीं समझ सका कि हो क्या रहा था।

और अब भी, जबकि अधिकारों के अतिक्रमण की यादें आज भी हमारे मन में ताजा हैं, तो हम इस बात के उत्तरदायी हैं कि अगले किसी ऐसे जब्तीकरण के होने की संभावना से भी अपने को दूर रखें। प्रशासन का नियंत्रण हाथ से अकस्मात निकल जाना न तो किसी सरकार के निष्फल होने से होता है और न ही क्षरण की क्रमिक प्रक्रिया से। एकाएक ऐसे किसी प्रकार से भी स्वतंत्रताएँ नहीं छिन जातीं। ये तो लोगों के अधिकारों के ऐसे कमजोर पड़ते जाने के आदी होते जाने से होता है। इसके शिकार मात्र दूर स्थित राजधानियाँ ही नहीं होतीं वरन् अड़ोस-पड़ोस के असामाजिक तत्त्व होते हैं।

प्रशासन और उसके मूल स्रोतों, जैसे विधायिकाओं और उनकी ओर से संप्रभु होने के लिए किए जानेवाले दावों, को प्रतीत होती इस आशंका को देखते हुए, यह पुस्तक मूलभूत ढाँचे के उस सिद्धांत पर तर्क करती है, जिस सिद्धांत की श्रीमती गांधी और उनके चेले-चापड़ों/अनुचरों ने 'जजों का किया गया एक आविष्कार' कहकर भर्त्सना की थी कि यही वह बाँध है, जिसकी हमें आवश्यकता है। इसी की आवश्यकतानुसार, मैं यह तर्क देता हूँ कि/ इस बात का कायल हूँ कि यद्यपि विधायिका की शक्ति का अब ह्रास और भूमिका छोटी होती गई है तथा नौकरशाही

की प्रबल हुई है, तो इस बाँध की और इसने न्यायपालिका को जो शक्ति प्रदान की है, उसे पुनः प्रबल किया जाए। लेकिन मूलभूत ढाँचे पर न्यायधीशों के दिए गए निर्णयों का एक संक्षिप्त पुनरावलोकन करने पर दिखा कि न्यायधीशों ने स्वयं ही इस बाँध में छेनी मार-मारकर गई दरारें कर दी हैं। जबकि यह पुस्तक उन निर्णयों को प्रस्तुत करेगी, जो प्राय: नौकरशाही पर निर्भर रहने से मूर्ताकार हुए, जिनसे न्यायधीशों का पुनरावलोकन करने और निरीक्षण करने का तथा अधिकार प्रदान करना ही समुचित उपाय नहीं है। न्यायाधीशों को उस स्वतंत्रता का भी पालन करना चाहिए, जो उन्हें प्रदान की गई है।

निश्चय ही, यहाँ दो समस्याएँ हैं। पहली, व्यवस्था को बदलने का निर्णय उन लोगों के हाथ में है, जो इसके वर्तमान स्वरूप के लाभकर्ता हैं। दूसरी, यह एक मुक्त समाज है, यदि उन पर कोई दबाव डालना हो तो वह एक प्रबल सार्वजनिक विचार-विमर्श के माध्यम से ही संभव है। लेकिन इस पर भी उनका ही प्रभुत्व छाया है, जरा उस नाटक की ओर दृष्टिपात करें जो हमें मीडिया में होनेवाले निरर्थक भाषणों के रूप में नजर आते हैं चाहे कोई भी सरकार हो; यह देखिए कि उद्योग जगत् के संगठन कैसे जो भी सरकार में होते हैं, उनके लिए इवेंट मैनेजर की भूमिका निभाने लग जाते हैं। और फिर, कुछ अन्य कारणों से, जो कारण राजनैतिक ढाँचे से स्वतंत्र होते हैं, इसी मीडिया को चुप करा देना। यह बात इन दावों को और बल प्रदान करती है कि 'स्वसाक्ष्य के रूप में हम सच्चाइयों को काबू में रखते हैं।'

लेकिन ऐसे कारण हैं वे इस आशा को आधार प्रदान करते हैं कि इन समस्याओं के होते हुए भी परिवर्तन की बयार बहकर रहेगी। एक बात यह है, प्रशासन उस गहराई तक पहुँच रही है कि प्रभावशाली लोगों पर भी इसका असर पड़ा है। दूसरी बात यह कि वैधता, अधिकार, शक्ति जैसा कि अब तक था, लाभकर्ताओं के हाथों से निकलकर वह राजनीतिक वर्ग, अवनति के कारण पीछे चले गए लोगों के हाथों में जा चुकी है; अर्थात् यह उन लोगों के हाथों में पहुँच गई है, जो नए भारत का निर्माण कर रहे हैं।

अत:, एक अन्य ढाँचे को बनाने की आवश्यकता है। इसे लाने का अवसर भी प्रस्तुत है।

ये दो तथ्य इस पुस्तक के निर्माण का बहाना बने, इन दो तथ्यों से ही इस पुस्तक का अस्तित्व जुड़ा है। बेशक, अपनी विशेषज्ञता में और उत्कृष्टता प्राप्त

करना। लेकिन उस विशेषज्ञता से पीछे हटकर, इस काम को करने के लिए किसी संकट की प्रतीक्षा नहीं करनी है, क्योंकि हम लोगों के लिए संकट का सीधा अर्थ आर्थिक सुधारों से ही होता है न। अत: प्रशासन की सामान्य स्थिति को सुधारने के लिए समय निकालने और प्रयत्न करने की आवश्यकता है। सीधे शब्दों में 'इतिहास बनाने में सहायता करो।'

□

# ढाँचे

# 2

# क्या यह प्रणाली प्रकृति का एक नियम है?

किसी प्रबंध विशेषज्ञ ने एक प्रयोग के बारे में लिखा। उसने कहा, एक मेंढक को लें। उसे उबलते पानी के बरतन में डाल दें। वह डर जाएगा। वह तुरंत पानी से बाहर कूद जाएगा। निश्चित रूप से जल जाएगा परंतु जीवित रहेगा। अब एक मेंढक लें और उसे सामान्य तापमानवाले पानी से भरे बरतन में डालें। धीरे-धीरे पानी उबलने दें। वह मेंढक बढ़ते हुए तापमान का आदी होता जाएगा। वह उदासीनता में घिरता जाएगा और अंततः उबलकर मर जाएगा।

हम वही मेंढक हैं। हम सार्वजनिक जीवन के बुरे-से-बुरे व्यवहार के आदी हो गए हैं। हमारी संस्थाओं के गिरते स्तर के, यहाँ तक कि दस वर्ष पहले ही कौन यह सोच भी सकता था कि केंद्रीय सरकार में ऐसे मंत्री होंगे, जिनके विरुद्ध अदालत में गंभीर भ्रष्टाचार या हत्याओं तक के मामले चल रहे होंगे? हम इन सबके आदी तो नहीं थे न? ये हमारे विद्यालयों में आए होते तो हम इनके पीछे-पीछे न भागते? क्या लोकसेवक उनकी आज्ञा का पालन नहीं करेंगे? बिहार और उत्तर प्रदेश के विधानमंडलों में, जो हमें सकते में डाल देनेवाली घटनाएँ घटा करती थीं; वे अब संसद् में नहीं घटा करतीं, और क्या उनसे हमें अब कोई अंतर पड़ता है? क्या अब हमें आतंकवादियों के हाथों मारे जाने से कोई अंतर पड़ता है? क्या आप याद कर सकते हैं कि उनके द्वारा किया गया अंतिम बड़ा हमला कौन सा था? कब हुआ था? क्या अदालतों में निपटारा करवाकर संतुष्ट नहीं हैं? वास्तविकता यही है कि नौकरशाही प्रस्ताव के माध्यम से बस अपना काम करती है?

अतः पहले हमें स्वयं से यह पूछना चाहिए: क्या ऐसा कोई अंतिम सिरा है,

जहाँ पहुँचकर हमारी अवनति का अंत होगा, ''जी हाँ, यह प्रबंध कारगर नहीं प्रतीत हो रहा, इसे बदलना ही होगा?''

क्या आपराधिक सांसद और मंत्री, बिहार में लालू का 13 वर्षों का कार्यकाल वह मूल्य है, जो हमें इस प्रजातंत्र के लिए चुकाना है? तो क्या अपरिहार्य है? क्या यही हमें दिख रहा है, 'प्रजातंत्र', या 'जो हमने प्रजातंत्र से बना लिया है?' क्या यह 'चोरतंत्र' है या 'प्रजातंत्र'? यह 'प्रजातंत्र' है या 'कुतंत्र'?

आगे, हम स्वयं से यह प्रश्न अवश्य पूछें कि एक बहुसंख्या क्या शासन कर सकती है? क्या भीड़, झुंड शासन कर सकता है? हमने 'आम आदमी' को आदर्श बना डाला। लेकिन क्या करोड़ों लोगों को शासित करना, नियंत्रित करना उसके लिए कठिन नहीं होगा? उसकी चिंताएँ, दिन भर के काम निपटाना, अपने परिवार का पालन-पोषण करना, अपने आसपास के पड़ोसियों की सहायता करना या बचाव करना/रोकना—समग्र दृष्टि से शासन के लिए उपयुक्त हैं?

इसी तरह, अगर उन्हें सुहाता है तो हमारे राजनीतिज्ञ वर्तमान संसदीय प्रणाली को भी आदर्श रूप दे देते हैं। जब भी कोई यह तर्क देता है कि हम एक वैकल्पिक संवैधानिक व्यवस्था की खोज कर रहे हैं तो वे लोग उस पर 'उसका एक गुप्त एजेंडा है,' कहकर चिल्लाने लग जाते हैं। 'अमुक एक उच्च जाति का व्यक्ति है, वह पवित्र संविधान को मिट्टी में मिला देना चाहता है क्योंकि इसका स्वरूप डॉ. आंबेडकर ने निर्मित किया था', मुझे स्वयं ऐसे अरोपों का सामना करना पड़ा है। इस पर, उन्हीं में से कई लोग ऐसे हैं, जो सर्वोच्च न्यायालय के उन निर्णयों को कुचलने के लिए संविधान के प्रावधानों में उलट-फेर करने में पलक भी नहीं झपकाते, जो उनके राजनैतिक हितों के अनुकूल नहीं होते। संविधान और उसके निर्माताओं के विषय में, वह प्रक्रिया जिसके माध्यम से यह लागू होती है, कि किसी एक व्यक्ति को इसके अंतिम प्रारूप को लिखना इतना अधिक पेचीदा था कि किसी को भी उसका श्रेय देना कठिन था। यदि किसी को इसका श्रेय दिया भी जा सकता है तो वे निश्चित रूप से संविधान सभा के तत्कालिन संवैधानिक सलाहकार सर बी.एन. राव थे। जो भी हो, डॉ. आंबेडकर ने तो न सिर्फ लेखों को लिखने वरन् संविधान के निर्माण में अपने योगदान तक से पल्ला झाड़ लिया था और वह भी कड़े-से-कड़े शब्दों में। लोग यही कहते हैं ''ओहो, आप संविधान के निर्माता हैं।' मेरा उत्तर है कि मैं तो भाड़े का एक टट्टू था। जो भी मुझसे करने को कहा गया,

उसमें से अधिकतर तो मैंने अपनी इच्छा के विरुद्ध जाकर वह काम किया…'' उन्होंने 2 सितंबर, 1953 को राज्यसभा में अपने उद्‌गार ऐसे व्यक्त किए थे। ''श्रीमान, मेरे मित्र मुझसे बोले कि मैंने संविधान बनाया है। लेकिन मैं यह कहने के लिए पूरी तरह तैयार हूँ कि मैं वह पहला व्यक्ति हूँगा, जो इसे जलाएगा। मुझे यह नहीं चाहिए। यह किसी के अनुकूल नहीं है। इससे किसी का भला नहीं होनेवाला…'' किसी भी स्थिति में डॉ. आंबेडकर सहित इन निर्माताओं ने एक पल के लिए भी ऐसी कल्पना नहीं की होगी कि जो व्यवस्था वे लोग लागू कर रहे थे उससे इस तरह के लोग पनपेंगे, जिन्होंने आज हमारी विधायिकाओं और विधानमंडलों में धावा बोला हुआ है।

लेकिन मुख्य मुद्‌दा तो कुछ और ही है। यह लेखबद्ध करने और क्या संविधान में परिवर्तन इसे एक शाप का रूप देता है जैसे प्रश्नों से परे है। बात यह है कि वर्तमान व्यवस्था तो एक माध्यम, एक साधन मात्र है। इसे इसके परिणामों के आधार पर परखना होगा।

संविधान-निर्माताओं को इस बारे में कोई दुविधा नहीं थी। यहाँ तक कि जब objective resolution नीति-निर्देशक तत्त्वों संबंधी संशोधन पर विचार हो रहा था, जोकि तब पहले ही चरण में था, तो 22 जनवरी, 1947 को संविधान सभा में पंडितजी ने कहा था—

> ''एक स्वतंत्र भारत एक दीनहीन राष्ट्र की शक्ति का धमाकेदार प्रदर्शन देखेगा। मुझे यह तो नहीं पता कि यह क्या करेगा और क्या नहीं करेगा, लेकिन मुझे यह बात पता है कि यह झुकने को तैयार नहीं होगा…यह सभा अगली पीढ़ी या हमारे बाद आने वाले लोगों को बाध्य नहीं कर सकती…''

कोई दो वर्षों बाद जब संविधान के प्रारूप के लिए संविधान सभा आयोजित हुई, पंडितजी इस विषय पर वापस आए और सदस्यों से बोले—

> ''अंततः संविधान तो एक तरह की वैधानिक इकाई है, जो सरकार और लोगों के जीवन को मार्ग प्रदान करेगी। एक संविधान, यदि लोगों के जीवन, उद्‌देश्यों और अपेक्षाओं से अछूता रहता है तो वह खाली हो जाएगा; यदि उन लक्ष्यों को पूरा करने में असफल होगा तो लोगों को गर्त में ले जाएगा। इसे निश्चित रूप से दूरदर्शी होना चाहिए, जिससे लोगों की दृष्टि और मानस एक ऊँचे स्तर तक पहुँच सके…इस बात को याद रखें कि जबकि हम इस संविधान को किसी भवन जितना यथासंभव ठोस और स्थायी बनाना चाहते हैं…तो इसमें कुछ सीमा तक लचीलापन भी होना चाहिए।

यदि आप कुछ अड़ियल और स्थायी बनाना चाहते हैं तो आप एक राष्ट्र की विकास यात्रा को विराम देते हैं, जो है जीवित, ऊर्जावान, सुव्यवस्थित लोगों की विकास यात्रा।''

मात्र दो वर्ष ही इस संविधान ने काम किया। सर्वोच्च न्यायालय के कुछ निर्णयों का तोड़ लाने के प्रयास में, सन् 1951 में संशोधन करने के लिए विधेयक पेश किया गया। सदस्यों ने शिकायत की कि लेकिन संविधान को अपनाए अभी मात्र दो वर्ष ही हुए हैं, इतनी जल्दी संशोधन करना पूर्णतया गलत है। पंडितजी स्पष्टवादी थे—

''···भारत में हम लोगों को किसी को भी भगवान् बना देने, ढेरों मंदिर खड़े करने और उन्हें सैद्धांतिक रूप से पूजने की बड़ी अजीब आदत है, करते उसका ठीक उलट हैं। इस राष्ट्र में अगर किसी को समाप्त करना होता है तो उसे देवता/भगवान् बना देते हैं। इस राष्ट्र में यह आदत बड़े पैमाने पर देखी जाती है। तो यदि आप इस संविधान को मार देना चाहते हैं, तो निश्चित रूप से इसे आप पावन, परम पावन बना डालें। यदि आप इसे बेजान बना देना चाहते हैं, एक गतिहीन, भारी-भरकम, अपरिवर्तनशील वस्तु, न कि एक विकासशील वस्तु तो फिर सभी तरह से यही श्रेष्ठ रहेगा कि इस पर आगे से, पीछे से प्रहार किया जाए···एक संविधान जो अपरिवर्तशील और गतिहीन होता है, फिर चाहे वह कितना ही अच्छा क्यों न हो, लेकिन संविधान के रूप में इसके प्रयोग की संभावना अतीत की बात हो जाती है। वह तो स्वयं अपनी वृद्धावस्था में होता है जो धीरे-धीरे मृत्यु की ओर उन्मुख है। एक जीवित संविधान अवश्य ही विकासवान; अवश्य ही अनुकूलनीय; अवश्य ही नमनीय; अवश्य ही परिवर्तनशील हो···अत: लोगों से ऐसा अपेक्षित है और उनके हित में है कि वे यह समझें कि हमारी वर्षों की मेहनत के बाद निर्मित हुआ यह संविधान जो बहुत उत्कृष्ट है, वह जैसे-जैसे समय व्यतीत होता जाएगा, निखरता जाएगा, लेकिन जिस प्रकार समाज में परिवर्तन आते हैं, परिस्थितियाँ बदलती हैं, उनके अनुकूल हम उचित प्रक्रिया से इसमें संशोधन करें। यह कोई मीडस और फारस के कानून की तरह असंशोधनीय नहीं है कि परिवर्तन ही कर सकें, चाहे आसपास की दुनिया बदल जाए।

और फिर, सन् 1955 में जब चौथी बार संविधान में संशोधन हुआ तो पंडितजी ने दोहराया—

''आखिरकार, संविधान तो सरकार, नौकरशाही और देश की संरचना के अन्य अंगों के कार्य में सहयोग करने के लिए ही बना है। इसका पर्याय यही है कि यह कोई गतिहीन संरचना नहीं है और न ही इसका गतिशील विश्व में गतिहीन स्वरूप है, वरन्

कुछ ऐसा, जिसमें कुछ अंश गतिशीलता का है, जो आधुनिक समाज, आधुनिक परिस्थितियों के गतिशील प्रकृति का भी संज्ञेय लेता है।''

और वास्तविकता यही है, जब भी वे प्रावधानों में बदलाव करना चाहते हैं—स्वयं के बचाव में, जैसा सन् 1975 में श्रीमती इंदिरा गांधी ने किया; अपने राजनैतिक गणित को सुधारने के लिए, जैसा कि आरक्षण पर सर्वोच्च न्यायालय के निर्णयों को उलटने के लिए कई संशोधन किए गए, इन तमाम नेताओं ने इन्हीं शब्दों का आह्वान किया! ऐसा ही औरों ने किया, उदाहरण के लिए, संविधान के कार्य का पुनरावलोकन करने के लिए राष्ट्रीय आयोग ने किया। बस जब कोई और परिवर्तन का प्रस्ताव देता है तो आरोप लगाने लगते हैं, 'इसका कोई गुप्त एजेंडा है।' कुछ भी हो, यह कहना उन लोगों पर बिलकुल उचित नहीं लगता जो संविधान में कोई सौ संशोधन तक करा चुके हैं, जब इस पर बहस को बंद कराने के लिए गुप्त एजेंडा का दोषारोपण करते हैं। वास्तव में, यह आँकड़ा 'कोई सौ संशोधन,' इस बात के महत्व को कम करके प्रदर्शित करता है कि उन लोगों ने संविधान के साथ क्या किया। संशोधनों की संख्या 94 हो चुकी है। लेकिन कई संशोधनों में फेरबदल किया गया, कई मामलों में तो संविधान के कई अनुच्छेदों के क्रम में परिवर्तन किया गया। मोटे तौर पर यह गणना बताती है कि अनुच्छेदों में 332 बार परिवर्तन किए जा चुके हैं।

□

# 3

# हमारे पास जो प्रणाली है

हमारे आकार जितना बड़ा एक राष्ट्र, भारत जैसी जटिल समस्याओं से जूझता एक राष्ट्र, उसी समय उस राष्ट्र के सामने लाभ उठाने के लिए अपार अवसर हों, बशर्ते उसके नेता उन सीमाओं तक उसका मार्गदर्शन करते हुए ले जाएँ, ऐसे राष्ट्र को सशक्त कार्यकारी नेतृत्व की आवश्यकता होती है। विशेषकर, उसे एक सशक्त केंद्र की आवश्यकता होती है, साथ ही ऐसी व्यवस्था की, जो कार्यकुशल प्रशासन को सुनिश्चित करे।

वर्तमान व्यवस्था के अनिवार्य तत्त्व और जिन पर हम आगे चर्चा करेंगे, वे निम्नलिखित हैं—

- सार्वजनिक वयस्क मताधिकार : सुयोग्य मतदाता के पास मतदान करने या न करने का विकल्प होता है।
- आवर्ती/मियादी चुनाव : क्योंकि अधिकतर समय ये संस्थाओं में विभिन्न स्तरों पर होते हैं—संसद्, राज्य विधानसभाओं, नगरपालिकाओं से लेकर पंचायतों तक, तो कुछ चुनाव या तो हो रहे होते हैं या होनेवाले होते हैं।
- फर्स्ट-पास्ट-द-पोस्ट विजेता के साथ एकल प्रत्याशी चुनाव-क्षेत्र।
- सदन में बहुमत पानेवाला दल या दलों का सबसे बड़ा समूह/गुट—यह समूह चुनाव के पहले या बाद में बनाया जा सकता है, सरकार बनाता है।
- उस दल या समूह के द्वारा चयनित नेता ही प्रधानमंत्री या मुख्यमंत्री बनता है।
- वह विधायिका में से मंत्रियों का चयन कर सकता है, वह विधायिका के

सदस्य के अलावा किसी अन्य का भी चयन कर सकता है परंतु छह महीने के अंदर उसे विधायिका का सदस्य बन जाना अनिवार्य होगा।

- सरकार तब भी चुनी जाएगी, जबकि यदि इस पर कोई समझौता न हुआ हो कि अगला प्रधानमंत्री कौन बनेगा या अगली सरकार कौन बनाएगा।
- यदि नई सरकार नहीं बन पाती तो पुनः चुनाव कराया जाएगा।
- यह व्यवस्था कुछ बिंदुओं पर उचित प्रतीत होती है।
- ऐसा कहा जाता है कि स्पष्ट बहुमत के साथ सरकारों का निर्माण हो, ऐसी सरकारें जो स्थायी हों और ऐसे कठोर निर्णय लेने में सक्षम हों, जो भारत जैसे विशाल और जटिल राष्ट्र को प्रशासित करने के लिए आवश्यक होते हैं।
- ऐसा कहा जाता है कि एक सहभागी सरकार सुनिश्चित हो जिसके अंतर्गत हर दल और नेता सम्मिलित हों, जिससे आपसी मतभेद दूर किए जा सके, जिससे सभी मतभेदियों को साथ लाया जा सके और इससे उनके हितों में संगति उत्पन्न की जा सके।
- ऐसा कहा जाता है कि ऐसी किसी व्यवस्था से बनी सरकार के लिए आवश्यक है कि वह व्यापक-आधारवाली हो और सबकी प्रतिनिधि हो, तभी वह स्थायी, टिकाऊ और प्रभावकारी होगी।
- ऐसा कहा जाता है कि किसी सहमति के बनने में व्यवस्था को समय लगे तो इससे निकलनेवाला हल अधिक टिकाऊ होता है।
- ऐसा कहा जाता है कि प्रधानमंत्री के प्रति प्रत्येक मंत्री का उत्तरदायित्व सुनिश्चित करने के लिए प्रत्येक मंत्री का उसके सहयोगियों के प्रति सामूहिक उत्तरदायित्व के सिद्धांत के माध्यम से और राजनैतिक कार्यकारियों का संसद् के प्रति सामूहिक रूप से।
- ऐसा कहा जाता है कि दो-दलीय व्यवस्था को प्रेरित करने से दलों के साथ-साथ चुनाव-क्षेत्र के विखंडन में बाधा उत्पन्न होती है।

## एक प्रभावी अनुरूपता

मरणोपरांत प्रकाशित अपनी महत्त्वपूर्ण रचना 'पावर ऐंड प्रोस्पेरिटी'[1] में ओल्सन ने एक स्थिर और घुमक्कड़ डाकू के बीच अंतर बताया। दोनों का पहला और प्रमुख उद्‍देश्य अपनी शक्ति को बनाए रखकर उसका विस्तार करना है। इस प्रक्रिया में

दोनों ही अपने क्षेत्र के लोगों को लूटते हैं। लेकिन इसमें एक महत्त्वपूर्ण अंतर है, जिसकी ओर ओल्सन ने इंगित किया है। स्थिर डाकू की समृद्धि–क्षेत्र की वेश्यावृत्ति पर नियंत्रण माफिया डॉन रखता है, उसके क्षेत्र में उस कार्य के होते रहने और उसके विस्तार पर कुछ सीमा तक निर्भर करती है। अत: वह अपनी प्रजा को बहुत अधिक निचोड़ने से बाज आएगा, जिससे या तो वे किसी और स्थान का पलायन कर जाएँगे या वे ऐसा न कर पाने की स्थिति में तिल–तिलकर मर जाएँगे। घुमक्कड़ डाकू, जैसे कि चंगेज खान, को ऐसा कोई पश्चात्ताप नहीं सताता। उसकी समृद्धि उसके क्षेत्र में आनेवाले लोगों की बढ़ती समृद्धि पर आधारित नहीं होती। वह तो उन्हें लूटपाटकर निचोड़ लेता है और आगे एक नए क्षेत्र की ओर बढ़ जाता है।

हमारी व्यवस्था उस सीमा तक गिर गई है कि राष्ट्र का एक बड़ा हिस्सा न केवल डाकुओं के अधीन है; बल्कि वे घुमक्कड़ डाकुओं के होने की कामना करते हैं, न कि स्थिर डाकुओं की।

शासक/डाकू की पहली प्राथमिकता तो सत्ता में बने रहने की होती है। अपनी प्रजा के लिए समृद्धि की सुनिश्चितता का उद्देश्य मात्र उसी सूरत में हो सकता है यदि ऐसा करने से उसे सत्ता में रहने में सहायता मिलती हो। वह तो उन्हें और दरिद्र बनाता चला जाए, यदि ऐसा करने से वे लोग और असहाय तथा इससे और अधिक आश्रित होते चले जाएँ। ओल्सन समझाते हैं, वैसे प्रश्न यह हो जाता है कि सारी बातों पर डाकू के हित कैसे घेरा डालते हैं।

एक साधारण चोर, जेबकतरा आपकी जेब से सब कुछ साफ कर जाता है। एक माफिया नेता इतना छोड़ देता है कि आप किसी दूसरी जगह न चले जाएँ और न ही अपना काम–धंधा दूसरे स्थान पर ले जाएँ। वास्तव में, वह इस धन के बदले अपने क्षेत्र में अन्य अपराधियों के अत्याचार से आपका बचाव करता है। लेकिन घुमक्कड़ डाकू तो सब लूट ले जाता है।

इस तरह जितनी जल्दी सरकार बदलेगी, वह उतना ही अस्थिर होगी और वे उतना ही खंडित होंगे तथा उतना ही लूट–खसोट अधिक होगी।

''हम जल्द ही बेदखल होनेवाले हैं,'' उस समय शासक दलील देगा, ''तो जितना हो सके भकोस/ठूँस लो।''

ध्यान रहे कि ऐसा मात्र सरकार की अल्पावधि के कारण ही होता प्रतीत नहीं होता। विधायिकाओं का विखंडन और परिणामस्वरूप सरकारों का विखंडन से एक

और कारण पैदा होता है, जिससे कोई भी व्यक्ति राष्ट्र के लिए कुछ उचित कार्य करने की बजाय जो हाथ आए वह बटोर लेने पर ध्यान देते हैं। इस तरह क्योंकि अब सरकार का अस्तित्व छोटे-से-छोटे सांसद के चँगुल में होता है, अत: हर दल का मंत्री भरसक लूटपाट कर सकता है। इनमें से किसी को भी सजा के लिए डरने की आवश्यकता नहीं होती। सचमुच, रॉय हैरॉड की एक सचित्र पाठ्य-पुस्तक में 'महत्वहीन होने के महत्त्व' के बारे में एक प्रमेय में, छोटे समूहों का व्यक्ति अधिक लूट सकता है और दंडमुक्ति की अधिक भावना के साथ, क्योंकि उनके लोगों द्वारा की गई लूट कुल योग सबसे कम प्रभाव डालेगी! जो सर्वाधिक अक्षम हैं, जो सर्वाधिक अलोकप्रिय हैं, वे भी प्रचुर मात्रा में लूट सकते हैं, क्योंकि उनकी अपनी निगाह में उनका उत्तरदायित्व सबसे कम बनता है। और इस तरह वह होगा जो अत्यधिक सुरक्षित है, वह जिसकी की गई लूट का उसके द्वारा की गई भरपाई पर कोई प्रभाव नहीं पड़ेगा, जरा याद कीजिए उन मंत्रियों और उनके नियंत्रकों की संख्या, जिन्हें अपनी जाति के अनुनायियों से पूरा सहयोग मिलता है, उनके किए गए काम की उपेक्षा करके और जरा सोचें तो कि वे अपने कार्यालय में क्या करते हैं।

□

# 4

# मौजूदा प्रणाली के बारे में मिथक

आनुपातिक प्रतिनिधित्व की तुलना में चुनाव के उपरांत प्रथम आनेवाले उम्मीदवार की जीतवाली प्रणाली के पक्ष में मानक दलील दी जाती है कि यह सुनिश्चित बहुमत वाली और, इसीलिए निर्णायक सरकारें प्रदान करती हैं। इसके विपरीत आनुपातिक प्रतिनिधित्व के बारे में माना जाता है कि वह मतदाताओं और दलों में क्रमशः विभाजन व बिखराव को बढ़ावा देता है। हमारा अनुभव, तीस वर्षों से भी ज्यादा समय से हमारा अटूट अनुभव, इसके एकदम विपरीत रहा है। चुनावोपरांत प्रथम आनेवाले उम्मीदवार की जीतवाली प्रणाली ने मतदाताओं को टुकड़ों में बाँटने और पार्टियों में टूट पैदा करने को अधिकतम प्रोत्साहन दिया है।

जब यह विखंडन पहली बार सामने आया और सन् 1967 में गठबंधन आवश्यक हो गया, तो कुछ राजनीतिक टिप्पणीकारों ने इसे रोमानी रंग दे दिया। उन्होंने कहा, "भारत अपने सही रूप में सामने आ रहा है। संसद् वाकई भारत की समृद्ध विविधताओं का प्रतिनिधि बन रहा है।" कुछ लोग अभी भी, हमारी विधायिकाओं और पार्टियों का जो हाल हो गया है, उसका औचित्य ठहराते हैं, लेकिन औचित्य बताना भिन्न है। मुझे एक वरिष्ठ पुलिस अधिकारी ने एक दिन कहा, "अगर लोग राजा भैया को चुनकर खुश हैं, अगर वे शहाबुद्दीन अंसारी को चुनकर प्रसन्न हैं; यदि ये लोग उन्हें जरूरत के वक्त मदद करते हैं, तो हम कौन होते हैं आपत्ति करनेवाले?" ऐसे औचित्य बताना, जब वे महज चतुराई न हों, मुझे बहानेबाजी के रूप में लगते हैं। वे उस व्यक्ति को कुछ न करने की छूट दे देते हैं, आखिरकार यह एक लोकतंत्र है; लोग चाहते हैं कि ऐसे लोग उनका प्रतिनिधित्व करें; हम कौन होते हैं दखल

देनेवाले? इससे अलग, मैं ऐसे व्यक्तियों की जीत को लोगों की खुशी बताकर उतना आश्वस्त नहीं महसूस करूँगा। लेकिन, यदि लोग खुश भी हों, तो भी मैं नहीं मान सकता कि मामला सुलट गया। हमें एक चुनाव व राजनीतिक प्रणाली का एकदम अलग आधार पर मूल्यांकन करना चाहिए। क्या यह ऐसे लोगों को सामने ला रही है, जो विधायन कर सकते हैं? क्या यह ऐसे लोगों को पदासीन कर रही है, जो एक अरब लोगों के देश का वाकई शासन-प्रशासन चला सकें?

## यह मिथक कि संसदीय प्रणाली संसद् के प्रति उत्तरदायित्व सुनिश्चित करती है

लूटनेवालों की निश्चित सुरक्षा तक पतन मौजूदा प्रणाली के बारे में एक बड़े मिथक की हवा निकाल देता है कि यह उत्तरदायित्व को सुनिश्चित करती है।

इस मिथक में दो दावे समाए रहते हैं। तर्क दिया जाता है कि संसदीय प्रणाली के तहत, कार्यपालिका संसद् के प्रति उत्तरदायी होती है। दूसरा, कहा जाता है कि मंत्री, प्रधानमंत्री और अपने सहयोगियों की निगरानी के अलावा संसद् की निरंतर नजर में होते हैं। सिद्धांत बघारा जाता है कि मंत्रिपरिषद् के सामूहिक उत्तरदायित्व का सिद्धांत सुनिश्चित करता है कि अन्य, खासतौर पर प्रधानमंत्री, किसी सहयोगी को इस तरह नहीं भटकने देंगे कि उसे सामूहिक रूप से नुकसान उठाना पड़े।

हमारी सरकारें जिस हाल में पहुँच चुकी हैं, वह यह दरशाता है कि इन परिकल्पनाओं में से हर-एक मिथक है।

मंत्रिपरिषद् के उत्तरदायी होने और संसद् द्वारा नियंत्रित होने की बात तो दूर की चीज है, यह मंत्रिपरिषद् है ही इसी वजह से कि यह संसद् को नियंत्रित करती है। और जब तक कि आप सरकार को गिरा न सकते हों, यह इस बात की फिक्र नहीं करती है कि आप संसद् के पटल पर क्या कहते हैं या क्या करते हैं। यह दिन-ब-दिन जाहिर कर दिया जाता है। यहाँ तक कि सर्वाधिक 'अराजनीतिक' मसलों में भी, सदस्य अंततः अपनी पार्टी लाइन के हिसाब से ही बोलते और वोट डालते हैं। न्यायमूर्ति वी.रामास्वामी के खिलाफ महाभियोग की कार्यवाहियों को याद करें। आंतरिक सुरक्षा पर, कश्मीर पर, विदेश नीति पर, बजट पर विविध बहसों को याद करें। हर कोई पार्टी-लाइन पर बोलता है, यह खासियत खुद इसे 'बहसों' के महत्त्व और प्रभाव से महरूम कर देती है। वह आखिरी मौका कब था, जब एक बजट प्रस्ताव को संसद् में तर्कपूर्ण चर्चा के कारण बदल दिया गया? लापरवाह और

अक्षम मंत्री के बारे में क्या कहना, वह आखिरी मौका कब था, जब संसद् किसी अति भ्रष्ट मंत्री को कठघरे में खड़ा करने में कामयाब हुई?

यही बात पूरी सरकारों के लिए सही है। और जब वे गिरा दी जाती हैं, तो उसका नीतियों, मुद्दों या आचरण से कुछ लेना-देना नहीं होता है। उन दो सिपाहियों को याद करें, जिनके बहाने चंद्रशेखर सरकार को गिरा दिया गया; याद करें एच.डी. देवगौड़ा का विषादपूर्ण ढंग से रोना, जब उनकी सरकार गिराई जा रही थी, "मैं सिर्फ यह पूछता हूँ, मैंने क्या गलत किया है?" सरकारें गिरा दी जाती हैं, क्योंकि उनके नियंत्रक ने निष्कर्ष निकाला है कि सरकार को बनाए रखने की तुलना में वे नए चुनाव के जरिए ज्यादा हासिल करेंगे। इसी प्रकार, सरकार को जारी रखा जाता है, तो इस कारण नहीं कि नियंत्रक महसूस करते हैं कि यह सही नीतियों पर चल रही है, उन आलोचनाओं पर गौर करें, जो वामपंथी नेता हर रोज मनमोहन सिंह की सरकार की करते हैं। वे चिल्लाते हैं, इसकी नीतियाँ 'जन-विरोधी' हैं; इसने विदेश नीति को अमेरीका के पास गिरवी रख दिया है, लेकिन वे सरकार को पदासीन किए रहते हैं। वे ऐसा करते हैं, क्योंकि वे कोई विकल्प अभी तक तैयार करने में कामयाब नहीं हुए हैं, और क्योंकि वे नहीं सोचते हैं कि वे अभी एक अन्य चुनाव के जरिए किसी वैकल्पिक गठबंधन के लिए बहुमत जुटा सकते हैं। इस बात से आश्वस्त होकर कि उसे उठाकर फेंका नहीं जा रहा है, मौजूदा सरकार को इसकी फिक्र नहीं रहती है कि संसद् में क्या कहा जा रहा है। तयशुदा 'नीति' है, बस ढीठ बने रहो, बस शोर मचाकर उन्हें ठंडा कर दो। दूसरी ओर, विपक्ष को लगता है कि वह जो कुछ कहता है, उसका कोई असर नहीं पड़नेवाला है, तो वह चीखना-चिल्लाना शुरू कर देता है, बाधा डालना शुरू कर देता है…

और यह महज सरकारों और उनके नियंत्रकों के भटकने का सवाल नहीं है। समीकरण का दूसरा पक्ष भी उतना ही विनाशक है। पहले राज्यों की विधायिकाएँ थीं, और अब संसद् इतनी अराजक व अस्त-व्यस्त स्थिति में है कि वे उत्तरदायित्व कतई नहीं सुनिश्चित कर सकती हैं। बगैर सार्थक चर्चा के, वाकई कान-फाड़ू शोर-शराबे के बीच विधेयक पारित किए जाते हैं। यहाँ तक कि बजट भी अराजक स्थिति में पारित किए जाते हैं। रोजाना की सुर्खियों पर घंटों सदन स्थगित कर दिए जाते हैं, और फिर 'विधायकों' को फाँसकर कोरम पूरा करने के लिए लाया जाता है तथा विधेयक को पारित कर घोषित कर दिया जाता है… और सत्र की समाप्ति पर,

पीठासीन अधिकारी लय से पढ़ते हैं, 'यह एक बहुत उत्पादक सत्र रहा,···सदन ने तेईस विधेयक पारित किए। सदन के पटल पर 275 परचे रखे गए। राष्ट्रीय और अंतरराष्ट्रीय महत्त्व के मसलों पर बहुत फलदायी बहसें हुईं, जो मुझे पूरा यकीन है कि, सरकार को बहुत उपयोगी मार्गदर्शन प्रदान करेंगी और भविष्य की ओर बढ़ती यात्रा में देश को राह दिखाएँगी···'

वास्तविकता इन आँकड़ों से बहुत भिन्न है। सी.वी. मधुकर, जिन्होंने संसद् के कामकाज का अध्यवसाय से अध्ययन करना शुरू किया है, इंगित करते हैं कि जहाँ, औपचारिक रूप से, संसद् ने पिछले छह वर्षों में हर साल तकरीबन 58 बिलों को पारित किया है, लेकिन 'संसद् के पिछले सात सत्रों में विधायी मुद्दों पर जो वक्त दिया गया, वह लोकसभा में लगभग 20 फीसदी और राज्यसभा में 23 फीसदी था। दरअसल, वर्ष 2004 के शीतकालीन सत्र में, लोकसभा में विधायन पर 15 फीसदी से भी कम वक्त लगाया गया···' वस्तुतः यह सदस्यों की विचार-विमर्श या बहस की कहानी को पुरजोर ढंग से बयान करता है। मधुकर इंगित करते हैं कि सन् 2006 में 'चालीस फीसदी से भी ज्यादा विधेयक लोकसभा में एक घंटे से भी कम बहस कर पारित कर दिए गए। राज्यसभा में स्थिति बस थोड़ी-सी बेहतर है।' लेकिन जो काम किया गया है, यह उसे बढ़ा-चढ़ाकर ही पेश करता है। क्योंकि, कहा जा सकता है कि सदन औपचारिक रूप से किसी विधेयक पर चर्चा कर रहा है, लेकिन सदन शर्मनाक ढंग से खाली हो। मधुकर अदालत की अवमानना (संशोधन) विधेयक, जिसे पहले 'इंडियन एक्सप्रेस' ने छापा था, पर सदन की बहस को याद करते हैं। लोकसभा में जब इस महत्त्वपूर्ण विधेयक को पारित किया गया, तो सत्ता पक्ष में कुल 21 सांसद और विपक्षी सीटों पर केवल नौ सांसद मौजूद थे··· ।[1] यह सही है कि महज कानून पारित करना विधायिकाओं का एकमात्र कार्य नहीं है। नीति पर चर्चा करना, घटनाओं और सरकार के जवाब पर चर्चा करना उतना ही महत्त्वपूर्ण कार्य है। यहाँ रिकॉर्ड और भी खराब है। सत्र की शुरुआत आमतौर पर विपक्ष की इस माँग के साथ होती है कि 'एक्स' या 'वाई' मसले पर सदन में तुरंत चर्चा कराई जाए। किसानों की आत्महत्याएँ, मूल्य वृद्धि, कृषि में संकट···सरकार जोर देती है कि जो कार्यक्रम पहले से तय हैं, उस पर कायम रहा जाए। कुछेक बार सदन

1. सी.वी. मधुकर, 'हाउस दिस फॉर डिबेट?', दी इंडियन एक्सप्रेस, 3 जनवरी, 2007.

स्थगित कर दिया जाता है। हरेक पक्ष द्वारा उस वर्ग को 'सही संकेत दे देने के बाद', जिसकी नजरों में वह आना चाहता था, सभी पक्ष मसले पर चर्चा करने के लिए राजी हो जाते हैं। बहस शुरू होने को है, और मुद्दा खत्म हो जाता है। सदन में बमुश्किल कोरम है''' पिछले कुछ वर्षों में इसका अकेला अपवाद है। भारत-अमरीका परमाणु करार। यह अकेला मसला है, जहाँ तक मुझे याद है, जिसमें सदन में जो कुछ कहा गया, उसके उपरांत सरकार ने अपने कदम पीछे खींचे और यह सदन था राज्यसभा, जिसका मैं एक सदस्य हूँ।

संक्षेप में, ये सदन अब ऐसी विधायिकाएँ नहीं हैं, जो सरकारों को जवाबदेह बनाती हैं; वे अब ऐसे सभागार हैं, जिसमें प्रस्ताव पढ़े जाते हैं, जिसमें दिखावे की अतिनाटकीयता का अभिनय किया जाता है।

सिर्फ एक अर्थ में यह प्रणाली उत्तरदायित्व को सुनिश्चित करती है कि अगले चुनाव में सरकार को उखाड़ फेंका जा सकता है। लेकिन यह बात तो जितनी राष्ट्रपति प्रणाली के लिए सही है, उतनी ही संसदीय प्रणाली के लिए सही है। यह एकदलीय सरकारों के लिए उतनी ही सही है, जितनी कि गठबंधन सरकारों के लिए।

## यह मिथक कि संसदीय प्रणाली प्रतिनिधित्व सुनिश्चित करती है

आनुपातिक प्रतिनिधित्व प्रणाली की तुलना में हमारे पास चुनावोपरांत सर्वाधिक मत प्राप्त करनेवाले उम्मीदार की जीत की जो प्रणाली है, उसके बारे में माना जाता है कि वह एक पार्टी को जीत दिलाती है। माना जाता है कि यह छोटी पार्टियों को दंडित कर द्विदलीय प्रणाली के विकास को प्रोत्साहित करती है। यह माना जाता है कि यह बड़ी पार्टियों को अपनी अपील व्यापक करने के लिए प्रोत्साहित करेगी। यह माना जाता है कि उम्मीदवारों के चयन में यह लोगों को अपनी बात रखने का ज्यादा मौका देगी, ज्यादा महत्त्व दिलाएगी। फिर भी, हरेक मामले में भारत विपरीत दिशा की ओर जा रहा है।

सन् 2004 के लोकसभा चुनावों में, 230 पार्टियों ने उम्मीदवार खड़े किए थे। लोकसभा में अभी 39 दल हैं। राज्यसभा में 30 दल हैं। एन.डी.ए. सरकार में 11 पार्टियाँ शामिल थीं। यू.पी.ए. सरकार में 14 पार्टियाँ शामिल हैं। कुछ लोगों द्वारा निरंतरता बनाई रखी गई है। कुछ लोग जो एन.डी.ए. सरकार में मंत्री थे, उन्होंने पाला बदल लिया और वे यू.पी.ए. सरकार में भी मंत्री बन गए—ऐसे लोगों में

डी.एम.के. के मंत्री और सदा सत्तारूढ़ खेमे में रहनेवाले रामविलास पासवान थे…

विधायक, और अब सरकारें मतदाताओं के क्रमशः लघुतर अनुपात से चुनी जा रही हैं, यहाँ तक कि शुरुआती चरणों में भी, पंडित नेहरू और श्रीमती गांधी ने क्रमशः महज 38 फीसदी और 41 फीसदी वोट पाकर भारी बहुमत हासिल कर लिया था। यह तथ्य कई विचारवान् पर्यवेक्षकों को नागवार लगता था।

सन् 2004 के चुनाव में लोकसभा के सदस्य जितने अनुपात में वोट हासिल कर विजयी हुए थे, उन पर एक नजर डालें—

### मतदाताओं की प्रतिशत उम्र के हिसाब से विजेताओं को मिले वोट

| समूह | विजेताओं की संख्या | % उम्र | संचयी प्रतिशत |
|---|---|---|---|
| 20% से नीचे | 0 | 0 | |
| 20% से 30% | 16 | 3 | 3 |
| 31% से 40% | 95 | 17 | 20 |
| 41% से 50% | 214 | 39 | 60 |
| 51% से 60% | 176 | 32 | 92 |
| 61% से 70% | 36 | 7 | 99 |
| 71% से ऊपर | 6 | 1 | 100 |
| **कुल** | **543** | **100** | |

### निर्वाचकों की प्रतिशत उम्र के हिसाब से विजेताओं द्वारा प्राप्त किए गए वोट

| समूह | विजेताओं की संख्या | % उम्र | संचयी प्रतिशत |
|---|---|---|---|
| 10% से नीचे | 2 | 0 | |
| 11% से 20% | 93 | 17 | 17 |
| 21% से 30% | 220 | 41 | 58 |
| 31% से 40% | 186 | 34 | 92 |
| 41% से 50% | 36 | 7 | 99 |
| 51% से 60% | 4 | 1 | 100 |

| | | | |
|---|---|---|---|
| 61% से 70% | 2 | 0 | 100 |
| 71% से ऊपर | 0 | 0 | 100 |
| **कुल** | **543** | **100** | |

संक्षेप में, लोकसभा में गए 99 फीसदी सदस्यों को निर्वाचकों के आधे से कम वोट मिले। करीब 60 फीसदी सदस्यों को तो अपने निर्वाचन-क्षेत्र के 30 फीसदी निर्वाचकों से भी कम वोट मिले। यहाँ तक कि अगर हम वास्तव में वोट डालने गए निर्वाचकों की गणना करें, तो 60 फीसदी सदस्यों को उनमें से आधे से कम वोट (अल्पसंख्यक वोट) ही मिले। राज्यों में सरकारों और विधायकों का अप्रतिनिधित्व और भी ज्यादा है।

## राज्य विधानसभाओं के चुनाव 2001-2005

| वोटरों के प्रतिशत के हिसाब से विजेता को मिले वोट | 20% से नीचे % सीटें | 30% तक % सीटें | 40% तक % सीटें | 50% तक % सीटें | 60% तक % सीटें | 70% तक % सीटें | 70% और उससे ऊपर % सीटें |
|---|---|---|---|---|---|---|---|
| आंध्र प्रदेश | | 1 | 8 | 34 | 89 | 100 | |
| असम | 4 | 27 | 68 | 90 | 97 | 100 | |
| बिहार | 0 | 4 | 49 | 89 | 98 | 100 | |
| छत्तीसगढ़ | | 4 | 34 | 80 | 98 | 100 | |
| दिल्ली | 1 | 4 | 39 | 80 | 99 | 100 | |
| गुजरात | | 1 | 7 | 42 | 88 | 96 | 100 |
| हरियाणा | | 3 | 35 | 64 | 83 | 89 | 100 |
| हिमाचल प्रदेश | | 3 | 24 | 61 | 92 | 100 | |
| झारखंड | 3 | 29 | 71 | 94 | 99 | 100 | |
| कर्नाटक | 0 | 6 | 34 | 75 | 99 | 100 | |
| केरल | | 1 | 41 | 96 | 100 | | |
| मध्य प्रदेश | | 9 | 32 | 67 | 98 | 100 | |

| | | | | | | | |
|---|---|---|---|---|---|---|---|
| महाराष्ट्र | | 2 | 27 | 64 | 92 | 98 | 100 |
| उड़ीसा | 3 | 19 | 60 | 97 | 99 | 100 | |
| पंजाब | | 3 | 2 | 73 | 97 | 99 | 100 |
| राजस्थान | | 6 | 34 | 75 | 98 | 100 | |
| तमिलनाडु | | | 3 | 42 | 97 | 100 | |
| उत्तर प्रदेश | | 26 | 78 | 96 | 99 | 99 | 100 |
| उत्तराखंड | 1 | 29 | 81 | 96 | 100 | | |
| पश्चिम बंगाल | | | 2 | 50 | 88 | 96 | 100 |

## राज्य विधानसभाओं के चुनाव 2001-2005

| **वोटरों के प्रतिशत के हिसाब से विजेता को मिले वोट** | **20% से नीचे % सीटें** | **30% तक % सीटें** | **40% तक % सीटें** | **50% तक % सीटें** | **60% तक % सीटें** | **70% तक % सीटें** | **70% और उससे ऊपर % सीटें** |
|---|---|---|---|---|---|---|---|
| आंध्र प्रदेश | 2 | 18 | 64 | 99 | 100 | | |
| असम | 2 | 29 | 73 | 95 | 98 | 99 | 100 |
| बिहार | 62 | 100 | | | | | |
| छत्तीसगढ़ | 4 | 44 | 94 | 98 | 100 | | |
| दिल्ली | 4 | 66 | 99 | 100 | | | |
| गुजरात | | 1 | 31 | 89 | 99 | 100 | |
| हरियाणा | | 3 | 41 | 87 | 98 | 99 | 100 |
| हिमाचल प्रदेश | 2 | 27 | 75 | 99 | 100 | | |
| झारखंड | 49 | 95 | 99 | 100 | | | |
| कर्नाटक | 7 | 56 | 96 | 100 | 100 | | |
| केरल | 6 | 80 | 100 | | | | |
| मध्य प्रदेश | 9 | 43 | 93 | 100 | | | |

| महाराष्ट्र | 7 | 53 | 86 | 97 | 100 | | |
|---|---|---|---|---|---|---|---|
| उड़ीसा | 3 | 37 | 96 | 100 | | | |
| पंजाब | | 5 | 50 | 99 | 100 | | |
| राजस्थान | 7 | 55 | 94 | 100 | 100 | | |
| तमिलनाडु | 1 | 42 | 98 | 100 | 100 | | |
| उत्तर प्रदेश | 62 | 96 | 100 | 100 | | | |
| उत्तराखंड | 70 | 97 | 100 | | | | |
| पश्चिम बंगाल | | 1 | 8 | 63 | 93 | 98 | 100 |

## गौर करें

- बिहार में, विजेताओं में से सौ फीसदी सदन में गए, हालाँकि निर्वाचकों में से 70 फीसदी ने उनका समर्थन नहीं किया था, वे सदन के सदस्य बन गए; हालाँकि जिन वोटरों ने उन्हें वोट दिया, वे संबंधित निर्वाचन क्षेत्र में निर्वाचकों के 30 फीसदी से भी कम थे। झारखंड में, यह आँकड़ा 95 फीसदी, उत्तर प्रदेश में 96 फीसदी और उत्तराखंड में 97 फीसदी था।
- यहाँ तक कि यदि हम सिर्फ उन निर्वाचकों पर ध्यान केंद्रित करें, जिन्होंने वास्तव में वोट डाला, तो उन विजेताओं का प्रतिशत, जिन्हें बिहार में अल्पमत मिला, बिहार में 89 फीसदी; छत्तीसगढ़ में 80 फीसदी; झारखंड में 94 फीसदी, उत्तर प्रदेश में 96 फीसदी; उत्तराखंड में 96 फीसदी था। यहाँ तक कि अन्य राज्यों में से कई—असम, हरियाणा, कर्नाटक, मध्य प्रदेश, पंजाब, राजस्थान, में यह आँकड़ा 65 से 75 फीसदी के बीच था।[1]

---

1. यह समस्या उन कई देशों को ग्रसित किए हुए है, जो चुनावोपरांत सर्वाधिक मत पानेवाले उम्मीदवार को, विजयी घोषित करनेवाली प्रणाली को अपनाए हुए हैं। इस तरह, इंग्लैंड में, '1951 में, सरकार मतदाताओं के 40% समर्थन से चुनी गई और ब्लेयर की तीसरी चुनावी जीत में, यह डाले गए वोटों का बस 20%-35% से थोड़ा ही ज्यादा था, यानी कि डाले गए वोटों के एक-तिहाई से थोड़ा ज्यादा और वोट डालने के योग्य 5 में से 1 से थोड़ा ही ज्यादा ने सरकार का समर्थन किया है।'प्रोफेसर जॉन स्पेंसर क्यू सी द्वारा 'रॉयल सोसाइटी ऑफ आर्ट्स' मीटिंग में 'ट्रबल एट दी टॉप, (शिखर पर मुश्किल?) विषय पर चर्चा के दौरान टिप्पणी की गई, 5 अक्तूबर, 2005, www.theRSA.org.

इस चिंताजनक बात की ओर इंगित करते हुए, 'संविधान समीक्षा आयोग' ने टिप्पणी की, 'कुछेक मामलों में, जो अन्यथा अपनी जमानत राशि गँवा बैठते, उन्हें निर्वाचित घोषित कर दिया गया है, क्योंकि उम्मीदवारों के बीच उन्होंने सर्वाधिक वोट हासिल किया है।'[2] प्रतिनिधित्व? एक जुड़ा हुआ मिथक है। यह मानना पूरी तरह अवास्तविक है कि संसद् का व्यक्तिगत सदस्य अपने निर्वाचन-क्षेत्र के 'हितों' का उस अर्थ में प्रतिनिधित्व कर सकता है, जिस अर्थ में भारत में समझा जाता है, यानी कि, वह उनकी व्यक्तिगत समस्याओं एवं हितों का खयाल रख सकता है। एक निर्वाचन-क्षेत्र में तकरीबन बीस लाख लोग होते हैं। कोई तरीका नहीं है कि लोकसभा का एक सदस्य, चाहे वह कितना भी सजग क्यों न हो, उनके लिए नौकरियाँ और उनके जीजा-सालों के लिए मनमाफिक नियुक्तियाँ सुनिश्चित कर पाएगा। और फिर भी उसे ऐसा करना चाहिए, केवल मिथक नहीं है। यह अपेक्षा है, एकल-सदस्यवाले भौगोलिक निर्वाचन क्षेत्रों की मौजूदा प्रणाली के पक्षधरों का मानना है कि यह उनका कर्तव्य है कि वह अपने निर्वाचन क्षेत्र के लोगों की समस्याओं और उनके हितों को तवज्जो दें तथा उन्हें पूरा करें। इस प्रकार की दलील का अधोबिंदु सांसद स्थानीय क्षेत्र विकास निधि में पा लिया गया है। हरेक सांसद

2. संविधान के कामकाज की समीक्षा के लिए राष्ट्रीय आयोग की रिपोर्ट, न्यायमूर्ति एम.एन. वेंकटचलैया, एवं अन्य, नई दिल्ली, 2002। एक संबद्ध समस्या है, जिस पर संविधान समीक्षा आयोग ने काफी ध्यान दिया, बड़ी तादाद में स्वतंत्र उम्मीदवार, जो खड़े होते हैं या खड़े किए जाते हैं। 2004 के लोकसभा चुनावों के परिणाम इस मुद्दे की एक झलक पेश करते हैं। लोकसभा की सीटों की कुल संख्या 543 है। अगले पृष्ठ पर दिखाया गया उम्मीदवारों का विवरण खुद ही इस बात का खुलासा करता है—

| **पार्टियाँ** | **उम्मीदवारों की संख्या** | **जमानत गँवाने वालों की संख्या** | **( 2 ) के प्रतिशत के तौर पर ( 3 )** |
|---|---|---|---|
| राष्ट्रीय दल | 135 | 541 | 40 |
| प्रांतीय दल | 801 | 440 | 54 |
| गैर-पंजीकृत दल | 898 | 867 | 96 |
| स्वतंत्र | 2385 | 2370 | 99 |
| **कुल** | **5435** | **4218** | **77** |

आयोग ने चुनाव में उतरनेवाले अ-गंभीर उम्मीदवारों की कीमत बढ़ाने के उपायों का प्रस्ताव रखा।

को लोकसभा में प्रति अवधि के लिए 10 करोड़ रुपए और राज्यसभा में प्रति अवधि के लिए 12 करोड़ रुपए दिए जाते हैं। स्वयंसिद्ध बात है, 1600 करोड़ रुपए प्रतिवर्ष, यह विशाल राशि अकेले संसद् के मामले में इस आधार पर दी जाती है कि स्थानीय प्रशासन पर्याप्त रूप से ध्यान नहीं दे रहा है, और सिर्फ स्थानीय सांसद को ही लोगों के लिए पर्याप्त सहानुभूति है। इससे एक ओर तो विधायी एवं कार्यपालिका कार्यों में सीमा रेखाएँ धुँधली पड़ती हैं, और दूसरी ओर भ्रष्टाचार एवं अनदेखी करने के आरोप लगते हैं। वे सदस्य, जो एक गाँव में कार्यों के लिए कोष आवंटित करते हैं, उन पर पड़ोसी गाँव के निवासी उनकी अनदेखी करने का आरोप लगाते हैं। उन पर किन्हीं और मकसदों के लिए ऐसा काम करने का आरोप भी लगाया जाता है।

यह खासियत है कि सदस्य अल्पमत से निर्वाचित होते हैं और इसके परिणाम तब और स्पष्ट होते हैं, जब हम अकेले निर्वाचन-क्षेत्रों पर विचार करते हैं। अगले पृष्ठ पर दिए गए सन् 2004 के लोकसभा चुनावों से संबद्ध आँकड़ों पर विचार करें—

**उत्तर प्रदेश, 2004 : लोकसभा निर्वाचकों की प्रतिशत उम्र के हिसाब से विजेताओं को मिले मत**

| निर्वाचन क्षेत्र | % वोट | निर्वाचन क्षेत्र | % वोट |
|---|---|---|---|
| मुरादाबाद | 16.1 | लखनऊ | 19.8 |
| औंला | 13.4 | मोहनलाल गंज (एस.सी.) | 11.6 |
| बरेली | 17.3 | उन्नाव | 13.7 |
| पीलीभीत | 19.9 | प्रतापगढ़ | 17.9 |
| शाहजहाँपुर | 17.8 | सुलतानपुर | 17.9 |
| रवेरी | 15.6 | फैजाबाद | 15.6 |
| शाहाबाद | 16.7 | बाराबंकी (एस.सी.) | 16.2 |
| सीतापुर | 13.3 | कैसरगंज | 17.3 |
| मिसरिख (एस.सी.) | 16.8 | बहराइच | 13.3 |

| निर्वाचन क्षेत्र | % वोट | निर्वाचन क्षेत्र | % वोट |
|---|---|---|---|
| हरदोई (एस.सी.) | 16.8 | गोंडा | 18.1 |
| बस्ती (एस.सी.) | 11.0 | राबर्ट्सगंज (एस.सी.) | 11.4 |
| डुमरियागंज | 15.0 | वाराणसी | 13.9 |
| खलीलाबाद | 16.8 | चंदौली | 12.9 |
| बाँसगाँव (एस.सी.) | 12.5 | सैदपुर (एस.सी.) | 15.1 |
| महाराजगंज | 17.4 | मेरठ | 19.0 |
| पडरौना | 13.8 | बिल्हौर | 16.3 |
| देवरिया | 15.1 | कानपुर | 14.8 |
| सलेमपुर | 13.2 | फर्रुखाबाद | 12.9 |
| बलिया | 18.9 | फिरोजाबाद (एस.सी.) | 16.3 |
| घोसी | 14.1 | आगरा | 17.0 |
| घाटमपुर (एस.सी.) | 13.3 | मथुरा | 14.7 |
| जालौन (एस.सी.) | 14.9 | हाथरस (एस.सी.) | 14.4 |
| झाँसी | 15.6 | अलीगढ़ | 12.5 |
| हमीरपुर | 18.6 | खुर्जा (एस.सी.) | 14.7 |
| बाँदा | 14.4 | हापुड़ | 13.0 |
| फतेहपुर | 12.8 | जौनपुर | 14.5 |
| चैल (एस.सी.) | 13.2 | मछलीशहर | 16.1 |
| इलाहाबाद | 15.0 | लालगंज (एस.सी.) | 18.2 |
| फूलपुर | 18.8 | आजमगढ़ | 18.1 |
| मिर्जापुर | 12.4 | | |

यहाँ ऐसे निर्वाचन क्षेत्रों की एक श्रृंखला है, जहाँ से ऐसे लोग जीते, जिन्हें बस 10 से 20 फीसदी निर्वाचकों का समर्थन मिला था। हमारी आबादी का 47

फीसदी हिस्सा 19 वर्ष से कम आयु का है। चूँकि निर्वाचक आबादी के करीब 55 फीसदी होंगे, इसलिए ये आँकड़े सुझाते हैं कि सफल उम्मीदवारों को अपने निर्वाचक क्षेत्र में आबादी के महज 5 से 10 फीसदी लोगों को अपने पक्ष में करने की जरूरत होगी और वे जीत जाएँगे!

यह तथ्य उम्मीदवारों और उनके नेताओं के लिए भी एक अति महत्त्वपूर्ण व्यावहारिक सबक लिये हुए हैं, यथा, बस निर्वाचकों के दसवें या पाँचवें भाग को यानी आबादी के 5 से 10 फीसदी भाग को ठोस ढंग से अपने पीछे खड़ा कर लें। इस रणनीति पर कांग्रेस काफी लंबे समय तक निर्भर रही। लालू यादव, मुलायम सिंह, मायावती की 'ताकत' का यही राज है। यही बात जिला-आधारित पार्टियों के 'अजेय' होने के पीछे है। ये पार्टियाँ तमिलनाडु में सरकार बनाने और उलटने में निर्णायक भूमिका हैं। यही कारण है कि आज मुसलमानों की हरेक दल द्वारा चापलूसी की जाती है। उस दसवें या पाँचवें भाग की आबादी में भय पैदा करें, उनके साथ सहानुभूति जताएँ, उनके आगे-पीछे करें, उन्हें कोई सब्ज-बाग दिखाएँ, उन लोगों को 'राजी' करें, जो उन पर नियंत्रण रखते हैं या उन्हें बहला-फुसला सकते हैं। शुक्रवार को उपदेश झाड़नेवाले मुल्ला, सरपंच और आप जीत जाएँगे। अगर आपका लक्षित-समूह अपने आप में पर्याप्त नहीं है, तो एक 'विशाल सामाजिक गठबंधन' बनाएँ, गुजरात में कुख्यात खाम (KHAM); लालू यादव का एम.वाई. (मुसलिम-यादव गठबंधन); तमिलनाडु में जिला-आधारित पार्टियों को एक साथ लाना और आप चुनाव में बाजी मार ले जाएँगे।

अब मतदाता इतने बिखरे हुए हैं कि शायद ही कोई 'राष्ट्रीय मुद्दा' है, जिस पर इसका प्रयोग किया जाता है। और यह सबक राष्ट्रीय दलों की समझ से भी दूर नहीं रह गया है। मान लें कि एक पार्टी, जिसकी देश भर में उपस्थिति है और वह देश के 15 फीसदी वोट पाने में सफल रहती है, लेकिन इसका उसे क्या लाभ मिलेगा? वह एक भी सीट पाने में कामयाब नहीं होगी। दूसरी ओर, यदि वह कुछ स्थानीय मुद्दों पर ध्यान केंद्रित करे; यदि वह देश के एक खास समुदाय के 15 फीसदी निर्वाचकों में घृणा और डर का भाव पैदा करने में अपना संसाधन लगाए, तो वह निश्चित तौर पर अपने कुछ उम्मीदवारों को संसद् में पहुँचाने में सफल रहेगी। समाजवादी पार्टी, शिव सेना, डी.एम.के. और ए.आई.डी.एम.के., अकाली दल, बी.एस.पी. और खुद कम्युनिस्ट की 'सफलता' को देखें और इसके बरक्स

कांग्रेस और बी.जे.पी. की क्षीण होती उपस्थिति को देखें।

मतदाताओं को विखंडित करने का इससे बड़ा प्रोत्साहन एक नेता के लिए और क्या होगा? संकीर्ण-से-संकीर्ण वर्गों को अपनी अपील का लक्ष्य बनाना? उनमें विभाजनकारी भाव पैदा करना कि आप लोग बाकी लोगों से भिन्न हैं, कि बाकी लोगों द्वारा आपके खिलाफ भेदभाव किया जा रहा है और, कि उनके पास जो थोड़ा-बहुत बचा है, उसे हड़पने के लिए बाकी लोग आमादा हैं!

चुनाव समाप्त हुए, और एक पार्टी महसूस करती है कि वह जीत गई है। अन्य पार्टियाँ देखती हैं कि इसके साथ टीम बनाने से, उसके सदस्य मंत्री बन सकते हैं और अन्य पद हासिल कर सकते हैं। ऐसा नहीं है कि उनके कोई साझा विचार हैं और इसीलिए वे सरकार बनाने के लिए साथ आए हैं। दरअसल, उनमें से कई तो, जैसे कम्युनिस्ट और कांग्रेस, चुनावों में एक-दूसरे के खिलाफ लड़ चुके हैं। इसकी बजाय, वे उस मौके को देखते हैं, जो उनकी गोद में आ गिरा है, सरकार बनाने का। सरकार बनाने का औचित्य ठहराने के लिए वे एक 'मुद्दे', एक बहाने की तलाश करते हैं। आखिरी चक्र में, यह 'मुद्दा' देश को 'सांप्रदायिकता' से बचाने की घोर आवश्यकता! बहाना था।

इस संगम को प्रतिबद्ध टिप्पणीकारों द्वारा टी.वी. चैनलों पर त्वरित दावों से और सुविधा होती है, 'मतदाताओं ने एक··के लिए जनादेश दिया है।'

उन नाजुक घड़ियों में लोगों को ऐसे त्वरित 'विश्लेषण' द्वारा जबकि तैयार किया जा रहा है, तीन-चार मँजे हुए सेंधमार जुटाए जाते हैं, जो 'न्यूनतम साझा कार्यक्रम' तैयार करते हैं, ताकि अवसरवाद को सिद्धांत का जामा पहनाया जा सके, 'हम सत्ता के लिए नहीं, बल्कि इस कार्यक्रम को लागू करने के लिए एक साथ आए हैं...'

## कमजोर और कमजोर सरकारें

मतदाताओं के विखंडित होने के साथ, विधायिका भी समान रूप से विखंडित होने से बच नहीं सकती थी। इस तरह, जैसा कि हमने गौर किया है, यहाँ तक कि लोकसभा में भी अब 39 पार्टियाँ हैं। वाजपेयी सरकार 11 दलों को जुटाकर ही बनाई जा सकी। डॉ. मनमोहन सिंह की सरकार 14 दलों को एकसाथ लाने पर ही संभव हो सकी, और उसके बावजूद यह पूरी तरह उन चार कम्युनिस्ट पार्टियों की कृपा पर निर्भर है, जो तथाकथित 'यूनाइटेड प्रोग्रेसिव अलायंस' के बाहर हैं।

ऐसे विषम समूहों का गठबंधन न केवल अंदरूनी तौर पर कमजोर होता है, बल्कि प्रमुख घटक को छोड़कर बाकी घटक दलों का एकमात्र लक्ष्य यह रहता है कि सरकार कमजोर बनी रहे। और तभी सरकार, और इसीलिए प्रमुख घटक साझेदार उनकी कृपा के सबसे ज्यादा मोहताज होते हैं। कुल मिलाकर, गठबंधन जितना कमजोर होता है, दुर्बल होता है, मुख्य घटक दल को छोड़कर अन्य पार्टियाँ उतनी ही खुश होती हैं और गठबंधन के अंदर प्रमुख घटक की हालत उतनी ही पतली रहती है। जिस दिन से यू.पी.ए. सरकार बनी है, तभी से कम्युनिस्टों के व्यवहार पर गौर करें। वे जन-विरोधी नीतियों के लिए, भारत की विदेशी नीति को अमरीकी डिजाइन का औजार बनाने के लिए इसकी निंदा करते हैं, लेकिन वे इसे सत्ता में बनाए रखते हैं। वे उनकी टाँगें तोड़ देते हैं, और उन्हें वहाँ बनाए रखते हैं, यही उनकी रणनीति है। तमाम दोषारोपण, जिनमें से ज्यादातर आपके द्वारा लगाए गए हैं, उनके हिस्से (सरकार के मत्थे) और तमाम जन-समर्थक नीतियों का श्रेय कम्युनिस्टों के हिस्से!

एक कमजोर गठबंधन जब सत्ता में होता है, तो प्रमुख घटक लँगड़ा कर दिया जाता है और हरेक अदना 'नेता' राजा होता है। एक पार्टी से कौन मंत्री होगा, यह प्रधानमंत्री का नहीं, बल्कि उस पार्टी के नियंत्रक का विशेषाधिकार बन जाता है। और, एक बार सरकार में आ जाने के बाद, मंत्री अच्छा या बुरा कर सकता है, वह अपने तहत आनेवाले संस्थानों को बरबाद कर सकता है, वह पूरी निर्लज्जता से प्रधानमंत्री और अन्य की जानकारी के बावजूद पैसे की लूट-खसोट कर सकता है, तथा कोई उसे छूने का साहस नहीं कर सकता। और वह जानता है, वह महसूस करता है कि वह अपने बॉस (स्वामी) के प्रति उत्तरदायी है तथा मंत्रिमंडलीय प्रणाली 'सामूहिक जिम्मेदारी' के आधार पर बनी है, यह महज एक मुहावरा बन जाता है, एक रहस्यमय मुहावरा! डी.एम.के. पार्टी के मंत्रियों ने मंत्रिमंडलीय बैठक में भाग लिया। मंत्रिमंडल ने फैसला किया कि नेवली लिग्नाइट कॉरपोरेशन में सरकारी हिस्सेदारी का विनिवेश किया जाए। मगर डी.एम.के. के नियंत्रणकर्ता एम. करुणानिधि ने घोषणा कर दी कि यह फैसला स्वीकार्य नहीं है। केंद्र सरकार को दुबकते हुए अपना फैसला वापस लेना पड़ा। दूसरी ओर, मंत्री निजी तौर पर अत्यंत महत्त्वपूर्ण नीतिगत मामलों, ड्रग मूल्यों से लेकर आरक्षण तक, पर फैसले की

घोषणा कर देते हैं और पूरी सरकार को विनम्रतापूर्वक झुकना पड़ता है। डॉ. मनमोहन सिंह की बेचारगी, जो रोजाना उपहास का विषय बनती है, केवल आंशिक रूप से उनके संकोची स्वभाव के कारण है। महज यह बात नहीं है कि उन्हें प्रधानमंत्री पद के लिए मनोनीत किया गया है, महज यह बात भी नहीं है कि उन्हें हर मिनट यह याद रखना होता है कि कांग्रेसी किस तरह श्रीमती सोनिया गांधी के आगे दंडवत् किए रहते हैं, और कैसे एक ने भी मैडम के विकल्प के तौर पर उनका उल्लेख नहीं किया है। यह बात भी है कि तभी से, यहाँ तक कि सरकार में उनके सहयोगी भी उनकी और उनके कार्यालय की नहीं सुनते हैं। हर रोज वे ज्यादा-से-ज्यादा सरकार के सलाहकार दिखते हैं, न कि वैसा शख्स, जो सरकार को दिशा दे रहा है। प्रधानमंत्री एक संस्थान है? 'सामूहिक जिम्मेदारी' मंत्रिमंडलीय प्रणाली की सरकार का केंद्रीय तत्त्व है?

एक खास घटनाक्रम पर गौर करें, तो यह पता चल जाएगा कि हम कहाँ पहुँच गए हैं।

## एक हालिया उदाहरण

झारखंड हमारे देश के सबसे संपन्न क्षेत्रों में से एक है। खनिज संपदा के मामले में यह दुनिया के अधिकतर देशों से ज्यादा समृद्ध है। फिर भी इसके लोग गरीब हैं। लालू यादव के 13 वर्षों के कुशासन ने इस क्षेत्र को और रसातल में ला पटका। झारखंड क्षेत्र पहले बिहार राज्य का हिस्सा था। वर्ष 2000 में एक नए राज्य का गठन किया गया। उम्मीद थी कि ऐसा करने से इस क्षेत्र के लोगों को बिहार की विनाशक राजनीति से मुक्ति मिलेगी। तब से जो कुछ हो रहा है, वह इसकी गवाही देता है कि वास्तव में इन उम्मीदों के साथ क्या हुआ है?

अविभाजित बिहार में आखिरी विधानसभा चुनाव फरवरी 2000 में हुए थे। कुल 324 सीटों में से 81 सीटें, इस क्षेत्र में पड़ती थीं। यह क्षेत्र शीघ्र ही झारखंड राज्य बननेवाला था। इस बात की स्पष्ट संभावना नजर आने लगी थी। यह व्यापक रूप से माना जा रहा था कि ये विधानसभा चुनाव न केवल बिहार विधानसभा के लिए, बल्कि भविष्य की झारखंड विधानसभा के लिए भी हैं।

चुनावों के बाद, भविष्य की झारखंड विधानसभा के लिए विभिन्न पार्टियों की निम्न स्थिति सामने आई—

| | | | | | |
|---|---|---|---|---|---|
| बी.जे.पी. | : 32 | आर.जे.डी. | : 9 | सी.पी.आई. (एम.एल.) | : 1 |
| जे.एम.एम. | : 12 | समता पार्टी | : 5 | एम.सी.सी. | : 1 |
| कांग्रेस | : 11 | जे.डी.यू. | : 3 | निर्दलीय | : 4 |
| | | सी.पी.आई. | : 3 | | |

यहाँ कई गोपनीय, रहस्यमय मामले हैं, जिन्हें हमें फिलहाल तवज्जो देने की जरूरत नहीं है। उदाहरण के लिए, यहाँ एम.सी.सी. का अर्थ है, मार्क्सवादी समन्वय समिति। इसे अतिवादी संगठन 'एम.सी.सी.' से भ्रमित नहीं करना चाहिए, क्योंकि यह संगठन चुनावी राजनीति में भाग लेने को 'क्रांति' के साथ घोर विश्वासघात मानता है।

लेकिन एक बात पर हमें ध्यान देना चाहिए, ये चंद नाम हैं, हालाँकि चंद महीने बाद इनमें से किसी के भी सुने जाने की संभावना नहीं है।

चार स्वतंत्र विधायक थे। इनमें से थे ऑल झारखंड स्टूडेंट यूनियन (ए.जे.एस.यू.) के सुदेश महतो, जिन्होंने यू.डी.जी.पी. (यूनाइटेड डेमोक्रटिक गोअन्स पार्टी) के चुनाव-चिह्न पर चुनाव लड़ा था; लेकिन तमाम व्यावहारिक मकसदों के लिए वे एक स्वतंत्र उम्मीदवार माने गए। एक महिला, जोबा माँझी एक स्थानीय नेता देवेंद्र माँझी, जो पश्चिम सिंहभूम जिले में बहुत लोकप्रिय थे, की विधवा थीं। उन्हें भी यू.डी.जी.पी. के चिह्न या स्वतंत्र उम्मीदवार के रूप में देखा गया, और उनके साथ समूह-बद्ध कर दिया गया।

तीसरे स्वतंत्र विधायक थे समरेश सिंह। वे सन् 1985 और सन् 1990 के चुनावों में संयुक्त बिहार की विधानसभा में बी.जे.पी. के टिकट पर चुने गए थे। उन्होंने कुछ वरिष्ठ नेताओं से मतभेद के कारण पार्टी छोड़ दी थी। उन्होंने वर्ष 2000 में अपने दम पर विशाल अंतर से चुनाव जीता।

चौथे निर्दलीय माधव लाल सिंह एक बहुत मशहूर परिवार से थे। वे भी सन् 1985 और सन् 1990 में जीते थे, लेकिन सन् 1995 में बी.जे.पी. प्रत्याशी से हार गए थे।

जब पृथक् झारखंड राज्य का बनना तय हो गया और इसके गठन की तिथि (15 नवंबर 2000) घोषित कर दी गई, तो सत्ता पर काबिज होने के लिए शीघ्र दो प्रतिद्वंद्वी गठबंधनों का निर्माण किया गया। आखिरकार, बी.जे.पी. के नेतृत्व वाले

गठबंधन ने दौड़ जीती। 82 सदस्यों के सदन में (जिनमें से 81 निर्वाचित सदस्य थे और एक मनोनीत सदस्य था), इस गठबंधन के पास 45 विधायकों का समर्थन था। इन 45 विधायकों का ब्योरा इस प्रकार था—बी.जे.पी.-32, समता पार्टी 5, जे.डी.यू.-3, निर्दलीय-4 और आंग्ल-भारतीयों के कोटे से मनोनीत एक सदस्य।

बाबू लाल मरांडी बी.जे.पी. विधायक दल के पहले निर्वाचित नेता थे और फिर वे एन.डी.ए. के नेता बने। उस वक्त, वे एक सांसद थे और एक केंद्रीय राज्यमंत्री थे। बाद में, एक उपचुनाव में वे झारखंड विधानसभा के लिए चुने गए। यह सीट मौजूदा सी.पी.आई. सदस्य के निधन के कारण खाली हुई थी। इस तरह, बी.जे.पी. की ताकत सदन में 33 सदस्यों की हो गई और सी.पी.आई. के बस दो ही सदस्य रह गए। मरांडी को 15 नवंबर, 2000 को मुख्यमंत्री के रूप में शपथ दिलाई गई।

राज्य की प्रथम मंत्रिपरिषद् में मुख्यमंत्री समेत कुल 27 मंत्री थे। सोलह कैबिनेट मंत्री (बी.जे.पी. से 10, समता पार्टी से 2, जे.डी.यू. से एक और तीन निर्दलीय), 8 राज्य मंत्री (स्वतंत्र प्रभार) और दो राज्य मंत्री बनाए गए थे।

समता पार्टी के सभी पाँचों विधायकों को मंत्रिपरिषद् में जगह देनी पड़ी, दो को कैबिनेट दर्जा और तीन अन्य राज्य मंत्रियों को स्वतंत्र प्रभार देना पड़ा। जे.डी.यू. के तीन सदस्यों में से एक स्पीकर चुने गए, एक को ऊर्जा मंत्री बनाया गया और एक को स्वतंत्र प्रभारवाला राज्य मंत्री बनाया गया।

चार निर्दलीयों में से एक माधव लाल सिंह को छोड़कर, बाकी तीन को कैबिनेट मंत्री बनाना पड़ा।

## मुश्किल का पहला झोंका

कुछेक महीनों के अंदर ही, दिक्कत के संकेत फूट पड़े। जैसा कि आमतौर पर होता है, मामला किसी उच्च नीति से नहीं, बल्कि 'भारी' पद से संबंधित था। यह मामला था दिवालिया हो चुके झारखंड राज्य बिजली बोर्ड की अध्यक्षता का। ऊर्जा मंत्री लालचंद महतो किसी एच.बी. लाल को अध्यक्ष नियुक्त करना चाहते थे। मगर मुख्यमंत्री ने एक अन्य व्यक्ति राजीव रंजन को नियुक्त किया। तमाम तरह की जातिगत दलीलें पेश की गईं। ऊर्जा मंत्री कुर्मी जाति से थे, लेकिन 'किसी कारण से' एक कायस्थ का पक्ष ले रहे थे। मुख्यमंत्री ने जिन्हें चुना, वे कुर्मी जाति से थे और इसीलिए एक केंद्रीय मंत्री, जो कुर्मियों के नेता हैं, का उन्हें समर्थन प्राप्त था। महतो और मरांडी के बीच दुश्मनी की यह शुरुआत थी।

एक अन्य कैबिनेट मंत्री मधु सिंह, जिनके पास राजस्व एवं भू-सुधार विभाग था, चाहते थे कि रजिस्ट्रेशन विभाग भी उनके हवाले कर दिया जाए। मरांडी ने उन्हें उपकृत नहीं किया। अन्य मंत्रियों की भी शिकायतों की अपनी सूचियाँ थीं। मुख्यमंत्री ने किसी तरह चीजों को नियंत्रण में रखा।

समरेश सिंह, एक अन्य निर्दलीय, जिन्हें मंत्री बनाना पड़ा था, ने इस्तीफा दे दिया। मुख्यमंत्री ने इस्तीफा स्वीकार नहीं किया। चीजें पहले की तरह चलती रहीं—यानी कि हर दूसरे दिन अफवाहों और प्रति-अफवाहों का दौर चलता रहा तथा काफी रेल-पेल चलती रही।

वर्ष 2003 की शुरुआत से, यह स्पष्ट हो गया कि गंभीर संकट चल रहा है। बागी मंत्री ज्यादा-से-ज्यादा आक्रमक होते जा रहे थे।

पाँच मंत्रियों (समता पार्टी से चार और जे.डी.यू. से एक) ने एक 'मरांडी-विरोधी समूह' बना लिया। ये मंत्री थे—लालचंद महतो (जे.डी.यू.), ऊर्जा मंत्री; मधु सिंह (समता), राजस्व एवं भूमि-सुधार मंत्री; रमेश सिंह मुंडा (समता), उत्पाद एवं मद्य-निषेध राज्य मंत्री; जालेश्वर महतो (समता), जन स्वास्थ्य एवं अभियांत्रिकी विभाग राज्य मंत्री; और बच्चा सिंह (समता), शहरी विकास राज्य मंत्री।

समता पार्टी के एक मंत्री रामचंद्र केसरी, मरांडी खेमे में थे। जे.डी.यू. कोटे से राज्य मंत्री बनाए गए बैद्यनाथ राम को स्पीकर के काफी करीब माना जाता था और वे तटस्थ बने रहे। इस तरह, जे.डी.यू. एवं समता पार्टियाँ दो खेमों में बँटी हुई थीं। उस वक्त, शरद यादव जे.डी.यू. के अध्यक्ष थे और जॉर्ज फर्नांडीस समता पार्टी के राष्ट्रीय अध्यक्ष थे।

फरवरी 2003 के अंत तक आखिरी टकराव, बल्कि इस चक्र के लिए आखिरी टकराव, शुरू हो गया।

**21 फरवरी, 2003**—पाँच बागी मंत्रियों ने नेतृत्व में परिवर्तन की माँग की। उनका आम आरोप था, वे मरांडी की 'कार्यशैली' से नाखुश हैं।

समता पार्टी के अध्यक्ष और एनडीए के संयोजक जॉर्ज फर्नांडीस ने उनकी माँग ठुकरा दी और अपनी पार्टी के मंत्रियों को केंद्रीय निर्देश का पालन करने को कहा।

**26 फरवरी, 2003**—बागी मंत्रियों ने केंद्रीय नेतृत्व की अवहेलना की और उन्हें नेता बदलने के लए 28 फरवरी तक का अल्टीमेटम दे दिया।

**28 फरवरी, 2003**—बी.जे.पी. आलाकमान ने मरांडी को दिल्ली बुलाया। बागी मंत्रियों को भी उनके केंद्रीय नेताओं द्वारा बुलाया गया।

**1 मार्च, 2003**—बी.जे.पी. आलाकमान ने घोषणा की कि नेतृत्व में कोई बदलाव नहीं होगा। बागी मंत्रियों ने घोषणा की कि वे अब मरांडी को मुख्यमंत्री नहीं मानते हैं। उन्होंने कहा कि वे किसी गैर-बी.जे.पी. शख्स को मुख्यमंत्री के रूप में चाहते हैं।

**2 मार्च, 2003**—मरांडी ने बागी मंत्रियों से मुलाकात की। लेकिन गतिरोध बना रहा।

**3 मार्च, 2003**—बागी मंत्री दिल्ली रवाना हो गए।

**4 मार्च, 2003**—जे.डी.यू. अध्यक्ष शरद यादव स्थिति का आकलन करने के लिए राँची आए।

**5 मार्च, 2003**—शरद यादव, मरांडी से मिले बिना नई दिल्ली आ गए। उन्होंने सार्वजनिक रूप से राज्य सरकार, जिसमें उनकी पार्टी के सदस्य मंत्री थे, की आलोचना की।

**6 मार्च 2003**— जे.डी.यू. और समता पार्टी के केंद्रीय नेताओं ने मरांडी से कहा कि वे ज्यादा समावेशी बनें, लेकिन नेतृत्व में बदलाव की माँग को उन्होंने खारिज कर दिया।

**8 मार्च, 2003**—बच्चा सिंह ने बागी खेमा छोड़ दिया और वे मरांडी के पक्ष में आ गए। उन्होंने कहा कि वे केंद्रीय नेताओं के निर्देश का पालन कर रहे हैं।

**9 मार्च, 2003**—जॉर्ज फर्नांडीस और लालकृष्ण आडवाणी ने एक बार फिर नेतृत्व में परिवर्तन करने की माँग को ठुकरा दिया। राँची में, चार बागी मंत्रियों ने झारखंड मुक्ति मोरचा के नेता शिबू सोरेन से मुलाकात की।

**13 मार्च, 2003**—चार दिनों तक अफरा-तफरी वाली राजनीतिक बातचीत चलती रही। इसके बाद, सात मंत्रियों ने सामूहिक रूप से मरांडी मंत्रिपरिषद से इस्तीफा दे दिया। वे थे—जे.डी.यू. से लाल चंद महतो और बैद्यनाथ राम; समता पार्टी से मधु सिंह, रमेश सिंह मुंडा और जालेश्वर महतो तथा समरेश सिंह एवं जोबा माँझी (दोनों निर्दलीय)।

सात मंत्रियों ने सदन में सत्ता पक्ष को छोड़ दिया और वे विपक्ष के साथ बैठ गए। विपक्षी दलों ने स्पीकर नामधारी को अपना नेता चुना। सदन में, एनडीए

सदस्यों ने नामधारी की भूमिका के लिए उनको भला-बुरा कहा और उनके इस्तीफे की माँग की।

**14 मार्च, 2003**—राज्यपाल एम. रामा जोइस ने मरांडी को सदन में बहुमत सिद्ध करने को कहा।

**16 मार्च, 2003**—तमाम विपक्षी सदस्य एक साथ रहने के लिए राँची के पास एक जगह चले गए। शरद यादव ने बी.जे.पी. आलाकमान से नेता बदलने को कहा। बी.जे.पी. के केंद्रीय सचिव और झारखंड मामलों के प्रभारी राजनाथ सिंह राँची आए।

**17 मार्च, 2003**—मरांडी ने इस्तीफा दे दिया। अर्जुन मुंडा बी.जे.पी. विधायक दल के नेता चुने गए। बागी मंत्री एनडीए के पाले में लौट आए। नामधारी और शिबू सोरेन ने बागी मंत्रियों की कटु आलोचना की कि उन्होंने उनसे विश्वासघात किया और उनका बस इस्तेमाल किया।

**18 मार्च, 2003**—अर्जुन मुंडा ने पाँच मंत्रियों के साथ मुख्यमंत्री पद की शपथ ली। इन पाँच मंत्रियों में से चार निर्दलीय थे—समरेश सिंह, सुरेश महतो, जोबा माँझी, माधव लाल सिंह और बी.जे.पी. से एक पी.एन. सिंह।

**25 मार्च, 2003**—मंत्रिपरिषद् का विस्तार किया गया। सभी बागी मंत्रियों को कैबिनेट दर्जा दे दिया गया।

## विधानसभा चुनाव 2005

पृथक् झारखंड राज्य बनने के बाद, प्रथम विधानसभा चुनाव फरवरी 2005 में कराए गए। परिणाम 27 फरवरी को घोषित किए गए। इसके अनुसार दलीय स्थिति निम्नवत् रही—

| | | | | | |
|---|---|---|---|---|---|
| बीजेपी | — | 30 | सीपीआई (एमएल) | — | 1 |
| जेएमएम | — | 17 | एनसीपी | — | 1 |
| कांग्रेस | — | 9 | झारखंड पार्टी | — | 1 |
| आरजेडी | — | 7 | निर्दलीय | — | 5 |
| जेडीयू | — | 6 | यूजीडीपी | — | 2 |
| फॉरवर्ड ब्लॉक | — | 2 | | | |

पाँच निर्दलीयों में शामिल थे—सुदेश महतो और चंद्र प्रकाश चौधरी, दोनों ए.जे.एस.यू.जे.; मधु कोड़ा, स्टीफन मरांडी और हरिनारायण राय।

इनमें से हरेक के बारे में संक्षिप्त परिचय हमें उस 'मुद्दा आधारित राजनीति' की झलक देगा, जिसकी हमेशा चर्चा की जाती है—

- **सुदेश महतो**—वे अखिल झारखंड छात्र आंदोलन की पैदाइश थे। वे पहली बार वर्ष 2000 में विधानसभा के लिए चुने गए। वे 2005 में फिर से जीते। वे मरांडी सरकार में सड़क निर्माण मंत्री थे। मरांडी सरकार के गिरने के बाद, सुदेश महतो मुंडा सरकार में गृहमंत्री के रूप में काफी ताकतवर हो गए।
- **मधु कोड़ा**—वे एक प्रतिबद्ध आरएसएस-बीजेपी शख्स माने जाते थे। वे पहली बार 2000 में बी.जे.पी. के टिकट पर जीते। वे मरांडी सरकार में मंत्री बने और फिर मुंडा सरकार में मंत्री बने। और फिर, जैसा कि हम आगे देखेंगे, वे मुख्यमंत्री बन गए।
- **स्टीफन मरांडी**—वे उस वक्त राज्यसभा सदस्य थे। वे झारखंड मुक्ति मोरचा से थे, और अपनी पुरानी सीट दुमका से चुनाव लड़ना चाहते थे। शिबू सोरेन ने उन्हें उस सीट से टिकट देने से इनकार कर दिया और जेएमएम का टिकट नहीं दिया। इसलिए वे एक निर्दलीय के रूप में चुनाव लड़े।
- **जोबा माँझी**—उनके पति देवेंद्र माँझी झारखंड आंदोलन में एक अग्रणी व्यक्तित्व थे, उनकी हत्या कर दी गई। उनका स्थान लेने के लिए उनकी पत्नी ने राजनीति में प्रवेश किया। वे वर्ष 1995 और वर्ष 2000 में बिहार विधानसभा के लिए चुनी गईं और 2005 में झारखंड विधानसभा के लिए चुनी गईं। उन्होंने और बंधु टिर्की ने गोवा की पार्टी यूडीजीपी के चिह्न पर चुनाव लड़ा।
- **इनोस इक्का**—महज तीन साल पहले तक, वे छोटे ठेकेदार थे। वे झारखंड पार्टी के टिकट पर वर्ष 2005 के विधानसभा चुनाव में जीते। उन्होंने वर्ष 2005 में एनडीए का समर्थन किया और फिर वे सितंबर 2006 में पाला बदलकर यूपीए में चले गए। जहाँ तक उनकी पार्टी की बात है, वे एन.ई. होरो के नेतृत्व वाली झारखंड पार्टी के उम्मीदवार के

रूप में चुने गए। शीघ्र ही, इक्का ने अपना खेमा बना लिया।

जैसा कि हम इन लघुचित्रों तक से भी देख सकते हैं कि इन जन प्रतिनिधियों में से प्रत्येक में स्वतंत्र चरित्र की तमाम खूबियाँ हैं!

चुनावों ने किसी भी गठबंधन को स्पष्ट बहुमत नहीं दिया। परिणामस्वरूप, जैसे ही परिणाम सामने आए, 'उच्च तीव्रता वाला राजनीतिक ड्रामा' शुरू हो गया।

**28 फरवरी, 2005**—अर्जुन मुंडा एनडीए के नेता चुने गए। उस वक्त, एनडीए में 36 विधायक थे—30 बी.जे.पी. से और 6 जे.डी.यू. से।

राज्य बी.जे.पी. के मुख्यालय पर बाबूलाल मरांडी के समर्थन में प्रदर्शन होने लगे।

**1 मार्च, 2005**—दोनों खेमों ने राज्यपाल सैयद सिब्ते रिज्वी को अपनी-अपनी सूचियाँ सौंप दीं। 81 सदस्यों के सदन में हरेक पक्ष ने 41 विधायकों के समर्थन का दावा किया।

राज्यपाल ने शिबू सोरेन को सरकार बनाने के लिए आमंत्रित किया।

**2 मार्च, 2005**—शिबू सोरेन को मुख्यमंत्री पद की शपथ दिलाई गई। उनके साथ छह मंत्रियों ने भी शपथ ली—स्टीफन मरांडी उप-मुख्यमंत्री बने। आरजेडी के गिरिनाथ सिंह एवं अन्नपूर्णा देवी, यूडीजीपी के बंधु टिर्की तथा जोबा माँझी और एनसीपी के कमलेश कुमार सिंह मंत्री बनाए गए। इस सरकार को बस नौ दिन चलना था।

राज्यपाल ने सोरेन से 21 मार्च तक यह सिद्ध करने को कहा कि उन्हें सदन में बहुमत का विश्वास हासिल है।

एनडीए ने विरोध किया कि सोरेन को खरीद-फरोख्त करने के लिए तीन हफ्ते का समय क्यों दिया जा रहा है?

**3 मार्च, 2005**—एन.डी.ए. ने राष्ट्रपति भवन में राष्ट्रपति के सामने 41 विधायकों को प्रस्तुत किया। इनमें से 30 बी.जे.पी. से और 6 जे.डी.यू. से थे। पाँच निर्दलीय भी मौजूद थे—सुदेश महतो, चंद्र प्रकाश चौधरी, मधु कोड़ा, इनोस इक्का और हरि नारायण राय।

इन तमाम विधायकों को जयपुर में ले जाकर रखा गया, ताकि उन्हें राजनीतिक शिकारियों की पहुँच से दूर रखा जा सके।

**7 मार्च, 2005**—अर्जुन मुंडा अपना केस उच्चतम न्यायालय में ले गए।

**9 मार्च, 2005**—उच्चतम न्यायालय ने शिबू सोरेन को 11 मार्च को सदन में विश्वास मत हासिल करने को कहा। अदालत ने सोरेन सरकार को निर्देश दिया कि जब तक विश्वास मत पूरा न हो जाए, तब तक सदन में आंग्ल-भारतीय प्रतिनिधि को मनोनीत न किया जाए।

विश्वास मत प्राप्त करने से एक दिन पूर्व, कमलेश सिंह 'बीमार पड़ गए'। वे विश्वास मत के दिन सदन में नहीं आए। सोरेन की किस्मत सील हो गई।

**11 मार्च, 2005**—सदस्यों द्वारा हंगामा किए जाने के कारण सदन में विश्वास प्रस्ताव पेश नहीं किया जा सका। प्रो-टेम स्पीकर प्रदीप वाल्मुचु ने सदन स्थगित कर दिया। राज्यपाल को अंतत: अंतर्ज्ञान हुआ। उन्होंने शिबू सोरेन को इस्तीफा देने का निर्देश दिया। सोरेन ने इस्तीफा दे दिया।

**12 मार्च, 2005**—अर्जुन मुंडा को मुख्यमंत्री पद की शपथ दिलाई गई। तमाम पाँचों निर्दलीयों और कमलेश कुमार सिंह को पूर्ण काबीना मंत्री के रूप में शामिल किया गया। कमलेश कुमार सिंह का नाम शपथ लेने के लिए बुलाया गया, लेकिन वे मौजूद नहीं थे, ऐसा कहा गया कि वे अस्पताल में हैं।

सुदेश महतो ने कसकर सौदेबाजी की। उन्होंने गृह विभाग और कई अन्य 'भारी-भरकम' विभाग हासिल कर लिये। इनोस इक्का को लेकर काफी धींगा-मुश्ती चली। उनकी झारखंड पार्टी ने राज्यपाल को खत भेजा कि वह यूपीए का समर्थन करती है। लेकिन इनोस इक्का ने राज्यपाल को खत भेजा कि वे एनडीए का समर्थन करते हैं।

**15 मार्च, 2005**—अर्जुन मुंडा ने सदन में अपना बहुमत साबित कर दिया। नामधारी को स्पीकर चुना गया। विश्वास-मत के वक्त, जोबा माँझी सदन नहीं पहुँचीं। उन्होंने कहा कि उनकी कार में दिक्कत हो गई थी। उन्हें जल्द ही इस सदमे का पुरस्कार दे दिया गया।

**16 मार्च, 2005**—राष्ट्रवादी कांग्रेस पार्टी (एनसीपी) की राज्य इकाई का बी.जे.पी. में विलय हो गया।

**29 मार्च, 2005**—बड़ी मेहनत से बने मंत्रिमंडल का विस्तार किया गया।

बी.जे.पी. के प्रदीप यादव और रघुवर दास तथा जे.डी.यू. के रमेश सिंह मुंडा एवं राधाकृष्ण किशोर काबीना मंत्री के रूप में शामिल किए गए। कमलेश कुमार सिंह ने भी शपथ ली। अर्जुन मुंडा को निर्दलीयों को वे विभाग देने पड़े, जिनकी

उन्होंने माँग की।

जालेश्वर महतो के समर्थकों ने उन्हें मंत्रिमंडल में शामिल कराने के लिए प्रदर्शन किया।

**10 अप्रैल, 2005**—राधा कृष्ण किशोर ने मंत्रिमंडल से इस्तीफा दे दिया।

**19 अप्रैल, 2005**—जे.डी.यू. के जालेश्वर महतो और बी.जे.पी. के सत्य नंद मोक्ता पूर्ण काबीना मंत्री के रूप में शामिल किए गए।

पाँच निर्दलीय मंत्रियों ने 'जी-5' (ग्रुप-5) बना लिया। कमलेश सिंह इनमें से नहीं हैं। इस समूह ने हर दूसरे हफ्ते सरकार को परेशानी में डाला।

स्टीफन मरांडी, कमलेश कुमार सिंह और इनोस इक्का के खिलाफ स्पीकर के समक्ष दल बदल विरोधी कानून के तहत याचिकाएँ दाखिल की गईं।

## एन.डी.ए. शासन की समाप्ति

किसी-न-किसी बहाने, 'जी-5' का गठन करनेवाले पाँचों निर्दलीय रोजाना नई माँगें पेश करने लगे।

जुलाई 2006 के अंत तक, यह ज्यादा ही स्पष्ट होने लगा कि मुंडा सरकार में सबकुछ ठीक नहीं चल रहा है। दिल्ली से आ रही खबरों के अनुसार, तीन निर्दलीय मंत्रियों—मधु कोड़ा, इनोस इक्का और हरिनारायण राय, का कांग्रेस और आरजेडी के नेताओं के साथ संपर्क है। लेकिन अभी भी एक बाधा है, एकमात्र सिद्धांत जो मायने रखता है! नेता कौन बनेगा? चूँकि संविधान ने एक सीमा लगा रखी है, एक हद तक ही झारखंड मंत्रिपरिषद् का विस्तार किया जा सकता है, इसके मंत्रियों की संख्या 12 से ज्यादा नहीं हो सकती है, इसलिए यह एक अतिरिक्त समस्या थी कि जिन्हें मंत्री नहीं बनाया जा सकता है, उनकी झोली में क्या डाला जा सकता है?

अगस्त 2006 के पहले हफ्ते में वह 'टकराव बिंदु' आ गया। जैसा कि आमतौर पर होता है, यह टकराव भी अत्यंत सार्वजनिक महत्त्व के मामले पर था। मधु कोड़ा ने शंभु सिंह नामक एक ठेकेदार का पक्ष लिया और उसे क्लीन चिट दे दी। इससे घटनाओं की लड़ी लग गई और इसका पटाक्षेप अर्जुन मुंडा सरकार के पतन के साथ हुआ।

कहा गया कि तीन निर्दलीय मंत्री सितंबर के पहले हफ्ते में सोनिया गांधी से मिलने वाले हैं।

**4 सितंबर, 2006**—असंतुष्ट या बागी मंत्रियों में से एक कमलेश कुमार

सिंह जमशेदपुर होते हुए दिल्ली जा रहे थे, ताकि अन्य निर्दलीय मंत्रियों के साथ वहाँ शामिल हो सकें। मुख्यमंत्री के निर्देश पर, पुलिस ने उन्हें जमशेदपुर में रोक लिया। कमलेश सिंह को सर्किट हाउस में रहने के लिए बाध्य किया गया। पुलिस ने दावा किया कि ऐसा सुरक्षा कारणों से किया गया।

**5 सितंबर, 2006**—मधु कोड़ा, इनोस इक्का, हरि नारायण राय और कमलेश कुमार सिंह ने राज्यपाल से मुलाकात की तथा मुंडा मंत्रिपरिषद् से अपना इस्तीफा दे दिया।

**7 सितंबर, 2006**—राज्यपाल ने मुख्यमंत्री को बुलाया और उन्हें 15 सितंबर तक यह सिद्ध करने को कहा कि उन्हें अभी भी सदन में बहुमत का विश्वास हासिल है।

**8 सितंबर, 2006**—विधानसभा अध्यक्ष नामधारी ने स्टीफन मरांडी, कमलेश कुमार सिंह और इनोस इक्का को उन याचिकाओं के संदर्भ में नोटिस जारी किया, जो दल-बदल विरोधी कानून के तहत उनके खिलाफ उन्हें मिली थीं। ये याचिकाएँ कुछ समय से उनके पास पड़ी थीं।

**9 सितंबर, 2006**—ये तीनों उच्चतम न्यायालय के पास गए कि उनके खिलाफ जो नोटिस जारी किया गया है, उस पर स्थगन लगाया जाए।

**12 सितंबर, 2006**—उच्चतम न्यायालय ने दखल देने से इनकार कर दिया।

**14 सितंबर, 2006**—स्पीकर नामधारी ने इन तीनों के खिलाफ फैसला रोक लिया। अर्जुन मुंडा ने विश्वास प्रस्ताव पेश करने के पहले ही इस्तीफा दे दिया।

**18 सितंबर, 2006**—निर्दलीय मधु कोड़ा को मुख्यमंत्री पद की शपथ दिलाई गई। कमलेश, इनोस और राय ने काबीना मंत्री के रूप में शपथ ली।

**20 सितंबर, 2006**—कोड़ा ने सदन में अपना बहुमत साबित कर दिया। 41 सदस्यों ने उनका समर्थन किया। एनडीए के सदस्यों ने मतदान में भाग नहीं लिया। उनकी माँग थी कि पहले एक स्थायी विधानसभा अध्यक्ष अवश्य ही चुना जाना चाहिए।,

**24 सितंबर, 2006**—जोबा माँझी, सुधीर महतो, नलिन सोरेन और बंधु टिर्की को काबीना मंत्री के रूप में शपथ दिलाई गई। सुधीर महतो को उप-मुख्यमंत्री बनाया गया।

**9 अक्तूबर, 2006**—स्टीफन मरांडी, दुलाल बुइयान, चंद्र प्रकाश चौधरी

को मंत्रिपरिषद् में शामिल किया गया। चंद्र प्रकाश इससे पहले अपनी पार्टी से अलग हो गए थे। स्टीफन मरांडी ने जोर दिया कि उन्हें स्पीकर बनाया जाए। कांग्रेस सहमत नहीं हुई। इसलिए उन्हें उप-मुख्यमंत्री बनाया गया। इस तरह, सरकार में दो उप-मुख्यमंत्री हो गए।

**7 नवंबर, 2006**—निर्दलीय विधायक भानु प्रताप शाही को एक फौजदारी केस में जमानत नहीं मिल सकी। उन्हें पहले फॉरवर्ड ब्लॉक से निकाल दिया गया था और वह यूपीए का समर्थन कर रहे थे। लेकिन उन्हें जमानत न मिलने के तकनीकी कारण से उन्हें मंत्री पद की शपथ नहीं दिलाई जा सकी। लेकिन जो वचन दिया गया था, उसे निभाया जाना था। इसलिए उनके पिता हेमेंद्र प्रताप शाही, जो एक पूर्व विधायक थे, को मंत्रिपरिषद् में शामिल किया गया। इस सरकार में आठ निर्दलीय मंत्री थे।

लेकिन विभागों का बँटवारा करना सिरदर्द था। इसके अतिरिक्त, उप-मुख्यमंत्री पद का मसला सुलटा नहीं था। इन भारी-भरकम मामलों में दबाव डालने के लिए एक 'जी-3' बनाया गया। इस समूह में हरि नारायण राय, इनोस इक्का और कमलेश सिंह शामिल थे।

लेकिन चंद दिनों के अंदर ही, 'जी-3' बिखर गया। जिस बड़े मसले ने इस समूह को विघटित किया, वह था विभागों का बँटवारा। इनोस अभी भी नाखुश थे; वह 'भारी-भरकम' सड़क निर्माण विभाग चाहते थे।

फिर एक अन्य 'भारी' विभाग को लेकर सार्वजनिक लड़ाई छिड़ गई। यह मामला था, बिजली विभाग के नियंत्रण का। स्टीफन मरांडी ने मंत्रिपरिषद् से सहयोग करना तभी शुरू किया, जब उन्हें कुछ 'वचन' दे दिया गया।

एक और 'जी-3' बनाने का वक्त आ गया। यह समूह इसलिए बनाया गया कि विभाग 'उचित' ढंग से बाँटे जाएँ। इस समूह में स्टीफन मरांडी, हरि नारायण राय और इनोस इक्का शामिल थे। कमलेश सिंह इसमें नहीं थे।

और फिर एक उल्कापात हुआ। यह सरकार शिबू सोरेन के सहयोग के कारण संभव हुई थी। कांग्रेस ने जोड़-तोड़ की थी। इसके चुनिंदा राज्यपाल सिब्ते रजी ने अपने पद को नीचा दिखाया था और सोरेन को मुख्यमंत्री के रूप में स्थापित कर दिया था। सोरेन यह साबित नहीं कर सके कि उन्हें बहुमत का विश्वास हासिल है। उन्हें इस्तीफा देना पड़ा था। लेकिन सांप्रदायिक ताकतों को काबू में रखने के

लिए कांग्रेस को केंद्र में उनके समर्थन की जरूरत थी। उन्हें केंद्र में काबीना मंत्री के रूप में शामिल किया गया और एक 'भारी' विभाग दिया गया। इससे पहले कि उन्हें किसी और रूप में नाम कमाने का कोई वक्त मिले, सिवा इसके कि पहली बार जिस रूप में उन्होंने देश का ध्यान खींचा था, एक अदालत ने हत्या के एक मामले में गैर-जमानती वारंट जारी कर दिया। इस मामले में कोई दर्जन भर मुसलमान मारे गए थे। वे लापता हो गए, और इस तरह उन्होंने इतिहास रच दिया। भारत सरकार का एक मंत्री भाग खड़ा हुआ और देश की तमाम पुलिस और खुफिया एजेंसियाँ उन्हें खोज नहीं सकीं। आखिरकार, उन्हें अपना मंत्री पद छोड़ना पड़ा। लेकिन दिल्ली की सरकार को 'सांप्रदायिकता से मुकाबले' के लिए अभी भी उनकी सेवाओं की जरूरत थी! इसलिए उन्हें एक बार फिर मनमोहन सिंह सरकार में मंत्री के रूप में शामिल किया गया। लेकिन, देखिए कि दिल्ली की एक अदालत ने उन्हें अपने निजी सहायक की हत्या के मामले में दोषी करार दे दिया…

कोड़ा सरकार को सदमा लगा, क्योंकि सोरेन एक अनिवार्य समर्थक थे। लेकिन मूल्य को दाम के साथ भ्रमित नहीं किया जाता है। हालाँकि उन्हें सरकार से इस्तीफा देना पड़ा, लेकिन वे सांसद बने रहे। उन्हें अभी भी झारखंड में कुछ विधायकों की निष्ठा हासिल है। इसलिए, हालाँकि वे जेल में थे, लेकिन सभी पक्षों द्वारा उनकी पूछ होती रही…।

जैसे ही सन् 2007 की शुरुआत हुई, अखबारों में खबरें छपने लगीं कि एक और महान् मसले पर युद्ध छिड़ गया है। कोई 30 बोर्ड और सार्वजनिक क्षेत्र के निगम हैं। ये 'नगरवधू' हैं, हरेक की उन पर नजर रहती है कि वे क्या प्रदान कर सकते हैं। मुख्यमंत्री ने घोषणा की कि वे इन निगमों के तमाम अध्यक्षों को बरखास्त कर देंगे, क्योंकि उनकी नियुक्ति पिछली सरकार द्वारा की गई थी। तमाम दल मैदान में कूद पड़े। झारखंड मुक्ति मोरचा के संसाधनपूर्ण नेता शिबू सोरेन अब खानों का दोहन करने में असमर्थ थे, लिहाजा जेएमएम ने इन 'वधुओं' पर और तगड़ा दावा पेश किया। आखिरकार, उनके पास 17 विधायक थे, जबकि अन्य साझेदारों के पास कमतर विधायक थे। कांग्रेस के पास नौ और आरजेडी के पास सात विधायक थे। जेएमएम को निश्चित रूप से लगा कि नैतिक शक्ति और जरूरत दोनों ही उसके पक्ष में हैं, इसलिए उसने मुख्यमंत्री के समक्ष 15 बोर्डों और निगमों की सूची पेश कर दी, जो उसे अवश्य मिलने चाहिए। कांग्रेस और आरजेडी ने इसका विरोध

किया; उन्होंने भी दावा किया और कहा कि उन्हें उनका हिस्सा अवश्य मिलना चाहिए।

इस तरह का घटनाक्रम कोई अनूठा नहीं है। याद करें कि सन् 1979 में कैसे भजन लाल और उनकी पूरी मंत्रिपरिषद् लाइन से हाथ जोड़कर श्रीमती इंदिरा गांधी की प्रतीक्षा करती हुई खड़ी थी। श्रीमती गांधी की सत्ता में बस पुनः वापसी हुई थी और भजनलाल की पूरी सरकार ने जनता पार्टी सामूहिक रूप से छोड़ दी थी और श्रीमती गांधी के प्रति निष्ठा जताई थी। क्या गेगांग अपांग ने अरुणाचल प्रदेश में हाल ही में इससे कुछ अलग किया? वे और उनकी पूरी मंत्रिपरिषद् ने पाला बदल लिया। किसी को इस आधार पर खुद को सांत्वना नहीं देनी चाहिए कि इस तरह की घटनाएँ राज्यों में घटती हैं, केंद्र में नहीं। बिहार और उत्तर प्रदेश की विधायिकाओं में जब स्तर तथा शिष्टाचार व मर्यादा का पतन होता था, लोग इसी तर्ज पर खुद को सांत्वना देते थे। लेकिन जो कुछ घटनाएँ वहाँ कल घटती थीं, आज वह संसद् में घटती हैं। आखिरकार, चरण सिंह, चंद्रशेखर, एच.डी. देवगौड़ा और आई.के. गुजराल इस देश के प्रधानमंत्री कैसे चुने गए? और उन्हें कैसे हटाया गया? क्या ये 'आधार' उस 'कार्यशैली' से ज्यादा ठोस थे, जिसका बहाना या औचित्य राज्यों में दरशाया जाता है?

घटनावश, मैं उम्मीद करता हूँ कि किसी दिन किसी को अपनी 'कार्य न करने की शैली' के कारण गिरा दिया जाएगा।

## स्पष्ट संकेतक

- हमने 'संसदीय प्रणाली' का जो हाल कर रखा है, ऐसे घटनाक्रम कारोबारी साधन बन गए हैं। क्या वे वाकई आतंकवादियों के हमलों की तरह नमूना नहीं बन गए हैं? क्या हम संविधान में की गई आखिरी विकृति को आतंकवादियों द्वारा किए गए आखिरी हमले से कहीं ज्यादा याद कर सकते हैं?
- हमेशा याद रखें, आज जो कुछ राज्यों में होता है, वह कल को केंद्र में घटता है। जैसा कि हमने उस घटनाक्रम पर गौर किया, जिसके तहत चरण सिंह, चंद्रशेखर, आई.के. गुजराल, एच.डी. देवगौड़ा किसी राज्य के नहीं, बल्कि भारत के प्रधानमंत्री बनाए गए और फिर गिरा दिए गए, वे बमुश्किल भिन्न थे। और यह तथ्य कि पदासीन मंत्री भ्रष्टाचार के

लिए फौजदारी मुकदमों का सामना कर रहे हैं; कि एक मंत्री फरार है; कि एक मंत्री को हत्या के लिए दोषी करार दिया गया है। ये ऐसी चीजें नहीं हैं, जो किसी दूरस्थ राज्य में किसी मंत्रालय में हुई हों। ये चीजें भारत सरकार के मंत्रियों के मामलों में हुई हैं।

- उस पर गौर करें कि उसके क्या हो गया है, जिसका हमेशा हवाला 'उच्च संवैधानिक अधिकारियों' के रूप में दिया जाता है। इस घटनाक्रम में इसका नमूना राज्यपाल के पद द्वारा पेश किया गया है।
- गौर करें कि ऐसे राज्यपाल शायद ही खुद कोई काम करते हैं या फैसला लेते हैं। वे केंद्र सरकार के एजेंट हैं और उसके निर्देश के बगैर एक कदम भी नहीं उठाते हैं।
- 'परदे के पीछे' और 'टेबुल के नीचे' जो कुछ हुआ होगा, वह निश्चित रूप से इन संप्रभु जन-प्रतिनिधियों के महज आगे-पीछे करने से कहीं ज्यादा रंगीन रहा होगा।
- उन महान् मुद्दों पर विचार करें जो समय-समय पर ऐसे घटनाक्रमों के दौरान उठाए जाते हैं। और इन दिनों दाँव-पेंच के लिए जो चालें चली जाती हैं, वे हैं अचानक अस्पताल में भरती हो जाना, कार फेल कर जाना!
- इस पर मनन करें कि इनमें से कोई भी व्यक्ति क्या मंत्री इस कारण बना कि उसमें मंत्रालयों को चलाने की प्रशासकीय योग्यता या क्षमता है?
- जिस तरह के लोग मंत्री बनते हैं और मंत्री रहने के दौरान वे जिन चीजों में व्यस्त और लिप्त रहते हैं, दोनों ही सूरत में प्रशासन के लिए होनेवाले घटनाक्रमों पर विचार करें।
- उस मायाजाल पर विचार करें, जो आज 'राजनीतिक दलों' में आम हो गया है—कैसे कई मामलों में, 'केंद्रीय नेता', 'आलाकमान' को वस्तुतः राज्य और यहाँ तक कि स्थानीय नेताओं या सरदारों की कृपा पर निर्भर रहना पड़ता है, वे किस दंडाभाव व ढिठाई के साथ केंद्रीय नेताओं की अवज्ञा, अवहेलना करते हैं···और कैसे केंद्रीय नेता फिर दिखावा करते हैं कि यह अवहेलना तो पूर्व-निर्धारित नाटक का हिस्सा थी।
- इस पर विचार करें कि कैसे दूर दिल्ली में पार्टियों के नेताओं के बीच

टकराव और सिर-फुटौव्वल से राज्यों में सरकारों को लकवा मार जाता है और इसके उलट वाली स्थिति भी होती है···

**छोटे विचलन, बड़े विस्थापन**

झारखंड का घटनाक्रम इस तथ्य के कारण भी हुआ कि विधानसभा बिखरी हुई थी, टुकड़ों में विभाजित थी, ठीक वैसे ही जैसे कि अन्य विधानसभाओं और खुद संसद् में बिखराव होता है। ये घटनाक्रम दो अतिरिक्त कारकों के कारण और भी जटिल हो जाते हैं। पार्टियों की सीटों का हिस्सा अकसर उनके द्वारा हासिल वोटों के अनुपात में एकदम नहीं होता है। दूसरा, एक पार्टी को मिले वोटों में छोटा विचलन उनको मिली सीटों में बड़ा फर्क ला देता है। ऐसे घटनाक्रमों के ढेरों उदाहरण दिए जा सकते हैं। हमारा मौजूदा मकसद सीमित है, मौजूदा चुनाव में सबसे ज्यादा वोट पानेवाले को विजयी घोषित करनेवाली प्रणाली के आमतौर पर गिनाए जानेवाले लाभों का आकलन करना। महज चंद उदाहरण यह दरशाने के लिए पर्याप्त होंगे कि ये बस मिथक हैं।

**आंध्र**—आंध्र विधानसभा में 294 सदस्य हैं।

क्रमागत चुनावों में तेलुगु देशम पार्टी और कांग्रेस को मिले वोटों के हिस्से तथा उन्हें प्राप्त सापेक्षिक सीटों पर एक नजर डालें—

| वर्ष | तेलुगु देशम पार्टी | | कांग्रेस | |
|---|---|---|---|---|
| | % हासिल वोट | सीटों पर जीत | % हासिल वोट | सीटों पर जीत % |
| 2004 | 37.6 | 47 | 38.6 | 185 |
| 1999 | 43.9 | 180 | 40.6 | 91 |
| 1994 | 44.1 | 216 | 33.8 | 26 |
| 1989 | 36.5 | 74 | 47.1 | 181 |
| 1985 | 46.2 | 202 | 37.2 | 50 |

**गौर करें–**

- वर्ष 2004 में, दोनों पार्टियों को मिले वोटों के हिस्सों में बहुत फर्क नहीं

है। लेकिन कांग्रेस ने तेलुगु देशम की तुलना में चार गुना सीटें हासिल कीं।

- वर्ष 1999 में, तेलुगु देशम को मिले वोटों का हिस्सा कांग्रेस की तुलना में 3.5 फीसदी ज्यादा है। लेकिन कांग्रेस की तुलना में उसे दोगुनी सीटें मिलीं।
- वर्ष 1989 में, टीडीपी को 36.5 फीसदी वोट और उसे 74 सीटें मिलीं। वर्ष 2004 में, उसे 37 फीसदी वोट मिले और सीटें महज 46 मिलीं।
- वर्ष 1999 से 2004 के बीच कांग्रेस को वोट देनेवालों में 2 फीसदी की गिरावट आई। लेकिन उसे मिली सीटों की संख्या दोगुनी हो गई—91 से 185।

**दिल्ली**—दिल्ली विधानसभा में 70 सीटें हैं। कांग्रेस और बी.जे.पी. मुख्य प्रतिद्वंद्वी रहे हैं। उनके द्वारा हासिल वोटों का हिस्सा और सीटों की संख्या यहाँ दी गई है—

| वर्ष | कांग्रेस | | बी.जे.पी. | |
|---|---|---|---|---|
| | प्राप्त वोटों का प्रतिशत | जीती गई सीटें | प्राप्त वोटों का प्रतिशत | जीती गई सीटें |
| 2003 | 48.1 | 47 | 35.2 | 20 |
| 1998 | 47.8 | 52 | 34.0 | 15 |
| 1993 | 34.5 | 14 | 42.8 | 49 |
| 1983 | 47.5 | 34 | 37.0 | 19 |

### गौर करें–

गौर करें कि कैसे कांग्रेस को वर्ष 1983, 1998 और 2003 में करीब 48 फीसदी वोट प्राप्त हुए। इसके सीटों की संख्या 34 से लेकर 52 तक झूलती रही।

**हरियाणा**—हरियाणा विधानसभा में 90 सीटें हैं। पिछले दो चुनावों से कांग्रेस और भारतीय राष्ट्रीय लोकदल मुख्य प्रतिद्वंद्वी रहे हैं।

| वर्ष | कांग्रेस | | आईएनएलडी | |
|---|---|---|---|---|
| | प्राप्त वोटों का प्रतिशत | जीती गई सीटें | प्राप्त वोटों का प्रतिशत | जीती गई सीटें |
| 2005 | 42.5 | 67 | 26.7 | 9 |
| 2000 | 31.2 | 21 | 29.6 | 47 |

आईएनएलडी को प्राप्त वोटों में तीन फीसदी की गिरावट ने उसकी सीटों की संख्या 47 से 9 तक पहुँचा दी।

**केरल**—केरल विधानसभा में 140 सीटें हैं। यह राज्य इस बात का एक शास्त्रीय उदाहरण है कि मतदाता कैसे बिखरे हुए और विभाजित रहे हैं तथा विभाजित खंड कैसे जम गए हैं। यह हमारे चुनावों की एक अन्य खासियत का भी आदर्श नमूना पेश करता है। वोटर शासकों के एक समूह से दूसरे समूह के प्रति अपनी निष्ठा बदलते रहते हैं, और इससे यह भ्रम पैदा होता है कि वास्तविक विकल्प का प्रयोग किया जा रहा है। दरअसल, एक समूह, जो दूसरे समूह को सत्ताच्युत करता है, वह व्यावहारिक रूप से अपने पूर्ववर्ती से कोई ज्यादा भिन्न नहीं होता है। इस तथ्य पर गौर करें कि हालाँकि राज्य में दलों और गठबंधनों का शासन बदलता रहा है, राज्य में शायद ही कोई निवेश हुआ है और राज्य अपनी समस्याएँ निर्यात करता रहा है, मजदूरों को खाड़ी देशों में तथा विचारधाराओं को बाकी भारत में! यह राज्य मुसलिम लीग जैसी पार्टियों के धर्मनिरपेक्ष चरित्र को भी उजागर करता है। वे एक चुनाव में एक ध्रुव के साथ होते हैं तो दूसरे चुनाव में दूसरे ध्रुव के साथ। इस तरह मुख्य पार्टियों में सत्ता की अदला-बदली होती है, लेकिन मुसलिम लीग के विधायक अकसर अपने सभी गठबंधन सहयोगियों की तुलना में सत्ता में बने रहते हैं! उन्हें एक अतिरिक्त लाभ है, चूँकि हर कोई जानता है कि वे पाला बदलने के लिए हर समय उपलब्ध हैं, इसलिए तमाम पक्ष उन्हें मनाने के लिए झुकने को तैयार रहते हैं। जो गठबंधन उन्हें अपने खेमे में लाते हैं, वे भी फायदे में रहते हैं। ऐसी धुर सांप्रदायिक पार्टी को शामिल कर गठबंधन अपनी धर्मनिरपेक्षता को स्थापित करता है।

यहाँ क्रमागत चुनावों में मुख्य प्रतिद्वंद्वी दलों द्वारा प्राप्त वोटों का हिस्सा और उन्हें प्राप्त सीटों की संख्या का ब्योरा दिया गया है—

| वर्ष | कांग्रेस | | सी.पी.एम. | |
|---|---|---|---|---|
| | वोटों का % | हासिल सीटें | वोटों का % | हासिल सीटें |
| 2006 | 24.1 | 24 | 30.4 | 61 |
| 2001 | 31.4 | 62 | 21.4 | 23 |
| 1996 | 30.4 | 37 | 21.6 | 40 |
| 1991 | 32.1 | 55 | 21.7 | 28 |
| 1987 | 24.8 | 33 | 22.8 | 38 |
| 1982 | 11.9 | 20 | 18.8 | 26 |
| 1980 | 11.3 | 21 | 19.4 | 35 |

**गौर करें—**

- सन् 1987 और 2001 के बीच, सी.पी.एम. के वोटों का प्रतिशत 21 और 22 फीसदी के बीच रहा। लेकिन इसे प्राप्त सीटों की संख्या 23 और 40 के बीच झूलती रही।
- आईना दिखाने वाला तथ्य है कि वर्ष 1991, 1996 और 2001 में, कांग्रेस को 30 से लेकर 32 फीसदी वोट मिले। लेकिन इसकी सीटों की संख्या 37 से बढ़कर 62 तक छलाँग लगा गई।
- वर्ष 1996 में, कांग्रेस को 30.4 फीसदी वोट मिले और उसे 37 सीटें मिलीं। वर्ष 2006 में, सीपीएम को भी 30.4 फीसदी वोट मिले। लेकिन उसने 61 सीटें जीतीं।
- वर्ष 1996 में, कांग्रेस को 30.4 फीसदी वोट मिले और इससे उसे 37 सीटें मिलीं। सीपीएम को 21.6 फीसदी वोट मिले, लेकिन इनसे उसे 40 सीटें हासिल हो गईं।

**मध्य प्रदेश**—इस राज्य की विधानसभा में छत्तीसगढ़ बनने के पूर्व 320 सीटें थीं। मुख्य प्रतिद्वंद्वी दल बी.जे.पी. और कांग्रेस रहे हैं।

वर्ष 1990 और 1998 के बीच, बी.जे.पी. को 39 फीसदी वोट मिले। इसकी सीटें 117 और 220 के बीच झूलीं। वर्ष 1993 एवं 1998 में, कांग्रेस और बी.जे.पी.

के वोटों के हिस्से में कोई बड़ा फर्क नहीं था, दोनों दलों को करीब 40 फीसदी वोट मिले, लेकिन उन्हें प्राप्त सीटों की संख्या एक मामले में 172/174 रही और दूसरे मामले में 119/117 रही।

| **वर्ष** | **कांग्रेस** | | **बी.जे.पी.** | |
|---|---|---|---|---|
| | **प्राप्त वोटों का प्रतिशत** | **जीती गई सीटें** | **प्राप्त वोटों का प्रतिशत** | **जीती गई सीटें** |
| 1998 | 40.6 | 172 | 39.3 | 119 |
| 1993 | 40.7 | 174 | 38.8 | 117 |
| 1990 | 33.4 | 56 | 39.1 | 220 |
| 1985 | 48.8 | 250 | 32.4 | 58 |
| 1980 | 47.5 | 246 | 30.3 | 60 |

**महाराष्ट्र**— वर्ष 1990, 1995 और 1999 में शिव सेना को क्रमश: 52, 73 तथा 69 सीटें मिलीं। दूसरी ओर इसके वोटों का हिस्सा बहुत नहीं बदला, यह क्रमश: 15.9 फीसदी, 16.4 फीसदी और 17.3 फीसदी रहा।

**उड़ीसा**—उड़ीसा विधानसभा में 147 सीटें हैं। हाल के वर्षों में, बीजू जनता दल, कांग्रेस और बी.जे.पी. मुख्य प्रतिद्वंद्वी दल रहे हैं।

| **वर्ष** | **कांग्रेस** | | **बी.जे.डी.** | | **बी.जे.पी.** | |
|---|---|---|---|---|---|---|
| | **प्राप्त वोटों का प्रतिशत** | **जीती गई सीटें** | **प्राप्त वोटों का प्रतिशत** | **जीती गई सीटें** | **प्राप्त वोटों का प्रतिशत** | **जीती गई सीटें** |
| 2004 | 34.8 | 38 | 27.4 | 61 | 17.1 | 32 |
| 2000 | 33.8 | 26 | 29.4 | 68 | 18.2 | 38 |

## गौर करें–

- सन् 2004 में, कांग्रेस को 34.8 फीसदी वोट मिले। जबकि सीटें सिर्फ 38 मिलीं। बीजेडी को महज 27.4 फीसदी वोट मिले, लेकिन उसने 61 सीटें जीत लीं।

- सन् 2004 में, बी.जे.पी. को 17 फीसदी वोट मिले, जो कि कांग्रेस को मिले 35 फीसदी वोट से आधा हैं। लेकिन बी.जे.पी. को 32 सीटें प्राप्त हुईं, जबकि कांग्रेस को सिर्फ 38 सीटें मिलीं।
- सन् 2000 और 2004 के बीच, कांग्रेस को प्राप्त वोटों का हिस्सा 33.8 फीसदी से बढ़कर 34.8 फीसदी हुआ। लेकिन उसकी सीटों की संख्या 26 से बढ़कर 38 हो गई।
- सन् 2000 में, बी.जे.पी. को 18 फीसदी वोटों के साथ 38 सीटें मिलीं। वर्ष 2004 में, कांग्रेस को 35 फीसदी वोट मिले और फिर भी उसे बी.जे.पी. जितनी ही 38 सीटें मिलीं।

**राजस्थान**—राजस्थान विधानसभा में 200 सीटें हैं। बी.जे.पी. और कांग्रेस मुख्य प्रतिद्वंद्वी रहे हैं।

| **वर्ष** | **कांग्रेस** | | **बी.जे.पी.** | |
|---|---|---|---|---|
| | **प्राप्त वोटों का प्रतिशत** | **जीती गई सीटें** | **प्राप्त वोटों का प्रतिशत** | **जीती गई सीटें** |
| 2003 | 35.6 | 56 | 39.2 | 120 |
| 1998 | 44.9 | 153 | 33.2 | 33 |
| 1993 | 38.3 | 76 | 38.6 | 95 |
| 1990 | 33.6 | 50 | 25.2 | 85 |
| 1985 | 46.5 | 113 | 21.2 | 39 |

वर्ष 1993 में, दोनों ही प्रतिद्वंद्वियों को 38 फीसदी वोट मिले। लेकिन कांग्रेस को बदले में 76 सीटें मिलीं, जबकि बी.जे.पी. को 95 सीटें प्राप्त हो गईं।

गौर करें कि एक चुनाव से दूसरे चुनाव में वोटों का हिस्सा किस तरह तेजी से बदलता है। वोटर गुस्से या हताशा में अपनी निष्ठा एक पार्टी को छोड़कर दूसरी पार्टी के प्रति जताते हैं। रुझानों में बदलाव सीटों की संख्या में बड़ा फर्क लाते हैं। सन् 1998 से 2003 के बीच, बी.जे.पी. को प्राप्त वोटों के हिस्से में महज 6 फीसदी का इजाफा हुआ, लेकिन उसकी सीटों की संख्या 33 से बढ़कर 120 पर जा पहुँची। इसी तरह, सन् 1993 से 1998 के बीच इसके वोटों के हिस्से में महज 5 फीसदी

की गिरावट ने इसकी सीटों की संख्या 95 से गिराकर 33 पर पहुँचा दी।

**तमिलनाडु**—तमिलनाडु तीनों खासियतों का सकल नमूना पेश करता है, सरकारों का गैर-प्रतिनिधित्व; सीटों में तेज बदलाव, जो वोटों के रुझान के हलके बदलाव से भी आता है और चूँकि मतदाता बिखरे हुए एवं खंडित हैं तथा खंडित समूह जमे हुए हैं, इसलिए विभिन्न स्थानीय पार्टियों को जोड़ने का अंतिम नतीजे पर पड़ने वाला असर।

तमिलनाडु विधानसभा में 234 सीटें हैं। ए.आई.ए.डी.एम.के. और डी.एम.के. मुख्य प्रतियोगी दल रहे हैं।

**तमिलनाडु विधानसभा चुनाव**

| | 1991 | 1996 | 2001 | 2006 |
|---|---|---|---|---|
| **डाले गए वोटों में प्रतिशत हिस्सा** | | | | |
| डी.एम.के. | 22.5 | 42.1 | 30.9 | 20.5 |
| ए.डी.के.* | 44.4 | | | |
| ए.आई.ए.डी.एम.के. | | 21.5 | 31.4 | 32.6 |
| **प्राप्त सीटें** | | | | |
| डी.एम.के. | 2 | 173 | 31 | 96 |
| ए.डी.के.* | 164 | | | |
| ए.आई.ए.डी.एम.के. | | 4 | 132 | 61 |

* बाद में, अखिल भारतीय द्रविड़ मुन्नेत्र कड़गम ए.आई.ए.डी.एम.के. बन गया।

प्रोफेसर फाइनर ने चुनाव में सबसे ज्यादा वोट पानेवाले उम्मीदवार को तथा विजयी घोषित करनेवाली प्रणाली को जो 'गैर-आनुपातिक प्रतिनिधित्व' करार दिया है, तमिलनाडु उसका एक पाठ्यक्रमीय उदाहरण प्रस्तुत करता है। वर्ष 2001 और 2006 के चुनावों के बीच, डी.एम.के. के वोटों का हिस्सा 30.9 फीसदी से गिरकर 26.5 फीसदी पर पहुँच गया। मगर उसकी सीटों की संख्या 31 से बढ़कर 96 पर पहुँच गई। ए.आई.ए.डी.एम.के. को ज्यादा फीसदी वोट प्राप्त हुए, लेकिन उसकी सीटों की संख्या 132 से गिरकर 61 पर पहुँच गई।

**यह भी गौर करें कि–**

- वर्ष 2006 में, डी.एम.के. को 26.5 फीसदी वोट मिले और इसके लिए उसे 96 सीटें मिल गईं। इसके विपरीत, ए.आई.ए.डी.एम.के. को 32.6 फीसदी वोट मिले, लेकिन उसे केवल 61 सीटें हासिल हुईं।
- वर्ष 2006 में, ए.आई.ए.डी.एम.के. को 32.6 फीसदी वोट मिले, जो कि वर्ष 2001 में उसे मिले 31.4 फीसदी वोट से ज्यादा थे। लेकिन वर्ष 2006 में जहाँ उसे केवल 61 सीटें मिलीं, वहीं वर्ष 2001 में उसे 132 सीटें हासिल हुई थीं।
- वर्ष 2001 में, दोनों ही दलों को करीब 31 फीसदी वोट मिले। लेकिन डी.एम.के. को जहाँ केवल 31 सीटें मिलीं, वहीं ए.आई.ए.डी.एम.के. को 132 सीटें मिल गईं।

**उत्तर प्रदेश**—यह सही है कि ऐसी 'विसंगतियों' की कई व्याख्याएँ हैं। स्पष्ट है कि नतीजा महज इस बात से प्रभावित नहीं होगा कि एक पार्टी के उम्मीदवार को कितना समर्थन हासिल है, बल्कि उसके विरोधी उम्मीदवारों की संख्या और उन्हें प्राप्त समर्थन से भी प्रभावित होगा। परिणाम उसके समर्थकों की प्रकृति और उनके भौगोलिक फैलाव से भी प्रभावित होगा। मान लें कि आबादी का 15 फीसदी हिस्सा एक पार्टी को पसंद करता है। इस पार्टी को एक भी सीट नहीं मिल सकती है, क्योंकि हरेक निर्वाचन-क्षेत्र में उसके उम्मीदवार को किसी अन्य पार्टी के उम्मीदवार से कम वोट मिल सकता है। यह विरोधी उम्मीदवार हरेक निर्वाचन क्षेत्र में अलग-अलग हो सकता है। इसके विपरीत स्थिति में, मान लें कि राज्य की 15 फीसदी आबादी उसके समर्थक हैं, लेकिन वे कुछ ही निर्वाचन क्षेत्रों में केंद्रित हैं। इन निर्वाचन क्षेत्रों में वह पार्टी शानदार ढंग से जीत जाएगी, लेकिन बड़ी संख्या में उसे मिले वोट फालतू होंगे। ऐसे हरेक निर्वाचन क्षेत्र में, उसके उम्मीदवारों को जितने वोट मिलेंगे, वे उस खास निर्वाचन क्षेत्र में उसके उम्मीदवार की जीत के लिए जरूरी वोट से काफी ज्यादा होंगे। फिर भी, ये अतिरिक्त वोट उन निर्वाचन क्षेत्रों में उसके किसी काम के नहीं होंगे, जिनमें यदि उनके उम्मीदवार को कुछ और वोट मिल जाते तो वे जीत जाते। इसी तरह से, गठबंधनों का असर होता है। एक मायावती को अपने पक्ष में कर लेने से बड़ा फर्क आ सकता है, क्योंकि मायावती के वोट 'हस्तांतरित किए जाने योग्य' हैं, वे वोट उस पार्टी को मिल जाते हैं, जिन्हें देने

को वे कहती हैं, और यह सिलसिला बना रहता है।

मुद्दा यह नहीं है कि इन 'विसंगतियों' की व्याख्या नहीं की जा सकती है, बल्कि मुद्दा यह है कि जो भी व्याख्या दी जाए, परिणाम तथा इसके ऊपर दिए गए उदाहरणों को और कई गुणा पेश किया जा सकता है। उन दावों पर सवाल उठाते हैं, जो मौजूदा प्रणाली को लेकर अकसर किए जाते हैं, कि इससे जो सरकारें बनती हैं, वे प्रतिनिधि सरकारें होती हैं, कि जो विधायिकाएँ सामने आती हैं, वे प्रतिनिधि विधायिकाएँ होती हैं। उन वादों के बारे में क्या कहा जाए जो नहीं किए जाते हैं कि यह प्रणाली एक अरब की आबादी के लिए शासक चुनने की सर्वाधिक संभव बढ़िया प्रणाली है।

## असुरक्षित सरकारें

वोटों के छोटे विचलन से सीटों की संख्या में भारी बदलाव हो जाने की इस समस्या से केंद्र भी उतना ही पीड़ित है। लोकसभा चुनावों में दो मुख्य पार्टियों, कांग्रेस और बीजेपी द्वारा हासिल किए गए वोटों और उनकी सीटों पर एक नजर डालें—

**कांग्रेस द्वारा हासिल वोट और सीटें**

| आम चुनाव का वर्ष | कांग्रेस द्वारा प्राप्त वोटों का प्रतिशत | कांग्रेस द्वारा प्राप्त सीटों की संख्या |
|---|---|---|
| 1971 | 43.7 | 352 |
| 1977 | 34.5 | 154 |
| 1980 | 42.7 | 353 |
| 1984 | 48.1 | 405 |
| 1989 | 39.5 | 197 |
| 1991 | 36.5 | 232 |
| 1996 | 28.8 | 140 |
| 1998 | 25.8 | 141 |
| 1999 | 28.3 | 114 |
| 2004 | 26.7 | 145 |

पहले गौर करें कि सन् 1984 में, कांग्रेस लोकसभा की 540 सीटों में से 405 सीटें प्राप्त करने में कामयाब रही, यानी कि 48 फीसदी वोटों के साथ संपूर्ण सीटों का तकरीबन तीन-चौथाई हिस्सा। दूसरी बात पर गौर करें कि पार्टी द्वारा हासिल सीटों में कितना बदलाव हुआ और उनकी तुलना उनके वोटों के हिस्से से करें। वर्ष 1991 में उसके वोटों के हिस्से में 3 फीसदी की गिरावट आई, लेकिन इसकी सीटों की संख्या 197 से बढ़कर 232 हो गई। वर्ष 1998 में, इसके वोट प्रतिशत में फिर 3 अंकों की गिरावट आई। इसकी सीटों की संख्या में एक सीट का इजाफा हुआ। दूसरी ओर वर्ष 1999 के चुनाव में, इसके वोटों में 2.5 प्रतिशत की बढ़ोतरी हुई, लेकिन इसकी सीटें 141 से गिरकर 114 पर पहुँच गईं। वर्ष 2004 में, इसके वोटों का हिस्सा सर्वाधिक कम स्तर पर पहुँच गया। वर्ष 1999 की तुलना में भी यह कमतर रहा। सन् 1999 में जहाँ उसे 28.3 फीसदी वोट मिले थे, वहीं वर्ष 2004 में महज 26.5 फीसदी वोट मिले। लेकिन उसे प्राप्त सीटों की संख्या 114 से बढ़कर 145 पर जा पहुँची। और यह उस नए गठबंधन का मुख्य केंद्रीय दल बन गया, जो आज केंद्र में शासन करता है।

बीजेपी की संख्याएँ भी दर्पण-प्रतिबिंब की तरह इसी बात को उजागर करती हैं —

**बीजेपी द्वारा प्राप्त वोट और सीटें**

| आम चुनाव का वर्ष | बीजेपी द्वारा प्राप्त वोटों का प्रतिशत | बीजेपी द्वारा प्राप्त सीटों की संख्या |
|---|---|---|
| 1984 | 7.4 | 2 |
| 1989 | 11.5 | 86 |
| 1991 | 20.1 | 121 |
| 1996 | 20.3 | 161 |
| 1998 | 25.6 | 182 |
| 1999 | 23.6 | 182 |
| 2004 | 22.2 | 138 |

जब तक उसके वोटों का हिस्सा 10 फीसदी को पार नहीं कर गया, बीजेपी की सीटों की संख्या उसके वोटों के प्रतिशत से काफी नीचे रही। जहाँ तक बदलावों की बात है, बीजेपी के आँकड़े कांग्रेस के उलट हैं। इसके वोटों का हिस्सा जबकि सन् 1991 और 1996 के बीच तकरीबन समान रहा, लेकिन इसकी सीटों की संख्या 21 से बढ़कर 161 पर जा पहुँची। इसके विपरीत, सन् 1998 और 1999 के चुनावों के बीच हालाँकि इसके वोटों के हिस्से में 2 फीसदी अंकों की गिरावट आई, लेकिन इसकी सीटों की संख्या 182 बनी रही। सन् 2004 के चुनावों में, इसके वोटों के हिस्से में महज 0.6 फीसदी की गिरावट आई, लेकिन इसे प्राप्त सीटों की संख्या में भारी कमी हो गई, 182 से गिरकर 138 पर पहुँच गई। यानी कि महज 0.6 फीसदी वोटों की गिरावट से बीजेपी की लोकसभा में ताकत एक-तिहाई सीटों से गिरकर एक-चौथाई पर पहुँच गई। यह एक प्रमुख कारण था, जिससे केंद्र में एक नया गठबंधन सत्ता में आया।

एक अग्रणी निवेश बैंकर ने एक अन्य खासियत की ओर ध्यान खींचा, एक ऐसी खासियत, जिसके परिणाम निकट भविष्य में शासन के लिए और भी गंभीर समस्याएँ खड़ी कर सकते हैं। कांग्रेस और बीजेपी द्वारा हासिल की गई सीटों की कुल संख्या पर नजर डालें। वर्ष 1991 में यह संख्या 352 थी, जो सन् 1996 में गिरकर 301 हो गई। सन् 1998 में यह संख्या बढ़कर 323 हुई, लेकिन अगले ही साल यानी सन् 1999 में 296 और सन् 2004 में 283 तक लुढ़क गई। केंद्र में सरकार बनाने के लिए जिस जादुई आँकड़े को पार करना होता है, वह है 272। वे कहते हैं कि यदि दोनों पार्टियाँ एक-दूसरे की ही सीटों को खाती रहीं, और अपना आधार खोती रहीं, तो यह शीघ्र ही संभव हो जाएगा कि केंद्र में इन दोनों के बगैर ही कोई गठबंधन सत्ता में आ जाए।

ये खासियतें, बिखरे हुए मतदाता; बिखरे हुए घटक, वोटों में थोड़े से विचलन से सीटों के हिस्से में ऐसे घोषित परिणामों का आना, राजनीतिज्ञों को उसी रणनीतिक सबक की ओर ले जाती हैं, किसी तरह खाई को, विभाजनों को और बढ़ाया जाए; किसी तरह मतदाताओं के एक छोटे हिस्से में विचलन पैदा किया जाए; किसी तरह छोटे समूहों और वर्गों को जोड़-तोड़कर अपने पाले में लाया जाए। तथा कार्य-प्रदर्शन? एक रणनीतिकार ने मुझे स्पष्ट किया, "अंकगणित कार्य-प्रदर्शन का जवाब है।"

और आपको देशभर में या राज्यभर में उन छोटे वर्गों को जोड़ना नहीं है, बस

कुछेक निर्वाचन क्षेत्रों में छोटे वर्गों पर ध्यान केंद्रित करना है। सीमांत निर्वाचन क्षेत्र—जैसे वे क्षेत्र, जिनमें पूर्ववर्ती चुनाव में छोटी संख्या की बदौलत आप हार गए थे, पर आपको ध्यान देना है। क्या यह कोई आश्चर्य है कि चुनाव आयोग ने अपनी रिपोर्ट में वर्ष 2004 के लोकसभा चुनावों के लिए 230 'पार्टियों' को सूचीबद्ध किया? क्या यह बात चकित करनेवाली है कि उत्तर प्रदेश के आसन्न चुनाव को देखते हुए, 'इंडियन एक्सप्रेस' अखबार ने पाया कि 150 'पार्टियाँ' कुकुरमुत्ते की तरह उग आई हैं?

यह खासियत सिर्फ राजनीतिक दलों और व्यक्तिगत नेताओं की किस्मत को प्रभावित नहीं करती है। श्रीमती गांधी संसद् में संविधान में अपने तानाशाही बदलावों को इसी कारण आगे बढ़ा सकीं कि वर्ष 1971 के चुनावों में महज 43.7 फीसदी वोट के बूते, उन्होंने लोकसभा में दो-तिहाई बहुमत हासिल कर लिया था।

एक बार आप सदन में पहुँच जाते हैं, तो अगले दिन किसी भी तरह, कुछ भी बन जा सकते हैं; यह लगभग लॉटरी ही है। यहाँ तक कि आप प्रधानमंत्री या उप-प्रधानमंत्री भी बन सकते हैं। चरण सिंह, चंद्रशेखर, देवगौड़ा, वी.पी. सिंह, देवी लाल को याद करें। उनका अपने जन्मस्थान के इर्द-गिर्द के दो-तीन जिलों के बाहर कोई प्रभाव नहीं था, और फिर भी वे प्रधानमंत्री और उप-प्रधानमंत्री बन गए। कुछेक अन्य का प्रभाव तो एक-दो जिलों तक भी फैला हुआ नहीं था! यह कोई तरीका है, ऐसा व्यक्ति चुनने का, जो एक अरब लोगों की किस्मत की गाड़ी चलाए! और जैसा कि मैं लिखता हूँ, सोनिया गांधी की एक फूँक, बस एक फूँक, दूसरी फूँक की जरूरत ही नहीं पड़ेगी, मनमोहन सिंह को सत्ताच्युत कर देगी। एक फूँक, और एक अरब लोगों का प्रधानमंत्री, एक 'महाशक्ति' बनने की आकांक्षा रखनेवाले मुल्क का प्रधानमंत्री सत्ता से बाहर!

## ज्यादा-से-ज्यादा गैर-जिम्मेदार नीतियाँ

इन खासियतों का असर सीटों आदि पर पड़ने की तुलना में नीतियों और कार्यक्रमों पर काफी ज्यादा पड़ता है। शुरुआती रूप में देखें तो पार्टियाँ आज किसी विचारधारा या यहाँ तक कि किसी खास विचार से भी जुड़ी नहीं होती हैं और उनका कोई आदर्श तो होता ही नहीं है। जब गठबंधन बनाए जाते हैं, तो इसका आधार यह नहीं होता है कि उनके कुछ साझा विचार हैं और इसीलिए वे एक साथ आए हैं। मौजूदा 'यूनाइटेड प्रोग्रेसिव एलायंस' इस स्थिति का एकदम सही उदाहरण

है। इस गठबंधन के घटक दलों ने वर्ष 2004 के लोकसभा चुनावों में एक-दूसरे के खिलाफ लड़ा और उन्हें आश्चर्य तब हुआ, जब वे जीत गए या वे एक ऐसा गठजोड़ करने में कामयाब हो गए, जिसे जीता हुआ दिखाया जा सके। इस अर्थ में 'विजयी' होकर, एक 'न्यूनतम साझा कार्यक्रम' तैयार किया गया, और यह सत्ता में आने का बहाना बन गया!

लेकिन यह तो महज शुरुआत है। मतदाता जितना ही बिखरा हुआ होगा, राजनीतिज्ञों को झुकाने के लिए उतने ही छोटे दबाव-समूह की जरूरत पड़ेगी। पहले अनुसूचित जातियाँ/अनुसूचित जनजातियाँ ही थीं, जिनकी दलाली तमाम पार्टियों को करनी पड़ती थी। फिर मुसलमान, फिर अन्य पिछड़ा वर्ग (ओबीसी), फिर इन समूहों में से प्रत्येक के बीच प्रत्येक उपजाति। और यह दलाली जाति समूहों और धार्मिक समूहों तक ही सीमित नहीं है। अगर दिल्ली का किराया नियंत्रण कानून लागू कर दिया जाए, तो कारोबारियों की संख्या निश्चित रूप से दिल्ली के मतदाताओं का एक छोटा हिस्सा होगी। फिर भी, वे पूरे राजनीतिक वर्ग को झुकाने में कामयाब हो गए और एक पारित कानून भी एक दशक तक अधिसूचित नहीं किया जा सका! जिन बिल्डरों ने दिल्ली में विशाल, अवैध भवन बना रखे हैं, और जो क्रमिक तोड़-फोड़ अभियानों का निशाना रहे हैं, उनकी तादाद दिल्ली की आबादी का एक लघु अंश होगी। फिर भी, वे पूरे राजनीतिक वर्ग को झुकाने में कामयाब हो गए और कानून को पलटवा दिया, ताकि उच्चतम न्यायालय के आदेशों को निरस्त किया जा सके। जब कोई गलत काम किया जा रहा होता है, तो राजनीतिक वर्ग ऐसे वक्त सबसे ज्यादा एकजुट हो जाते हैं। याद करें कि आरक्षण पर उच्चतम न्यायालय के फैसलों को पलटने के लिए संविधान संशोधन करते वक्त राजनीतिक वर्ग किस कदर सर्वसम्मत हो गए! ऐसे बदलावों के लिए कानून बनाते समय अकसर ही औपचारिक मतदान कराने की भी जहमत नहीं उठाई जाती, 'ध्वनि मत' ही पर्याप्त होता है। न्यायपालिका ने राजनीतिज्ञों को अभी तक प्राप्त सुरक्षा को जब हटा दिया, तो याद करें कि उसकी निंदा करने में राजनीतिज्ञ कैसे एकजुट हो गए थे! अभी तक उन्हें यह सुरक्षा मिली हुई थी कि राजनीतिज्ञों के खिलाफ खुद राजनीतिज्ञों की पूर्व अनुमति के बगैर मुकदमा नहीं चलाया जा सकता। अदालत ने इस सुरक्षा को हटा दिया था।

राजनीतिज्ञ फुटकर समूहों के और भी शिकार हो जाते हैं। वे उन समूहों की

दलाली करने को मजबूर होते हैं और उनकी माँगों के आगे झुक जाते हैं। ऐसे समूहों की संख्या-शक्ति उतनी नहीं होती है। फिर भी राजनीतिज्ञ उनके दबाव में आ जाते हैं, तो इसके दो कारण हैं।

पहला, जैसा कि हमने देखा है, एक बिखरे हुए मतदाता में, वोटों में दो-तीन फीसदी विचलन भी तय कर देता है कि आप चुनावों में विजयी होंगे या पराजित।

परिणामस्वरूप, उस सीमांत वर्ग के उस सीमांत वोट को हासिल करने के लिए एक पार्टी धुर नीतियाँ अपनाती है। नेता आसानी से मानते हैं कि ये नीतियाँ देश को बरबाद करेंगी। फिर भी वे उन नीतियों को अपनाते हैं। दूसरी ओर, एक सरकार के अंदर कोई नेता, राजनीतिक परिदृश्य में कोई पार्टी, एक पार्टी के अंदर कोई वर्ग एक नीति की घोषणा कर सकता है या प्रस्ताव रख सकता है, और कोई भी उसका विरोध करने का साहस नहीं कर सकता। जब देवी लाल ने घोषणा की कि वे रैली करेंगे, तो इससे डरकर वी.पी. सिंह ने मंडल की शरण ले ली; जब अर्जुन सिंह को पता चला कि उन्हें राज्यपाल के रूप में किनारे किया जा रहा है, तो उन्होंने निजी, गैर-वित्तीय सहायता-प्राप्त शैक्षणिक संस्थानों में अन्य पिछड़े वर्गों (ओबीसी) के लिए आरक्षणों की घोषणा कर दी। अकसर यह दावा किया जाता है कि चुनावी हार के भय के जरिए सरकारों को उत्तरदायी आचरण करने के लिए बाध्य किया जाता है, लेकिन हमारे मामले में निश्चित रूप से इसके विपरीत बात सच है—"जहाँ तक इस तर्क की बात है कि चुनाव परिणामों का भय सरकारों के आचरण को प्रभावित करता है, तो इसे सिर के बल खड़ा किया जा सकता है। दरअसल, सरकार आमतौर पर इससे प्रभावित होती है कि जो उसके समर्थक हैं, वे कहीं नाराज न हो जाएँ, इसलिए वह उनकी माँगों के प्रति संवेदनशील रहती है। और अपने फैसलों के परिणामों के प्रति उत्तरदायी होकर एक उत्तरदायी सरकार होने की बात तो दूर, यह उसके गैर-जिम्मेदार सरकार होने का सारांश बन जाता है।"[1] राजनीतिक नेता ऐसा कोई भी कदम उठाने से हिचकते हैं, जो, उदाहरण के लिए निचली नौकरशाही, पुलिस, प्राथमिक स्कूल शिक्षकों को आहत करता हो, क्योंकि चुनावों के वक्त इन समूहों का विनाशकारी असर हो सकता है।

दूसरे, राजनीतिज्ञों को उतना ही थोड़ा ज्ञान होता है जितना चुनाव-विश्लेषकों

---

1. एडवरसरी पॉलिटिक्स ऐंड इलेक्ट्रोल रिफॉर्म, एस.ई. फाइनर (संपादित), एंथनी वाइग्राम, लंदन, 1975, पृष्ठ-78.

और पत्रकारों को, कि किस कदम को लेकर कौन कैसी प्रतिक्रिया व्यक्त करेगा! मुझे याद है कि आरिफ मुहम्मद खान ने मुझे उस कैबिनेट मीटिंग के बारे में बताया, जिसमें वी.पी. सिंह की सरकार ने मंडल आयोग के विनाशकारी प्रस्तावों को लागू करने का फैसला किया। उन्होंने बताया कि एक मंत्री ने वी.पी. सिंह से कहा, ''सर, इसे लागू कर दीजिए, बीस साल के लिए कोई हमें सरकार से हिला नहीं सकेगा।'' कई लोग याद करेंगे कि बीजेपी के तत्कालीन अध्यक्ष के 'नागपुर संदेश' को कितना वजन दिया गया। ऐसी ही संभावित प्रतिक्रियाओं के मद्देनजर एनडीए सरकार ने आरक्षणों पर उच्चतम न्यायालय के फैसलों के कुछ पहलुओं को पलटने के वास्ते दो आदेशों और संवैधानिक संशोधनों को सामने लाया। 'यह एससी/एसटी वोटरों को एक शानदार संकेत देगा, ''इस कदम के पीछे इसी तरह की अपेक्षाएँ थीं। बाद में, एक प्रमुख भागीदार ने टिप्पणी की, 'हमें एससी/एसटी से एक भी अतिरिक्त वोट नहीं मिला। दूसरी ओर, हमने नई दिल्ली में 10 फीसदी सरकारी कर्मचारियों के वोट खो दिए।'' न केवल शीर्ष नेता अँधेरे में रहते हैं कि ऐसे कदमों का क्या सटीक असर होगा, बल्कि हरेक मोड़ पर ऐसे पर्याप्त लोग होते हैं, जो नेता को उकसाते हैं, भरमाते हैं, 'सर, मुसलमानों···अनुसूचित जातियों/अनुसूचित जनजातियों··· के बीच भारी समर्थन···।' मेरे विचार में, इसका लाभ वास्तव में उसे मिलता है, जिसने अतिरेकी स्थिति, धुर स्थिति अख्तियार की हो, जब अनुसूचित जातियों को कुछ रियायत दी जाती है, तो अनुसूचित जातियाँ इसका श्रेय मायावती को देती हैं···

उनकी दलाली किए जाने के बाद, यह देख लेने के बाद कि राजनीतिक पार्टियाँ किस तरह उनके आगे घुटने टेक देती हैं, इनमें से कई वर्ग धौंसिया गए हैं, लड़ाका हो गए हैं। अब उन्हें विश्वास हो गया है कि आप उनकी माँगों के आगे अवश्य ही समर्पित हो जाएँ कि इस तरह के समर्पण के लिए जो कुछ न्योछावर करना पड़ता है, उसे आपको अवश्य ही करना चाहिए, कि वे आपकी जरूरतों की परवाह नहीं करेंगे, कि वे बदले में अपने चेहरे में जरा भी नरमी नहीं दिखाएँगे, कृतज्ञता का भाव जाहिर नहीं करेंगे। आखिरकार, जब एक तबके को उकसाया जाता है, भड़काया जाता है तो उन्हें जो पूरा संदेश दिया जाता है, वह यह है कि इस तबके का शोषण किया जा रहा है, कि यह पीड़ित समुदाय है। ऐसे संदेश के साथ जो निष्कर्ष निकलता है, वह उनके जेहन में घर कैसे नहीं करेगा? संदेश जाता है कि उनके हड़पने से पूरी प्रणाली पर, पूरी व्यवस्था पर क्या असर पड़ेगा, क्या परिणाम निकलेगा, इस बारे में उन्हें सोचने

का कोई कारण नहीं है, कोई औचित्य नहीं है?

राजनीतिक व्यवस्था के लिए इसके परिणाम एक तथ्य के कारण और भी बड़े तथा गंभीर हो जाते हैं। हमारे कितने ही 'स्वतंत्र' संगठन श्रमिक संघ, छात्र संगठन, स्वयंसेवी संगठन, वस्तुत: राजनीतिक दलों के अंग हैं। एक बार जब एक राजनीतिक पार्टी झुक जाती है, घुटने टेक देती है, तो यह महज एक राजनीतिक दल का मामला नहीं रह जाता है, बल्कि हम जिसे 'नागरिक समाज' कहकर रुमानी रंग भरते हैं, वह भी घुटने टेक देता है।

देश को जिस चीज की जरूरत है या देश को जो कुछ चाहिए, उसे उसी कारण से बाधित कर दिया जाता है, अड़ंगा लगा दिया जाता है, क्योंकि कोई कैसे 'सिद्ध' कर सकता है कि कोई चीज क्यों घटित हुई है, विरोधी उस पर दोषारोपण कर सकते हैं, जिसका वे विरोध करते रहे हैं, बाधित करते रहे हैं। जब वर्ष 2004 में एनडीए की हार हुई तो कई लोगों ने कहा, "आर्थिक सुधारों ने हमें डुबो दिया।" उन्होंने कहा, "इसका कारण 'इंडिया शाइनिंग' का वह कलुषित अभियान है।" जब तक चुनाव परिणामों की घोषणा नहीं हो गई थी, तब तक उनमें से किसी को इस अभियान में कोई दोष नजर नहीं आया। जैसा कि मेरे सहयोगी, यशवंत सिन्हा ने सवाल किया, "यह कैसे हो सकता है कि सुधारों (आर्थिक) ने हरियाणा में बीजेपी और चौटाला की पार्टी का बेड़ा गर्क कर दिया, लेकिन पड़ोसी राज्य राजस्थान में उसकी जीत का कारण बना? ऐसा कैसे हो सकता है कि वे (आर्थिक सुधार) गुजरात, मध्य प्रदेश और छत्तीसगढ़ में तो हिट रहे, सफल रहे, लेकिन उनसे सटे हुए राज्य महाराष्ट्र में हार का सबब बने? ऐसा कैसे हो सकता है कि सुधारों ने कर्नाटक में बीजेपी को रिकॉर्ड संख्या में सीटें दिलाईं, लेकिन पड़ोसी राज्य आंध्र प्रदेश में चंद्रबाबू नायडू का पत्ता साफ कर दिया?" कुल मिलाकर, परिणाम पृथक् राज्य-नतीजों का अंकगणितीय योग था। और राज्यों में परिणाम दो बातों का नतीजा था, (i) किसने किसके साथ गठजोड़ किया, और (ii) संगठनों के रूप में पार्टियों की क्या हालत थी?

तमिलनाडु में जो कुछ हुआ, वह पहले कारक का प्रदर्शन करता है। करुणानिधि ने दिल्ली में एनडीए नेतृत्व को किसी भी कारण से आहत नहीं किया था। उन्हें न केवल दूर होते जाने दिया गया, बल्कि दो या तीन स्थानीय 'नेताओं' को उनकी व्यक्तिगत निंदा करने की इजाजत दी गई। इससे करुणानिधि को लग गया कि

अगले चुनावों में एनडीए उनसे पिंड छुड़ाना चाहता है। इस अकेली गलती ने अंतिम परिणाम में तकरीबन 30 सीटों का फर्क ला दिया। 16 सीटें, जो एनडीए गठबंधन को मिल सकती थीं, उस प्रतिद्वंद्वी गठबंधन को चली गईं, जो चुनाव परिणाम घोषित होने के बाद बनाया गया था।

दूसरे कारक का प्रदर्शन उस स्थिति से होता है, जो चुनावों में कई पार्टियों की हार के बाद उनमें फूट पड़ी। गुटबाजी जो उभर आई, विभाजन जो उभरने लगा; जो सिर-फुटौव्वल होने लगा, सरकार के पतन के बाद कई 'नेता' एक-दूसरे के खिलाफ जिस तरह से कहानियाँ और खबरें मीडिया को गोपनीय ढंग से बताने लगे। ये विस्फोट और बिखराव अचानक नहीं हो रहे थे। वे इस बात को प्रतिबिंबित करते थे कि चुनावों के पूर्व संगठनों के रूप में इन पार्टियों की वास्तविक हालत क्या थी! सरकार में होने के तथ्य ने उस स्थिति पर परदा डाल रखा था। सत्ता का ढक्कन हटते ही, सभी देख सकते थे कि उनकी असली हालत क्या थी। इस हालत के कारण ही विरोधी जीत पाए। लेकिन इस हार के लिए सुधारों (आर्थिक) को दोषी ठहराया गया।

इसकी दोहरी मार पड़ी। जो विजयी हुए, उन्हें भी पक्का यकीन हो गया कि सुधार ही एनडीए को ले डूबा। इसलिए, वे अपने-अपने छिद्रों या बिलों में जम गए। और एनडीए के घटक दलों को भी यकीन हो गया कि उनका यह हाल सुधारों के कारण ही हुआ है, इसलिए आनेवाले समय में उन्होंने भी सुधारों से पूरी दूरी बना ली।

शीघ्र ही लोकलुभावन कदमों का समर्थन करने में एक-दूसरे को पीछे छोड़ने की होड़ लग गई। यूपीए सरकार की 'रोजगार गारंटी योजना' खुद एक लोकलुभावन झोंका थी। अगर इसे गंभीरता से लागू किया जाना हो तो इस पर राजकोष को कम-से-कम 40,000-50,000 करोड़ रूपए खर्च करने होंगे। यह जमीनी स्तर पर भ्रष्टाचार को और जटिल बना देगा। लेकिन कौन इसका प्रतिरोध कर सकता था? यह दलील देना कि हमें ऐसी गैर-जिम्मेदार योजनाओं का अवश्य ही विरोध करना चाहिए, कि हमारी देश के प्रति जिम्मेदारी बनती है, व्यर्थ था; क्योंकि इसके जवाब में पलटकर कहा जाता था, ''जिम्मेदार होकर, हमने सरकार गँवा दी। उन्होंने एक के बाद एक गैर-जिम्मेदार माँग रखी, उन्होंने एक के बाद एक झूठे आरोप लगाए। और देखिए, वे सरकार में हैं! जिम्मेदारी को भूल जाइए! बदलाव के लिए उन्हें उत्तरदायी बनने दीजिए। हमें इस विधेयक की इस आधार पर आलोचना करनी चाहिए कि यह पर्याप्त दूर तक नहीं जाता। यह बिल यह क्यों कहता है कि सरकार एक परिवार में सिर्फ एक

व्यक्ति को ही नौकरी या रोजगार देगी? सिर्फ ग्रामीण क्षेत्रों के परिवारों को ही क्यों? सिर्फ 60 ₹ रोजाना की मजदूरी क्यों? सिर्फ कुछ दिनों के लिए क्यों? कोई भी व्यक्ति, चाहे वह ग्रामीण क्षेत्र का हो या शहरी इलाके का, यदि उसे रोजगार की जरूरत है, तो उसे रोजगार अवश्य ही दिया जाना चाहिए। उसे कानून द्वारा निर्धारित न्यूनतम मजदूरी के आधार पर रोजगार दिया जाना चाहिए, न कि महज 60 ₹ । उसे तब तक रोजगार दिया जाना चाहिए, जब तक कि वह दूसरा रोजगार प्राप्त नहीं कर लेता।' और इस तरह के विचार की ही अंततः जीत होगी, उसी की चलेगी। आप किसी भी लोकलुभावन कदम पर संसद् में हुई बहसों पर नजर डाल लें, आप देखेंगे कि इसी तरह के तर्क दिए गए, ऐसी ही दलीलें पेश की गईं।

संक्षेप में, रणनीतिक आधार-वाक्य है, 'सरकार चलाना उनका काम है, जो सरकार में हैं। हमारा काम विरोध करना है, चिल्लाना है, उसे बाधित करना है, जो प्रस्तावित किया जाता है, हमारा काम और ज्यादा की माँग करना है। आखिरकार, यदि सरकार इन उपायों या कदमों को लागू करने में सफल रहती है, तो अगले चुनावों में इसे उतने ज्यादा वायदे करने होंगे।'

अब, वाह-वाही, लूटनेवाली नीतियों के बारे में कहना पर्याप्त नहीं है। 'लेकिन इन लोगों की ज्यादतियाँ तब सुधारी जाएँगी, जब अगले चुनावों में लोग ऐसी गैर-जिम्मेदार सरकार को सत्ता से बेदखल कर देंगे।' लेकिन एक बात है कि तब तक काफी नुकसान किया जा चुका होगा। दूसरी बात है कि एक बार ऐसी नीतियाँ और योजनाएँ शुरू कर दी जाती हैं तो फिर इन्हें समाप्त करना लगभग असंभव हो जाता है। याद करें कि कितनी समितियों ने सिफारिश की कि सब्सिडी में कटौती की जानी चाहिए, कि वे लक्षित लाभान्वित होनवाले वर्ग तक नहीं पहुँच रही हैं, कि वे निवेश फैसलों को बिगाड़ रही हैं। याद करें कि कितने ही वित्त मंत्रियों ने कहा है कि वे इनमें कटौती करेंगे। इससे भी बढ़कर, गौर करें कि आरक्षणों के भू-स्खलन को पलट पाना किस तरह वस्तुतः असंभव हो गया है! यदि इस विखंडित प्रणाली के तहत सरकारें इतनी मजबूत होतीं कि वे इन योजनाओं और नीतियों को रद्द कर पातीं, तो पहली बात यह कि उन्होंने इन्हें शुरू ही नहीं किया होता।

यह मिथक है कि संसदीय प्रणाली हितों का सामंजस्य करती है, कि यह समाधान प्रदान करने में धीमी हो सकती है; लेकिन जो समाधान अंततः निकलते हैं, वे टिकाऊ होते हैं।

हमें बताया गया है कि मौजूदा प्रणाली के तहत, हरेक वर्ग दूसरों के हितों को भी ध्यान में रखने को, अपने तीखे किनारों को गोल करने हेतु प्रेरित होता है। हमें सांत्वना दी जाती है कि हाँ, यह कभी-कभी सहमति बनाने में अपेक्षाकृत लंबा समय लेती है, लेकिन एक बार सहमति बन जाती है तो वह ज्यादा टिकाऊ या स्थायी भी होती है।

हमारा रिकॉर्ड इन दोनों में से किसी भी दावे की पुष्टि नहीं करता है। शुरुआती तौर पर देखें तो किनारों को गोल करने की बात तो दूर, नेताओं और दलों ने सीख लिया है कि वे अपनी अपील को तीखा या तीक्ष्ण करने से और संकीर्ण-से-संकीर्ण वर्गों तक अपनी अपील पहुँचाने से जीतते हैं। यह बात उन आँकड़ों में अंतर्निहित है, जो हमने पहले देखे, जब उम्मीदवार डाले गए वोटों का 25-40 फीसदी हिस्सा हासिल कर चुनाव जीत जाते हैं और जब महज 60 फीसदी योग्य वोटर अपना वोट डालते हैं, तो एक उम्मीदवार के जीतने का तरीका होता है कि वह 15-25 फीसदी वोटरों को भड़काए, उत्तेजित करे, और इसका मतलब है एक निर्वाचन क्षेत्र में 10-15 फीसदी लोगों को सुलगाना और उन्हें यह यकीन दिलाना कि वे अन्य से भिन्न हैं। एक उम्मीदवार और उसके नेता का तरीका होता है कि ऐसे वोटरों को भय दिखाया जाए कि अन्य लोग उनका हक हड़पने पर तुले हुए हैं, और केवल वह और उसकी पार्टी ही उनकी रक्षक हो सकती है। उन अपीलों पर गौर करें, जो लालू यादव, मुलायम सिंह, मायावती अपने अनुयायियों को संबोधन में करते हैं। जो कोई भी ऐसे एक-दो समूहों का 'गठजोड़' बना सकता है, वह जीत जाता है। उस 'खाम' (केएचएएम) रणनीति, क्षत्रिय, हरिजन, आदिवासी, मुसलिम के 'गठजोड़', को याद करें, जिसे कांग्रेस ने गुजरात में अपनाया। लालू यादव और मुलायम सिंह की 'माई' रणनीति, मुसलमानों और यादवों का गठजोड़—को याद करें, जिसे उन्होंने अपने-अपने क्षेत्रों में अपनाया हुआ है। उस 'जादू' को याद करें, जो मायावती उत्तर प्रदेश में अनुसूचित जातियों के वोटरों पर करती हैं। जो कुछ तमिलनाडु में हुआ है, उसे याद करें। इस राज्य को जाति-आधारित आरक्षणों जैसे 'प्रगतिशील' कदमों की सफलता के पाठ्यपुस्तकीय उदाहरण के रूप में प्रस्तुत किया जाता है। दरअसल, अब तक इसकी पूरी राजनीति और नौकरशाही भी पूरी तरह जातिवाद से ग्रस्त हो गई है। राजनीतिक दलों के अनुयायी एक या दूसरी जाति के लोग हैं। बनियार इस पार्टी के साथ हैं, तो केवर मुख्यतः दूसरी पार्टी के साथ हैं…इन पार्टियों में से कई का

विशुद्ध रूप से स्थानीय प्रभाव है। और जो नेता, इन जिला–पार्टियों का गठजोड़ बनाने में कामयाब हो जाता है, वह जीत जाता है। दरअसल, वह बस जीतता या जीतती नहीं है, बल्कि वह सूपड़ा साफ कर देता या देती है। पिछले चुनाव में, जयललिता इन जिला आधारित पार्टियों को साथ लाने में सफल रही थीं। नतीजा यह हुआ कि कई गलतियों के बावजूद, वे पूरे दम–खम से सत्ता में आ गईं। उन्होंने एक सक्षम सरकार प्रदान की। लेकिन इस बार, उनके प्रतिद्वंद्वी करुणानिधि को इन्हीं पार्टियों को गूँथने में कामयाबी मिली, और वे सत्ता में काबिज हो गए।

ऐसी राजनीति के जरिए जो नीतियाँ आखिरकार अपनाई जाती हैं, क्या वे ज्यादा टिकाऊ या स्थायी होती हैं? क्या ऐसी राजनीति लोगों को जोड़ती है? क्या यह भिन्न हितों के बीच सामंजस्य स्थापित करती है?

टिकाऊ? इसके एकदम विपरीत स्थिति है। भारत में आज, वाकई एक सर्वसम्मति व्यवहार में लागू है। जो भी पार्टी सत्ता में आती है,जो भी राजनतिक पार्टी जहाँ भी सत्ता में है, वही चीजें करने की कोशिश करती है। कोई नहीं जानता कि इसके सिवा ऐसा क्या किया जाए, जो चीजों को बेहतर बनाए, पश्चिम बंगाल में सीपीएम को देखें। और फिर भी यह लगभग असंभव बात है कि उनमें से कोई भी काम उनसे करा लिया जाए। और इसका कारण भी स्पष्ट है। जब एक पार्टी विपक्ष में होती है, तो वह हर उस चीज का विरोध करने की बाध्यता महसूस करती है, जो उसकी उन नीतियों का आगे का विकसित क्रम होता है, बल्कि उसकी शाब्दिक और निष्ठापूर्ण निरंतरता होती है, जब वह सत्ता में रहकर इसे लागू कर रही थी। परिणामस्वरूप जब वह पार्टी सत्ता में आती है, तो उसे उन नीतियों की निंदा करनी पड़ती है, जिन्हें अपनाया जा रहा था। याद करें कि मनमोहन सिंह सरकार द्वारा किस तरह निजीकरण की निंदा की गई; याद करें कि पेट्रोलियम क्षेत्र में नियंत्रित मूल्य प्रणाली से सरकार को मुक्त करने के दीर्घकालिक प्रयास को कैसे पलट दिया गया, जो कि इस सेक्टर के लिए विनाशकारी परिणाम लानेवाला था; याद करें कि कैसे वित्तीय क्षेत्र में बैंकों से जुड़े सुधारों को दरकिनार कर दिया गया…

**एक नमूना केस**—हमें अपने परमाणु रिएक्टरों के लिए यूरेनियम की जरूरत है। हमारे पास धरती के नीचे भारी मात्रा में यह मौजूद है। आंध्र में इसके नए भंडार का पता चला है। श्रीमती इंदिरा गांधी ने सन् 1983 में इस खोज की घोषणा की और इसे देश के लिए एक उपलब्धि बताया। चौबीस साल बीत गए, लेकिन हम अभी

भी उनका दोहन नहीं कर पाए हैं। तीन साल पहले, आंध्र के तत्कालीन मुख्यमंत्री चंद्रबाबू नायडू यूरेनियम निगम को इस प्रोजेक्ट को आगे सरकाने में मदद देने की कोशिश कर रहे थे। विपक्ष के तत्कालीन नेता वाई.एस. राजशेखर रेड्डी ने इसका पुरजोर विरोध किया। उन्होंने 'टाइम्स (ऑफ इंडिया) न्यूज नेटवर्क' में एक लेख लिखा। उन्होंने उस लेख में जो कहा, वह यहाँ प्रस्तुत है—

## यूसीआईएल के दावों की समीक्षा की जरूरत है

'दी टाइम्स ऑफ इंडिया', वाई.एस. राजशेखर रेड्डी, 'टाइम्स न्यूज नेटवर्क' 21 अगस्त, 2003

नालगोंडा जिले में लांबापुर के इर्द-गिर्द के 500 एकड़ क्षेत्र में यूरेनियम का खनन करने पर अब ध्यान केंद्रित है। 'यूरेनियम कॉरपोरेशन ऑफ इंडिया' (यूसीआईएल) यानी 'भारत यूरेनियम निगम' को सर्वाधिक रेडियोधर्मी पदार्थ यूरेनियम का खनन करने और उसको प्रसंस्करण करने की अनुमति दी गई है। भारत को अपने रक्षा कार्यक्रम और वर्ष 2008 तक 4,000 मेगावाट परमाणु ऊर्जा पैदा करने वर्ष 2010 तक 10,000 मेगावाट परमाणु ऊर्जा पैदा करने के लिए अपने यूरेनियम की जरूरत है। यह अनिवार्य है, क्योंकि तमाम विकसित देशों ने भारत को यूरेनियम न बेचने का फैसला किया है।

500 करोड़ का यह प्रोजेक्ट भयावह है। एक ओर, यह राजीव गांधी बाघ अभयारण्य से 6 किलोमीटर दूर है। खनन क्षेत्र नागार्जुन सागर बाँध से 4 किलोमीटर दूर है और परिष्करण संयंत्र अक्कमपल्ली बैलेंसिंग जलाशय से 4 किलोमीटर दूर है। इस जलाशय को जुड़वाँ शहरों के लिए स्थायी जलस्रोत के रूप में विकसित किया जा रहा है। दोनों शहर जलाशय से कम-से-कम 300 मीटर दूर हैं। यूसीआईएल कम-से-कम 20 वर्षों तक रोजाना 1250 टन यूरेनियम का खनन करेगी।

इसका मतलब है कि भारी मात्रा में रेडियोधर्मी कचरा जमा होगा। यूरेनियम की अर्ध-जीवन अवधि 80,000 साल की होती है, जब इसका सबसे घातक प्रभाव होता है। यू.सी.आई.एल. झारखंड में तीन स्थानों पर यूरेनियम का खनन कर रहा है और जादूगोड़ा में एक खान में इसने कुल जितनी आपदाएँ खड़ी की हैं, उससे यू.सी.आई.एल. के जिम्मेदार होने की विश्वसनीयता पर संदेह पैदा होता है। यह मंगलवार को भी तब जाहिर हो गया, जब उन्होंने लंबापुर में पर्यावरणीय सुनवाई को निर्लज्जता से अपने नियंत्रण में करने की कोशिश की।

मेरे कांग्रेसी सहयोगी एम. शशिधर रेड्डी ने 16 अगस्त को राजनीतिक नेताओं, वैज्ञानिकों, पर्यावरणविदों और स्वयंसेवी संगठनों का एक गोलमेज सम्मेलन आयोजित

> किया। उन्होंने सम्मेलन में भाग लेनेवालों को एक वीडियो दिखाया। फलों में असामान्य बीज दिखाए गए। लोगों को ऐसी बीमारियाँ हो रही हैं, जिन पर ज्ञात इलाज का असर नहीं होता। बच्चों में जिस किस्म की विरूपताएँ पैदा हो रही हैं, उनका मैं वर्णन नहीं कर सकता; क्योंकि इससे पाठकों की संवेदनाएँ आहत हो सकती हैं। फिर भी, यू.सी.आई.एल. दावा कर रहा है कि कोई खतरा पैदा नहीं होगा! यह दावा इसके बावजूद किया जा रहा है, जबकि यह सवाल बना हुआ है कि कचरे का कैसे निपटान किया जाएगा, कि रेडियोधर्मी अवशिष्ट की गुणवत्ता क्या होगी और अवशिष्ट तालाबों की क्या प्रासंगिकता है? वे भूमिगत जल प्रदूषण की संभावना को नकारते हैं और उनका दावा है कि वे शून्य उत्सर्जन अवधारणा पर काम करेंगे।
>
> उनकी बातों पर यों ही भरोसा कर लेना मूर्खतापूर्ण और जुर्म होगा। इसी कारण से मेघालय के मुख्यमंत्री ने पिछले महीने एक उच्चस्तरीय समिति का गठन किया, जो डोमियासियत में इसी तरह की यूरेनियम परियोजना के पूरे ब्योरे की छानबीन करेगी। इस परियोजना को भी यू.एस.आई.एल. द्वारा ही चलाया जा रहा है।
>
> प्रदेश कांग्रेस अध्यक्ष डी. श्रीनिवास ने इस मसले पर एक सर्वदलीय बैठक बुलाने की माँग की है। इसके एक हफ्ता गुजर जाने के बाद भी हमारे मुख्यमंत्री एकदम खामोश हैं।
>
> हमारे पिछले अनुभवों की सीख है कि चंद्रबाबू नायडू उस बहरे की तरह हैं, जो सुनते नहीं हैं, लेकिन आविष्कार अच्छा करते हैं। आज उन्हें आगाह किया जाता है।

और आज क्या स्थिति है? रेड्डी अब मुख्यमंत्री हैं और नायडू विपक्ष की अगुवाई करते हैं। रेड्डी पुरज़ोर कोशिश कर रहे हैं कि यूरेनियम निगम को खनन कार्य शुरू करने में मदद दें। अन्य हरेक पार्टी, खासकर, तेलुगु देशम पार्टी नायडू के नेतृत्व में, उनका विरोध कर रही है और इसकी निंदा कर रही है कि वे (रेड्डी) लोगों के स्वास्थ्य और कल्याण के प्रति असंवेदनशील हैं। बतौर सबूत, वे रेड्डी द्वारा तीन साल पहले लिखे गए लेख को ही बाँट रहे हैं।

क्या हितों में सामंजस्य बिठाया जाता है? स्थिति इसके एकदम विपरीत होती है। मौजूदा प्रणाली प्रतिरोधात्मक राजनीति को अनिवार्य बना देती है। प्रोफेसर एस.ई. फाइनर ने 'एडवर्सरी पॉलिटिक्स ऐंड इलेक्टोरल रिफॉर्म' में जो बातें कहीं हैं, उसका निचोड़ पेश करते हुए प्रोफेसर वेड कहते हैं, ''किसी भी दिए गए मुद्दे पर हरेक पार्टी का समझौता-बिंदु इसके अपने स्पेक्ट्रम के मध्य-बिंदु के करीब होगा, यानी

संपूर्ण संसदीय राज के वास्तविक मध्य-बिंदु के काफी दाहिने या काफी बाएँ होगा। वास्तविक केंद्र, जो कि दक्षिणपंथ की वाम शाखा और वामपंथ की दक्षिणी शाखा का मिलन होता है, को कभी भी आंदोलित नहीं किया जाता है। फिर भी, यह मध्यमगामी राय संभवत: संपूर्ण मतदाता की इच्छाओं का सबसे बढ़िया प्रतिनिधित्व करती है। अतिवादी या कट्टरपंथी हरेक पार्टी के समझौता-बिंदु को केंद्र से काफी बाएँ या दाएँ खींचते हैं। इसी वजह से हम नीतियों में इतनी उलट-पुलट पाते हैं, जो कोई भी देख सकता है कि कितनी हानिकारक रही है। व्यवस्था इस तरह चलाई जाती है कि अधिकतम प्रतिरोध और अस्थिरता हो तथा न्यूनतम सर्वसम्मति एवं निरंतरता हो।''[1]

कांग्रेस और बीजेपी जिस तरह का पारस्परिक शब्दाडंबर रचते हैं, क्या यह तकरीबन उसका शब्दश: वर्णन नहीं है? और सबसे बढ़कर इस विडंबना पर गौर करें कि राजनीतिक वर्ग में जितना ज्यादा सामंजस्य बनता है, तालमेल होता है, यानी कि विदेश नीति, आर्थिक सुधारों और ऐसी ही नीतियों पर कांग्रेस एवं बीजेपी के विचारों में जितनी ही निकटता पैदा होती है, हरेक पार्टी उतनी ही ज्यादा तीक्ष्णता से जोर देती है कि उसकी स्थिति भिन्न है, अलग हटकर है।

हमारे राजनीतिक दलों ने राजनीति का जो हाल कर रखा है, उससे यह अंतर्निहित खासियत जटिल हो जाती है। हरेक सवाल पर, हरेक राजनीतिक पार्टी ऐसी स्थिति पर दाँव लगाती है कि देश में ध्रुवीकरण हो; राजनीतिक वर्णक्रम का हरेक खंड ऐसा विचार सामने रखता है, जो विभाजनों को और गहरा करेगा। ये मुद्दे तमाम तरह के होते हैं—सब्सिडी, पी.एस.यू. (सार्वजनिक उपक्रमों) में बदलाव, यहाँ तक कि कश्मीर, पाकिस्तान के प्रति रवैया, नक्सलियों के खिलाफ लड़ाई, इसलामी आतंकवाद के खिलाफ लड़ाई, बांग्लादेशी घुसपैठियों के मामले में क्या किया जाना चाहिए…एक निर्वाचन क्षेत्र में कुछ पकड़ बनाए रखने के लिए; उस निर्वाचन क्षेत्र में 'सही संकेत' भेजने के लिए सरकारी यूनिटों के कामगारों, मुसलिमों, पिछड़ी जातियों आदि तक अपना संदेश पहुँचाने के लिए, दूसरों से खुद को अलग दिखाने के लिए पार्टियाँ मोरचा जमाने के लिए बाध्य हो जाती हैं, उन्हें इससे कोई

1. एच.डब्ल्यू.आर.वेड, कांस्टिट्यूशनल फंडामेंटल्स, दी हैमलीन लेक्चर्स, 32वीं शृंखला, स्टीवेंस, लंदन, 1980, पृष्ठ-12; और एडवर्सरी पॉलिटिक्स ऐंड इलेक्टोरल रिफॉर्म, एस.ई. फाइनर (संपादित), एंथनी वाइग्राम, लंदन, 1975, खासतौर पर पृष्ठ 12-16.

मतलब नहीं होता कि इसका देश पर क्या असर पड़ेगा! संसद् के सदनों में किसी भी दिन सर्वाधिक चिंताजनक परिणामों में से एक का नजारा देखा जा सकता है। विनाशक झटका लगने की सूरत में भी, मुंबई में धमाकों की एक और मार लगने के बाद भी, कश्मीर में एक और आघात लगने के बाद भी सदस्य शीघ्र ही एक-दूसरे पर कीचड़ उछालने लगते हैं; बहसें शुरू होती हैं, लेकिन वे मुद्दे को संबोधित नहीं कर रहे होते हैं, बल्कि वे सदन के बाहर अपने निर्वाचन क्षेत्रों के तबकों और वर्गों को संबोधित कर रहे होते हैं, उनकी बातों का निशाना कहीं और होता है।

'अपने उत्पाद को तीक्ष्ण रूप से भिन्न' दिखाने की इस निरंतर आदत के अपने कई परिणाम होते हैं। सर्वप्रथम, यह पार्टियों को शिकायतों का सौदागर बना देती है—अन्याय, पीड़ा, आपदा हमेशा मौजूद रहती है; एक पार्टी इन्हें उठाती है; जितना ही ज्यादा वह इन मामलों को उठाती है, उतने ही ज्यादा लोग नए ताजा मामलों को लेकर आते हैं; जब उसके सामने लाए गए हादसे या समस्याएँ खत्म हो जाती हैं या निपट जाती हैं, तो पार्टी उनकी तलाश में लग जाती है; जब यह उन्हें नहीं तलाश पाती है, तो वह किसी समस्या को ईजाद करती है…एक ओर, माहौल शिकायतों से भर जाता है, दूसरी ओर, हरेक तबके को यकीन हो जाता है कि उसका शोषण किया जा रहा है, कि उसकी शिकायतों की अनदेखी की जा रही है। यहाँ से, यह निष्कर्ष निकालने में छोटी छलाँग ही लगानी पड़ती है कि उसकी शिकायतों और उसके हितों की अनदेखी इसलिए की जा रही है, क्योंकि समुदाय मुसलिम/हिंदू/एससी/एसटी/मिजो./नगा./मणिपुरी/कश्मीरी/गरीब…है। और यहाँ से इस निष्कर्ष पर पहुँचने में और भी छोटी छलाँग लगानी पड़ती है कि उसके हितों को नजरअंदाज किया जा रहा है, क्योंकि यह समुदाय पर्याप्त रूप से उग्र नहीं है…

इस प्रक्रिया के द्वारा, दल और समूह खुद को इस रूप में परिभाषित करने लगते हैं कि 'मैं अन्य नहीं हूँ', दो मुख्य राजनीतिक पार्टियाँ, कांग्रेस और बीजेपी आज इस तरह से खुद को परिभाषित करती हैं, जबकि दोनों की नीतिगत स्थितियाँ दरअसल एक-दूसरे के काफी करीब हैं। और फिर यह एक तथ्य है कि अब हमारे पास ऐसे राजनीतिक दलों और नेताओं की एक पीढ़ी है, जो किसी भी चीज में विश्वास नहीं करती है। इन सब बातों से सहयोग असंभव हो जाता है। बांग्लादेश और भारत जैसे देशों के अनुभव पर विचार करते हुए, एक विचारवान अधिकारी का सुझाव है कि एकमात्र समाधान है कि सहयोग को बाध्यकारी बनाया जाए, यानी कि

एक कानून पारित किया जाए कि चुनावों के बाद, दोनों प्रमुख पार्टियाँ एक गठबंधन बनाएँगी और संयुक्त रूप से सरकार बनाएँगी। हमें बस यह सुनिश्चित करना होगा कि कोई लियाकत अली खान न हो, जो अपने विभाग का इस्तेमाल इस कवायद से बनी सरकार को ठप कर देने के लिए करता है···।

समाज झुंडों में, गिरोहों में विखंडित हो जाता है, हरेक इस पर जोर देता है कि जब तक आप उसकी माँग को न मान लें, वह संपूर्ण समाज या तंत्र को आगे नहीं बढ़ने देगा। हरेक समूह 'एकल-मुद्दे का कट्टरपंथी' बन जाता है। कोई भी इस बात को नहीं सुनता कि व्यवस्था या तंत्र को टिकाऊ बनाने का एकमात्र तरीका है कि किसी मुद्दा विशेष पर जोर देने की तुलना में उन्हें मसलों को सुलझाने की प्रणाली या व्यवस्था के प्रति अवश्य समर्पित और निष्ठावान होना चाहिए, उन्हें फैसलों को लागू करने में सहयोग करना चाहिए, उन्हें ऐसी व्यवस्था के पक्ष में खड़ा होना चाहिए, जो उनमें से हरेक समूह को, अपनी माँगों को आगे बढ़ाने का मौका दे। इस स्थिति का फिलहाल अपवाद केवल देश की सुरक्षा का मसला है, जिस पर समूहों में एकता होती है।

फिर, स्थिति इस तथ्य से जटिल हो जाती है कि राजनीतिक दलों और उनके नियंत्रकों का नजरिया बस 'अभी और यहाँ' हासिल करनेवाला होता है, जबकि नई नीतियों का प्रभाव सामने आने में वर्षों लग जाते हैं। आज सब्सिडी में कटौती करें और इसके लाभकारी प्रभाव अब से पाँच साल बाद नजर आएँगे तथा फिर वे संभवत: इतने बिखरे हुए होंगे कि आप इंगित नहीं कर पाएँगे कि किन्हें फायदा पहुँचा। उदाहरण के लिए, सब्सिडियों में कटौती करने से वित्तीय घाटे को सीमित किया जाता है, इससे किस समूह को फायदा हुआ, यह पहचान कर पाना संभव नहीं होगा। लेकिन जिन लोगों को इस कटौती से नुकसान होगा, वे एकदम दृष्टिगोचर होंगे, वे एकदम यहाँ और अभी नुकसान उठाएँगे, इसमें वे वाकई सुसंगठित, मुखर लाभ उठानेवाले भी शामिल होंगे, यथा—व्यापारी, फर्में और राजनीतिज्ञ, जो सब्सिडी प्राप्त अनाज, चीनी और केरोसिन को काला बाजारों में बेच डालते हैं।

### हमारे राजनीतिक दलों का बन गया है

आखिरकार, यह सब मिलकर संसदीय प्रणाली के निर्माण-खंडों राजनीतिक दलों का ही क्षय करते हैं। लंबे समय तक सिर्फ एक राष्ट्रीय राजनीतिक पार्टी थी—कांग्रेस। जब यह अपना आधार खोने लगी, तो इसने जातियों, खासकर अनुसूचित

जातियों और अल्पसंख्यकों, विशेषकर पंजाब में सिखों को भिंडरावाले के जरिए तथा पूर्वोत्तर में ईसाइयों को 'एक ईसाई सरकार' का वायदा करके एवं सर्वाधिक निरंतर रूप से मुसलमानों को खुश करने का अभियान छेड़ दिया। अनुसूचित जातियों को जातियों के रूप में संबोधित करने से कांशीराम और मायावती का मार्ग प्रशस्त हुआ। भिंडरावाले को इस्तेमाल करने का नतीजा यह हुआ कि साधन ने ही, औजार ने ही अपने नियंत्रक और नियामक को लील लिया। 'पिछड़ों' की तरफदारी ने लालू यादव, मुलायम सिंह और बाकियों के लिए रास्ता साफ किया। मुसलमानों की खुशामदगी ने उनके बीच सर्वाधिक कट्टरपंथी तत्त्वों को हवा दी। इन समूहों के बीच कुशाग्र-बुद्धिवालों ने जल्द ही मौके को ताड़ लिया। अग्रणी राजनीतिक दल उन्हें एक समूह के रूप में देख रहा है; वह उन्हें एक समूह के रूप में जीतने की कोशिश कर रहा है। इसलिए, वे अपने आपको जितना ज्यादा एक समूह के रूप में संगठित करेंगे, कांग्रेस पार्टी उतना ही ज्यादा उनकी ओर झुकेगी।

इससे दो निष्कर्ष निकले। इन समुदायों के सदस्यों को प्रोत्साहित किया गया कि वे खुद को वोटिंग ब्लॉक के रूप में गठित करें। हम देश भर में एक अल्पसंख्यक हैं, लेकिन विशिष्ट मुहल्लों में हम पलड़ा झुका सकते हैं; हमें बस इतना करना है कि हम सतर्कतापूर्वक, सजगतापूर्वक उद्‌देश्यपूर्ण ढंग से एक ब्लॉक के रूप में, एक समूह के रूप में मतदान करें। राजनीतिक दल जितना ज्यादा देखेंगे कि हम एक ब्लॉक, एक समूह के रूप में मतदान कर रहे हैं, वे उतना ही ज्यादा हमारी इच्छा की ओर झुकेंगे। याद करें कि सैयद शहाबुद्‌दीन ने 'मुसलिम इंडिया' के अंकों में नक्शों को छापकर उन निर्वाचन क्षेत्रों को दरशाया था, जिनमें मुसलिम, मुसलिम के रूप में चुनाव नतीजे को तय कर सकते हैं। जल्द ही, 'पृथकता में शक्ति निहित है' की इस जोरदार जागरूकता ने 'रणनीतिक मतदान' का आगाज किया। मुसलमान एक मुसलिम समुदाय के रूप में उन उम्मीदवारों के खिलाफ मतदान करने लगे, जिन्हें वे हराना चाहते थे।

दूसरा प्रभाव भी समान रूप से परिणामी रहा। हरेक मामले में, खुशामदगी और चापलूसी से, समूह के सदस्यों को एक समूह के रूप में संबोधित करने से, कांग्रेस को शुरुआती लाभ मिला, लेकिन आखिरकार इसका फायदा उस समूह के अंदर के ही उस नेता को मिला, जिसने धुर जातिवादी अथवा सांप्रदायिक लाइन अपनाई। यह सही है कि भिंडरावाले इस घटना का निचोड़ था। लेकिन सार रूप में,

कांशीराम, मायावती, लालू यादव, मुलायम सिंह, ये तमाम नेता प्रमुख पार्टी की रणनीति के पूरी तरह अनुमानित नतीजे हैं। और यह प्रक्रिया उन समुदायों की शुरुआती सूची पर नहीं समाप्त होगी, जिन्हें समूहों के रूप में संबोधित किया गया है। जब एक पार्टी अनुसूचित जातियों की दलाली करती है, तो स्वाभाविक रूप से अन्य नेता या दल अन्य समूह के बारे में सोचता है, जिसे वह अपने पीछे खड़ा कर सके। याद करें कि विश्वनाथ प्रताप सिंह ने किस तरह 'अन्य पिछड़ा वर्ग' के लिए जाल फैलाया!

जो रणनीति कांग्रेस ने अपनाई, उससे अन्य पार्टियों ने ईर्ष्या की, लेकिन शीघ्र ही वे इसकी ही नकल करने लगीं।

राजनीतिक दलों में से हरेक जबकि अपनी वाह-वाही कर रहा था, "देखिए, हमें अब उन तबकों के बीच अभूतपूर्व समर्थन मिल रहा है, जो पहले हमारी पहुँच के दायरे से पूरी तरह बाहर थे", लेकिन वस्तुतः आधार धुर जातिवादी और सांप्रदायिक नेताओं की ओर खिसक रहा था।

यह देखने के लिए कि यह प्रगति या घटना किस चीज का पूर्वाभास देती है, संविधान सभा के आखिरी सत्र में डॉ. आंबेडकर के समापन भाषण को याद करें। वे खुलासा कर रहे थे कि कैसे टुकड़ा-टुकड़ा जोड़कर संविधान को यह रूप दिया गया है, इसके क्रमिक विकास में कैसे इतने सारे लोगों ने योगदान किया है; वे पहले से की जा रही कुछ आलोचनाओं का प्रतिकार भी कर रहे थे। और फिर उन्होंने कहा—

"मैं यहाँ पर अपनी बात समाप्त कर सकता था। लेकिन मेरा दिमाग अपने देश के भविष्य को लेकर इतने सारे विचारों से भरा हुआ है कि मैं महसूस करता हूँ कि मुझे अपने चंद विचारों को इस मौके पर अभिव्यक्त करना चाहिए। 26 जनवरी, 1950 को, भारत एक स्वतंत्र देश हो जाएगा (तालियाँ, शाबाशी)। मगर उसकी स्वतंत्रता का क्या होगा? क्या वह अपनी स्वतंत्रता को बनाए रख पाएगा या वह उसे फिर खो देगा? यह प्रथम विचार है, जो मेरे दिमाग में आता है। ऐसा नहीं है कि भारत कभी भी एक स्वतंत्र मुल्क नहीं था। बात यह है कि उसने एक बार अपनी स्वतंत्रता खो दी। क्या वह दूसरी बार अपनी स्वतंत्रता खो देगा? यही वह विचार है, जो मुझे भविष्य के लिए सबसे ज्यादा चिंतित करता है। मुझे इस तथ्य से ज्यादा परेशानी और पीड़ा होती है कि न केवल भारत ने एक बार अपनी स्वतंत्रता गँवाई, बल्कि ऐसा उसके अपने ही चंद बंदों की बेवफाई और विश्वासघात के कारण हुआ। मुहम्मद-बिन-कासिम द्वारा

सिंध पर आक्रमण में, राजा दाहर के सैन्य कमांडरों ने मुहम्मद-बिन-कासिम के एजेंटों से रिश्वत स्वीकार की और उन्होंने अपने राजा की ओर से लड़ने से इनकार कर दिया। यह जयचंद था, जिसने भारत पर आक्रमण करने और पृथ्वीराज के खिलाफ लड़ने के लिए मुहम्मद गौरी को आमंत्रित किया एवं अपनी ओर से तथा सोलंकी राजाओं की ओर से मदद देने का वचन दिया। जब शिवाजी हिंदुओं की मुक्ति के लिए संघर्ष कर रहे थे, तो अन्य मराठा भद्रजन और राजपूत राजागण मुगल बादशाह की ओर से जंग लड़ रहे थे। जब अंग्रेज सिख शासकों को नष्ट करने की कोशिश कर रहे थे, तो उनका प्रधान सेनापति गुलाब सिंह खामोश बैठा रहा और सिख साम्राज्य को बचाने में उसने मदद नहीं की। सन् 1857 में, जब भारत के एक विशाल हिस्से ने अंग्रेजों के खिलाफ जंगे-आजादी का ऐलान कर दिया था, तो सिख चुपचाप खड़े रहे और घटना के मूकदर्शक बने रहे।

क्या इतिहास अपने-आपको दुहराएगा? यही वह विचार है, जो मुझे चिंता से भर देता है। यह चिंता इस तथ्य के अहसास से और भी गहरी हो जाती है कि जातियों और पंथों के रूप में हमारे पुराने दुश्मनों के अतिरिक्त हमारे पास विविध एवं विरोधी राजनीतिक पंथों तथा मतोंवाली राजनीतिक पार्टियाँ भी होंगी। क्या भारतीय अपने देश को पंथ के ऊपर रखेंगे या वे अपने पंथ को ही देश के ऊपर रखेंगे? मैं नहीं जानता हूँ। लेकिन इतना तय है कि यदि पार्टियों ने अपने पंथ को देश के ऊपर रखा, तो हमारी स्वतंत्रता खतरे में पड़ जाएगी और संभवतः हमेशा के लिए खो जाएगी…

वैसे, उन्होंने एक अभिप्रेरणा जोड़ी, "हमें पूरे संकल्प के साथ अवश्य ही इस अनहोनी के खिलाफ सतर्क रहना चाहिए। हमें अपने खून की आखिरी बूँद तक अपनी आजादी की रक्षा करने के लिए अवश्य ही कृतसंकल्प रहना चाहिए…" और रिकॉर्ड में दर्ज है कि इस अभिप्रेरणा का प्रशंसा भरा अभिवादन किया गया।[1]

लेकिन आज हम अपने इर्द-गिर्द जो कुछ देखते हैं, उसके मद्देनजर हमें क्या महसूस होता है? हमारे राजनीतिक दल क्या डॉ. आंबेडकर की अभिप्रेरणा को निभा रहे हैं या उनके पूर्वाभास को जीवंत कर रहे हैं?

आज दोनों राष्ट्रीय दल न केवल अपने भौगोलिक दायरे में सीमित हो गए हैं, बल्कि वे संगठनात्मक रूप से कमजोर भी हैं। जहाँ तक संगठनों के रूप में उनकी

1. कांस्टिटुएंट एसेंबली ऑफ इंडिया डिबेट्स, 25 नवंबर, 1949, पुस्तक-छह, अंक-दस, पृष्ठ 977-78.

हालत का सवाल है, दोनों के बीच एकमात्र फर्क है कि कांग्रेस में शीर्ष पर सोनिया गांधी एक अंतिम निर्णायक हैं। चूँकि एक दृश्यमान नेता हैं, चूँकि वे अंतिम निर्णायक हैं, चूँकि पार्टी के अंदर सारी शक्ति उन्हीं से निकलती है, चूँकि कांग्रेस में बाकी अन्य उनसे कथित करीबी के कारण उठते या गिरते हैं, इसलिए यह भ्रम पैदा किया जाता है कि पार्टी एकीकृत है, एकजुट है। लेकिन यह इस आधार-वाक्य से कोई कम नानुमिति नहीं है कि चूँकि रानी अभी भी बकिंघम पैलेस में बैठती हैं, इसलिए ब्रिटिश साम्राज्य अभी भी इर्द-गिर्द है।

राष्ट्रीय दलों ने एक दिन मुसलमानों की खुशामद की तो अगले दिन अनुसूचित जातियों की। इसका नतीजा यह हुआ कि राष्ट्रीय दलों को जल्द ही उन नेताओं की ओर झुकना पड़ा और उनसे गठबंधन करना पड़ा, जो अपने को इन समूहों के धुर चैंपियन के रूप में स्थापित कर लेते हैं। उत्तर प्रदेश में मायावती और उनके घोर शत्रु मुलायम सिंह यादव, बिहार में लालू यादव, झारखंड में शिबू सोरेन, तमिलनाडु में ए.आई.ए.डी.एम.के. और फिर इसके भीषण शत्रु डी.एम.के परिणाम अनुमानेय रहे हैं। इन नेताओं और उनकी 'पार्टियों' को हासिल हुआ है, जबकि राष्ट्रीय दलों ने ज्यादा खोया है और अपना आधार ज्यादा खोया है।

इसलिए, अब हमारे पास दो कमजोर, तथा क्रमशः और कमजोर होते जा रहे राष्ट्रीय दल तथा जाति एवं क्षेत्रीय पार्टियों का एक घालमेल संग्रह बाकी रह गया है। दोनों पार्टियों की जमीन और नहीं खिसके, इसका एकमात्र उपाय है कि वे एक-दूसरे से सहयोग करें। लेकिन यह विकल्प एक अन्य खासियत के कारण बंद हो जाता है कि ऐसी प्रणाली, जैसा कि हमने पहले गौर किया, ऐसी परिस्थिति सोचती है कि यह प्रतिरोधी राजनीति को अवश्यंभावी और अनिवार्य बना देती है। अभी जो हालत है, उसके हिसाब से हरेक पार्टी खुद को 'दूसरी नहीं' के रूप में परिभाषित करती है, एक ऐसी इकाई जिसके साथ उनमें से कोई भी सहयोग नहीं कर सकती है, जबकि उसके साथ सहयोग करने से देश की तात्कालिक जरूरतें भी पूरी होंगी और पार्टी का कमजोर होना भी थमेगा।

लेकिन यह एक ऐसी चीज है, जिसे यह नहीं कर सकती है, और हर गुजरते महीने के साथ इसकी संभावना और भी कम होती जाती है। याद करें कि इस तरह की राजनीति ने मतदाता को बाँट दिया है। मतदाताओं के इन समूहों को, खंडों को एक-दूसरे के विरोध में खड़ा कर दिया गया है। हरेक समूह को दूसरे से भयभीत

किया जाता है। परिणामस्वरूप हरेक पार्टी इस मतदाता के किसी हिस्से को ही अपनी अपील संबोधित करती है। और ऐसा करने का प्रभावी तरीका है कि दूसरी पार्टी को निगल जानेवाले दूसरे समूह की पार्टी घोषित कर दिया जाए। मुसलिम वोट पर अपनी किस्मत का दाँव लगा देने के बाद, घर की छत से यह चिल्लाने के बाद कि बीजेपी और कुछ नहीं, एक 'सांप्रदायिक हिंदू पार्टी' है, कांग्रेस, बीजेपी के साथ कैसे सहयोग कर सकती है? हरेक पार्टी ने किसी खास तबके को इस हद तक घृणा और संदेह से भर दिया है, हरेक पार्टी ने दूसरी पार्टी का इस सीमा तक दानवीकरण कर रखा है कि अब दूसरी पार्टी के साथ सहयोग करना अपने मकसद के साथ 'विश्वासघात' करना होगा। आज हालत इस हद तक हास्यास्पद हो गई है कि कांग्रेस नेता हालाँकि महसूस करते हैं कि सुधार (आर्थिक) और पेंशन, बीमा, बैंक जैसे मसलों पर सुधार बिलों के मामले अत्यंत जरूरी हैं, लेकिन इनमें भी वे बीजेपी का सहयोग लेने को तैयार नहीं हैं। उनके लिए तो मशहूर 'धर्मनिरपेक्ष' दल ही मायने रखता है। वे महसूस करते हैं कि इन सुधारों को तुरंत लागू किए जाने की जरूरत है। वे महसूस करते हैं कि सिर्फ बीजेपी की मदद से ही इन बिलों को पारित किया जा सकता है। लेकिन जब उन्होंने बीजेपी का दानवीकरण कर रखा है, तो फिर वे किसी चीज को पारित कराने के लिए बीजेपी की, यानी 'दानव' की मदद लेते हुए कैसे देखे जा सकते हैं? और, विडंबना तब दोगुनी हो जाती है, जब देखते हैं कि इनमें से कई नेताओं के निजी संबंध न केवल सौहार्दपूर्ण हैं, बल्कि वे काफी करीबी और अंतरंग हैं।

इसीलिए, राष्ट्रीय दलों में से प्रत्येक सिर्फ उन्हीं पार्टियों के साथ सहयोग कर सकता है, जो धुर जातिवादी एवं क्षेत्रीय पार्टियाँ हैं। लेकिन कम्युनिस्टों को छोड़कर, बाकी ये तमाम पार्टियाँ अब बस व्यक्तियों और उनके परिवारों के इर्द-गिर्द का समूह भर रह गई हैं। वह एक व्यक्ति है, उसके पास एक गिरोह है, उसके इर्द-गिर्द एक मंडली है। जो अनुयायी या समर्थक उस व्यक्ति की अवहेलना करते हैं, जो उस परिवार या गिरोह के किसी सदस्य को लेकर कुछ गूँथते हैं, वे गौण हो जाते हैं।

यहाँ तक कि जिस जनता को नेता और उनकी पार्टी का समर्थन करने के लिए फुसलाया जाता है, उसे भी कुछ हासिल नहीं होता है, मगर नेता और उनकी मंडली तरक्की करते हैं, समृद्ध होते हैं। इन नेताओं में से कुछेक के खिलाफ 'गैर-आनुपातिक संपत्ति' को लेकर प्रस्तुत सबूत का अध्ययन करें।

अनुयायी प्रभुत्व हासिल करते हैं। जब तक उनके नेता सत्ता में होते हैं, वे जनता के ऊपर रोब गाँठते हैं और अपने मुहल्ले में लूट करते हैं। उदाहरण के लिए, उन्हें जो घर बढ़िया लगता है, उसे हड़प लेते हैं। प्रगतिशील टिप्पणीकारों द्वारा इसकी तारीफ की जाती है, क्योंकि ये जातियाँ 'आत्म सम्मान' हासिल कर रही हैं।

लेकिन शासक अपने अनुयायियों के बारे में उतना ही शंकालु हैं, जितना अन्य समूहों के नियंत्रकों के बारे में। वह अपने समर्थकों व अनुयायियों पर नियंत्रण स्थापित करने के लिए जाल बुनता है। इन जालों के जरिए, वह व्यापक समुदाय से स्वतंत्र, मुक्त हो जाता है। उदाहरण के लिए, वह नौकरशाही को फुसलता है, बहकाता है, उन्हें राज्य का नहीं, बल्कि उस नेता का कर्मचारी बनना होता है; उनकी तैनाती और तबादला इस बात पर निर्भर करते हैं कि क्या वे उनके लिए उपयोगी हैं, न कि इस बात पर कि वे अपनी ड्यूटी ठीक से निभा रहे हैं या नहीं। और वह जान-बूझकर ढीठता से इस बात को सामने रखता है। वह यह सुनिश्चित करता है कि हरेक नौकरशाह, हरेक पुलिसकर्मी इस बात को समझ जाए कि अभी यही व्यवस्था चलेगी।

पद्धतियाँ स्थापित हो जाने पर, वह मनमाफिक काम करा सकता है। जो भी उसके रास्ते में आता है, उसे वह सबक सिखा सकता है। वह अपने लोगों का इस्तेमाल खुद को कानून को ऊपर रखने के लिए करता है, "मुझे सिर्फ इसलिए तंग किया जाता है कि मैं एक दलित हूँ।"

लूट का संग्रह अनुयायियों के नाम और अनुयायियों से ही किया जाता है, "आप मंदिर क्यों जाते हैं और चढ़ावा क्यों चढ़ाते हैं?" एक नेता ने अपने अनुयायियों से कहा, "मैं आपकी जीती-जागती देवी हूँ। आप अपना चढ़ावा मुझे दें।"

खजाने पर नियंत्रण नेता को अपने अनुयायियों से मुक्त कर देता है। एक ही गनीमत की बात है कि परिवार फंड को लेकर बिखर जाते हैं, और यह तथ्य कि एक सीमा के बाद, वे 'पार्टी' का इस्तेमाल फंड जुटाने के लिए कर रहे हैं, कानून से खुद को बचाने के लिए कर रहे हैं, उनकी वैधता को, और अंततः उनकी पार्टी की विश्वसनीयता को कम करता है।

शीघ्र ही, नेता की सुविधा को विचारधारा का उच्च स्तर प्रदान कर दिया जाता है। ये नेता और उनके अनुचर अपनी लूट को वैध हर्जाना करार देते हैं। वे और उनके अकादमिक समर्थक उद्घोषणा करते हैं, "आप लोगों ने हमारे लोगों का

सदियों से शोषण किया है। अब आप अपनी ही दवा का जरा स्वाद चखिए।'' वे अपनी अक्षमता को सिद्धांत, आदर्श का स्तर प्रदान कर देते हैं, वे घोषणा करते हैं, पैमाना विशिष्टतावादी है, दलित, शोषित लोगों को सरकारी दफ्तरों से बाहर रखने की साजिश है। वे अपनी अश्लीलता को आधिकारिक घोषित कर देते हैं, वे और उनसे भी ज्यादा हमारे छद्‍म प्रगतिशील बुद्धिजीवी घोषणा करते हैं, 'जनता' अपने असली रंग में आ रही है। डाँट-डपट करना, भयभीत करना तर्क बन जाता है, बल्कि यह वाकई विवेक सम्मत बन जाता है। यह तथ्य कि 'वे आप पर प्रहार कर सकते हैं और प्रहार करेंगे,' प्रमाण बन जाता है।

इसमें से कुछ भी दैवी नहीं है। यह किसी बुरे नेता की करतूत नहीं है। और हमें विचार करना चाहिए कि यह घटनाक्रम हमें आज से बीस साल बाद कहाँ ले जाएगा, किस मुकाम पर पहुँचाएगा!

## बहु-स्तरीय अक्षमता

पैमानों को विशिष्टतावादी कहकर निंदा किए जाने के साथ, योग्यता और कुशलता को वंचितों को दबाए रखने की साजिश कहकर निंदा किए जाने के बाद, आज कोई आश्चर्य नहीं हो सकता कि यदि कोई यह तक सुझाव दे कि एक व्यक्ति को नौकरी नहीं दी जानी चाहिए, क्योंकि वह उस नौकरी के दायित्वों को पूरा करने में सक्षम नहीं है, तो उस सुझाव देनेवाले शख्स को बुरा-भला कहा जाए। न तो मंत्रियों और न ही नौकरशाहों का चयन तथा तैनाती इस आधार पर की जाती है कि वे इसके लिए विशेष तौर पर प्रशिक्षित किए गए हैं। वस्तुतः, मुल्क की पूरी कार्यपालिका एवं विधायी शाखाओं के लिए आधारभूत वाक्य है कि किसी को किसी विशेष पृष्ठभूमि या तैयारी की आवश्यकता नहीं है। और यह हरेक स्तर पर है, हरेक क्षेत्र में है।

एक पार्टी प्रबंधक एक उम्मीदवार का चयन करने में इस बात पर सबसे आखिर में विचार करता है कि वह विधायी प्रस्तावों का आकलन करने में सक्षम है, कि उसके पास नीतिगत विकल्पों का मूल्यांकन करने का ज्ञान और निर्णय करने की क्षमता है। जीतने की योग्यता ही सबकुछ है, और यह इस पर निर्भर करता है कि वह अपेक्षित जाति से है, वह पर्याप्त धन-बल और बाहु-बल का इस्तेमाल कर सकता है। आजकल हमारी विधायिकाओं में जो हालात हैं, उसे देखते हुए पार्टियों के नियंत्रक किसी उम्मीदवार में जीतने की योग्यता के बाद जिस बात को सबसे

ज्यादा तरजीह देते हैं, वह मुद्दों का ज्ञान होना नहीं है, यहाँ तक कि सभ्य ढंग से दलील पेश करने की योग्यता भी नहीं है और निष्ठा तो निश्चित रूप से नहीं है। यह है चीखने-चिल्लाने और रोष तथा गुस्से का प्रदर्शन करने की योग्यता। यहाँ तक कि एक पुराना विधायक या सांसद, जो वर्षों से विधायिका या संसद् में रहा है, के पास शायद ही इसके सिवा कोई और अनुभव होता है कि उसने विधायिका में वर्षों गुजारे हैं। यह वाकई विरला ही होता है, जब विधायिका के एक सदस्य ने एक संगठन चलाया हो, यानी कि उसके पास कार्यपालिका संबंधी अनुभव हो। और फिर भी, अचानक उसे एक मंत्रालय का प्रभारी बनाया जा सकता है। मंत्रालय एक विशाल संगठन होता है, जिसे चलाने के लिए इसके दायरे के तहत आनेवाले मुद्दों का बारीक ज्ञान रखने और विस्तृत कार्यपालिका संबंधी, यानी प्रशासकीय क्षमता व अनुभव की जरूरत होती है। वर्षों से बार-बार इसके परिणाम पर टिप्पणी की गई है। बीस साल पहले मद्रास विश्वविद्यालय के छात्रों को उनके दीक्षांत समारोह के अवसर पर संबोधित करते हुए, एन.ए. पालखीवाला ने टिप्पणी की थी—

> ''जब आप इस दीक्षांत समारोह में देखते हैं कि इंजीनियरों, डॉक्टरों, सर्जनों, वकीलों और अन्य पेशेवरों को डिग्रियाँ दी जा रही हैं, तो आप इस स्थिति की घोर विडंबना पर गौर किए बिना नहीं रह सकते कि एक काम ऐसा है, एक नौकरी ऐसी है, जिसके लिए आपको किसी प्रशिक्षण या योग्यता की जरूरत नहीं है और वह काम है धरती पर सबसे बड़े लोकतंत्र के लिए कानून बनाना और शासन करना। एक बॉयलर की देखभाल करने या एक मशीन का रख-रखाव व देखभाल करने के लिए, एक दुकान का पर्यवेक्षण करने या एक पुल का निर्माण करने के लिए, कानून की एक अदालत में बहस करने या एक मानव शरीर का ऑपरेशन करने के लिए वर्षों के प्रशिक्षण की जरूरत होती है। लेकिन 65 करोड़ से भी ज्यादा लोगों के जीवन और भाग्य का संचालन करने के लिए, आपको किसी शिक्षा या उपकरण या औजार की कतई जरूरत नहीं होती![1]

अक्षमता के लिए इस व्यवस्थागत पक्षपात का दोहरा परिणाम होता है कि हम जिस तरह की विधायिका और जिस तरह की कार्यपालिका पाते हैं, और जिस तरह की चीज हम नहीं प्राप्त करते हैं; या यों कहें कि इस 'चयन प्रक्रिया' ने नए भारत

---

1. एन.ए. पालखीवाला, 'कांस्टिट्यूशनल चेंजेज ऐंड दी प्रेसिडेंशियल सिस्टम,' कॉन्वोकेशन एड्रेस, यूनिवर्सिटी ऑफ मद्रास, सितंबर 1979, 'वी, दी पीपुल' में, स्ट्रैंड बुकस्टॉल, बॉम्बे, 1984, पृष्ठ-239.

का निर्माण कर रहे मध्यमवर्गीय और उद्यमी वर्गों को राजनीतिक क्षेत्र में प्रवेश करने से परे रखा है।

राजनीतिक कार्यपालिका का चयन इस तबके से किया जाता है। ऐसे में क्या एक ऐसे व्यक्ति से, जिसका पूरा नजरिया निजी प्रतिद्वंद्विता से ग्रस्त मुहल्लेवाले राजनीतिज्ञ का है, जिसके 'जाति समीकरण' हैं, वह देश की विदेश नीति और रक्षा नीति को स्वरूप व आकार दे सकता है? क्या वह अनिवार्यताओं प्रौद्योगिकी, सदा परिवर्तनशील संतुलनों से भली-भाँति परिचित होगा कि वह देश के आर्थिक सुधारों का संचालन कर सके? और एक अन्य समस्या है, जो व्यक्ति के दायरे के बाहर की है। आज किसी भी पार्टी के पास पर्याप्त संख्या में ऐसे विधायक नहीं हैं, जो इतने सारे मंत्रालयों को सँभालने के लायक हों, क्योंकि आज सरकार ढेरों तरह के मंत्रालयों में बँट गई है। दरअसल, राजनीतिक पार्टियों का ऐसा कोई गठजोड़ भी नहीं है, जो देश का शासन चलाने के लिए पर्याप्त योग्य व्यक्ति उपलब्ध करा सके।

यहाँ तक कि कार्यपालिका का प्रमुख यानी प्रधानमंत्री भी कमोबेश लॉटरी के जरिए चुना जाता है। याद करें कि चरण सिंह, चंद्रशेखर, एच.डी. देवगौड़ा, आई.के. गुजराल और अब मनमोहन सिंह कैसे प्रधानमंत्री बन गए! तथा जब प्रधानमंत्री को मंत्रियों का चयन करना होता है, तो उनके दिमाग में जो विचारणीय आधार चलते हैं, उनमें योग्यता व क्षमता का नंबर काफी नीचे होता है। वस्तुतः अब आर.जे.डी. या डी.एम.के. से कौन मंत्री बनेगा, यह उस पार्टी के नियंत्रकों पर छोड़ दिया गया है, इसलिए लालू यादव अपने वैसे ही सांसदों को मंत्री बनाने की सिफारिश करते थे, जिनके खिलाफ आपराधिक केस कर्ज हों, यही लोग मंत्री बनेंगे। लालू यादव संभवतः अपने केसों को कम आपवादिक बनाने के लिए ऐसा करते हों!

और हमें केवल केंद्रीय सरकार पर ही नजर नहीं रखनी चाहिए। प्रशासन पर पड़नेवाले प्रभाव का अंदाजा लगाने के लिए, हमें यह बात दिमाग में रखनी चाहिए कि यह परिपाटी हरेक स्तर पर बार-बार दुहराई जाती है। हम बमुश्किल ही उन परिणामों की कल्पना कर सकते हैं, जो इस परिपाटी के दिल्ली से इतने करीब उत्तर प्रदेश जैसे विशाल राज्य में लागू होने से राष्ट्रीय सुरक्षा पर पड़ते हैं।

और कार्यपालिका के साथ जो घटित होता है, उसे हरेक अन्य संस्थान में अपनाया जाता है। ये मंत्री और नौकरशाह हरेक अन्य पद के लिए व्यक्ति चुनते हैं, जिसमें वैसे संस्थान के पद भी शामिल हैं, जो 'स्वायत्त' माने जाते हैं। मंत्री जजों को

नियुक्त करते हैं, वे कुलपतियों को नियुक्त करते हैं, वे आपके पड़ोस के थाने तक में पुलिस अफसरों की नियुक्ति करते हैं। वे न सिर्फ उनकी नियुक्ति करते हैं, बल्कि वे यह भी तय करते हैं कि कौन किस पद पर रहेगा। इस तरह, हालाँकि नौकरशाह एक प्रतियोगी परीक्षा के जरिए शुरुआत में चुने जाते हैं, लेकिन अपनी तैनाती के बाद, उनका कॅरियर राजनीतिक कार्यपालिका पर निर्भर करता है। वह राजनीतिक प्रशासक इस पर जोर देता है कि उसकी पार्टी के हरेक विधायक की निविदा पास होनी चाहिए। वह राजनीतिक प्रशासक न केवल व्यक्तिगत अफसर की किस्मत तय करता है, बल्कि वह पूरी सर्विस, पूरी नौकरशाही का मूल्य भी तय कर देता है।

कोई भी संस्थान लें, आज सारा माजरा इस पर निर्भर करता है कि इस पल उसे कौन सँभाल रहा है! यह सब तथ्य उस निम्न स्तर को दरशाता है कि इन संस्थानों का तकरीबन अस्तित्व-विहीन स्तर तक संस्थागत स्वरूप विकसित हो सका है। ये संस्थान महज साइन बोर्ड हैं, भवन हैं। आखिरकार, ये बस राजनीतिक वर्ग के औजार, साधन हैं। अगर आज कोई संस्थान स्वतंत्र रूप से कार्य करता है, तो यह केवल संयोग की बात होगी। राजनीतिक कार्यपालिका संस्थान में एक व्यक्ति की नियुक्ति यह सोचकर करता है कि वह सहयोग करेगा और आज्ञापरायण रहेगा, लेकिन वह आजाद खयाल का निकल जाता है। लेकिन उस व्यक्ति के स्वतंत्र आचरण से कार्यपालिका, जो सबक लेती है, वह यह नहीं कि जिस संस्थान में उसे नियुक्त किया गया है, उसका अवश्य ही सम्मान किया जाना चाहिए, बल्कि वह यह समझती है कि उस पद के लिए उस शख्स का चयन 'भयंकर भूल' थी, एक ऐसी भूल, जिसे अगली बार पद खाली होने पर अवश्य ही दुहराया नहीं जाना चाहिए।

और इस रवैए के परिणाम चहुँओर दिखते हैं। उच्च शिक्षा का स्तर ढह गया है, न्यायिक फैसलों की गुणवत्ता फजीहत वाली हो गई है, पुलिस मौजूदा शासक के विरोधियों के खिलाफ तो केस दर्ज करती है, लेकिन मुख्यमंत्री की जाति या पार्टी या खेमे से संबद्ध किसी व्यक्ति के खिलाफ केस दर्ज नहीं करती है…

और हरेक चक्र के साथ स्थितियाँ और बदतर हो जाती हैं। डॉ. पी.वी. इंदिरेसेन ने एक बार मुझसे पूछा, "हम आज जिस स्तर तक गिर गए हैं, उस स्थिति की व्याख्या क्या है?" मैं जवाब सोच ही रहा था कि उन्होंने कहा, "नहीं-नहीं, इंदिरेसेन का नियम।" मैं चकित हुआ "इंदिरेसेन नियम?" उन्होंने कहा, "आपका

मतलब है कि आप इंदिरेसेन का नियम नहीं जानते हैं? दूसरे दरजे के आदमी तीसरे दरजे के आदमियों को चुनते हैं। आप यह काम तीस वर्षों तक करें और आप वहाँ पहुँच जाएँगे, जहाँ हम पहुँच गए हैं।''

एक अरब लोगों के शासकों को चुनने के इस तरीके की तुलना ली क्वान येव के अत्यंत सावधानीपूर्वक चुनने के तरीके से करें, जिसे उन्होंने सिंगापुरवासियों की ओर से विधायन का दायित्व सँभालनेवालों के चयन के लिए अपनाया और यहाँ तक कि सरकार में कार्यपालक पदों पर आसीन होनेवालों के चयन के लिए अपनाया। याद करें कि उन्होंने कैसे सुनियोजित नियमबद्ध तलाश की, ऐसे लोगों की, जिनमें 'हेलिकॉप्टर गुण' थे। हार्वर्ड के प्रोफेसर तरुण खन्ना, जिन्होंने चीन के अध्ययन में काफी समय समर्पित किया है, इंगित करते हैं कि भारत और चीन के बीच प्रमुख अंतरों में यह भी एक है। वे कहते हैं कि प्रशासन के हरेक स्तर पर, खासकर प्रांतीय और स्थानीय स्तरों पर, चीन के कर्मियों, मंत्रियों, मेयरों, अधिकारियों की गुणवत्ता भारत में उनके समकक्षों से काफी ऊँची है।

यह सही है कि ऐसे नेताओं और उनके अनुचरों के इस पतन या इसे दूसरी तरह से कहें, तो इस उत्कर्ष का असर सिर्फ शासन तक सीमित नहीं रहता। पैमाने और स्तर साफ हो जाते हैं, नैतिक मूल्य शब्दाडंबर बन जाते हैं; दूसरे अपने आचरण में दबंग बन जाते हैं, उन्हें इस बात से भी शह मिलती है कि उन्हें कभी भी सजा नहीं हो सकती है—आखिरकार, तमाम मजिस्ट्रेट और जज भी तो उन्हीं के द्वारा या उन जैसे व्यक्तियों द्वारा नियुक्त किए गए होते हैं, जो कुछ ईमानदार लोग बच जाते हैं, उनकी छवि बिगाड़ने के लिए योजनाबद्ध ढंग से वे अभियान चलाते हैं, ताकि लोग निष्कर्ष निकालें कि 'साले, सारे चोर हैं'; तर्क, सबूत हँसी में उड़ा दिए जाते हैं, नतीजा यह होता है कि समाज के पास कोई साधन नहीं रह जाता है, जिसके जरिए वह ऐसे नेताओं पर लगाम लगा सके, या खोई जमीन वापस पा सके।

चूँकि नेतागण और उनके दल वैधता खो चुके होते हैं, इसलिए वे सत्ता में बने रहने के लिए अपराधियों और सशस्त्र गिरोहों का सहारा लेते हैं।

हमारी खुफिया एजेंसियों से प्राप्त सूचनाओं व जानकारियों के पहाड़ के आधार पर एन.एन. वोहरा समिति ने जो रिपोर्ट दी थी, उसे याद करते हुए संविधान के कामकाज की समीक्षा के लिए बनाए गए आयोग ने टिप्पणी की—

> ''अपराधियों का राजनीति में प्रवेश करना बेहद चिंता की बात है। सरकार द्वारा

> नियुक्त वोहरा समिति ने कड़े शब्दों में कहा था कि अपराधी गिरोहों और राजनीतिक शख्सियतों के बीच साँठ-गाँठ बहुत गहरी है। वोहरा समिति को प्रस्तुत की गई केंद्रीय जाँच ब्यूरो (सी.बी.आई.) की रिपोर्ट के अनुसार, "देश भर में, अपराधी गिरोह अपने आप में कानून बन गए हैं, यहाँ तक कि छोटे शहरों और ग्रामीण क्षेत्रों में भी, बाहुबलियों का दबदबा बन गया है। भाड़े के हत्यारे इन संगठनों का हिस्सा बन गए हैं। देश के विविध हिस्सों में अपराधी गिरोहों, पुलिस, नौकरशाही और राजनीतिज्ञों के बीच गठजोड़ खुलकर सामने आ गया है।" समिति ने अन्य एजेंसियों के हवाले से कहा कि माफिया नेटवर्क "वस्तुत: एक समानांतर सरकार चला रहा है, सरकारी तंत्र को अप्रासंगिक बना दे रहा है। रिपोर्ट यह भी कहती है कि बिहार, हरियाणा, उत्तर प्रदेश जैसे चंद राज्यों में, इन गिरोहों को तमाम दलों के स्थानीय राजनीतिज्ञों का संरक्षण प्राप्त होता है और इन दलों के कर्ता-धर्ता उनकी रक्षा करते हैं। कुछ राजनीतिक नेता तो सीधे इन गिरोहों-सशस्त्र सेनाओं के नेता बन जाते हैं और वर्षों तक स्थानीय निकायों, राज्य विधानसभाओं तथा राष्ट्रीय संसद् के लिए खुद को निर्वाचित कराते हैं।"

एन.एन. वोहरा समिति का गठन अपराधियों, राजनीतिज्ञों और प्रशासन के गठजोड़ को उजागर करने के लिए किया गया था। उसे ढेरों विस्तृत एवं विशेष सूचनाएँ प्राप्त हुईं। वोहरा तब गृह सचिव थे और वे एक मशहूर और प्रतिष्ठित नौकरशाह माने जाते थे। उन्होंने अपनी रिपोर्ट में उन ब्योरेवार एवं विशिष्ट सूचनाओं को शामिल किया। उन्होंने सितंबर 1993 में खुद गृहमंत्री को यह रिपोर्ट सौंपी। वे मई 1994 में सेवा-निवृत्त हो गए। रिपोर्ट को गृह मंत्रालय की अलमारी में रख दिया गया और सावधानीपूर्वक तालाबंद कर दिया गया! किसी को पता नहीं चला कि यह रिपोर्ट पूरी हो गई है और मंत्री महोदय को सौंप दी गई है। तंदूर-हत्याकांड हुआ, एक राजनीतिक कार्यकर्ता ने अपनी महिला-मित्र के टुकड़े-टुकड़े कर दिए और यहीं नई दिल्ली में एक तंदूर में उसे जला डाला। यह स्थान संसद् से कोई दूर नहीं था। संसद् का मानसून सत्र चल रहा था। एक सदस्य ने सरकार पर आरोप लगाया कि पुलिस हत्यारे का बचाव कर रही है, क्योंकि पुलिस और···के बीच साँठ-गाँठ बन गई है, तत्कालीन गृह राज्यमंत्री राजेश पायलट ने पलटकर पूछा, इस साँठ-गाँठ के बारे में नया क्या है? इस साँठ-गाँठ के बारे में एक पूरी रिपोर्ट है। हर कोई खड़ा हो गया। वह रिपोर्ट कहाँ है? इसे दबाया क्यों गया है? आप लोग अपराधियों को शरण दे रहे हैं, बचा रहे हैं··· रातोरात रिपोर्ट का एक सारांश छापा गया, और संसद् के समक्ष प्रस्तुत किया गया। यह एक अर्थहीन अंश था, हर ब्योरे को काटकर

निकाल दिया गया था। आश्चर्य नहीं कि कैंसर फैलता चला गया है।

और यह अपना पोषण खुद करता है। शुरू में, राजनीतिक दल, अपराधियों और सशस्त्र समूहों से यदा-कदा मदद लेते हैं, कह लीजिए, चुनावों के समय। फिर वे नियमित माँगों के लिए उनकी मदद लेने लगते हैं, यानी एक तरह से दोनों कारोबारी भागीदार बन जाते हैं। जल्द ही, अपराधी आश्चर्य करता है, "मुझे इन विदूषकों की मदद क्यों करनी चाहिए? मुझे खुद ही राजनीति में प्रवेश क्यों नहीं कर जाना चाहिए?" वह जीत जाता है। जो पुलिसवाले उसे दौड़ाते रहते थे, उसका पीछा करते रहते थे, उन्हें अब उनके सुरक्षा अधिकारी के रूप में तैनात कर दिया जाता है। उत्तर प्रदेश और बिहार का काफी बड़ा हिस्सा आज तीन 'बाहुबलियों' के आदेश पर चलता है। ये बाहुबली हैं—गाजीपुर से विधायक मुख्तार अंसारी, इलाहाबाद से सांसद अतीक अहमद और सिवान से सांसद शहाबुद्दीन।

प्रकाश सिंह, जो उत्तर प्रदेश और असम दोनों राज्यों के पुलिस महानिदेशक रहे हैं, और जो सीमा सुरक्षा बल के भी महानिदेशक रहे हैं, ने वामपंथी हिंसा का विशेष अध्ययन किया है। वे मुख्तार अंसारी के दबदबे और उसकी चलती का यों वर्णन करते हैं—

> "आज पूर्वी उत्तर प्रदेश के कम-से-कम आठ जिले और बिहार के सटे हुए चार जिले पूरी तरह माफिया की गिरफ्त में हैं। कानून का शासन सिर्फ कागज पर है। जिला मजिस्ट्रेट और पुलिस अधीक्षक माफिया डॉनों के आगे दंडवत् करते हैं तथा नाजुक मामलों में उनसे आदेश लेते हैं। गाजीपुर जिले में ज्यादातर थानाध्यक्षों का वजूद स्थानीय डॉन मुख्तार अंसारी के कारण है। एस.पी. और डी.एम. उनकी सिफारिशों से सिर्फ सहमति जताते हैं। दरअसल, अंसारी तय करता है कि पूर्वी उत्तर प्रदेश के जिलों में बड़े प्रोजेक्टों का ठेका किसको मिलना है। हथियार के लाइसेंस के लिए उसकी सिफारिशों को मानना पड़ता है। वह जब यात्रा करता है, कहीं आता-जाता है, तो वह बड़े शाही अंदाज में यात्रा करता है। छह-सात क्वालिस कारों का काफिला उसके साथ चलता है। राज्य सरकार द्वारा करीब दर्जनभर पुलिसकर्मी उसकी हिफाजत के लिए साथ चलते हैं। इसके अलावा उसके करीब 20-30 हथियारबंद गुंडे भी साथ चलते हैं। कोई भी एस.एच.ओ. कानून के किसी भी उल्लंघन के लिए उसे चेक करने की हिमाकत नहीं करता है। मऊ में हाल के दंगों के सिलसिले में, उसके खिलाफ एक केस दर्ज किया गया, लेकिन राज्य पुलिस ने दयनीयता से कहा कि उसे गिरफ्तार करना आसान नहीं है।

> कोरी सच्चाई है कि पुलिस को यह भरोसा नहीं था कि लखनऊ में बैठा नेतृत्व उसकी गिरफ्तारी को पसंद करेगा। जब दबाव बढ़ गया, तो डॉन ने खुद कृपा कर एक अदालत के समक्ष समर्पण कर दिया। बहरहाल, उसके पंख नहीं कतरे गए हैं और उसकी जायदाद अक्षुण्ण है। एक बार वह बाहर निकलेगा, तो वह फिर जुर्म और बुराई का सरताज बन जाएगा।
>
> बिहार में शहाबुद्दीन की स्थिति की इससे तुलना की जा सकती है। उसके खिलाफ हत्या और अपहरण से लेकर बेनामी विदेशी मुद्राएँ रखने तक के कम-से-कम 30 केस दर्ज हैं...''[1]

पुलिस इसके लिए शहाबुद्दीन को महीनों वारंट तामील नहीं करती है। वह प्रेसवालों को इंटरव्यू देता है। वह टी.वी. पर आता है। वह अपने जाने-पहचाने घरों, जिसमें दिल्ली स्थित घर भी शामिल है, बड़े आराम से पड़े रहता है। वह या उस शख्स का मनोनीत बंदा शहाबुद्दीन के नाम से कानून की परीक्षा में बैठता है। और ढर्रा यह कि एक संसद् सदस्य है। लेकिन पुलिस उसे यह कहते हुए वारंट तामील नहीं करती है कि वह उसे ढूँढ़ नहीं पाती है!

वोहरा समिति ने सन् 1993 में रिपोर्ट दी थी। इसके परिणामस्वरूप कुछ नहीं हुआ। समिति ने सन् 1993 में जो कहा था, उसे संविधान समीक्षा आयोग ने सन् 2002 में याद किया। इसके परिणामस्वरूप कुछ भी नहीं हुआ। प्रकाश सिंह के लेख ने सन् 2005 में एक बार फिर तथ्यों को सामने रखा। इसके परिणामस्वरूप कुछ नहीं हुआ। और इसीलिए इस पर कोई आश्चर्य नहीं हुआ, जब अलका एस.पांडे ने 'इंडियन एक्सप्रेस' में 27 फरवरी, 2007 में अपनी रिपोर्ट में लिखा, 'अंतरराष्ट्रीय अपहरण सरगना बबलू श्रीवास्तव ने पिछले हफ्ते हत्याकांड में अपनी रिहाई के बाद सोमवार को घोषणा की कि वह लखनऊ सेंट्रल जेल से विधानसभा चुनाव लड़ेगा। यह विधान सभा क्षेत्र पूर्व प्रधानमंत्री अटल बिहारी वाजपेयी के संसदीय क्षेत्र में पड़ता है।' उन्होंने रिपोर्ट में याद किया—''उत्तर प्रदेश की मौजूदा 403-संसदीय विधानसभा में, करीब 200 सदस्यों के खिलाफ आपराधिक केस दर्ज हैं। कुछ नामी नाम हैं, मुख्तार अंसारी, अमरमणि त्रिपाठी, रघुराज प्रताप सिंह उर्फ राजा भैया, हरि शंकर तिवारी, मुहम्मद अशरफ और अखिलेश कुमार सिंह। तथा ये तमाम सदस्य सरकार का हिस्सा हैं या मुलायम सिंह यादव को समर्थन दे रहे हैं।

---

1. दी हिंदुस्तान टाइम्स, 17 नवंबर, 2005.

इनमें से हरेक बाहुबली पर वर्ष 2002 में विधानसभा युनाव लड़ने के वक्त आपराधिक आरोप थे, लेकिन किसी को दोषी नहीं करार दिया गया।'' और उन पर कोई मामूली जुर्म के आरोप नहीं थे। उन्होंने लिखा, ''अंसारी को तो एक बार आतंकवादी गतिविधियों में भी लिप्त पाया गया। बहरहाल, एस.टी.एफ. कर्मी शैलेंद्र सिंह, जिसने अंसारी के खिलाफ सबूत खोजा था, का तबादला कर दिया गया। इसी तरह, राजा भैया को 'पोटा' के तहत गिरफ्तार किया गया, लेकिन तमाम गवाह मुकर गए और उन्हें रिहा करना पड़ा। यू.पी. पुलिस के आँकड़े बताते हैं कि 'वर्ष 1985 से आपराधिक पृष्ठभूमिवाले नेताओं में ऐसे नेताओं की संख्या 35 थी, जो सन् 2002 में बढ़कर 208 हो गई।' यह सही है कि हर कोई समुचित रूप से चिंतित था! संसद् एक विधेयक के प्रावधानों का आकलन कर रही थी, जिसमें आपराधिक पृष्ठभूमि या रिकॉर्डवाले लोगों के चुनाव लड़ने पर रोक लगाने की व्यवस्था थी। इलाहाबाद उच्च न्यायालय की एक पीठ ने अपने समक्ष आई एक जनहित याचिका पर नोटिस जारी किए थे। अलका ने उल्लेख किया, ''यहाँ तक कि मुलायम सिंह यादव सरकार ने भी राजनीति के अपराधीकरण को माना था।'' दरअसल, अपने एक सदस्य की गोली मारकर हत्या किए जाने के बाद उत्तर प्रदेश विधान सभा ने खुद दिसंबर 2005 में अपने सदस्यों के अपराधीकरण पर पूरी बहस की थी। मगर नतीजा? अंतरराष्ट्रीय अपहरण सरगना बबलू श्रीवास्तव ने पिछले हफ्ते हत्या के एक केस में अपनी रिहाई के बाद सोमवार को लखनऊ सेंट्रल विधानसभा क्षेत्र से चुनाव लड़ने की घोषणा की…''

पुलिस केस। उच्च न्यायालय में कार्यवाहियाँ। विधान सभा में बहस। अखबारों में ब्योरा। समितियाँ। आयोग। और कोई नतीजा नहीं।

ये सरगना जेलों से ही अपने आगंतुकों और सेलफोन के जरिए अपना ऑपरेशन चलाते हैं। क्या ऐसा हो सकता है कि पुलिस उन घटिया फोनों की तलाशी नहीं कर सकती और उन्हें जब्त नहीं कर सकती? क्या ऐसा हो सकता है कि हम जैमर विकसित नहीं कर सकते हैं और उन्हें जेलों में नहीं लगा सकते हैं? राजनीतिज्ञों और पुलिसकर्मियों का इन सरगनाओं के साथ गठजोड़ ही है, जो इन जाहिर चीजों को किए जाने से रोकता है।

हाजी मस्तान पहले ही महाराष्ट्र विधानसभा का एक सदस्य बन चुका है। मुंबई विस्फोट कांड का अभियुक्त अबु सलेम अपनी रिहाई के इंतजार में है, ताकि

वह एक सम्मानित नेता बन सके।

यह सही है कि यह बात व्यक्तियों तक सीमित नहीं है। तस्करों की एक पूरी माफिया तटवर्ती भारत के अधिकांश हिस्से को संचालित करती है, चीनी सामंतों का महाराष्ट्र के ज्यादातर हिस्से पर दबदबा है, भवन और भू-माफियाओं का एक-एक महानगर की पट्टियों पर नियंत्रण है···बिहार, झारखंड और आंध्र में नक्सलियों की माँग रहती है···शीघ्र ही, कोई भी राजनीतिक पार्टी छत्तीसगढ़ और महाराष्ट्र की पट्टियों में तब तक चुनाव नहीं जीत पाएगी, जब तक कि वह उनके साथ समझदारी न बना ले···असम में 'अल्फा' एक दल से दूसरे दल के पक्ष में पलड़ा झुकाने में निर्णायक रहा है···

एक अरब लोगों का संचालन करने के लिए विधायकों और मंत्रियों के चुनने का कोई तरीका है!

## शासन में निर्णय करने, भाग लेने का मिथक

जनता किस अर्थ में लोकतंत्र में निर्णय करती है? क्या लोग राजनीतिक दलों के कार्यक्रम तय करते हैं? या वे अचानक चुनावोपरांत सत्ता पर काबिज होने के लिए बनाए जानेवाले 'न्यूनतम साझा कार्यक्रम' तय करते हैं? क्या लोग उम्मीदवारों को चुनते हैं? क्या वे यह तय करते हैं कि जिसे वे चुनते हैं, वह उसके बाद कैसा आचरण करेगा, या खास मुद्दों पर क्या रवैया अपनाएगा? इनमें से हरेक का फैसला दरअसल एक छोटे समूह द्वारा किया जाता है। यह छोटा समूह ही राजनीतिक पार्टी को नियंत्रित करता है। पार्टियों के दैनिक कामकाज के मामले में तो यह बात और भी सही है। उदाहरण के लिए, उस दिन विधायिका में क्या किया जाना है, इसका निर्णय दो या तीन व्यक्तियों द्वारा किया जाता है और यह निर्णय वे सुबह के अखबारों के शीर्षकों को देखकर करते हैं, वे कोई ज्यादा माथापच्ची नहीं करते हैं। बाहरी लोगों के लिए, यह सही है कि औसत विधायक लोगों का प्रतिनिधित्व कर रहा है—और वह भी खुद को लोगों के प्रतिनिधि के रूप में प्रस्तुत करता है तथा उनके न्यासी के बतौर 'संप्रभुता' का वाहक होता है। दरअसल, वह औसत विधायक, यानी कि दो या तीन नियंत्रकों को छोड़कर हरेक सदस्य, निर्णय लेने में कुछ भी योगदान नहीं करता है। वस्तुत:; अकसर ही जब वह सदन में प्रवेश कर जाता है, तब उसे पता चलता है कि क्या होनेवाला है।

यह कहा जाता है कि दो-तीन लोगों की मंडली इस बात से प्रभावित होती है

कि उनकी राय में लोग हरेक मुद्दे या व्यक्ति के बारे में क्या पसंद करेंगे और इस अर्थ में जनता अपने प्रभाव का इस्तेमाल करती है। लेकिन इस तरह का प्रभाव, यदि यह होता भी है, तो भी वह काफी सीमित होता है। सर्वप्रथम, हरेक मोड़ पर जिन विविध मुद्दों को तय किया जाना होता है, उस पर जनता की शायद ही कोई राय होती है। पेटेंट कानून या बीमा में एफ.डी.आई. को लेकर प्रस्तावित संशोधन के बारे में जनता की क्या राय है? तथ्य यह है कि यह राय तो उनके लिए आंदोलनों, धरनों, प्रेस को जारी बयानों और फिर उस राय के निर्माताओं ने जो दृष्टिकोण अपनाने का फैसला किया है, उसे कार्यान्वित करने के लिए बनाई जाती है। दूसरी बात कि 'जनता की राय' बनानेवालों का क्या नजरिया होगा, इसे तय करने में कई बेतरतीब कारकों का भी हाथ होता है—यह संशोधन विरोधी द्वारा लाया जा रहा है या सहयोगी द्वारा; किसी व्यापारिक घराने के मालिक ने या उसके प्रतिद्वंद्वी भाई ने उनके नेता तक पहुँच बनाई है। तीसरी बात कि मंडली को इसकी कोई सूचना नहीं होती है कि लोग एक उम्मीदवार अथवा एक मुद्दे के बारे में वास्तव में क्या महसूस करते हैं! चुनाव नतीजों से मंडली जिस तरह हतप्रभ हो जाती है, उससे यह बात जाहिर हो जाती है।

संसदीय प्रणाली 'शासन में लोगों की, जनता की भागीदारी' सुनिश्चित करती है, यह एक और बड़ा मिथक है। महज संख्याएँ भागीदारी को असंभव बना देती हैं। खुद मुद्दे बेहद जटिल होते हैं और लोगों को इतनी कम सूचना होती है तथा उनकी दिलचस्पी भी इतनी कम होती है कि वे कोई ठोस योगदान नहीं कर पाते हैं। एक केंद्रीय मंत्रालय में रोजाना जो मुद्दे निर्णय के लिए आते हैं, उनमें से किस मुद्दे पर आप चाहेंगे कि लोग निर्णय करें और प्रशासन करें या लागू करें? दरअसल, मंडली लोगों की राय पर जितना ही ज्यादा ध्यान देती है, उसका अपना दृष्टिकोण उतना ही छोटा होने की आशंका रहती है, वह उतनी ही ज्यादा लोकलुभावन कदमों की ओर झुकेगी। 'जनता की जरूरतवाली दवाओं का मूल्य-नियंत्रण', हमारी सरकारें कितनी ही बार इसके लिए कदम उठाती हैं, वे दोहरी शाबाशी पाती हैं, लोगों के हितों का ध्यान रखने के लिए और 'बहुराष्ट्रीय दवा कंपनियों' के सामने खड़ा होने के लिए लेकिन, कुल नतीजा? नेता इस तरह उन्हीं दवाओं का उत्पादन कम करा देते हैं, जिनकी जनता को सबसे ज्यादा जरूरत होती है!

संक्षेप में, हम पाते हैं कि जिन दावों के आधार पर मौजूदा प्रणाली का

औचित्य ठहराया जाता है, वे मिथक निकलते हैं। हमारे संस्थानों की आज जो हालत है, वे इस बात के जीते-जागते प्रमाण हैं कि—

- यह प्रणाली उत्तरदायित्व को सुनिश्चित नहीं करती है।
- ये प्रतिनिधि नहीं हैं।
- ये 'लोगों' को शासन में शामिल नहीं करती हैं।
- ये स्थिर या मजबूत और प्रभावी सरकारें तो निश्चित रूप से प्रदान नहीं करती हैं।
- ये समूहों और हितों को साथ नहीं लाती हैं।
- ये किसी सहमति की तलाश के लिए प्रेरित नहीं करती हैं।
- इनसे जो 'समाधान' निकलते हैं, वे न तो वैसे होते हैं, जिनकी देश को जरूरत है, और न ही वे ज्यादा टिकाऊ होते हैं।
- ये उन लोगों के हाथों में सत्ता नहीं सौंपती हैं, जो क्षमतावान हैं। ये वैसे लोगों को सत्ता सौंपती हैं, जिनके पास विधायन और शासन के लिए न तो रुझान है और न ही सामर्थ्य।
- ये जिन लोगों के हाथों में सत्ता सौंपती हैं, उन्हें जिम्मेदार नीतियाँ अपनाने के लिए प्रेरित नहीं करती हैं।
- ये उन खंडों और और धारों का संरक्षण नहीं करती हैं, जिन पर यह प्रणाली बनाई जाती है तथा ये आधार हैं—राजनीतिक दल।

□

# 5

# कई संभव प्रणालियों में से बस एक

संक्षेप में, मौजूदा चुनाव प्रणाली और संसदीय प्रणाली के परिणाम, जो प्रशासन के लिहाज से सर्वाधिक विनाशकारी हैं, वे निम्न हैं और ये तो महज शुरुआती बातें हैं—

- उम्मीदवार बेहद कम मतों के साथ चुने जाते हैं।
- इसलिए, यह प्रणाली नेताओं और उम्मीदवारों को अधिकतम प्रवृत्त करती है कि वे संकीर्ण-से-संकीर्ण वर्गों को प्रभावित करें और उनके हितों का खयाल रखें। यह खासतौर पर जातिवाद को हवा देती है।
- यह मतदाता को बिखराव की ओर ले जाती है, बल्कि ले जा चुकी है, और इससे विधायिकाओं में बिखराव आता है। उससे कार्यपालिका भी बिखर जाती है। अंतिम परिणाम यह निकलता है कि किसी के पास इतनी ताकत नहीं होती है कि वह चीजों को कार्य रूप दे सके। बस हरेक के पास इतनी क्षमता होती है कि वह हर चीज को बाधित कर दे, रोक दे।
- हरेक प्रत्याशी को विशाल धनराशि पर निर्भर रहना पड़ता है।
- उसे बाहुबल और ताकत का इस्तेमाल करना होता है। तमाम पार्टियाँ हिंसक समूहों की सहायता लेने लगी हैं।
- लोग विधायिकाओं में स्थान पाने की इसलिए कोशिश नहीं करते हैं कि उनमें विधायन के लिए अथवा नीतियों के आकलन के लिए कोई खास काबिलियत है या इन चीजों में उनकी विशेष दिलचस्पी है, वे जिन

कारणों से ऐसा करते हैं, उनमें यह है कि विधायिका में जाना मंत्री बनने का रास्ता खोलता है; विधायिका में जाने से उन्हें कानून से बचने का कवच मिल जाता है; ऐसा करने से उन्हें कई लाभ मिलते हैं। वेतन, भत्ते, सदन के सत्रों और समिति की बैठकों में भाग लेने के लिए शुल्क, आवास, निःशुल्क टेलीफोन सेवाएँ, निःशुल्क यात्रा, रियायती भोजन…और ताउम्र पेंशन। इसके अतिरिक्त, जैसा कि हाल के चुनावों से जाहिर हुआ है, दूसरे फायदे भी हैं, जैसे, सरकार के पक्ष या खिलाफ वोट करने के फायदे, झारखंड मुक्ति मोरचा घूस कांड को याद करें, सांसद विकास कोष से मलाई उतारना; संसद् में सवाल तक पूछने के लिए पैसे लेना…।

- एक विधायक के रूप में अपने कर्तव्यों को निभाने की बजाय, सफल प्रत्याशी को अपने निर्वाचकों की व्यक्तिगत जरूरतों को पूरा करना होता है। दूसरी ओर, निर्वाचक भी विजयी उम्मीदवार को इस रूप में नहीं देखते हैं कि उसका काम देशहित के मद्देनजर विधायी एवं नीतिगत प्रस्तावों का आकलन करना है, बल्कि वे मानते हैं कि उनके निजी एवं पारिवारिक हितों को आगे बढ़ाना ही विधायक एवं सांसद का कर्तव्य है।
- यह प्रणाली उस किस्म के लोग प्रदान नहीं करती है, जिनकी जरूरत शासन–प्रशासन के जटिल कार्यों के लिए होती है।
- राष्ट्रीय सुरक्षा से लेकर आर्थिक विकास तक की जो समस्याएँ हमारे सामने आती हैं, उनकी माँग होती है कि नीतियाँ दशकों के लिए बनी रहें। लेकिन मौजूदा प्रणाली के तहत सत्ता में काबिज लोगों का नजरिया ही संकीर्ण हो जाता है।
- इनमें से कई नीतियाँ निश्चित तौर पर कुछ वर्गों को अल्पकाल में विस्थापित कर सकती हैं; ये वर्ग या समूह स्थानीकृत, सुसंगठित और आक्रामक हो जा सकते हैं। नीतियाँ पक्के तौर पर फायदा पहुँचाएँगी; दरअसल उनके बगैर देश ही खतरे में पड़ जाएगा; लेकिन ये फायदे तो आने में वक्त लगेगा और जिन्हें इन नीतियों से फायदा मिलेगा, वे आज बिखरे हुए हैं, फैले हुए हैं।

## ढाँचे एवं व्यवहार

'कोई भी संविधान संपूर्ण नहीं है और मसौदा समिति खुद संविधान के मसौदे (प्रारूप) में सुधार करने के लिए चंद संशोधन सुझा रही है', डॉ. आंबेडकर यह प्रस्ताव पेश कर रहे थे कि प्रारूप को संविधान सभा द्वारा अपने विचारार्थ लिया जाए। प्रारूप आठ महीनों तक सार्वजनिक रहा था। इसके खिलाफ तीव्र आलोचनाएँ पेश की गईं। आंबेडकर ने विस्तार से उनका जवाब दिया, संघ की क्या खासियतें होंगी; यह क्यों बुरी बात नहीं है कि संविधान में अन्य संविधानों, खासतौर पर भारत सरकार अधिनियम 1935 से काफी बड़ा हिस्सा लिया गया है; यह आलोचना क्यों बेवजह है कि यह (संविधान) प्रशासन की हमारी प्राचीन प्रणालियों को प्रतिबिंबित नहीं करता; संशोधन और मूल अधिकार से संबद्ध प्रावधान...उन्होंने इन तमाम आलोचनाओं का विस्तार से जवाब दिया था और वे इसका समापन करने जा रहे थे। उन्होंने याद दिलाया कि प्रांतीय विधानसभाओं में भी प्रारूप पर काफी विस्तार से चर्चा हुई है। मद्रास विधान सभा में वित्तीय प्रावधानों को लेकर आलोचना और एक प्रावधान को लेकर उठाई गई आपत्तियों को छोड़कर, किसी भी विधानसभा ने प्रारूप के बारे में कोई गंभीर आपत्ति नहीं उठाई थी। उन्होंने कहा, "इससे उन्हें यह कहने का साहस मिला कि प्रारूप समिति ने जो संविधान तय किया है, वह इतना पर्याप्त रूप से अच्छा है कि इससे शुरुआत की जा सकती है। मैं महसूस करता हूँ कि यह कारगर होनेवाला है, यह लचीला है और यह इतना सुदृढ़ है कि यह शांतिकाल में तथा युद्धकाल दोनों में ही देश को एकजुट रख सके। वस्तुतः मैं ऐसा कह सकता हूँ कि यदि नए संविधान के तहत हालात बिगड़ जाते हैं, तो इसका कारण यह नहीं होगा कि हमारे पास एक बुरा संविधान है। हमें कहना पड़ेगा कि आदमी दुष्ट था, बुरा था।"[1]

अब, यह पूरी तरह सच है कि चरित्र का कोई विकल्प नहीं है, ऐसा कोई ढाँचा नहीं है, जिसे विकृत लोग विकृत न कर सकें। लेकिन ढाँचे आचरण को प्रभावित करते हैं। जब अदालतों की प्रक्रियाएँ इतनी विलंबकारी होती हैं, इतनी छिद्रयुक्त होती हैं कि दंड की संभावना नहीं लगे, तो स्वाभाविक है कि अपराधी को जुर्म करते जाने का दुस्साहस बढ़ता है।

---

1. संविधान सभा बहस, सरकारी रिपोर्ट, 4 नवंबर, 1948, लोकसभा सचिवालय, नई दिल्ली, अंक-सात, पृष्ठ 31-44, 44 नंबर पर।

उस तथ्य को याद करें, जिसका हमने शुरू में ही उल्लेख किया था, जो हमें रोजाना घूरता है। पिछले डेढ़ दशक के दरम्यान, उद्योग जगत् में नए नेताओं की विस्तृत पौध उभर आई है। नारायण मूर्ति एवं उनकी इंफोसिस, अजीम प्रेमजी एवं विप्रो, एफ.सी. कोहली तथा रामादोराई और उनका टी.सी.एस., सुनील मित्तल एवं उनका एयरटेल'''दस-पंद्रह साल पहले इनमें से कोई भी नाम सुना तक नहीं जाता था। अगर हम बीस साल पहले के 'दस सबसे बड़े औद्योगिक घरानों' के नामों को याद करें और उस सूची की तुलना आज के दस सबसे बड़े घरानों से करें, तो संभवत: सिर्फ एक ही नाम साझा होगा टाटा समूह का। और, रतन टाटा के तहत, आज टाटा समूह पूरी तरह भिन्न है, जो वह दस साल पहले तक था।

ऐसा कैसे है कि ऐसे नेता उद्योग जगत् में तो उभरते जा रहे हैं, लेकिन सार्वजनिक जीवन में नहीं? दरअसल, सवाल और भी तीखा हो सकता है। ऐसा कैसे है कि उद्योग जगत् में ऐसे नेता उभर रहे हैं, जो भारत को नई बुलंदियों पर ले जा रहे हैं, जबकि सार्वजनिक जीवन में जो लोग दूसरों से आगे निकल रहे हैं, वे ऐसे लोग हैं, जो शासन-प्रशासन को गर्त में ले जाएँगे, और ले जा रहे हैं?

इसका जवाब उन परिवर्तनों में निहित है, जो आर्थिक सुधारों ने उद्योग जगत् में लाया है। उन्नीस सौ अस्सी के दशक में, एक उद्योगपति के लिए आगे बढ़ने का सबसे बढ़िया तरीका था कि वह संबंधित मंत्रालय में मंत्री या नौकरशाह को जाने। अपने प्रतिद्वंद्वियों को पछाड़ने का उपाय यह था कि वह मंत्री और नौकरशाह को जाने, उनसे नजदीकी संबंध बनाए और उनके जरिए जोड़-तोड़ करे। दूसरों को बाहर रखने का तरीका था कि सरकार का, उसकी मशीनरी का इस्तेमाल किया जाए। (आर्थिक) सुधारों के कारण, अब दूसरों से आगे निकलने का तरीका है कि ग्राहक को जानें, प्रौद्योगिकियों को जानें, व्यावहारिक धरातल पर अपने कार्य-संचालनों का फिर से आविष्कार करें। और फिर, श्रेष्ठता हासिल करना अस्तित्व बचाए रखने की शर्त बन गया है। पुणे में ऑटो-पार्ट्स बनानेवाला अपने प्रतिद्वंद्वियों, चाहे वे देसी हों या विदेशी, के मुकाबले में तब तक खड़ा नहीं हो सकता, यहाँ तक कि अपना वजूद तक नहीं बचा सकता, जब तक कि वह श्रेष्ठता न दिखाए।

संक्षेप में, आसवन प्रणाली के कारण और सर्वोत्तम को पहचानने का आधार बदल जाने के कारण ही ऐसा हो पाया है कि हम अब उद्योग जगत् में इतने नए और इतने विविध प्रकार के नेता प्राप्त कर रहे हैं। राजनीति में इसके उलट हुआ है। चयन

प्रक्रिया बदतर-से-बदतर हुई है, उदाहरण के लिए कार्य-प्रदर्शन की बजाय जाति।

और फिर चयनकर्ताओं की बात आती है। किसी यू.पी.एस.सी., किसी डी.जी.टी.डी. ने उन औद्योगिक नेताओं को नहीं परखा होता और न उनका पोषण किया होता, जो आज विकास की गति तेज कर रहे हैं। जैसा कि प्रोफेसर हायेक ने कहा था, ''अनेकानेक कारक जो 'बाजार' को बनाते हैं, 'अन्वेषण प्रक्रिया' हैं, जिसने उन्हें पहचाना और उन कदमों की ओर इंगित किया, जो उन्हें अवश्य उठाने चाहिए। कई राजनीतिक दलों में, आज चयन ऐसे लोगों पर निर्भर करता है, जो जाति या धन या अपराधियों तक पहुँच के बूते ऊपर चढ़े हैं। अगली बार, स्वाभाविक रूप से वे ऐसे ही लोगों का चयन करते हैं, जिनमें वैसी ही योग्यताएँ होती हैं।''

संक्षेप में, ढाँचा आचरण को प्रभावित करता है। इसलिए, यह जानना अहम है कि व्यवस्था में ऐसा क्या बदलाव किया जाए कि इन परिणामों की संभावना न्यूनतम हो?

## लॉटरी क्यों नहीं?

मान लीजिए कि हमारे पास चुनाव तो हो, लेकिन कोई उम्मीदवार नहीं हो। कंप्यूटर उन तमाम लोगों के नाम रजिस्टर कर लेता, जो वोट डालते। लॉटरी के जरिए, यह लोकसभा के लिए 540 विजेताओं को चुन लेता। इसके फायदों पर तुरंत नजर डाल सकते हैं—

- किसी जाति या अन्य ऐसी चीज को अपील करने या उसे तुष्ट करने की जरूरत ही नहीं पड़ती।
- उनके लिए या उनकी पार्टी के लिए कोई पैसा लगाने की आवश्यकता नहीं होती।
- किसी नक्सली समूह, अल्फा या ऐसे किसी संगठन की मदद लेने, और चुनावों के बाद उन्हें भुगतान करने की जरूरत ही नहीं रह जाती।
- पार्टी आलाकमान की पकड़ भी न्यूनतम हो जाती।
- 'विजेता' पर 'मतदाता' का कोई भार नहीं रहता। उनके किन्हीं खास हितों की पूर्ति करने से उन्हें (विजेता को) अगली बार चुने जाने का अवसर तनिक भी नहीं बढ़ पाता।
- आबादी में अपराधियों का अनुपात उस अनुपात से कम ही है, जिन्हें मौजूदा प्रणाली चुनाव लड़ने के लिए प्रोत्साहित करती है, ऐसे में मेरा

> मानना है कि लॉटरी द्वारा 'चुने गए' लोगों में हिस्टरी-शीटरों (शातिर अपराधियों) की संख्या कम ही होगी।

कमी भी जाहिर है। विधायिका में पर्याप्त संख्या में ऐसे लोगों के आने की संभावना नहीं है, जिनके पास आधुनिक शासन की जरूरत के हिसाब से क्षमता होगी। लेकिन लॉटरी का तरीका अपनाना 'चुनावों' के खिलाफ कोई तर्क नहीं है। यह अतिरिक्त खासियतें लागू करने के लिए तर्क है। उदाहरण के लिए, लॉटरी उन लोगों तक सीमित करने के लिए है, जिनके पास शिक्षा, पेशेवर अनुभव आदि के संदर्भ में योग्यताएँ हैं, जिनकी शासन के लिए जरूरत होती है। इससे भी बेहतर, यह एक तर्क  है, बल्कि एक और तर्क है कि विधायिका और कार्यपालिका के बीच की कड़ी को काट दिया जाए।

इस शुरुआती चरण में, सिर्फ दो कारकों पर गौर किए जाने की जरूरत है। पहला, जो परिणाम आज हमें व्यथित कर रहे हैं, वे मौजूदा व्यवस्था के अपरिहार्य नतीजे हैं, लेकिन यह एकमात्र संभव व्यवस्था नहीं है। अन्य इंतजामों के जरिए ऐसे परिणामों को खत्म किया जा सकता है। दूसरा, हमें भविष्य के लिए उन लाभों को ध्यान में रखना चाहिए, जो बेतरतीब ढंग से उठाए कदम से मिलते हैं, जो प्रक्रिया के किसी चरण में लॉटरी अपनाने से मिलते हैं।

एक वैकल्पिक लॉटरी पर विचार करें, अंतिम विजेता को चुनने के लिए नहीं, बल्कि उस निर्वाचन-क्षेत्र का चयन करने के लिए, जहाँ से एक उम्मीदवार खड़ा होगा। पार्टियाँ बरकरार हैं। वे चुनाव आयोग को अपने प्रत्याशियों की सूची भेज देती हैं। यह तय करने के लिए कि कौन प्रत्याशी किस निर्वाचन क्षेत्र से चुनाव लड़ेगा; आयोग लॉटरी निकालता है। पहले के कुछ लाभ खत्म हो जाते हैं। पर्टियों के नियंत्रणकर्ताओं का अब दबदबा कम हो जाता है, दलों को अपने वैसे तमाम संसाधन झोंकने होंगे, जिनकी आज जरूरत पड़ती है, जैसे कि धनबल और बाहुबल। लेकिन कुछ फायदे रह जाते हैं—उदाहरण के लिए, खास उम्मीदवार और निर्वाचन क्षेत्र के बीच की कड़ी कमजोर पड़ जाती है, हालाँकि पार्टी और निर्वाचन क्षेत्र के बीच की कड़ी वैसी ही बनी रहती है। मगर एक नई चीज हासिल होती है, जो फखत लॉटरी में नहीं थी। चूँकि एक उम्मीदवार को कहीं से भी खड़ा होना पड़ेगा, इसलिए पार्टियों पर अपनी सूची में ऐसे लोगों को रखने का दबाव रहेगा, जो देश या राज्य के विभिन्न भागों में ज्यादा स्वीकार्य होंगे, मतदाताओं के विभिन्न वर्गों को

ज्यादा अपील करेंगे। प्रत्याशी किस जाति का है, यह बात कम मायने रखेगी; क्योंकि कौन जानता है कि जो निर्वाचन-क्षेत्र उसे मिलेगा, उसमें वह जाति निर्णायक होगी भी अथवा नहीं?

एक तीसरे विकल्प पर विचार करें। हमने पहले देखा कि जो विजेता उम्मीदवार होता है, उसे बस 15-20 फीसदी मतदाताओं का समर्थन मिल पाता है। इससे यह पता लगता है कि निर्वाचन क्षेत्र जितना छोटा होगा, प्रत्याशी के लिए एक संकीर्ण समूह को अपील करने की, खुश करने की प्रवृत्ति उतनी ही ज्यादा होगी। मान लें कि पूरा भारत ही एक निर्वाचन क्षेत्र है। यदि हम राष्ट्रपति प्रणाली के तहत कार्यपालिका-प्रमुख को प्रत्यक्ष या सीधे तौर पर चुनें, तो ऐसा ही हो जाएगा। ऐसी कोई जाति नहीं है, जिसकी देश भर में ऐसी व्यापक मौजूदगी हो कि एक व्यक्ति खुद को यदि उस जाति के चैंपियन के रूप में पेश करे, तो वह पूरे देश में छा जाएगा। या अन्य उपाय पर विचार करें। प्रत्याशी ज्यादा-से-ज्यादा लोगों को राजी करने की कोशिश करे! इसके लिए आसान तरीका यह है कि मतदान को अनिवार्य कर दिया जाए। चूँकि आज की तुलना में मतदाताओं की तादाद लगभग दोगुनी हो जाएगी, इसलिए प्रत्याशी को किन्हीं वर्गों या समुदायों की बजाय ज्यादा व्यापक और संपूर्ण अपील करनी होगी। आज की तरह चंद वर्गों या समूहों को अपील करने का खेल खत्म हो जाएगा।

## कई प्रणालियाँ

हमारे पास जो प्रणाली है, वह कई संभव प्रणालियों में से महज एक प्रणाली है। बहरहाल, कई वैकल्पिक प्रणालियों को, दरअसल, हमारी प्रणाली की तुलना में ज्यादा 'लोकतांत्रिक' कहा जा सकता है; क्योंकि विधायिका मतदाताओं की पसंदों के ज्यादा अनुरूप होगी, बनिस्वत मौजूदा 'पहले-स्तंभ-पार करनेवाली' प्रणाली के।

यहाँ तक कि मौजूदा प्रणाली भी एक अमिश्रित संपूर्ण ग्रेनाइट नहीं है। विधायक 'पहले-स्तंभ पार करनेवाले' नियम के तहत चुने जाते हैं, जिसमें हरेक मतदाता को बराबर रूप से एक वोट प्राप्त होता है। लेकिन न तो हमारे राष्ट्रपति और न ही उप-राष्ट्रपति इस तरह चुने जाते हैं। इन मामलों में, हरेक वोटर-विधायकों के दरअसल आनुपातिक रूप से उतने वोट रहते हैं, जितनी आबादी का वे प्रतिनिधित्व करते हैं। और मतदाता सिर्फ 'हाँ' या 'न' का वोट नहीं डालते हैं। वह प्रत्याशियों के बीच अपनी पसंद के क्रम का संकेत देता है। पसंद इंगित करने की खासियत उसमें भी

दिखती है, हम जिस तरह से राज्यसभा के सदस्य चुनते हैं। उदाहरण के लिए, जब उत्तर प्रदेश की विधायिका राज्यसभा के सदस्यों को चुन रही होती है, एक प्रत्याशी को जीतने के लिए मान लीजिए 35 वोटों की जरूरत पड़ सकती है। उत्तर प्रदेश के विधायक अपनी दूसरी और तीसरी पसंद को भी इंगित करेंगे, ताकि एक प्रत्याशी एक बार जब आवश्यक 35 वोट हासिल कर लेता है, तो अतिरिक्त वोटों की दूसरी पसंदों या प्राथमिकताओं को गिना जाता है और उन्हें बाकी प्रत्याशियों के बीच बाँट दिया जाता है। यह प्रणाली उन वोटों की संख्या को न्यूनतम कर देती है, जो 'बरबाद' चली जा सकती है। यह न केवल वोटर को पार्टियों के बीच चुनने का, बल्कि एक पार्टी के उम्मीदवारों के बीच चुनने का भी विकल्प देती है। फिर, राज्यसभा के मामले में 'निर्वाचन क्षेत्र' का आकार, जो कि एक राज्य है, बदलता है। उत्तर-पूर्व के राज्य, जो सिर्फ एक सदस्य लौटाते हैं, वहीं उत्तर प्रदेश जैसा राज्य 30 सदस्य लौटाता है।

इस प्रणाली के एक अन्य रूपांतर में हरेक वोटर एक प्रत्याशी के आगे एक 'क्रॉस' नहीं लगाता है। उससे कहा जाता है कि वह प्रत्याशियों के बीच अपनी पसंदों को जाहिर करे। मान लें 'एक्स' के लिए पसंद नं. 1, 'वाई' के लिए पसंद नं. 2, 'जेड' के लिए पसंद नं. 3। अगर इन तीनों प्रत्याशियों में से कोई एक पहली पसंदों का 50 फीसदी से ज्यादा वोट हासिल कर लेता है, तो उसे निर्वाचित घोषित कर दिया जाता है। अन्यथा, जिस उम्मीदवार को पहली पसंदवाले सबसे कम वोट मिलते हैं, उसे मुकाबले से निकाल दिया जाता है, और निकाले गए प्रत्याशी के लिए मतदाताओं ने जो दूसरी पसंद जाहिर किए होते हैं, उनके अनुसार उसके वोटों को बाकी बचे दो प्रत्याशियों के बीच बाँट दिया जाता है। निकालने और पुनर्वितरण की प्रक्रिया तब तक जारी रहती है, जब तक कि प्रत्याशियों में से किसी एक को पूर्ण बहुमत नहीं हासिल हो जाता। स्पष्टत: एक संशोधन संभव है। यह एकदम सही नहीं लगता कि एक मतदाता या निर्वाचक की दूसरी पसंद को उतना ही अंक या महत्त्व दिया जाए, जितना उसकी पहली पसंद को। इस तरह, एक निर्वाचक की पहली पसंद को हम 3 अंक दे सकते हैं, दूसरी पसंद को 2 और तीसरी पसंद को 1 अंक दे सकते हैं। एक बार जब वोट पड़ जाएँ, तो हम हरेक प्रत्याशी द्वारा हासिल अंकों का कुल योग निकालते हैं। जिस प्रत्याशी को अधिकतम अंक मिलते हैं, वह विजयी होता है, बशर्ते वह न्यूनतम सीमा को पार कर जाए''

हमारी प्रणाली में हम भौगोलिक रूप से चिह्नित निर्वाचन क्षेत्रों के बीच बँटे होते हैं, और हम प्रतियोगी प्रत्याशियों के समूह के बीच एक उम्मीदवार के लिए वोट डालते हैं। दूसरी प्रणालियों में, मतदाता एक उम्मीदवार के लिए नहीं, बल्कि एक पार्टी द्वारा प्रस्तुत की गई उम्मीदवारों की सूची के लिए वोट डालते हैं। पार्टी के हिस्से में जितने वोट आते हैं, उसी हिसाब से उसकी सूची के प्रत्याशी विधायिका के लिए चुन लिये जाते हैं। जर्मनी में, अब आधे सदस्य भौगोलिक रूप से चिह्नित निर्वाचन क्षेत्रों से चुने जाते हैं तो आधे सदस्य सूचियों के जरिए चुने जाते हैं। द्वितीय विश्व युद्ध के बाद जब नया संविधान बनाया गया, तो सदस्यों के चुने जाने का अनुपात 60:40 रखा गया। हरेक मतदाता दो वोट डालता है, एक उम्मीदवार के लिए, जहाँ तक भौगोलिक रूप से चिह्नित निर्वाचन क्षेत्र की बात है; और दूसरा वोट अपनी पसंदीदा पार्टी के लिए। इसका एक अन्य रूपांतरण हो सकता है, एक पार्टी को उम्मीदवारों को जिस अनुपात में अपनी सूची से भेजने का अधिकार मिलता है, वह इस तरह से तय किया जा सकता है कि विधायिका में उसके सदस्यों का कुल हिस्सा उसे प्राप्त वोटों के समानुपात में हो या मामले को चकराने के लिए, उन वोटों के अनुपात में हो, जितने उसके 'निर्वाचन क्षेत्र के उम्मीदवारों' ने हासिल किए हों। इस तरह एक पार्टी को सदन में अंततः प्राप्त सीटों की संख्या को उसके वोट-प्रतिशत या हिस्से के करीब लाया जा सकता है। ऐसा उन पार्टियों की सीटों का पुनःआवंटन कर किया जा सकता है, जो निर्धारित मापदंड को पार करने में विफल रहती हैं अथवा सीटों की चंद संख्या ऐसे वितरण के लिए प्रारंभ से ही रख दी जाती है। भौगोलिक एवं सूची के निर्वाचन क्षेत्रों को घुमाया जा सकता है अथवा प्रत्येक मतदाता को दो वोट देने का अधिकार दिया जा सकता है। वह एक वोट भौगोलिक निर्वाचन क्षेत्र में एक उम्मीदवार के लिए डालता है और एक वोट पार्टी की सूची के लिए।

न्यूनतम वोट पाने के नियमों में भी फर्क है। ऐसे देशों में, जो वोटों के छोटे अंशों को छोड़ने को उत्सुक नहीं होते हैं, एक उम्मीदवार के लिए न्यूनतम वोट पाने की अनिवार्यता काफी नीचे रखी गई है। ऐसे देशों में, जो आनुपातिक प्रणाली के जरिए विधायिका को कई दलों में बाँटकर अस्थिरता फैलाने को उत्सुक नहीं होते हैं, वहाँ न्यूनतम वोट पाने की रेखा ऊँची रखी जाती है। उन पार्टियों के वोटों को वितरित करने के लिए देशों ने विभिन्न नियम अपना रखे हैं, जो कट-ऑफ (न्यूनतम वोटों की संख्या) नियम के द्वारा खारिज कर दिए जाते हैं। इसके आगे भी अंतर है।

यह इस पर निर्भर करता है कि पार्टियों को देश के बस एक क्षेत्र में वोटों का कम-से-कम एक खास अनुपात हासिल करने के लिए कहा जाता है या दिए गए विभिन्न क्षेत्रों में या सिर्फ पूरे देश में। इन नियमों का मिश्रण भी हो सकता है। जर्मनी में, एक पार्टी को बुंदेस्तैग में तब तक अपना प्रतिनिधि भेजने का हक नहीं मिलता, जब तक वह देशभर में कम-से-कम पाँच फीसदी वोट न प्राप्त कर ले अथवा क्षेत्रीय आधार पर कम-से-कम तीन सीटें न प्राप्त कर ले।

इटली एक ऐसा देश रहा है, जो सरकारों की अस्थिरता से बुरी तरह ग्रस्त रहा है। इसीलिए एक चरण में तो वहाँ 'बहुमत प्रीमियम' प्रदान करने का एक बढ़िया प्रावधान रखा गया था। वह पार्टी अथवा पार्टियों का पूर्व-घोषित गठजोड़, जिसे वोटों का निरपेक्ष बहुमत हासिल हो जाता था, उसे विधायिका में तीन-चौथाई सीटें प्राप्त हो जाती थीं। बाकी पार्टियों को जितनी सीटें मिलती थीं, वे उसी हिसाब से भर जाती थीं। बची हुई पार्टियों को डाले गए वोटों का जितना हिस्सा मिलता था, उसी अनुपात में उन्हें सीटें दी जाती थीं।

कोई देश ऐसी भी प्रणाली अपना सकता है, जिसमें प्रत्येक मतदाता को दो वोट दिए जाएँ, एक सकारात्मक वोट और एक नकारात्मक वोट। वह सकारात्मक वोट उस उम्मीदवार के लिए डाल सकता है, जिसे वह पसंद करता है, और नकारात्मक वोट उसके लिए डाल सकता है, जिसे वह निर्वाचित होते नहीं देखना चाहता है। माना जाता है कि ऐसी प्रणाली पार्टियों और उम्मीदवारों में नरमी लाती है।

संक्षेप में, हमारे पास जो प्रणाली है, वह विविध प्रणालियों में से बस एक है। और यह बात हम केवल इस संदर्भ में कह रहे हैं कि हम विधायिका के लिए उम्मीदवार किस तरह चुनते हैं। हरेक प्रणाली की अपनी खूबियाँ हैं। हरेक के विभिन्न परिणाम सामने आते हैं, सरकारों की संबद्धता के लिए, अपने उम्मीदवारों पर पार्टी आलाकमानों के प्रभुत्व के लिए, पार्टी के क्षेत्रीय घटकों बनाम राष्ट्रीय नेतृत्व की सापेक्षिक शक्ति के लिए और उस अंतिम नतीजे के लिए, जो वोटों की पसंद को प्रतिबिंबित करता है।

## मौजूदा प्रणाली एक साधन भर है

ऐसे उदाहरण कई गुना हो सकते हैं। उल्लेखनीय बातें पाँच हैं—

- मौजूदा संसदीय प्रणाली जैसी एक प्रणाली बस एक साधन है। इसे कमोबेश हमारे जैसे लोगों ने इस अपेक्षा से बनाया है कि इससे देश एक

खास लक्ष्य को पाने में समर्थ होगा।

- वर्तमान प्रणाली कई संभव प्रणालियों के बीच एक प्रणालीभर है।
- और न ही यह एकमात्र लोकतांत्रिक प्रणाली है। अमररकी, ब्रिटिश, स्विस, फ्रेंच, स्कैंडिनेवियाई प्रणालियाँ हमारी प्रणाली से काफी भिन्न हैं। वे कोई कमतर लोकतांत्रिक नहीं हैं।
- हमें यह नहीं देखना है कि कागज पर क्या प्रणाली है और न ही यह देखना है कि निर्माताओं ने क्या सोचा था कि जब इसे कार्य रूप में लागू किया जाएगा तो यह कैसा होगा, बल्कि यह देखना है कि यह व्यवहार में वस्तुतः कैसी बन गई है।
- एक नई प्रणाली को अपनाना निर्माताओं के प्रति कोई असम्मान नहीं है; एक नई प्रणाली को अपनाना उस प्रणाली पर भी कोई टिप्पणी नहीं है, जिसे उन्होंने बनाया; बल्कि यह एक टिप्पणी उस रूप पर है, जो हमने उनकी बनाई प्रणाली को प्रदान कर दिया है।

तद्नुरूप, हमें हरेक प्रणाली से पूछना चाहिए—

- क्या यह मजबूत कार्यपालिका प्रदान कर रही है, जिसकी देश को जरूरत है?
- खास तौर पर, क्या यह मजबूत केंद्र प्रदान कर रही है, जिसकी देश को आवश्यकता है?
- क्या यह सही लोगों के हाथों में सत्ता सौंप रही है, ऐसे लोगों के हाथों में जिनमें राज्य (देश) का कामकाज सँभालने की योग्यता, क्षमता एवं निष्ठा है; जो स्वयमेव अपने हितों के ऊपर, अपने रिश्तेदारों, समुदाय, जाति के ऊपर जनहित को रखेगा।
- क्या यह सर्वोत्तम एवं सर्वाधिक उम्दा लोगों को सार्वजनिक जीवन में उतरने और बने रहने के लिए प्रेरित कर रही है? या यह ऐसे लोगों को सार्वजनिक जीवन में उतरने के लिए उकसा रही है, जो इसे जल्दबाजी में पैसा बनाने का सबसे पक्का तरीका मान रहे हैं?
- क्या यह उन्हें और सरकारों को नीतियों का अनुसरण करने के लिए पर्याप्त रूप से लंबे समय तक पदासीन रहने दे रही है?
- क्या यह उन्हें अपना सर्वोत्तम प्रदान करने में समर्थ बना रही है?

- वे जो कुछ भी करते हैं, क्या यह प्रणाली उन्हें उनके प्रति उत्तरदायी बनाती है?
- क्या यह इतनी लचीली एवं खुली है कि नए व्यक्तियों एवं समूहों की अगवानी कर सके, उन्हें स्वीकार कर सके, उनका समावेश कर सके, लेकिन हमेशा इसका आधार उनकी क्षमता, निष्ठा, प्रतिभा और जनकल्याण के प्रति समर्पण रखे?
- सबसे महत्त्वपूर्ण इसके तहत, क्या शासन के विभिन्न अंगों के कामकाज में सुधार हो रहा है या बदतर हो रहा है? तात्पर्य यह कि सुधारात्मक तरीके कारगर हो रहे हैं या उन्हें भी वे बीमारियाँ ग्रसित कर रही हैं, जिन बीमारियों व गड़बड़ियों से वे अंग ग्रसित हैं, जिनका उन्हें सुधार करना था?
- अंतत:, यह किस तरह की गतिविधियों को पुरस्कृत करती है—
    - ★ बनाने की बजाय लेने को?
    - ★ कानून का पालन करने की बजाय कानून का उल्लंघन करने को?
    - ★ दूसरों के अधिकारों का सम्मान करने को अथवा उनका दमन करने को?

इन सवालों के उत्तर यह तय करेंगे कि अब से चंद वर्ष बाद हमारी प्रणाली क्या और कैसी बन जाएगी!

हमने जो खास व्यवस्था अपनाई है, यदि वह इन मकसदों को प्राप्त करने की ओर नहीं ले जा रही है, तो देश के प्रति हमारा कर्तव्य बनता है कि हम विकल्पों के बारे में सोचें।

□

# 6

# विकल्प

दो आधारभूत तत्त्व जिनकी हमें जरूरत है, वे हैं, एक प्रभावी कार्यपालिका, जो मजबूत और सक्षम हो तथा आबादी में व्यापक रूप से जुड़ाव का भाव, एक अहसास कि शासन प्रणाली प्रतिसंवेदी है। इन दोनों संबद्ध लक्ष्यों को प्राप्त करने के लिए हमें एक ओर कार्यपालिका और विधायिका के बीच संबंध को कमजोर करना चाहिए तो, दूसरी ओर स्थानीय सरकार को मजबूत करना चाहिए।

इन लक्ष्यों में से पहले को सुनिश्चित करने के लिए, संविधान में संशोधन कर हमें दो खासियतें प्रदान करनी चाहिए—

कार्यपालिका प्रमुख, राष्ट्रपति का प्रत्यक्ष तौर पर चुनाव हो।

वह अपने मंत्रियों का चयन विधायिका के अंदर या बाहर से करने के लिए स्वतंत्र हो।

राष्ट्रपति का कार्यकाल पाँच वर्ष होना चाहिए। एक व्यक्ति को अधिकतम राष्ट्रपति के रूप में काम करने के लिए दो कार्यकाल मिलने चाहिए।

राष्ट्रपति का चुनाव निश्चित रूप से 50 फीसदी से ज्यादा मतदाताओं द्वारा किया जाना चाहिए। जो भी राष्ट्रपति की उम्मीदवारी के योग्य हों और चुनाव लड़ना चाहते हों, वे ऐसा कर सकते हैं। उन प्रत्याशियों में से जिस किसी को भी मतदाताओं के 50 फीसदी से ज्यादा वोट मिल जाएँ, वह राष्ट्रपति बन जाएगा/जाएगी। अगर किसी भी प्रत्याशी को इतने वोट नहीं मिल पाते हैं, तो दोबारा चुनाव कराया जाए, जैसे कि फ्रांस में एक पखवाड़े में दोबारा चुनाव कराया जाता है। दूसरे चक्र में सिर्फ

उन्हीं दो प्रत्याशियों को रहने दिया जाता है, जिन्हें पहले चक्र के चुनाव में अधिकतम वोट मिले हों।[1]

(अगर यह तथ्य नहीं होता कि हमारे अनेक मतदाताओं को अपनी पसंदों को इंगित करने में दिक्कत आ सकती है, तो 'किफायत' बरतने का एक तरीका यह है कि दूसरे चक्र का चुनाव न कराया जाए, बल्कि पहले चक्र के चुनाव में ही इसकी व्यवस्था कर दी जाए। दूसरा मतपत्र रखने की बजाय मतदाताओं से कहा जा सकता है कि वे प्रत्येक उम्मीदवार के नाम के आगे पहली, दूसरी, तीसरी, आदि पसंद को इंगित करें। अगर पहले दौर की मतगणना में, एक प्रत्याशी 50 फीसदी से ज्यादा वोटों से जीतता है, तो उसे निर्वाचित घोषित कर दिया जाता है। अगर नहीं, तो जिस उम्मीदवार को पहली पसंद के सबसे कम वोट मिलते हैं, उसे बाहर कर दिया जाता

---

1. यह पढ़ना वाकई उदास करनेवाला है कि इस बारे में संविधान समीक्षा आयोग में क्या कुछ हुआ। इस रिपोर्ट के मुख्य लेखक सुभाष कश्यप ने अपने विरोधी नोट को बाध्य होकर जोड़ा है। उन्होंने इंगित किया है कि आयोग ने अनिवार्य मतदान और 50%+1 वोट की अनुशंसा करने का फैसला किया था तथा संपादकीय समिति ने तब आयोग के फैसले को समाहित करनेवाले प्रारूप को सर्वसम्मति से मंजूर किया था। लेकिन अचानक इसे कमजोर कर दिया गया और निरस्त कर दिया गया। अपने विरोधी नोट में, कश्यप ने बाध्य होकर इन दो बिंदुओं पर उन फैसलों को फिर से सामने रखा, जिन पर सहमति बनी थी। उन्होंने जो कहा, वह प्रस्तुत है—

'चुनाव प्रक्रिया एवं राजनीतिक दल' शीर्षकवाले चतुर्थ अध्याय के बारे में, मैं प्रारूप एवं संपादकीय समिति के निम्न सर्वसम्मतिवाले फैसलों को दुहराना चाहूँगा। ये पूरे आयोग द्वारा लिये गए फैसलों पर आधारित थे, सिर्फ एक सदस्य ने 'ए' के बारे में कुछ आपत्तियाँ जताई थीं।

**(ए)** आयोग ने जो दूसरा नजरिया अपनाने के लिए अनुशंसित किया, उसका सुझाव है कि हमें सिर्फ वैसे प्रतिनिधि चाहिए, जो 50%+1 के आधार पर जीतें। अगर पहले चक्र में, किसी भी प्रत्याशी को 50% से ज्यादा वोट नहीं मिलते हैं, तब अगले ही दिन या इसके शीघ्र बाद दो शीर्ष उम्मीदवारों के बीच दोबारा चुनाव कराया जाना चाहिए, ताकि उनमें से एक को डाले गए मतों के 50% से ज्यादा वोटों से जीत हासिल हो। संगठनों और व्यक्तियों के कई प्रतिनिधित्व ने बेहतर प्रतिनिधि का लक्ष्य हासिल करने के लिए इस विकल्प को पसंद किया। मुख्य चुनाव आयुक्त ने पुष्टि की कि दोबारा चुनाव कराने का प्रबंध किया जा सकता है। दरअसल, अनुगामी मतदान चंद निर्वाचन क्षेत्रों में पुनर्मतदान की तरह है। मतदाता सूची फिर से तैयार नहीं की जाती है, कोई ताजा या नया नामांकन नहीं होता है, कोई ताजा प्रचार अभियान या ऐसा कुछ नहीं चलाया जाता है, मतदान केंद्र भी वही रहता है और प्रशासन भी वही रहता है। इसलिए भारी खर्च अथवा ताजा सुरक्षा व्यवस्था की कोई जटिलता नहीं रहती है। 50%+1 वोट की नीति के पर्याप्त फायदे हैं। एक ओर, यह प्रतिनिधित्व की समस्या का समाधान कर देता है। दूसरी ओर, यह विविध राजनीतिक दलों के अपने हित में रहता है कि वे मतदाताओं के लिए अपनी अपील को व्यापक करें, विस्तृत करें। यह राजनीतिक शब्दाडंबर को एक ऐसी दिशा में प्रेरित कर सकता है कि अपील करने की भाषा आज

है और उनके लिए वोटरों ने जो दूसरी पसंद जाहिर की है, उन्हें अन्य उम्मीदवारों के बीच बाँट दिया जाता है। यह प्रक्रिया तब तक चलती है, जब तक कि उनमें से किसी उम्मीदवार को 50 फीसदी से ज्यादा वोट हासिल न हो जाए।)

महाभियोग के अलावा और किसी तरह राष्ट्रपति को हटाना संभव नहीं हो एवं वह भी विशेष आधारों पर। दूसरे शब्दों में, मौजूदा 'अविश्वास मत' के समकक्ष कोई व्यवस्था न हो।

राष्ट्रपति, विधायिका के अंदर या बाहर से किसी का भी चयन मंत्री के रूप में कर सकता है। अगर विधायिका के किसी सदस्य को मंत्री के रूप में चुना जाता

---

की 'क्षेत्रीय' ध्वनि की बजाय अपेक्षाकृत 'सार्वभौमिक' ध्वनि अख्तियार कर ले। अपनी अपील में ज्यादा व्यापक होने की जरूरत के मद्देनजर, मतभेद व संकीर्ण पहचानों की बजाय अच्छे प्रशासन से जुड़े मुद्दे राजनीतिक शब्दावली में उभर सकते हैं। ई.वी.एम. (इलेक्ट्रॉनिक वोटिंग मशीन) के जरिए हम देश भर में आसानी से दो-दिवसीय चुनाव की योजना बना सकते हैं। दूसरा दिन अनुगामी चुनाव के लिए हो सकता है। इसका अर्थ है कि पहले दिन के आखिर में, कंप्यूटर तकनीक के जरिए, निर्वाचन क्षेत्र को पता चल जाएगा कि किसी ने 50% से ज्यादा वोट पाकर जीत हासिल की है अथवा अनुगामी चुनाव (रन-ऑफ) की जरूरत है। अगर अनुगामी या रन-ऑफ चुनाव की जरूरत है, तो दो उम्मीदवारों के नामों की घोषणा की जाएगी। अंतिम परिणाम बाकी तमाम परिणामों के साथ घोषित किए जा सकते हैं। अगर इसे समुचित रूप से लागू किया जाए, तो यह सुझाव राजनीतिक दलों और उम्मीदवारों को ऐसी रणनीतियाँ बनाने को बाध्य कर सकता है कि वे पहले चुनाव में ही 50% से ज्यादा वोट हासिल कर लें। यह अगंभीर प्रत्याशियों और हाशिए के खिलाड़ियों को मुकाबले में उतरने से निरुत्साहित करेगा तथा यह पार्टियों के बीच चुनाव-पूर्व गठबंधनों के लिए उत्साहित करेगा। और इससे व्यवस्था में नरमी एवं स्थायित्व आनी चाहिए। ऐसा भी हो सकता है कि पहली बार कई अनुगामी चुनाव करने पड़ें, लेकिन प्रत्येक क्रमिक चुनावों के बाद, अनुगामी चुनावों की संख्या बस कुछेक रह जाए।

**इस प्रस्ताव को लोगों का अनुकूल समर्थन मिला। आयोग में भी भरपूर समर्थन मिला और सामान्य अहसास था कि इस प्रस्ताव में राष्ट्रीय एकीकरण के मकसद को प्राप्त करने और भारतीय राजनीति को जातिवाद एवं सांप्रदायिकता के कलंक से छुटकारा दिलाने की सर्वाधिक संभावना निहित है।**

**( बी )** कुछ विद्वानों एवं संबंधित नागरिकों ने सुझाव दिया कि मतदान को एक नागरिक का दायित्व बनाया जाना चाहिए। कई देशों में मतदान अनिवार्य है। कई प्रसिद्ध भारतीयों, जिनमें माननीय पूर्व राष्ट्रपति एवं वरिष्ठ राजनेता श्री आर. वेंकटरामन भी शामिल हैं, ने मतदान को अनिवार्य किए जाने का पक्ष लिया। उन्होंने सुझाव दिया कि तमाम मतदाता मतदान करें, यह सुनिश्चित करने की जिम्मेदारी ग्राम स्तर पर पंचायतों को दी जाए। 'अनिवार्य मतदान का लाभ यह है कि मतदाता यह महसूस करता है कि वह उम्मीदवार के प्रति कोई पक्ष नहीं ले रहा है, बल्कि एक नागरिक के रूप में अपने कर्तव्य का पालन कर रहा है।' **आयोग अनुशंसा करता है कि मतदान को कानून के तहत नागरिकता के एक मूलभूत दायित्व के रूप में अनिवार्य बनाया जाए।**

है, तो उसे अपनी सीट से अवश्य इस्तीफा दे देना चाहिए।

मंत्री विधायिका के सत्रों में भाग ले सकता है, बहसों में भी शरीक हो सकता है। लेकिन विधायिका किसी मुद्दे पर मतदान कर रही है तो उसे उसमें वोट डालने का अधिकार नहीं होगा।

'लेकिन हम एक बाहरी शख्स को सदन की कार्यवाहियों में कैसे भाग लेने दे सकते हैं? बाहरी व्यक्ति तो लॉबी तक में प्रवेश नहीं कर सकता।' ऐसी प्रतिक्रिया एक अन्य उदाहरण है, जिसे प्रबंधन विशेषज्ञ 'आई.आर.आई.'—'त्वरित अस्वीकृति प्रवृत्ति'— कहते हैं। यह ऐसी प्रतिक्रिया होती है, जिसके जरिए हम कुछ भी सोचने और कुछ भी करने से खुद को बचा लेते हैं। आज मंत्री दोनों ही सदनों से नियुक्त किए जाते हैं। मंत्री, जो एक सदन के सदस्य होते हैं, वे दूसरे सदन की कार्यवाहियों में भी पूरी तरह वैसे ही भाग लेते हैं, जैसे उस सदन के सदस्य भाग लेते हैं। वे सवालों के जवाब देते हैं, वे बहसों में भाग लेते हैं, लेकिन वे उस सदन में वोट नहीं डालते हैं जिस सदन के वे सदस्य नहीं हैं। आज इसका सबसे स्पष्ट उदाहरण प्रधानमंत्री हैं। वे राज्यसभा के सदस्य हैं। उस अर्थ में, वे लोकसभा के लिए एक 'बाहरी' शख्स हैं। लेकिन क्या वे लोकसभा की कार्यवाहियों में पूरी तरह भाग नहीं लेते हैं? लेकिन क्या वे वहाँ वोट डालते हैं?

## न्यायपालिका

जैसे कि कार्यपालिका की तुलना में संसद् के अधिकार को कम किया जाना चाहिए, मगर न्यायपालिका की शक्ति को परिश्रम करके अवश्य ही संरक्षित एवं अक्षुण्ण रखा जाना चाहिए। यह तब और स्पष्ट हो जाएगा, जब हम याद करेंगे कि 42वाँ संविधान संशोधन पारित कराते वक्त श्रीमती इंदिरा गांधी एवं उनके मातहतों ने क्या कुछ कहा था और क्या तर्क दिया था। इस उद्‌देश्य के मद्‌देनजर, जजों के चयन, उनके स्थानांतरण, जब जरूरत पड़े, तब उनके आचरण की पड़ताल करने की प्रणालियों को मौजूदा व्यवस्था की तुलना में और पुख्ता किए जाने की जरूरत है तथा इस मकसद से पहले ही कई प्रस्ताव आ चुके हैं। लेकिन, जैसा कि उस चर्चा से जाहिर हो जाएगा कि न्यायिक समीक्षा के प्रावधानों को संरक्षित करना भर पर्याप्त नहीं है। जजों को उस स्वतंत्रता और उन्मुक्तता के साथ काम करना है, जो उन्हें संविधान के प्रावधानों में प्रदान किया गया है। उनतालीसवें (39वें) और बयालीसवें (42वें) संशोधनों के जरिए उन पर किए गए हमले परास्त कर दिए गए। लेकिन

अकसर, जज खुद ही कार्यपालिका को वे ज्यादतियाँ करने देने के लिए झुक गए हैं। इस बिंदु पर हम पुस्तक में बाद में चर्चा करेंगे।

## चुनाव और मतदान

वर्गगत हितों को और भी न्यूनतम करने के लिए मतदान को अनिवार्य बना देना चाहिए।

इलेक्ट्रॉनिक वोटिंग मशीन और अनिवार्य बहूद्देश्यीय राष्ट्रीय पहचान-पत्र, दोनों में बायोमीट्रिक पहचान चिह्न होने चाहिए।

ये छोटे कदम भी मदद करेंगे। लेकिन सबसे खराब विकृति यह आई है कि मतदाता सूचियों में बांग्लादेशी घुसपैठियों के नाम भर दिए गए हैं। अनुमान है कि ऐसे घुसपैठियों की तादाद अब लगभग दो करोड़ हो गई है। क्रमिक राज्यपालों, खुफिया एजेंसियों, राष्ट्रीय सुरक्षा पर विचार करनेवाले हरेक समूह और विशेषज्ञ, सभी ने कहा है कि इन घुसपैठियों ने देश के चंद सर्वाधिक संवेदनशील असुरक्षित हिस्सों में आबादी की संरचना को बदल दिया है। एक राज्यपाल व खुफिया ब्यूरो (आई.बी.) के पूर्व प्रमुख ने सार्वजनिक रूप से अपनी आशंका जताई है कि चीजें जिस तरह से आगे बढ़ रही हैं, इस बात की वास्तविक संभावना है कि भारत से काटकर एक तीसरा इसलामी गणतंत्र पैदा कर दिया जाए, जिसमें बिहार, उड़ीसा, पश्चिम बंगाल और असम के इलाके शामिल होंगे। पहले ही, असम में करीब 40 फीसदी निर्वाचन क्षेत्रों में घुसपैठिए परिणाम को तय करते हैं। इसी तरह पश्चिम बंगाल में लगभग बीस फीसदी निर्वाचन क्षेत्रों के नतीजे प्रभावित होते हैं। उनका प्रभाव बांग्लादेश से अत्यंत दूर और नई दिल्ली के शासकों से करीब के निर्वाचन क्षेत्र में भी स्पष्ट नजर आता है।

राजनीतिक वर्ग को कड़ी फटकार लगाते हुए सुप्रीम कोर्ट ने कुख्यात आई.एम.डी.टी. कानून को रद्द कर दिया। इसी कानून के जरिए क्रमिक कांग्रेसी सरकारों ने बांग्लादेशियों की पहचान करना और उन्हें वापस भेजना असंभव कर दिया। मनमोहन सिंह सरकार ने पूर्व अनुमानित कार्य ही किया। उसने विदेशी अधिनियम में आई.एम.डी.टी. कानून के सर्वाधिक अयोग्यकारी प्रावधानों को शामिल कर लिया! इस बदलाव को भी अदालत ने खारिज कर दिया। अदालत ने इसे न केवल असंवैधानिक करार दिया, बल्कि इसे राष्ट्रीय सुरक्षा के लिए गंभीर खतरा भी बताया।

कोई भी चुनाव सुधार उतना महत्त्वपूर्ण नहीं है, जितना इन बांग्लादेशी घुसपैठियों की पहचान करना और उन्हें वापस भेजना तथा उनके नामों को अपनी मतदाता सूचियों से हटाना है।

यह एक खुला राज है कि इलेक्ट्रॉनिक वोटिंग मशीनों के इस्तेमाल के बावजूद, मतदान केंद्र के कर्मचारी व अधिकारी परिणाम में गड़बड़ी करने में कामयाब हो जाते हैं। निरक्षर वोटरों की 'मदद' करने के बहाने, वे उसके साथ जाते हैं और उसके बटन दबाने के पहले ही वे 'सही' बटन दबा देते हैं। ऐसी गड़बड़ी को खत्म करने की तकनीक शर्तिया मौजूद है। वोटर को राष्ट्रीय आई.डी. कार्ड प्रस्तुत करने और उसकी पुष्टि कर लिये जाने के बाद ही मतदान केंद्र में प्रवेश करने दिया जाए। 'राष्ट्रीय पहचान-पत्र' वह कार्ड है, जो व्यक्ति को उसके बायोमीट्रिक पहचान; मान लें, उँगलियों के निशान से पहचानता है। और मशीन को तभी काम करना चाहिए, यानी वोट को दर्ज करना चाहिए, जब बटन दबाते वक्त उस वोटर के बायोमीट्रिक निशान, मान लें, उँगुलियों के निशान, की फिर से पहचान हो जाए।

मतदान के दिन मतदान केंद्र के अंदर जो कुछ भी होता है, उसकी रिकॉर्डिंग करने के वास्ते कैमरे लगाने में जरा भी समस्या नहीं होगी। फिल्म रिकॉर्ड को सबूत के तौर पर देखा जाना चाहिए और उसे मतदान संपन्न होते ही ई.वी.एम. के साथ ही सुरक्षित रखना चाहिए। यदि कोई प्रत्याशी चुनाव परिणाम को चुनौती देता है तो उस फिल्म तक उसकी पहुँच होनी चाहिए, यानी उसे वह फिल्म दिखाई जानी चाहिए।

तीसरा, तमाम चुनावों को एक साथ कराना चाहिए। इस समय, कोई-न-कोई चुनाव हमेशा आसन्न रहता है। आवश्यक फैसलों को टालने का यह स्तरीय एवं अनुत्तरीय तर्क बन जाता है। इसका एक उपाय यह है कि यदि सदन की अवधि के दौरान कोई सीट खाली पड़ जाती है तो वह सीट खाली ही रहेगी। कोई उपचुनाव नहीं होगा। या तो पूर्ववर्ती चुनाव में जो दूसरे नंबर पर था, उसे वह सीट दे दी जाए, अथवा यदि यह चिंता हो कि सदन में सत्ता-संतुलन अवश्य ही बनाए रखा जाना चाहिए, तो उस पार्टी को उत्तराधिकारी सदस्य नामांकित करने देना चाहिए, जिसका कि वह सदस्य था।

## विधायिकाएँ

विधायिकाओं के चुनावों के लिए तीन बदलाव हैं—

- निर्वाचन क्षेत्र का आकार पर्याप्त रूप से बढ़ाया जाना चाहिए, ताकि

किसी एक वर्ग या जाति का प्रभाव कम हो;

- मतदाता एवं विजेता के बीच संबंध-संपर्क को कमजोर किया जाना चाहिए; और
- उम्मीदवारों की योग्यताओं एवं अयोग्यताओं को कड़ा किया जाना चाहिए।

चुनावों को एक साथ कराने के अलावा, जो पहला कदम जरूरी है, उसे एल.पी. सिंह ने 'इलेक्टोरल रिफॉर्म'[1] में सुझाया है। संशोधित सूची-प्रणाली का औचित्य निम्न है। एकल-सदस्य निर्वाचन क्षेत्र की मौजूदा प्रणाली में जिन तरह की समस्याओं का सामना करना पड़ता है, उनका उल्लेख पहले किया जा चुका है। उदाहरण के लिए, एक ओर मतदाता की यह अपेक्षा रहती है कि सांसद को उसकी निजी समस्याओं को निपटाना चाहिए और दूसरी ओर सांसद की यह बाध्यता होती है कि वह अन्य किसी भी चीज से पहले मतदाताओं और उनके नियंत्रकों के हितों का ध्यान रखे। इसके विपरीत, अगर पूरा भारत एक निर्वाचन-क्षेत्र होता, तो पार्टियाँ अपने उम्मीदवारों की सूचियाँ घोषित करतीं, मतदाता पार्टियों के लिए वोट देते, न कि व्यक्तिगत उम्मीदवारों के लिए; हरेक पार्टी को वोटों का जितना हिस्सा मिलता, उसी अनुपात में वे सदस्यों को संसद् में भेजतीं। ऐसी प्रणाली में मतदाता और सांसद के बीच संपर्क पर्याप्त रूप से कम हो जाएगा, और समस्याओं का एक सेट न्यूनतम हो जाएगा। लेकिन भारत एक महाद्वीप है। एक व्यक्ति ने, हो सकता है कि केरल में शानदार सेवा की हो, काम किया हो, फिर भी वह उत्तर-पूर्व में अनजान हो सकता है।

एक बीच का रास्ता निकाला जा सकता है, जो हमारे मकसदों को पूरा करेगा। आपस में सटे निर्वाचन क्षेत्रों, मान लें दस, को एक साथ समूहबद्ध कर देना चाहिए। एक समूह में जितने निर्वाचन क्षेत्रों को रखा गया है, हरेक पार्टी को उसके तीन गुना प्रत्याशियों की एक सूची चुनाव आयोग में जमा करनी चाहिए। हमारे उदाहरण के अनुसार, हरेक पार्टी को तीस प्रत्याशियों की सूची देनी पड़ेगी। वोटरों को एक पार्टी के लिए मतदान करना है या नकारात्मक वोट डालना है 'इनमें से कोई भी नहीं'। हरेक पार्टी को दस निर्वाचन क्षेत्रों में जितने वोट मिलते हैं, उसी अनुपात में वह विधायिका में सदस्य भेजेगी। इसमें सिर्फ एक शर्त है, जो खास उम्मीदवार विधायिका में भेजा जाएगा, उसका चयन चुनाव आयोग लॉटरी के जरिए करेगा।

1. एल.पी. सिंह, इलेक्टोरल रिफॉर्म, उप्पल पब्लिशिंग हाउस, दिल्ली, 1986.

मान लें, एक्स पार्टी ने 30 फीसदी वोट हासिल किए। इस समूहबद्ध निर्वाचन क्षेत्र से दस सदस्य भेजे जाने हैं। इनमें से वह पार्टी तीन सदस्य भेज पाएगी, हालाँकि दस सीटों के लिए उसने तीस प्रत्याशियों की सूची चुनाव आयोग को सौंपी हुई है। चुनाव आयोग एक लॉटरी निकालेगा और उन तीस प्रत्याशियों की सूची में से तीन को चुनेगा। वे ही सांसद होंगे।

अगर 'इनमें से कोई प्रत्याशी नहीं' वोटों की जीत होती है, तब उस निर्वाचन क्षेत्रों के समूह में दोबारा चुनाव कराए जाएँगे और इस बार पहले चुनाव में पार्टियों द्वारा उतारे गए उम्मीदवारों में से कोई भी खड़ा नहीं हो पाएगा।

दूसरा, जैसा कि बी.के. नेहरू ने अपने 'राजाजी मेमोरियल लेक्चर' में सुझाया, विधायकों को कोई भी विशेषाधिकार या प्राधिकार नहीं होगा।[1] उन्हें तनख्वाह मिलेगी, और कुछ नहीं। उन्हें कार्यपालिका द्वारा कोई भी पद प्रदान नहीं किया जाएगा, किसी बोर्ड की सदस्यता नहीं या किसी कॉरपोरेशन की अध्यक्षता नहीं, आदि। इस तरह, सिर्फ वे लोग जिनकी विधायन और नीतियों में वाकई रुचि है, विधायिका में जाएँगे। एक के बाद एक ऑफिस को 'लाभ का कार्यालय' नहीं घोषित करने की जो मौजूदा जालसाजी चल रही है, उसका खात्मा हो जाएगा। यह वस्तुतः जालसाजी से भी ज्यादा है, यह एक पारित कानून को ठेंगा दिखाने का उपाय है। संसद् ने एक कानून बनाया कि मंत्रियों की तादाद विधायिका की सदस्य संख्या के एक खास अनुपात से कम होगी। अगर कुछ राज्यों में जिन लोगों को मंत्रियों के रूप में जगह नहीं दी जा सकी, उन्हें काबीना दरजे के साथ सरकारी निगमों का अध्यक्ष बना दिया गया।

तीसरा, सकारात्मक योग्यताओं और नकारात्मक अयोग्यताओं दोनों को अवश्य ही कड़ा किया जाना चाहिए।

जहाँ तक योग्यताओं की बात है, निचले सदन के लिए उम्मीदवारों को कम-से-कम स्नातक होना चाहिए। जहाँ तक ऊपरी सदन की बात है, तो आज हमें राज्यों के सदन की नहीं, बल्कि प्रतिभा के सदन की जरूरत है। इसलिए, कम-से-कम स्नातक होने के अतिरिक्त, एक उम्मीदवार को किसी एक पेशे में, जिसमें व्यापार व कृषि भी शामिल हैं, ख्याति अर्जित करनी चाहिए।

1. बी.के. नेहरू, 'ए प्रपोजल फॉर कांस्टिट्यूशनल रिफॉर्म', थॉट्स ऑन ऑवर प्रजेंट डिस्कॉन्टेंट्स में, एलायड, दिल्ली, 1986, पृष्ठ-73-85.

जो अयोग्यताएँ निर्धारित की गई हैं, वे ढोंग बन गई हैं, एक ऐसी सूची, जो अपराधियों को विधायिकाओं में प्रवेश करने देती है, वह वास्तव में ढोंग से भी बदतर है, यह मुल्क के खिलाफ जुर्म में सहायक है। समस्याओं का एक प्रधान स्रोत है—जनप्रतिनिधित्व कानून, सन् 1951 के खंड 8 का उपखंड 3। पहले उपखंड में कई अपराधों को सूचीबद्ध किया गया है। इसमें बताया गया है कि यदि कोई व्यक्ति इनमें से किसी जुर्म का दोषी पाया जाता है, तो दोषी ठहराए जाने के दिन से उसे छह साल के लिए अयोग्य ठहरा दिया जाएगा और यदि उसे जेल हो जाती है, तो रिहाई के बाद छह साल और अयोग्य रहेगा। (इन उपखंडों के बीच घोर विरोधाभास है, जिसकी ओर संविधान समीक्षा आयोग ने भी ध्यान दिलाया था। उपखंड 1 के तहत, दोषी व्यक्ति को छह साल तक अयोग्य रहना था। बलात्कार के दोषी व्यक्ति को दस साल जेल की सजा मिलेगी। इसलिए, अपनी कैद के आखिरी चार वर्षों में वह हालाँकि वोट नहीं डाल सकेगा, लेकिन वह चुनाव में खड़ा हो सकता है!) फिर निवारक और इसके वास्तविक प्रभाव को उपखंड 4 के प्रावधान द्वारा पूरी तरह निरस्त कर दिया गया है। इस उपखंड में कहा गया है कि 'पहले के उप-खंडों में चाहे जो भी कहा गया हो, अयोग्यता वाली बात उस व्यक्ति पर तब तक लागू नहीं होगी, यदि दोषी ठहराए जाने के दिन वह संसद् या किसी राज्य की विधायिका का सदस्य है और उस दिन से तीन महीने का वक्त गुजर नहीं गया है या यदि उस अवधि के दौरान वह उस फैसले के खिलाफ अपील नहीं करता है और उस अपील का अदालत द्वारा निपटारा नहीं कर दिया जाता।'

कौन ऐसा मूर्ख होगा, जो तीन महीने में अपील नहीं करेगा? और अपील करने के पीछे उसकी क्या प्रेरणा होगी? सुनवाई स्थगित कराते जाना, और उसे लंबा खींचना, और उसे तब तक पटरी से उतारते जाना, जब तक कि सदन में उसकी अवधि का स्वाभाविक अंत न हो जाए!

इसलिए पहला बदलाव जिसकी जरूरत है, वह यह है कि एक व्यक्ति के खिलाफ जिस क्षण अदालत द्वारा आरोप तय किया जाता है, उसी पल से वह व्यक्ति चाहे वह विधायिका या संसद् का सदस्य हो अथवा नहीं, सदन का सदस्य नहीं रह जाएगा और जब तक वह अदालत द्वारा आरोपों से मुक्त नहीं कर दिया जाता, वह चुनाव लड़ने के अयोग्य रहेगा। जिस किसी को झूठे तरीके से फँसाया गया है, उसकी प्रेरणा एकदम विपरीत तरह की होगी, वह केस को यथासंभव शीघ्र

निपटाने के लिए प्रयास करेगा।

राजनीतिज्ञ कहते हैं, ''लेकिन हमारे विरोधी नियमित रूप से हमें झूठे मुकदमों में फँसाते रहते हैं।'' पहली बात, अयोग्यता वाला प्रावधान तब लागू होगा, जब कानून की अदालत द्वारा आरोप तय कर दिए जाएँगे, न कि पुलिस या किसी जाँच एजेंसी द्वारा केस दर्ज करने के समय से। दूसरी बात, इस आशंका को इस तरह दूर किया जा सकता है कि आरोप उच्च न्यायालय के मौजूदा न्यायाधीश द्वारा तय किए जाएँ। तीसरी बात, अदालतों में ऐसे लोग भर दिए जाएँ, जो उस वक्त के शासकों के हितों को साधें, खासकर उन अदालतों में, जिनमें से केस सुनवाई के लिए आने हों। लेकिन इसका सिर्फ एक ही अर्थ होगा कि अगला व्यक्ति खुद उनके खिलाफ अदालत का इस्तेमाल कर सकता है। ऐसे में राजनीतिज्ञों का भला इसी में होगा कि वे अदालतों में ज्यादा दमदार लोगों की भरती करें।

दूसरा बदलाव जिसकी जरूरत है, वह है अपराधों की सूची को ज्यादा व्यापक बनाना, जिसमें आरोप तय होने पर व्यक्ति अयोग्य करार दिया जाए। मौजूदा परिभाषा के अतिरिक्त, ऐसे अपराध, जिनमें पाँच साल या ज्यादा की जेल की सजा मिलती है और हत्या, बलात्कार, तस्करी आदि जैसे संगीन जुर्मों में आरोप तय होने पर अयोग्यता का प्रावधान लागू किया जाना चाहिए। कलकत्ता हाईकोर्ट के पूर्व मुख्य न्यायाधीश लिखते हैं कि निम्न स्थितियों में एक व्यक्ति के खिलाफ अयोग्यता का नियम लागू होना चाहिए, ''जिसका नाम पुलिस के बस्ता 'बी' में आया हो या जिसके खिलाफ अदालत ने नैतिक पतन का आरोप तय किया हो या उसे दोषी ठहराया हो या जिसे भगोड़ा, दिवालिया घोषित किया गया हो या जिसके खिलाफ सरकारी या सार्वजनिक संपत्ति को खाली कराने की कार्यवाही चल रही हो या जो सरकार, स्थानीय निकाय, सार्वजनिक उपक्रम और बैंकों का पैसा धारता हो तथा जब तक निर्धारित तिथि तक वह कब्जा की गई परिसंपत्ति खाली न कर दे और बकाया राशि का भुगतान न कर दे या अदालतों द्वारा उसका अधिकार तय न कर दिया जाए।''

ऐसे प्रावधानों को लागू करने का एक सुझाव संविधान समीक्षा आयोग ने भी दिया था, जो समान रूप से महत्त्वपूर्ण है, वह यह कि यदि एक राजनीतिक दल ऐसे किसी शख्स को अपना उम्मीदवार बनाता है, जिसकी आपराधिक पृष्ठभूमि रही है, तो उस दल की मान्यता रद्द कर दी जानी चाहिए।

ऐसे बदलावों के साथ यह व्यवस्था भी किए जाने की आवश्यकता है कि

जिन केसों में मंत्री, विधायक, जज, नौकरशाह जैसे सार्वजनिक जीवन के लोग शामिल हों, उनकी सुनवाई दैनिक आधार पर की जानी चाहिए। अगर जरूरत हो तो इसके लिए विशेष अदालतें स्थापित की जाएँ और सिर्फ एक अपील करने की अनुमति दी जानी चाहिए, उच्चतम न्यायालय में अपील करने की।

## विधायिकाओं की कार्यवाहियाँ

अनेक बदलाव आवश्यक हैं और यह जानने के लिए कि ये कितने आवश्यक हैं, आपको संसद् या किसी राज्य विधायिका के सत्र के दौरान बैठने की जरूरत नहीं है। टेलीविजन द्वारा किए जा रहे प्रसारण पर नजर डालने से आपको वे सारे सबूत मिल जाएँगे, जिनकी आपको जरूरत है। कुछेक दृष्टांत संकेत देंगे कि किस तरह के बदलावों की आवश्यकता है।

पहला, नियमों को वाकई कड़ाई से लागू किया जाना चाहिए। यह ऐसी बात है, जो विधायिकाओं से परे भी जाती है और इस पर हम आगे भी बात करेंगे। नियमों का उल्लंघन करने पर तुरंत और स्वयमेव तरीके से, निर्धारित अधिकतम दंड मिलना चाहिए, भले ही इसके लिए उकसावा किसी भी तरह से मिला हो। एक नियम को लागू करने में यदि ढिलाई बरती गई तो इससे जुड़े नियम में भी ढिलाई का रास्ता साफ हो जाएगा। एक प्रकार की परिस्थिति को क्षीणकारी स्वीकार कर लेने से अगले उकसावे में उसी तरह की छूट देने का बहाना बन जाएगा। हमारी विधायिकाओं का जो हाल हो गया है, उसके लिए स्वाभाविक रूप से सदस्यों की प्राथमिक जिम्मेदारी बनती है, लेकिन पीठासीन अधिकारियों का भी उतना ही दोष बनता है। कभी-कभी इस आशंका से कि नियमों को लागू करने का प्रयास किया जाएगा तो सदस्य और ज्यादा अड़ियल हो जा सकते हैं या अकसर सदन के सभी वर्गों की नजरों में अच्छे बने रहने के लिए पीठासीन अधिकारी साथ दे देते हैं। दर्शक प्राय: टी.वी. पर जो अधीरता और बेचैनी देखते हैं, वह भली-भाँति अभ्यास की गई होती है। पूर्व चर्चा कर यह पहले ही तय कर लिया जाता है कि फलाँ 'मुद्दे' पर किस समूह के सदस्य सदन के 'कूप' (पीठासीन अधिकारी की आसन के सामने की जगह) में आ धमकेंगे और यह अकसर ही प्रसन्नचित्त होकर किया जाता है। सदन का यह 'कूप' तो ऐसा हो गया है कि इसे वाकई 'लोकतंत्र की कब्रगाह' का नाम दे दिया जाना चाहिए। पूर्व चर्चा कर यह पहले तय कर लिया जाता है कि कितनी अवधि तक चीख-चिल्लाहट चलाई जाएगी, ताकि सदन की

कारवाई स्थगित हो जाए। यह वाकई तय कर लिया जाता है कि इस शोरगुल के बाद सदन को आधे घंटे के लिए स्थगित किया जाएगा या भोजनावकाश तक के लिए या फिर पूरे दिन के लिए···

दूसरा, अगर सदन में इतनी अव्यवस्था हो गई है कि सत्र का संचालन किया ही नहीं जा सकता है, तो सदन को निश्चित रूप से दिनभर के लिए स्थगित नहीं किया जाना चाहिए। अगर इसे स्थगित किया भी जाए तो एक बार में बस पंद्रह मिनट के लिए। इस तरह सदन की कारवाई स्थगित करने और शुरू करने की प्रक्रिया दिन भर चलाई जानी चाहिए। यह किस तरह का स्कूल है, जिसमें विद्यार्थी साजिश करके चंद मिनट हंगामा करते हैं और दिन भर की छुट्टी पा लेते हैं?

तीसरा, नियमों के बीच जिस नियम को कड़ाई से लागू किया जाना चाहिए, वह है, कोरम पूरा करने की आवश्यकता के बारे में नियम। नियम के अनुसार सिर्फ सदस्यों की कुल संख्या का दसवाँ भाग मौजूद रहना चाहिए। इसलिए अकसर ही इतने कम सदस्य मौजूद रहते हैं कि वास्तव में जुड़वाँ परंपराएँ विकसित हो गई हैं। एक बार सदन की कारवाई शुरू हो जाती है, तो पीठासीन अधिकारी तब तक यह सुनिश्चित नहीं करेंगे कि कोरम पूरा करने लायक सदस्य मौजूद हैं या नहीं, जब तक कि किसी सदस्य द्वारा इस बारे में उनका ध्यान नहीं खींचा जाता और कोई भी सदस्य इस बारे में उन्हें ध्यान नहीं दिलाएगा। वास्तव में, नियम को कड़ाई से और खुद-ब-खुद लागू किया जाना चाहिए। जिस क्षण सदन में सदस्यों की संख्या कोरम से कम (दसवें हिस्से से कम) पड़ जाए, कारवाई को स्वयमेव और बगैर किसी चूक के तब तक स्थगित कर दिया जाना चाहिए, जब तक कोरम पूरा न हो जाए।

चौथा, 'शून्य काल', जिसमें कोई सदस्य सार्वजनिक महत्त्व का कोई भी अति जरूरी मामला उठा सकता है, जैसे 'अधिकारों' को निश्चित रूप से खत्म कर देना चाहिए। जिन वर्षों में मैं संसद् की कारवाई में भाग लेता आ रहा हूँ, मैंने एक भी मसला ऐसा नहीं देखा है, जो शाम तक प्रतीक्षा नहीं कर सकता, यानी उस दिन का सदन का निर्धारित कामकाज जब तक पूरा न हो जाए। सदन को अकसर इस आधार पर स्थगित किया जाता रहा है कि शाम तक की प्रतीक्षा की तो बात ही छोड़िए, इस मसले के लिए पंद्रह मिनट भी इंतजार नहीं किया जा सकता। और जब यह दबावपूर्ण दलील मान ली जाती है, तो क्या उस चर्चा की बदौलत वह मसला समाधान के करीब पहुँच जाता है? यह जोर डालना एक समस्या को हल करने का

तरीका नहीं बन गया है, बल्कि यह अपना प्रभुत्व दरशाने का एक औजार बन गया है। ऐसे आविष्कारों को निश्चित रूप से रोक दिया जाना चाहिए। तद्नुरूप, सरकार को भी किसी मसले पर चर्चा को बाधित करने की इजाजत नहीं मिलनी चाहिए। जो सदस्य यह महसूस करते हैं कि फलाँ मुद्दे पर उस दिन चर्चा होनी ही चाहिए, उन्हें उस दिन का कामकाज पूरा हो जाने के बाद उस मसले पर चर्चा करने की अनुमति दी जानी चाहिए और यह हरेक सदस्य के लिए अनिवार्य हो कि वे देर शाम में अतिरिक्त समय तक सदन में बैठे रहें।

पाँचवाँ, सदन की काररवाई का टेलीविजन पर प्रसारण करने से जो भी अच्छा काम हुआ हो, लेकिन सिर्फ सरकारी चैनल को प्रसारण करने की अनुमति से यह लाभ बेकार हो गया है। इसलिए दर्शक जो कुछ देखते हैं, वे सदन में घट रही गतिविधियाँ नहीं होती हैं, बल्कि दरअसल वह एक साफ-सुथरी प्रति होती है। यहाँ तक कि कैमरे को बस बोलनेवाले सदस्य पर फोकस कर रख दिया जाए, तो दर्शकों को यह नहीं दिख पाता कि सदन कितना खाली है। सदन की कार्यवाहियाँ जितनी सरकारी चैनल के वास्ते खुली हैं, उतनी ही प्राइवेट चैनलों के लिए भी खुली होनी चाहिए। एक चीज को अनिवार्य किया जाना चाहिए कि जब भी सदन का सत्र चल रहा हो, टी.वी. के परदे पर यह चलते रहना चाहिए कि सदन में मौजूद सदस्यों की संख्या कितनी है!

छठा, सदस्यों की एक मामले में बोलने की आजादी यदि काटी जाए तो दूसरे मामले में इसे बहाल भी किया जाए। आज, यदि एक सदस्य अपनी पार्टी के व्हिप को नहीं मानता है तो उसे संविधान की दसवीं अनुसूची के उल्लंघन का दोषी माना जाता है। उदाहरण के लिए, यदि वह आरक्षण के एक अन्य विस्तार के खिलाफ बोलता है अथवा वोट डालता है, जबकि उसकी पार्टी ने वोट खोने के डर से उस प्रस्ताव का विरोध नहीं करने का फैसला किया है, तो उस सदस्य को दलबदल का दोषी करार दिया जाता है और इसीलिए उसे विधायिका से निष्कासित किया जा सकता है। इससे हमारी विधायिकाओं में स्वतंत्र भाषण का खात्मा हो गया है। दसवीं अनुसूची के प्रावधान में तद्नुरूप संशोधन किया जाना चाहिए। सदस्यों के लिए पार्टी व्हिप मानने की बाध्यता तभी होनी चाहिए, जब सवाल यह हो कि सरकार बनी रहेगी या नहीं। पार्टी प्रबंधकों को किसी अन्य अवसर पर व्हिप जारी करने की अनुमति नहीं होनी चाहिए।

यह एक संदर्भ है, जिसमें बोलने की आजादी को विस्तारित किया जाना चाहिए। लेकिन एक अन्य संदर्भ में इसमें कटौती की जानी चाहिए। इस आजादी को 'फीरोज गांधी संशोधन' के नाम से जाना जाता है। इसके तहत कोई सदस्य विधायिका के अंदर कुछ भी बोले, उसके खिलाफ किसी कानून की अदालत में केस नहीं किया जा सकता। बरस-दर-बरस, जिम्मेदारी के बहुत सीमित भाव वाले और अपने अधिकारों के बेहद विस्तारित भाववाले लोग विधायक बन गए हैं। वे इस प्रतिरक्षा का, इस कवच का नियमित रूप से दुरुपयोग करते हैं, वे उन लोगों के खिलाफ तमाम तरह के आरोप लगाते हैं, जो सदन के सदस्य नहीं होते हैं और घटनाओं एवं मुद्दों के बारे में हर तरह की असत्य बातें बकते हैं। वास्तव में, चूँकि वे ऐसी उच्च संस्था के सदस्य हैं, इसलिए उन्हें तो निर्धारित मानदंड, उदाहरण के लिए, मानहानि के सामान्य कानून, से भी ऊपर के मानदंड के लिए उत्तरदायी ठहराया जाना चाहिए।

## उत्तरदायित्व

दो बदलाव, जिनका उल्लेख हमने पहले किया कि मुकदमे की सुनवाई रोजाना होगी और सिर्फ एक ही अपील की इजाजत होगी, खुद उत्तरदायित्व को सुनिश्चित करने में बड़ी भूमिका निभाएँगे। लेकिन कुछ अतिरिक्त बदलाव आवश्यक हैं।

हमें ऐसे चंद कानूनों का चयन करना चाहिए, जिनका उल्लंघन खासतौर पर देश के लिए घातक परिणामजनक होता है। ये हैं चुनावों, राष्ट्रीय सुरक्षा, भ्रष्टाचार, सार्वजनिक संपत्ति पर कब्जा, पद का दुरुपयोग। इन कानूनों का उल्लंघन यदि सार्वजनिक जीवन वाले व्यक्ति द्वारा किया जाता है, तो उसे निश्चित तौर पर ऐसा दंड दिया जाना चाहिए, जो मिसाल बने और दंड की गंभीरता उतनी ही ज्यादा हो, जितना ऊँचा उसका ओहदा हो। जब एक पटवारी घूस लेता है, तो उसका दुष्प्रभाव गाँव पर और संभवत: कुछ पड़ोसी गाँवों पर पड़ता है, लेकिन जब एक मंत्री घूस लेता है तो इसका दुष्प्रभाव देश भर में व्यापक रूप से पड़ता है, क्योंकि जो भ्रष्टाचार उसने किया है, वैसा भ्रष्टाचार करने की छूट दूसरों को भी मिल जाती है। इसलिए घूस लेने के मामले में मंत्री को मिलनेवाला दंड अवश्य ही एक पटवारी की तुलना में कई गुना ज्यादा होना चाहिए।

दूसरा, दंड में अवश्य ही दो तत्त्व होने चाहिए। दोषी व्यक्ति को अवश्य ही

जेल की सजा मिलनी चाहिए, क्योंकि ऐसे शख्स पर जुर्माना लगाने का कोई फायदा नहीं है और उसे सार्वजनिक जीवन से स्थायी रूप से प्रतिबंधित कर दिया जाना चाहिए।

तीसरा, इन कानूनों के संदर्भ में इन व्यक्तियों के मामले में सबूत का स्तर निश्चित रूप से उससे कमतर होना चाहिए, जितना कि भारतीय प्रमाण कानून के तहत जरूरत होती है। यह न्याय की कैसी विडंबना है, मुल्क के खिलाफ कैसा जुर्म है कि एक मंत्री के बेडरूम में करोड़ों रुपए नकद बरामद किए जाते हैं और फिर भी वह एकदम से बच निकलता है!

चौथा, जैसा कि पूर्व मुख्य सतर्कता आयुक्त एन. विट्ठल ने इंगित किया था, बेनामी लेन-देन (प्रतिबंध) कानून को अवश्य ही लागू किया जाना चाहिए। इस कानून का जो हश्र हुआ, वह यह दरशाता है कि उन लोगों की भूमिगत या प्रच्छन्न शक्ति कितनी है, जो इस कानून की पकड़ से बच निकलते हैं। इस कानून का खंड 5 यह अधिकार देता है कि बेनामी ठहराई गई तमाम परिसंपत्तियों को अवश्य ही अधिगृहीत किया जाना चाहिए। और यह काम बगैर कोई मुआवजा दिए किया जाना चाहिए। कानून स्पष्ट करता है कि इन परिसंपत्तियों को 'निर्धारित तरीके और प्रक्रिया के तहत' अधिग्रहीत किया जाना चाहिए। कानून का खंड 8 इन नियमों और प्रक्रियाओं को बनाने का दायित्व केंद्र सरकार पर डालता है। पिछले 19 वर्षों में आई केंद्र सरकारों ने इस बारे में नियम बनाए ही नहीं!

संविधान समीक्षा आयोग ने इसका जोरदार समर्थन तो किया ही कि इस कानून को अमल में लाया जाना चाहिए, उसने कुछ अतिरिक्त सिफारिशें भी कीं, जिन्हें कार्यान्वित किए जाने की जरूरत है।

आयोग ने उस बात को स्वीकार किया, जिसे उच्चतम न्यायालय ने दिल्ली विकास प्राधिकार बनाम स्कीपर कंस्ट्रक्शकन कंपनी (प्राइवेट) लिमिटेड केस में अधिकार के दुरुपयोग और भ्रष्टाचार के कुख्यात दृष्टांत के संदर्भ में अपील की थी कि सार्वजनिक पदों पर आसीन लोगों द्वारा (जिसमें सरकारी निगमों के कार्यालय/पद भी शामिल हैं) भ्रष्ट एवं गैर-कानूनी कामों तथा सौदेबाजी के जरिए बनाई गई संपत्तियों का अधिग्रहण करने के लिए एक कानून का होना, हमारे समाज के मौजूदा हालात में एकदम नितांत आवश्यक है। आयोग ने अपील की कि ऐसी संपत्ति को सरकारी कब्जे में लेने के लिए उसी तर्ज पर एक कानून पारित किया जाना चाहिए,

जैसा कि उच्चतम न्यायालय ने सुझाया है। ऐसी सिफारिश के आधार पर कहीं और अनुपयोगी प्राधिकरण न बना जाए, आयोग ने सही ही इंगित किया कि ऐसी परिसंपत्ति को तय करने के लिए पहले से ही एक ट्रिब्यूनल (न्यायाधिकरण) है, जिन्हें अन्य नियमों के तहत अधिग्रहीत किया जाना है; खासतौर पर स्मगलर्स ऐंड फॉरेन एक्सचेंज मैनिपुलेटर्स (फॉर फीचर ऑफ प्रॉपर्टी) ऐक्ट, यानी तस्कर एवं विदेशी मुद्रा उल्लंघनकर्ता (संपत्ति को जब्त करना) कानून (सैफमा), 1976। उसी न्यायाधिकरण से कहा जा सकता है कि वह बेनामी लेन-देन (प्रतिबंध) कानून, 1988 एवं भ्रष्टाचार निरोधी कानून, 1988 एवं अवैध रूप से हासिल की गई संपदाओं के कब्जे का अधिकार देनेवाले अन्य कानूनों के तहत संपत्ति जब्त करने के मामलों को तय करे।

आयोग की इससे जुड़ी एक अनुशंसा की प्रासंगिकता हर दूसरे दिन हमारे समक्ष इस तथ्य से जाहिर होती रहती है कि राजनीतिज्ञों और नौकरशाहों के खिलाफ गैर-आनुपातिक संपदा से जुड़े मामले अटके पड़े रहते हैं। आयोग ने यह सिफारिश तो की ही कि भ्रष्टाचार रोकथाम अधिनियम, 1988 में संशोधन किया जाए, ताकि उस नौकरशाह की, सार्वजनिक पदाधिकारी की संपत्ति जब्त की जा सके, जिसके पास आय के ज्ञात स्रोत से ज्यादा संपत्ति मौजूद है; आयोग ने इस मामले में दो और सिफारिशें भी कीं। पहला, कि इस मामले में, सबूत देने का भार उस नौकरशाह या जनसेवक पर डाला जाए, जिस पर आरोप लगाया गया है। आयोग का कहना था कि 'यह मानकर चलना चाहिए कि दोषी नौकरशाह या जनसेवक के पास जो गैर-आनुपातिक संपदा का पता चला है, वह भ्रष्ट या अवैध साधनों से हासिल की गई है।' दूसरा, इसने अपील की कि ऐसे मामलों में प्रमाण या सबूत की संभावना की प्रबलता ही संपत्ति को जब्त करने के लिए पर्याप्त होगी···कानून को यह व्यवस्था करनी चाहिए यह तय करने के लिए कि क्या किसी व्यक्ति को एक जुर्म से फायदा हुआ है और वह राशि तय करने के लिए जिसमें जब्ती का आदेश दिया जाना है, वैसा ही प्रावधान हो, जैसा कि सिविल केसों में होता है, यानी सिर्फ संभावना की प्रबलता। एक उपयोगी समतुल्य उदाहरण ब्रिटेन के ड्रग के अवैध कारोबार कानून के खंड 2 (8) में देखा जा सकता है।

भ्रष्टाचार के मामलों में हमारा हृदयविदारक अनुभव हमें दो अन्य आवश्यकताओं का भी सुझाव देता है। हमें एक ऐसी केंद्रीय जाँच एजेंसी की सख्त जरूरत है, जो देश में कहीं भी और हर जगह जाँच-पड़ताल कर सके। यह कैसी विडंबना है कि

तेलगी जैसे मामले, जिसमें कहा गया है कि तकरीबन 50,000 करोड़ रुपए का लेन-देन हुआ था, में भी कर्नाटक सरकार ने सी.बी.आई. को जाँच करने की इजाजत देने से इनकार कर दिया। कहा जाता है कि इस मामले में वहाँ की कुछ नामचीन हस्तियाँ भी शामिल थीं। लिहाजा कर्नाटक सरकार ने जाँच ही रुकवा दी। इसी कारण से समान रूप से महत्त्वपूर्ण है कि हमें सार्वजनिक अभियोजक का एक स्वतंत्र पद चाहिए, जिसका कार्याधिकार जापान की तर्ज पर हो।

लेकिन यह भी सही है कि संस्थान सिर्फ उसी हद तक स्वतंत्र होते हैं, जितना उस संस्थान का कार्यभार सँभालनेवाले होते हैं। इसलिए, यदि ऐसी एजेंसियाँ स्थापित भी कर दी गईं, तो हर चीज इस पर निर्भर करेगी कि उसका दायित्व उठानेवाले लोग कैसे चुने जाते हैं, कौन चुने जाते हैं; सरकार और विधायक उन्हें किस हद तक स्वतंत्रतापूर्वक काम करने देते हैं और प्रासंगिक विधेयक के तहत प्रभारी को, जो स्वतंत्रता दी गई है, वे खुद उसका किस हद तक इस्तेमाल करते हैं।

## दो न्यायिक फैसलों को पलटे जाने की जरूरत है

एक बात, जो दोनों ही पक्षों की मदद कर सकती है। वे एजेंसियाँ, जिनकी स्थापना की जाती है और वे निर्दोष लोग, जिनके खिलाफ कुछ सरकारें इन एजेंसियों का इस्तेमाल कर मुकदमा चला सकती हैं, वह है एजेंसियों के दुरुपयोग की सूरत में भारी नुकसान की व्यवस्था करना। कानून में यह व्यवस्था हो कि जिस किसी ने एजेंसियों का दुरुपयोग किया है, उसे निजी तौर पर उस नुकसान का एक काफी बड़ा भाग खुद उठाना पड़े। मैं इसका खासतौर पर उल्लेख इसलिए कर रहा हूँ कि उच्चतम न्यायालय ने 'कॉमन कॉज' बनाम यूनियन ऑफ इंडिया[1] केस में अपने ही फैसले को आश्चर्यजनक रूप से पलट दिया। मूल फैसले में कहा गया था कि जनसेवक गलत कामों के लिए व्यक्तिगत रूप से जिम्मेदार होते हैं। तद्नुरूप, इसने दो पूर्व मंत्रियों पर क्रमशः 50 लाख और 60 लाख रुपए का जुर्माना लगाया था।[2]

1. (1999) 6 एस.सी.सी. 667.
2. कॉमन कॉज बनाम यूनियन ऑफ इंडिया, (1996) 6 एस.सी.सी. 530. कॉमन कॉज फैसलों और जे.एम.एम. घूस केस में फैसले पर न्यायमूर्ति बी.पी. जीवन रेड्डी ने संविधान के कामकाज की समीक्षा के लिए बने आयोग के लिए दो महत्त्वपूर्ण परचों में विस्तृत टिप्पणियाँ की हैं। रिपोर्ट ऑफ नेशनल कमीशन टू रिव्यू द वर्किंग ऑफ दी कॉन्स्टिट्यूशन, नई दिल्ली, 2002, अंक 2, 'विधायकों की उन्मुक्ति' और 'प्रशासन में पड़ताल' पर परामर्श पत्र। इसी अंक में पी.एम. बख्शी द्वारा 'नुकसान में राज्य की जिम्मेदारी' विषय पर परामर्श परचे को भी देखें।

बाद में अदालत ने अपने ही फैसले को पलट दिया और कहा कि चूँकि याचिकाकर्ता, कॉमन कॉज को मंत्रियों के अवैध कामों से खुद कोई नुकसान नहीं पहुँचा है, इसलिए वह यह तो माँग कर सकता है कि मंत्रियों ने जिन पेट्रोल पंपों और आवास का आवंटन किया है, उन्हें रद्द किया जाए, लेकिन वह यह नहीं माँग कर सकता कि मंत्रियों पर जुर्माना लगाया जाए! यह फैसला एक ऐसी अदालत से आया जो जनहित याचिकाओं के मामलों में सर्वाधिक दूरगामी आदेश देती रही है। कई याचिकाएँ तो इसी संगठन ने दायर की थीं। यह फैसला ऐसे कोर्ट से आया, जो खुद ही ऐसे मामलों को उठाने में गर्व करता था और सर्वाधिक दूरगामी आदेश पारित करता था। इससे भी आगे, इस नए फैसले में अदालत ने कहा कि चूँकि मंत्रियों के बदले सरकार को भुगतान करना पड़ेगा, इसलिए इस बात के कोई मायने नहीं हैं कि सरकार को कहा जाए कि वह सरकार को भुगतान करे।

अदालत को अपने मूल फैसले पर लौटने की जरूरत है, और कानून को यह स्पष्ट करने की आवश्यकता है कि एक बार यह स्थापित हो जाता है कि सार्वजनिक जीवन वाले व्यक्ति ने अवैध काम किया है और इसके लिए रिश्वत ली है, तो उसे इसके लिए व्यक्तिगत रूप से भुगतान करना पड़ेगा।

एक और न्यायिक फैसला है, जो उत्तरदायित्व के लिए उतना ही नुकसानदेह है और इसीलिए इसे एकदम पलटे जाने की जरूरत है। यह है, जे.एम.एम. घूस केस[1] में उच्चतम न्यायालय का रहस्मय फैसला और इस फैसले में अनुच्छेद 105 (2) के बारे में की गई व्याख्या। यह अनुच्छेद विधायकों की स्वतंत्रता की हिफाजत के लिए है। इसमें व्यवस्था है कि 'संसद् में उसके किसी सदस्य द्वारा कही गई कोई बात या किए गए काम के संदर्भ में उसके खिलाफ किसी अदालत में कोई काररवाई नहीं की जा सकती है…' यह फैसला उन कानूनी पेचों को भी उजागर करता है, जिनकी वजह से भारत में गलत काम करनेवाले फलते-फूलते हैं।

नरसिंह राव की सरकार को अविश्वास मत का सामना करना था। संसद् के कुछ सदस्यों की अपने पक्ष में वोट डलवाने के लिए रकम दी गई। इसका लाभ लेनेवालों में से एक को छोड़कर बाकी ने उसी हिसाब से वोट डाला। उनमें से एक ने रकम तो प्राप्त की थी, लेकिन उसने वोट ही नहीं डाला।

पाँच जजों की एक बेंच ने इस केस को सुना। इस केस में गरमा-गरम बहस

1. पी.वी. नरसिंह राव बनाम राज्य (सी.बी.आई./एस.पी.ई.), (1998) 4 एस.सी.सी. 626.

हुई। सभी पाँचों जजों ने माना कि संसद् के सदस्य जनसेवक हैं। खास तरह से बोलने या वोट डालने के लिए रिश्वत लेने के सवाल पर, दो जजों ने माना कि अनुच्छेद 105 (2) घूस लेने या देने के जुर्म के लिए उन्मुक्ति नहीं प्रदान करता। मगर दो अन्य जजों का कहना था कि यह अनुच्छेद संसद् के सदस्य को अकाट्य उन्मुक्ति प्रदान करता है। यदि एक सांसद खास तरह से बोलने अथवा वोट डालने के लिए रिश्वत लेता है और फिर वैसा ही करता है, तो उसके खिलाफ केस नहीं किया जा सकता; क्योंकि उनका तर्क था कि ऐसी सूरत में रिश्वत और उसने सदन में जो कुछ किया, उसके बीच एक साफ साँठ-गाँठ है। तद्नुरूप, अगर वह रिश्वत लेता है और किए गए करार या सौदे के मुताबिक वोट नहीं डालता है या बोलता नहीं है, तो उसे कोई उन्मुक्ति नहीं होगी, क्योंकि तब रिश्वत की उस बात से कोई साँठ-गाँठ नहीं है, जो कुछ उसने सदन में किया है! ऐसी सूरत में, उस पर मुकदमा चलाया जा सकता है। पाँचवें न्यायाधीश ने बाद वाले दो जजों की इस दलील से सहमति जताई।

एक अन्य तकनीकी पहलू था, और यह भी उनके पक्ष में गया, जिन्होंने रिश्वत ली थी। मुकदमा चलाने की इजाजत कौन देगा? यह सवाल बचाव पक्ष ने खड़ा किया। अभी तक किसी प्राधिकार को निर्धारित नहीं किया गया है। दो जजों को इसमें कोई दिक्कत नजर नहीं आई। उनका कहना था कि उच्च सदन के सदस्यों के मामले में राज्यसभा का अध्यक्ष और लोकसभा के सदस्यों के मामले में लोकसभा अध्यक्ष, यानी स्पीकर मुकदमा चलाने की अनुमति दे सकता है। दूसरी ओर, दो जजों ने निष्कर्ष निकाला कि चूँकि किसी प्राधिकार को तय नहीं किया गया है, इसलिए कोई मुकदमा नहीं चलाया जा सकता है। एक जज ने कोई विचार नहीं व्यक्त किया।

एक तीसरी जिज्ञासा थी। ब्रेवस्टर केस में अमरीका के उच्चतम न्यायालय का मशहूर फैसला है। उस केस में, नौ जजों में से छह ने कहा कि विधायिका में कुछ करने के लिए रिश्वत लेना एक जुर्म है। तीन अन्य जजों ने घोषणा की कि वे इसे जुर्म नहीं ठहरा सकते, क्योंकि वैसा करने के लिए उन्हें उस मकसद या कारण का पता करना पड़ेगा, जिसकी वजह से एक विधायक ने वैसा किया और अमरीकी संविधान उन्हें ऐसा करने से रोकता है। जे.एम.एम. रिश्वत केस में, दो जजों ने ब्रेवस्टर केस में बहुमत के फैसले पर भरोसा किया, ''विधायी प्रक्रिया की ईमानदारी

व निष्ठा संरक्षित रखने के लिए जो आवश्यक है, उसके बाहर यह कवच नहीं प्रदान करता।'' उन्होंने इस पर भी गौर किया कि अमरीकी न्यायाधीशों ने सही ही माना था कि अमररीकी कांग्रेस इतनी सक्षम नहीं है कि वह जाँच करे, मुकदमा करे और दंडित करे। और उन्होंने एक उपाय भी निकाला। विधायकों की स्वतंत्रता और संसदीय प्रक्रियाओं की ईमानदारी दोनों की एक साथ रक्षा करने के लिए, उन्होंने जोर देकर कहा कि अनुच्छेद 105 (2) में इस अभिव्यक्ति 'संसद् में उनके द्वारा कही गई कोई बात या डाले गए वोट' को 'संसद् में उनके द्वारा कही गई कोई बात अथवा डाले गए वोट से उठनेवाली जिम्मेदारी' के रूप में लिया जाना चाहिए। इस तरह सदस्य को एक भाषण के मामले में मानहानि की कारखाई से सुरक्षा मिल जाएगी, लेकिन जब वह रिश्वत लेता है, तो उन पर जो जिम्मेदारी आएगी, उसका इस बात से कोई लेना-देना नहीं होगा कि उन्होंने क्या भाषण दिया अथवा वोट डाला, यह जिम्मेदारी उन पर स्वतंत्र रूप से आएगी।[1]

दूसरी ओर, दो अन्य न्यायाधीशों ने 'ब्रेवस्टर केस' में अल्पसंख्यक मत की बात उठाई। उन्होंने कहा कि इस आरोप में जाने के लिए कि उसने (सांसद ने) खास तरह से बोलने या मतदान करने के लिए रिश्वत ली है, अदालत को विधायक या सांसद की मंशा की पड़ताल करनी होगी, और ऐसा करने के लिए यह अदालत अधिकृत नहीं है। उन्होंने माना कि उठाया गया आचरण निंदनीय है, यह अपराध करनेवालों को दंड अवश्य मिलना चाहिए, लेकिन ऐसा सिर्फ सदन द्वारा किया जा सकता है।

संविधान समीक्षा आयोग, खासतौर पर, न्यायमूर्ति बी.पी. जीवन रेड्डी ने अपने परामर्श परचे में फैसले का विश्लेषण किया और निष्कर्ष निकाला, ''स्वतंत्रता के एक चार्टर को भ्रष्टाचार के एक चार्टर में तब्दील नहीं किया जा सकता।'' आयोग ने अनुशंसा की कि इसलिए अनुच्छेद को यह स्पष्ट करने के लिए संशोधित किया जाना चाहिए कि जिस उन्मुक्ति का विचार किया गया है, उसके तहत अवैध कार्य नहीं आते, यानी सदन में खास तरह से बोलने अथवा वोट डालने के लिए रिश्वत लेने के मामले में उन्मुक्ति नहीं मिल सकती। इसने आगे बढ़कर सुझाव दिया कि सदन की एक विशेष समिति बनाई जानी चाहिए, जो मुकदमा चलाने के लिए अनुमति प्रदान करे या इससे इनकार कर दे। आयोग ने ऐसी समिति की बनावट और अवधि की रूपरेखा भी सामने

1. पी.वी. नरसिंह राव बनाम राज्य (सी.बी.आई./एस.पी.ई.), (1998) 4 एस.सी.सी. 674 में पैरा 47.

रखी। हमारी विधायिकाओं की जो हालत है, उसमें मुझे इस दावे के सामने यह अनावश्यक रूप से घुटने टेकनेवाली बात लगती है कि 'सदन अपनी काररवाईयों का मालिक है।' सदन की एक समिति अत्यधिक ध्यान रखनेवाले सहयोगी सदस्यों की एक समिति होगी। और राजनीतिक वर्ग क्रमिक रूप से जिस तरह समरस हुआ है, यह अपने स्तर में उतनी कड़ी या सख्त नहीं होगी, जितनी कि परिस्थितियों की जरूरत है। समिति के सदस्यों को अपने राजनीतिक आकाओं के निर्देश के आधार पर काम करने की संभावना है, जैसा कि उन्होंने न्यायमूर्ति वी. रामास्वामी के महाभियोग की काररवाइयों में किया। बेहतर तरीका यह होगा कि खुद अनुच्छेद का खुलासा कर दिया जाए और भ्रष्टाचार रोकथाम अधिनियम में ही ये प्रावधान जोड़ दिए जाएँ, ताकि विधायकों का घूस लेना-देना इसके तहत उतना ही जुर्म बन जाए, जितना कि नौकरशाहों या मंत्रियों या न्यायाधीशों को रिश्वत देना है और दोष के बारे में अंतिम फैसला न्यायालय पर छोड़ दिया जाए।

ऐसी अनिवार्यताओं की सूची लंबी की जा सकती है। आधारभूत बातें दो हैं—

- कार्यपालिका के सदस्यों को अवश्य ही उत्तरदायी होना चाहिए। इस बारे में किसी असहमति की गुंजाइश नहीं है। लेकिन यह मानना कि मौजूदा प्रणाली उन्हें उत्तरदायी बनाती है, जिसमें कार्यपालिका संसद् और राज्य विधायिकाओं के प्रति उत्तरदायी होती है, पूरी तरह एक मिथक है। इसलिए उत्तरदायित्व को अन्य उपायों द्वारा सुनिश्चित किया जाना चाहिए।
- कोई कानून, कोई संस्थान, कोई लोकायुक्त और इसी तर्ज पर कोई लोकपाल उत्तरदायित्व को तब तक सुनिश्चित नहीं करेगा, जब तक कि ऐसे संस्थानों में स्वतंत्र शख्सियतों की नियुक्ति नहीं की जाती, और जब तक कि जो लोग नियुक्त किए गए हैं, वे कानून द्वारा प्रदत्त स्वतंत्रता का इस्तेमाल करने का फैसला नहीं करते।

इन अनिवार्यताओं की सच्चाई को कोई भी घटना उतना उजागर नहीं करती, जितना कि हमारा हाल का इतिहास। और अब हम इसी पर विचार करेंगे।

□

# सार्वभौमिकता के सौदागर

# 7

# 'सतर्क एवं त्वरित काम करनेवाला' सार्वभौम

श्रीमती इंदिरा गांधी वर्ष 1971 में भारी बहुमत से लोकसभा के लिए चुनी गई थीं। राजनारायण, जो हार गए थे, ने एक याचिका के जरिए आरोप लगाया कि उन्होंने अपनी जीत सुनिश्चित करने के लिए भ्रष्ट उपायों का सहारा लिया। यह केस सन् 1971 से ही चल रहा था। 12 जून, 1975 को इलाहाबाद उच्च न्यायालय के न्यायमूर्ति जगमोहन लाल सिन्हा ने श्रीमती गांधी को दो बातों को लेकर भ्रष्ट चुनाव तरीके अपनाने का दोषी करार दिया, उन्होंने राज्य सरकार के अधिकारियों की सेवाओं का इस्तेमाल किया था और जो व्यक्ति उनका चुनाव एजेंट रहा था, भरोसेमंद यशपाल कपूर, वह उस वक्त एक सेवारत सरकारी अधिकारी था।

उच्चतम न्यायालय में एक अपील दाखिल की गई। न्यायमूर्ति वी.आर. कृष्ण अय्यर अवकाशकालीन न्यायाधीश थे। 24 जून, 1975 को, उन्होंने एक सशर्त स्थगन आदेश दिया। श्रीमती गांधी प्रधानमंत्री और संसद्-सदस्य के रूप में बनी रह सकती थीं। वे सदन की काररवाइयों में भाग ले सकती थीं, लेकिन उन्हें वोट देने की इजाजत नहीं होगी। न्यायमूर्ति एक गलती को लेकर फिक्रमंद थे। उन्होंने माना कि उच्च न्यायालय का फैसला हो सकता है कि अंततः पलट दिया जाए, लेकिन जब तक ऐसा नहीं होता है, यह कायम है। 'आखिरकार, उच्च न्यायालय ने जो नतीजा निकाला है, उसे जब तक निरस्त नहीं कर दिया जाता, तब तक वह बरकरार है, भले ही अंततः वह जितना कमजोर साबित हो।' कानून क्रूर हो सकता है, जिन आधारों पर उन्हें दोषी ठहराया गया है, वे 'गौण हो सकते हैं', लेकिन जब तक कानून मौजूद है, जैसा कि इस मामले में है, और जब तक उच्च न्यायालय के फैसले

को पलट नहीं दिया जाता, वे उनके, और पुराने आदेशों के मलवे से बँधे हुए हैं। उन्होंने कहा, ''इस समय सम्मानित न्यायिक परिवेश में बैठकर मैं अपने सामने लाए गए मुद्दों को इस अदालत की परंपरा द्वारा पवित्र किए गए सिद्धांतों के आधार पर आँकने के लिए बँधा हुआ हूँ।'' उन्होंने खुलासा किया कि उनके आदेश का ज्यादा मतलब नहीं है, सदन का सत्र नहीं चल रहा है, इसलिए यह प्रतिबंध कि वे वोट नहीं डाल सकतीं, के खास मायने नहीं हैं; 'वोट देने के हक पर वीटो लगाना इस समय महज अकादमिक है।' उन्होंने जोर देकर कहा कि उनका आदेश 'संसद्-सदस्य के रूप में याचिकाकर्ता की स्थिति को पर्याप्त रूप से संरक्षित रखता है और प्रधानमंत्री के रूप में उनकी कानूनी स्थिति को प्रतिकूल ढंग से प्रभावित नहीं करता है।' वे इस बात को लेकर ज्यादा ही फिक्रमंद थे कि इस केस के व्यापक आयाम हैं, ''न्यायागार में काररवाइयाँ, कुछ हद तक, अवश्य ही इस महान् यथार्थ से सूचित होनी चाहिए कि मानव इतिहास का प्रवाह उन सामाजिक ताकतों से निर्देशित होता है, जो शोरयुक्त अवधि की पहुँच या कानूनी बारीकी की विशिष्टता के दायरे से बाहर होती हैं। जीवन, कानून से बड़ा है।'' और जजों को इस वृहत्तर ब्रह्मांड के प्रति संवेदनशील होना चाहिए, समर्पित होना चाहिए, 'आखिरकार, न्यायिक शक्ति गतिशील, अग्रिम सोचवाली व सामाजिक रूप से चमकदार व जागरूक होती है।' उन्होंने उन पूर्व दृष्टांतों को हलका बनाया, जिन्हें पुराने रिकॉर्डों के मलबों में से कुछ आदेशों के रूप में उद्‌धृत किया गया था और घोषणा की कि अदालत की शक्ति को अवश्य ही मौके पर ऊपर उठना चाहिए, यदि लक्ष्य न्याय को वृहत्तर आशय या परिप्रेक्ष्य में रखने का है और ऐसा है भी।' उन्होंने महत्त्वपूर्ण, व्यावहारिक सलाह भी दी' ''निष्ठुर कानून अदालत में कानून की हैसियत नहीं खो देते, लेकिन एक सजग एवं शीघ्र कार्य करनेवाली विधायिका को अवश्य ही सतर्क हो जाना चाहिए।''[1]

वह 24 जून, 1975 था।

श्रीमती गांधी की अपील पर सुनवाई की तारीख 11 अगस्त, 1975 रखी गई।

'सतर्क' सरकार ने संसद् का आपात-सत्र बुलाया। मंत्रियों ने घोषणा की कि यह सत्र अत्यंत आवश्यक सरकारी कामकाज के लिए है। बहु-प्रदर्शित प्रक्रियात्मक नियमों को निलंबित कर दिया गया। प्रश्नकाल, जिसे न निलंबित करने के बारे में

1. इंदिरा नेहरू गांधी बनाम राजनारायण, (1975) 2 एस.एस.सी. 159.

सदस्य सबसे ज्यादा जोर देते हैं, को भी निलंबित कर दिया गया···।

4 अगस्त, 1975 को लोकसभा के सदस्यों को अचानक 'चुनाव कानून (संशोधन) विधेयक' प्राप्त हुआ। इसके साथ जो विज्ञप्ति लगी थी, उसमें कहा गया था, कि संसद् के मौजूदा सत्र की छोटी अवधि और मौजूदा सत्र में ही विधेयक को पारित करने की जरूरत के मद्देनजर, नोटिस आदि देने के बारे में लोकसभा अध्यक्ष के निर्देशों के तहत 19बी निर्देश की आवश्यकता का अनुपालन संभव नहीं है।

लेकिन मोहन धारिया ने इंगित किया कि इसका कोई कारण नहीं बताया गया है कि ऐसे विधायन के बारे में नोटिस देने की अनिवार्यता को क्यों परे कर दिया गया? 'क्या इस कारण कि उच्चतम न्यायालय प्रधानमंत्री की अपील पर 11 अगस्त को विचार करने जा रहा है, इस विधेयक को लाया जा रहा है?··· यह अशोभनीय हड़बड़ी क्यों?' संसदीय कार्य मंत्री ने याद दिलाया कि उन्होंने पहले ही बताया था कि यह सत्र सरकारी कामकाज को निपटाने के वास्ते है, और सत्र छोटा रहनेवाला है, क्योंकि मंत्री आर्थिक कार्यक्रम को लागू करने में व्यस्त हैं।'

लेकिन सरकारी कारोबार तो सरकारी कारोबार है। सार्वभौम सदन के पीठासीन अधिकारी, स्पीकर ने विधेयक को पेश करने की इजाजत दी···

कानून एवं न्याय मंत्री एच.आर. गोखले ने शुरुआत की, कि महोदय, विधेयक सरल है, क्योंकि आनेवाले दिनों में वे इसे बार-बार कहनेवाले थे। इसका काम बस मौजूदा कानून को संशोधित करना है और यह स्पष्ट करना है कि चुनाव के वास्ते एक प्रत्याशी को उसी तारीख से उत्तरदायी माना जाएगा, जिस तारीख को चुनाव आयोग चुनाव को अधिसूचित करता है, उसके पूर्व की किसी तारीख से नहीं। शब्दों की कारीगरी इस तरह की गई थी कि श्रीमती गांधी उस तारीख को प्रत्याशी थीं ही नहीं, जिस तारीख को न्यायमूर्ति सिन्हा ने उन्हें प्रत्याशी माना है।

दूसरा, विधेयक यह व्यवस्था करता है कि जब एक सरकारी कर्मचारी अपने सरकारी दायित्व का निर्वाह करते हुए या कथित निर्वाह करते हुए, किसी प्रत्याशी या उसके एजेंट या उम्मीदवार की सहमति से काम कर रहे कोई अन्य व्यक्ति या उनके चुनाव एजेंट (चाहे प्रत्याशी द्वारा धारण किए गए पद के कारण या किसी अन्य कारण) के लिए कोई इंतजाम करता है या कोई सुविधाएँ प्रदान करता है या कोई अन्य काम अथवा चीज करता है, तो ऐसे इंतजामों, सुविधाओं या काम या चीज को यह नहीं माना जाएगा कि यह सब उस प्रत्याशी की चुनाव संभावनाओं को

आगे बढ़ाने या मजबूत करने के लिए किया गया है। इसमें शब्दों की बाजीगरी इस तरह से की गई है कि न्यायमूर्ति सिन्हा के फैसले का एक आधार निरस्त हो जाए।

तीसरा, जिस तारीख को एक सरकारी कर्मचारी की नियुक्ति अथवा उसके इस्तीफे को सरकारी गजट में अधिसूचित किया जाता है, उसी तारीख को 'निष्कर्षात्मक प्रमाण' माना जाएगा कि उसे नियुक्त किया गया या उसने इस्तीफा दिया। इस व्यवस्था ने उच्च न्यायालय के फैसले के दूसरे आधार को निपटा दिया···।

लेकिन इलाहाबाद उच्च न्यायालय ने पहले ही श्रीमती गांधी को दोषी करार दे दिया था। कोई समस्या नहीं, संसद् सार्वभौम है। इसे ऐसा विधेयन करने को कहा गया कि ये 'वर्गीकरण' इस कानून के लागू होने के पहले हुए किसी भी चुनाव के संबंध में पूर्व प्रभाव से लागू होंगे,

(i) इस कानून के लागू होने के बाद प्रस्तुत की गई किसी चुनाव याचिका के संदर्भ में; या

(ii) इस कानून के लागू होने के ठीक पूर्व किसी उच्च न्यायालय में लंबित किसी चुनाव याचिका के मामले में; या

(iii) इस कानून के लागू होने के पूर्व किसी उच्च न्यायालय द्वारा किसी चुनाव याचिका पर फैसला दिया गया हो, लेकिन उसके खिलाफ सुप्रीम कोर्ट में अपील न की गई हो, उस संदर्भ में···

(iv) इस कानून के लागू होने के ठीक पूर्व किसी उच्च न्यायालय ने मूल कानून के खंड 98 या खंड 99 के तहत दायर किसी चुनाव याचिका पर कोई फैसला दिया हो और उसके खिलाफ उच्चतम न्यायालय में अपील की गई हो, उस संदर्भ में।

पर्याप्त रूप से स्पष्ट है! और तीन दिनों के अंदर, एक अन्य उपाय के जरिए, इन बदलावों 'वर्गीकरणों' जैसा कि कानून मंत्री ने जोर देकर कहा, को अदालतों की पहुँच से ही एकदम बाहर कर दिया गया। उन्हें बेलचे से उठाकर स्विस तिजोरी, यानी नौवीं अनुसूची में डाल दिया गया।

गोखले ने दुहराया, ''महाशय, विधेयक के प्रावधान सरल हैं, खुद स्पष्टकारी हैं और दीर्घकाल से लंबित हैं···'' और एक अन्य बदलाव किया जाना है। मौजूदा कानून के तहत, जिस पल एक सदस्य को भ्रष्ट तरीकों का दोषी पाया जाता है, वह उसी पल से स्वयमेव अयोग्य हो जाता है, न्यायमूर्ति कृष्णा अय्यर की बेबसीपूर्ण

अभिव्यक्ति को याद करें। इसलिए, अब से, एक व्यक्ति के दोषी करार दिए जाने के बाद भी, मामला राष्ट्रपति के पास जाएगा। वे तय करेंगे कि क्या उल्लंघन इतना गंभीर है कि सदस्य को अयोग्य ही करार दे दिया जाए! इस तरफ या उस तरफ निर्णय करने में, वे चुनाव आयोग की सलाह लेंगे, वैसे मंत्री को वह कहना नहीं था, क्योंकि संशोधन तो पूर्व प्रभाव से लागू होगा, यहाँ तक कि उन केसों में भी जिनका फैसला हो चुका था, लेकिन जिनमें अपीलें लंबित थीं, यह श्रीमती गांधी के केस में लागू होगा! तथ्य यह था कि विधेयक को तैयार करने के समय के बाद से कुछ और सख्तियों की जरूरत महसूस की गई होगी, क्योंकि जो मसौदा वितरित किया गया था, उसमें संशोधन किए गए थे।

जैसे ही कानून मंत्री बैठे, मोहन धारिया ने शुरुआत की, ''महोदय, यह सबसे दुर्भाग्यपूर्ण है कि हम देश में जब कानून के शासन की बात करते हैं, तो कानून का पूरा शासन कुछ व्यक्तियों के अनुकूल होने तक सीमित कर दिया जाना चाहिए…'' उन्होंने जारी रखा, ''इलाहाबाद उच्च न्यायालय के फैसले के गुण-दोष में गए बगैर, मुझे अपने दिमाग में कोई शक नहीं है कि कानून मंत्री द्वारा सदन के संशोधित रूप में लाया गया विधेयक उन मुद्दों को घेरने के लिए है, जिनमें उच्च न्यायालय ने याचिकाकर्ता के पक्ष में और प्रधानमंत्री के खिलाफ फैसला दिया है। इसी प्रकार, इस मामले को गुण-दोष के आधार पर निर्णय करने की उच्चतम न्यायालय की शक्तियों को भी छीनने के लिए हर संभव ध्यान रखा जा रहा है।'' उन्होंने घोषणा की, हालाँकि सरकार कह रही है कि एक 20+1 सूत्री कार्यक्रम है, एक अतिरिक्त सूत्र प्रधानमंत्री को इलाहाबाद उच्च न्यायालय के फैसले से बचाना है।

यह काफी ज्यादा था। आपातकाल चल रहा था। हजारों लोगों को पहले ही जेलों में ठूँस दिया गया था। निष्ठा प्रदर्शित की जानी थी। लोकसभा अध्यक्ष ने उन्हें टोका और हमें उस बात पर गौर करना है, जो आधार उन्होंने बताए। उसी शख्स ने, जो इसे गुलामी के स्तर तक गिराने में हर सहायता कर रहा था, घोषणा की कि संसद् को मंशा मत दें, संसद् एक सार्वभौम निकाय है।

धारिया ने प्रतिवाद किया, ''संसद् की सार्वभौमिकता का मैं उतना ही बड़ा रक्षक हूँ, जितना कि कोई और, यह तो कार्यपालिका है, जिसने संसद् पर और देश में संसदीय संस्थानों पर सबसे कठोर प्रहार किया है।''

उन्हें बार-बार टोका गया। मगर वे सर्वदा-सार्वभौम सदन को यह कहने में

सफल रहे, ''मैं आपसे याचना करूँगा कि इस सदन को एक ऐसे स्थान में न तब्दील होने दें, जो देश में लागू कर दी गई तानाशाही पद्धति के अनुकूल हो।''

हस्तक्षेप और शोरगुल बढ़ गया। धारिया ने कहा, ''मैं यहाँ दबने के लिए नहीं हूँ। आप और चीख सकते हैं।'' और भी हो-हल्ला। ''आप मुझे इस तरह दबा नहीं सकते हैं। इसलिए, मेरा सदन से कहना है कि यह विधेयक और कुछ नहीं, आनेवाली तानाशाही के आगे समर्पण है, इसीलिए मैं इस विधेयक का पुरजोर विरोध करता हूँ।''

लोकसभा अध्यक्ष ने कम्युनिस्ट नेता इंद्रजीत गुप्ता को बोलने के लिए कहा। उन्होंने शुरुआत की, ''स्पीकर महोदय, कोई खास व्यक्ति किसी खास पल में इन संशोधनों से कोई लाभ या फायदा उठाएगा या नहीं, इससे वह किसी भी तरह, संशोधनों की वास्तविक अच्छाई को प्रभावित नहीं करता है।'' उन्होंने निस्संदेह तर्कशास्त्रीय ढंग से मुख्य अंतर्विरोध पर जोर दिया। और शीघ्र ही वे धारिया की खिंचाई करने पर उतर आए। उन्होंने कहा कि धारिया उनके दल से निकले दल-बदलू हैं। इस चिल्लाहट को तुरंत लपक लिया गया। एक अन्य प्रगतिशील नेता धारिया के बारे में चिल्लाए, ''वे जन्म से दलबदलू हैं।''

इंद्रजीत गुप्ता ने सर्वहितकारी अंदाज में कहा, ''ये संशोधन सिर्फ प्रधानगंत्री की मदद से नहीं करने जा रहे हैं। इसलिए उनके साथ कुछ गलत नहीं है। वे हर किसी के लिए उपलब्ध होंगे।''
और फिर इसके विपरीत तर्क, ''देश में हर कोई जानता है कि इसे अभी क्यों लाया जा रहा है। उसके साथ क्या गलत है?'' वह तुरंत ही बहस को एक उच्चतर स्तर पर ले गए, जैसा कि वे कहते हैं, सिद्धांत और विचारधारा के स्तर पर!

उच्च न्यायालय के फैसले ने चंद मुद्दे खड़े किए हैं। उनका समाधान, विधेयक में किया जा रहा है। और वह बिलकुल ठीक है। ऐसे लोग हैं, जो कहते हैं कि कार्यपालिका, विधायिका और न्यायापालिका समान महत्त्व या हैसियत के तीन खँभे हैं। हम इसे स्वीकार नहीं करते हैं। गुप्ता ने कहा, ''संसद् जनता की सार्वभौम इच्छा का प्रतिनिधित्व करती है। हमने अतीत में अनेक बार देखा है कि जो मामले इस संसद् द्वारा तय कर दिए गए, जिन मसलों पर इस संसद् ने कानून बना दिया, वे कहीं किसी अदालत में बैठे जज द्वारा पूरी तरह खारिज कर दिए गए। और चूँकि वह न्यायपालिका है, इसलिए उसे संसद्, जो लोगों की सार्वभौम इच्छा का प्रतिनिधित्व

करती है, की तुलना में उच्चतर सोपान पर नहीं रखा जाना चाहिए।''

न्यायिक फैसले प्रायः ही अंतर्विरोधी होते हैं। खैर, जिन मामलों को इन संशोधनों में उठाया गया है, 'वे कोई मूलभूत मुद्दों जैसे नहीं हैं।' और आधारभूत कारण हैं—'यह (विधेयक) इसके बाद हर किसी पर लागू होगा। यह आज श्रीमती इंदिरा गांधी पर लागू होता है अथवा नहीं, मुझे इससे कुछ लेना-देना नहीं है। यह इसके बाद प्रत्येक व्यक्ति पर लागू होगा।' तर्कशास्त्रियों का एक अच्छी तरह अभ्यास किया गया बचाव!

मोहन धारिया ने पूछा, ''फिर, इसे पूर्व-प्रभाव से लागू क्यों करते हैं?''

गुप्ता ने कहा, ''यह उन तमाम केसों पर लागू होता है, जो लंबित पड़े हैं। सिर्फ श्रीमती इंदिरा गांधी का केस नहीं है। और भी केस लंबित हो सकते हैं।''

धारिया, ''कितने केस हैं?''

इंद्रजीत गुप्ता, ''मुझे नहीं मालूम।''

धारिया, ''उन्हें बताने दें कि कितने केस हैं?''

'उनकी' ओर से, एकदम सन्नाटा!

इंद्रजीत गुप्ता ने प्रावधानों का एक-एक कर महिमामंडल करना शुरू कर दिया। और जल्द ही वे वैचारिक धरातल, या कहें बुर्जुआ धारणा पर उतर आए। उन्होंने कहा, ''उच्चतम न्यायालय की शक्तियों को वापस लेने के बारे में ठीक है, मैं कई चीजों में उच्चतम न्यायालय की शक्तियों को वापस लिये जाने के पक्ष में हूँ, तथा मैं सोचता हूँ कि और भी चीजें आएँगी। मैं उच्चतम न्यायालय को एक पीठिका पर रखने को तैयार नहीं हूँ। संसद् सर्वोच्च है, अन्यथा लोकतंत्र को अलविदा कह दें।''

लेकिन स्वतंत्रता का दिखावा भी बरकरार रखना है। इसलिए उन्होंने कहा कि वे दुःखी हैं कि चुनाव कानूनों पर संयुक्त समिति ने जो अनेक अनुशंसाएँ की हैं, उन सभी को एक साथ नहीं लाया गया है…

सिर्फ एक और वक्ता, एक और प्रगतिशील ने अपने विचार रखे।

एक राष्ट्रीय बहस के लिए इतना पर्याप्त था। गोखले की किलेबंदी इंद्रजीत गुप्ता द्वारा कर दी गई थी। उन्होंने शुरुआत की, ''धारिया ने जो कुछ कहा है, वह 'पूरी तरह अप्रासंगिक और मुद्दे से हटकर' है।''

उन्होंने शीघ्रता से संशोधनों को सार्वभौमिकता के साथ जोड़ दिया! उनका

तर्क था कि अदालत के फैसले को पलटने के लिए कानून बनाना संसद् की सार्वभौमिकता को स्थापित करना होगा! उन्होंने कहा, ''इस संसद् की सर्वोच्चता और सार्वभौमिकता को न्यायिक फैसले के द्वारा जब भी कठघरे में खड़ा किया गया, तब उसने अपनी सर्वोच्चता का भरोसा दिलाया। सदन को यह याद दिलाने की आवश्यकता नहीं है कि इस संसद् ने कितने मौकों पर अपनी सार्वभौमिकता और सर्वोच्चता को स्थापित करने के लिए काररवाई की। यह सर्वोच्चता संसद् के पास हमेशा रही है और मैं जोर देकर कहता हूँ कि यह भविष्य में भी बनी रहेगी।''

और फिर वे सांघातिक शब्द, जो पूर्वाभास देते थे कि सरकार पहले से ही क्या योजना बना रही थी, ''मैं इससे सहमत हूँ कि हमें पूरी समीक्षा करनी पड़ सकती है, हो सकता है कि खुद संविधान की समीक्षा करनी पड़े, ताकि भविष्य में ऐसी स्थिति न पैदा हो कि संसद् के अंतिम शब्द को ही चुनौती दे दी जाए।'' और हम शीघ्र ही देखेंगे कि लोगों की, तथा इसीलिए संसद् की, सार्वभौमिकता स्थापित करने का यह तर्क कहाँ ले गया।

विधेयक पारित हो गया। वोटों का रिकॉर्ड रखने की जरूरत नहीं पड़ी। एक न्यायिक फैसले को पलटने के लिए सार्वभौम सांसदों ने अपनी सार्वभौमिकता की पुष्टि के लिए जोरदार आवाज लगाई।

यह 7 अगस्त, 1975 था। लेकिन यह आपातकाल था। रेलगाड़ियाँ तेजी से दौड़ रही थीं और समय पर पहुँच रही थीं। तो भला संसद् कैसे धीमी हो सकती थी? इसलिए अगले ही दिन यानी 6 अगस्त को, विधेयक को राज्यसभा में पेश कर दिया गया।

यहाँ कोई धारिया नहीं था। गोखले ने फिर कहा, ''विधेयक सरल है। विधेयक के प्रावधान खुद स्पष्टकारी हैं और लंबे समय से लंबित हैं।'' गोखले के अलावा, सिर्फ दो सदस्यों ने अपनी बात कही। दोनों ने तहेदिल से प्रावधानों की सराहना की। सरकारी रिकॉर्ड में उनके भाषणों के 23 स्तंभ दर्ज हैं, जिनमें से 21 स्तंभ निवासी तर्कशास्त्री, कम्युनिस्ट नेता भूपेश गुप्ता के भाषण के हैं। वे लोकसभा में अपने सहयोगी इंद्रजीत गुप्ता की तुलना में बुर्जुआजी निषेधों से और भी ज्यादा आजाद साबित हुए।

भूपेश गुप्ता ने कहा कि यह मामला एक राजनीतिक संदर्भ में आया है, अन्यथा इन संशोधनों ने 'इतना ध्यान नहीं खींचा होता या विवाद नहीं पैदा किया

होता। जिस पृष्ठभूमि में इस विधेयक को लाया गया है, मैं उसके प्रति एकदम सजग हूँ। लेकिन मैं क्षमायाची हूँ।'' इस बात ने गोखले को और भी ज्यादा हौसला दिया। भूपेश गुप्ता ने आगे कहा, ''दूसरे सदन में, एक माननीय सदस्य, श्री मोहन धारिया ने कहा कि यह एक खास केस है और प्रधानमंत्री के केस को ढँकने का प्रयास है। महोदय, मैं उन लोगों में से नहीं हूँ, जो इस बारे में क्षमाप्रार्थी हैं या मुझे कोई खेद है। ठीक है, एक देश के जीवन में या संसद् और देश की राजनीति के जीवन में ऐसा वक्त आता है, जब अनुभव एक नई दृष्टि प्रदान करता है तथा हमें उन चुनौतियों की रोशनी में फैसले लेने पड़ते हैं, जिनका हम अभी सामना करते हैं।''

उन्होंने आगे कहा, ''महाशय, बहुत सी चीजें जो पहले की जानी चाहिए थीं, एक नाजुक घड़ी में की जाती है, क्योंकि जीवन के विकास क्रम में उत्पन्न परिस्थितियों के आगे हम वैसा करने के लिए बाध्य होते हैं।'' उन्होंने सवाल किया, ''इसलिए इसमें गलत क्या है?''

''क्या यह एक मजाक है कि एक मुल्क के प्रधानमंत्री को पदच्युत करने और चुनाव लड़ने से प्रतिबंधित करने को कहा गया, क्योंकि देश की उच्च अदालतों में से एक में एक जज ने कुछ कहा और महज इस कारण कि उन्होंने उन्हें एक ऐसे कानून के तहत भ्रष्ट तरीकों का दोषी ठहराया, जो 22 साल पहले पारित किया गया था? क्या हम इस स्थिति को कबूल करनेवाले हैं?''

असली सवाल है कि कौन सार्वभौम है? ''क्या हम इस स्थिति को स्वीकार करने को तैयार हैं कि एक जज तय करेगा कि प्रधानमंत्री को कब जाना चाहिए या प्रधानमंत्री को बने रहना चाहिए अथवा नहीं, महज इस कारण कि उनके चुनाव केस पर उन्होंने न्यायिक फैसला दिया है और उन्होंने कानून का कुछ तकनीकी, कानूनी और संकीर्ण उल्लंघन पाया है? क्या हम एक न्यायाधीश के हाथों में ऐसी शक्तियाँ देने को तैयार हैं? यह अकेले प्रधानमंत्री का सवाल नहीं है। यह संसद्, विधायी संस्थाओं की सार्वभौमिकता की जड़ तक जाता है...''

उन्होंने दोहराया, ''महोदय, इसमें गलत क्या है, यदि कोई कहता है कि हमारा दिमाग तभी चलता है, जब कोई मुद्दा प्रधानमंत्री के केस के इर्द-गिर्द खड़ा हो जाता है? प्रधानमंत्री की संस्था ऐसी है, जो महत्त्वपूर्ण और 'धुरीय' है।''

उन्होंने सवाल किया, ''क्या आपने नहीं देखा है कि गोलकनाथ केस में, उच्चतम न्यायालय के जजों ने अपने ही फैसलों को पलट दिया और कानून एवं

संविधान तथा सबसे ऊपर देश के सामाजिक-आर्थिक जीवन में एक संकट पैदा कर दिया; प्रतिक्रियावादी ताकतों को पूरी आजादी दे दी और सुब्बा राव व अन्य को स्वतंत्रता तथा लोकतंत्र का चैंपियन बना दिया, जबकि मसानी और वैसे लोग उनके पक्ष में खड़े थे?'' इस बात पर गौर करें कि वे उच्चतम न्यायालय में अब तक आसीन सबसे उल्लेखनीय जजों में से एक के प्रति कैसा रवैया दिखा रहे हैं। इस पर गौर करें कि गुप्ता और उनके कॉमरेड 'प्रतिबद्ध न्यायपालिका' के प्रमुख प्रवर्तकों में से थे। संगति के दोष पर गौर करें।

उन्होंने घोषणा की, ''न्यायाधीश देवदूत नहीं हैं। उन पर समाज के खिंचावों और दबावों का असर पड़ता है। वे समाज में रहते हैं। वे समाज के असर से पूरी तरह मुक्त नहीं होते हैं।'' और फिर अव्यक्त अफवाह, जिससे आप कुछ भी निष्कर्ष निकाल सकते हैं, ''मैं उनके परिवारों और परिवेशों के बारे में बुरी बातों का प्रयोग नहीं कर रहा हूँ।'' इस तर्ज पर दो-तीन बार खुद को दोहराने के बाद, वे सामान्य से खासतौर पर उतर आए, ''इसलिए महोदय, मैं यह आसान नजरिया नहीं अपना सकता कि इलाहाबाद फैसला ऐसा है, जो शक और निंदा के परे है तथा जिस पर संदेह न किया जा सके एवं सवाल खड़े न किए जा सकें। वैसे, उच्चतम न्यायालय में इसके कानूनी पक्ष पर गौर किया जाएगा।'' दरअसल उन्हें अनुमान था, उन्होंने कहा कि उच्चतम न्यायालय इस फैसले को खारिज कर देगा।

तर्क पर गौर करें, ''न्यायाधीश देवदूत नहीं होते हैं; इसलिए वे भी खिंचावों और दबावों के शिकार होते हैं; इसलिए इलाहाबाद फैसले को संदेह के परे नहीं कहा जा सकता; इसलिए यह संदेहास्पद है।''

कॉमरेड के 'अनुमान' पर भी गौर करें कि उच्चतम न्यायालय इस फैसले को बाहर फेंक देगा, और आगे उन्होंने जो कहा, उस पर भी ध्यान दें।

जजों को कठघरे में खड़ा करने के बाद, और उसके जरिए उस खास फैसले को संदेहास्पद बताने के बाद, वे कॉमरेडों के प्रिय तरीके, साजिश के सिद्धांत पर उतर आए।

''विपक्ष ने हाय-तौबा मचा रखी है, मानो इलाहाबाद फैसला कोई धर्मोक्ति हो, जिसे तुरंत लागू किया जाना चाहिए अन्यथा हम पर आकाश गिर पड़ेगा। लेकिन मैं आपसे कह सकता हूँ कि इलाहाबाद फैसले का राजनीतिक रंग है...महोदय, मैं आपसे कहता हूँ, यहाँ तक कि इलाहाबाद उच्च न्यायालय द्वारा फैसला दिए जाने के

पहले ही, जो तत्त्व आज हमारे देश के खिलाफ चिल्ला रहे हैं, वे गला फाड़ रहे थे, वे पहले ही निष्कर्ष निकाल चुके थे कि फैसला क्या होगा…" बी.बी.सी. ने एक प्रसारण किया—"यह बी.बी.सी. के फैसले का अनुसरण किया है।" उन्होंने तुरंत कहा कि बीज फेंक दिए गए थे, ताकि दूसरे उसे उठा सकें। अब इन दोनों के बीच साँठ-गाँठ हो सकती है या नहीं हो सकती है। लेकिन हम राजनीतिज्ञ हैं, हम जज नहीं हैं। अनुमान लगाया जा सकता है कि इस कारण उन जैसे लोग साजिश के सिद्धांतों को गढ़ते हैं। हमें बी.बी.सो. प्रसारण और न्यायमूर्ति जगमोहन लाल सिन्हा द्वारा की गई उद्घोषणा के बीच संबंध का अवश्य ही पता लगाना चाहिए।

अपने सोवियतोन्मुखी संबंधों के लिए जाने जानेवाले एक सदस्य ने साजिश सिद्धांत को और विस्तृत करने के लिए टक्कर मारी। उन्होंने कहा कि यह खबर 'इंटरनेशनल हेराल्ड ट्रिब्यून' में भी छपी थी।

भूपेश गुप्ता अब तक पूरी उड़ान भरने लगे थे। उनके मुँह से संचित शब्द सहज रूप में निकले, "बी.बी.सी. ने हमारे देश के लिए जो कुछ साम्राज्यवाद और दुश्मनी, बैर और दुर्भावना की भाषा में कहा, इलाहाबाद फैसले ने अपनी न्यायिक भाषा की गहराई में कहा…। "यह फैसला दक्षिणपंथी ताकतों और उनके आक्रमण के लिए एक हथियार है।"

अगर यह तथ्य कि इलाहाबाद उच्च न्यायालय क्या निष्कर्ष निकालेगा, उसका अनुमान बी.बी.सी. लगा सका तो यह सबूत है कि वह और अदालत साजिश कर रहे थे; तो क्या यह तथ्य कि उच्चतम न्यायालय ने बाद में जो किया, उसका 'अनुमान' कॉमरेड ने पहले ही लगा लिया था, तो क्या यह सिद्ध करेगा कि ये दोनों कॉमरेड और उच्चतम न्यायालय साजिश कर रहे थे?

लेकिन भूपेश गुप्ता ऐसे नहीं थे, जो संदेहों से थामे जा सकें। वे सार्वभौमिकता के मसले पर कूद गए। कौन तय करेगा कि कौन प्रधानमंत्री होगा? क्या महज एक जज का फैसला? "महोदय, यह एक अदालत के फैसले को, जो अभी न्यायिक विचाराधीन स्थिति में है, इस देश की सार्वभौम संसद् के जरिए प्रतिबिंबित जन-इच्छा का विकल्प बता रहा है।"

यहाँ से उन्होंने आर.एस.एस. और आनंदमार्गियों पर उड़ान भरी…उन्होंने कहा, "संकट कभी-कभी इनसान के अंदर छिपी सर्वश्रेष्ठ चीजों को सामने लाता है। संकट कभी-कभी समाज को उन उपायों के बारे में सोचने को बाध्य करता है,

जिन्हें अतीत में टाल दिया गया था, लेकिन जहाँ तक आवश्यक परिवर्तन की बात है, उन्हें अब और विलंबित नहीं किया जा सकता है। हम वही करने जा रहे हैं।''

गुप्ता ने जोर दिया, ''इसलिए, हम क्षमाप्रार्थी, खेदजनक न बनें।'' उन्होंने कहा कि लोग कहते हैं कि आप प्रधानमंत्री का समर्थन कर रहे हैं। हाँ, लेकिन हम एक व्यक्ति का समर्थन नहीं कर रहे हैं। हम यहाँ राजनीतिक जीवन में कुछ आधारभूत चीजों का समर्थन कर रहे हैं और हम निश्चित रूप से नहीं चाहेंगे कि प्रधानमंत्री की संस्था पर उस तरह हमला किया जाए, दमन किया जाए, निंदा की जाए, जिस तरह कि आनंदमार्गी, आर.एस.एस. और उनके दक्षिणपंथी राजनीतिक संरक्षक करना चाहते हैं। यह लोकतंत्र की रक्षा का सवाल नहीं है। इंदिरा गांधी की रक्षा का सवाल नहीं है। इंदिरा गांधी अपनी देखभाल अच्छी तरह कर सकती हैं और उनके समर्थकों का यहाँ यह विशाल समूह तैनात है...'' गुप्ता ने तर्क कायम रखा, ''लेकिन देश के एक नागरिक के तौर पर, एक लोकतांत्रिक के तौर पर, हमारे देश के कामगारों के चैंपियन के तौर पर, एक ऐसे शख्स के तौर पर, जो प्रतिक्रिया एवं प्रतिक्रांति की ताकतों को पूरी तरह चकनाचूर करते हुए आगे बढ़ने में यकीन करता है, मैं निश्चित रूप से इसमें रुचि रखता हूँ कि प्रधानमंत्री के पद और इसके इर्द-गिर्द के चंद आदर्शों को कैसे न्यायपालिका के अवांछित अतिक्रमणों से बचाया एवं संरक्षित किया जाए...'' ''आज मसला महज एक इंदिरा गांधी का नहीं है, बल्कि मसला है संसद् के आधारभूत संस्थान का, और जैसा कि मैंने कहा, प्रधानमंत्री इस व्यवस्था में धुरीय स्थिति रखता है।''

एक कानून, जिसे एक व्यक्ति को बचाने की खातिर बनाया गया है, वह इस तरह एक संस्था को बचाने के लिए आवश्यक बन जाता है। एक कानून, जिसे संसद् पारित कर रही है, क्योंकि यह पूरी तरह ताबेदार है, वह संसद् की सार्वभौमिकता को स्थापित करने के लिए आवश्यक बन जाता है!

कहा जाए तो सिद्धांत को स्थापित करने के बाद गुप्ता ने इसे महज चुनाव कानून के दायरे के बाहर विस्तार दे दिया। उन्होंने शुरुआत की, ''जहाँ तक अदालतों की बात है, मैं चाहता हूँ कि और भी बदलाव किए जाएँ। अदालत को हर चीज पर फैसला क्यों करना चाहिए?'' यहाँ संविधान है, जिसने संपत्ति को एक मौलिक अधिकार बनाया है... और फिर यह मामला कि किसे संसद् से अयोग्य करार दिया जाना है। यह कोई ऐसी चीज नहीं है, जिसे एक जज के समक्ष फैसला करने के

लिए छोड़ देना चाहिए, किसी अदालत को फैसला करने के लिए अधिकृत नहीं कर देना चाहिए, ''यह कानून का मामला नहीं है। यह मामला है कि कैसे हमारी संस्थाएँ, संसदीय संस्थाएँ काम कर रही हैं। यह ऐसा मसला है, जो लोकतंत्र की जड़ तक जाता है। एक जज को यह क्यों तय करना चाहिए कि कौन संसद् का सदस्य रहेगा या नहीं रहेगा? या किसे प्रधानमंत्री रहना चाहिए और किसे प्रधानमंत्री नहीं रहना चाहिए? यह काम जनता का है, जो वह विधायी सदनों में अपने प्रतिनिधियों के जरिए करती है…''

सार्वभौमिकता, सवाल है कि कौन सार्वभौम है, ''महोदय, इस प्रकार की स्थिति में अदालत का क्षेत्राधिकार बिलकुल ही अवांछनीय है। प्रधानमंत्री के केस ने मौजूदा कानून के दोष को रेखांकित कर दिया है और हम उस दोष को दूर करने के लिए कानून में संशोधन कर रहे हैं। क्या जज महज तकनीकी अपराध के आधारों पर यह फैसला करता है कि देश में प्रधानमंत्री हो सकता है या नहीं, देश चाहे अथवा नहीं, संसद् चाहे अथवा नहीं? क्या वे एकमात्र निर्णायक होंगे? यह स्थिति है। यह चली गई है।''

लेकिन यह बस एक कदम है। सार्वभौमिकता, और भी माँग करती है। गुप्ता ने घोषणा की, ''कई अन्य मामलों में, न्यायालय के क्षेत्राधिकार को खत्म कर दिया जाना चाहिए।'' उन्होंने, बी.बी.सी. की तरह, अनुमान लगाया कि क्या होने को था! ''महोदय, सामाजिक और आर्थिक नीतियों के मामलों में, ऐसे मामलों में, जो देश की किस्मत से ताल्लुक रखते हैं, देश को इनकी कमान सँभालनी होती है, और देश की ओर से, संसद् को कमान सँभालनी पड़ती है। हम लोग इन्हें इन जजों अथवा जजों के सामूहिक निकाय की सनकों, पूर्वग्रहों, पक्षपातों, सीख और ज्ञान के भरोसे नहीं छोड़ सकते। हम वैसा नहीं कर सकते हैं। वे हमारे क्षेत्राधिकार में, हमारे दायरे में होने चाहिए। और यह संसद् की सार्वभौमिकता और लोकतंत्र की भी अवधारणा के अनुरूप है।''

ऐसा भी मामला नहीं है कि हम कानून पारित करने के लिए हैं और अदालतों को उनकी व्याख्या करनी है। अगर यह (संसद् द्वारा पारित कानून) अस्पष्ट है, तो उसे ठीक करने का काम हमारा ही है, जैसा कि इस मामले में किया जा रहा है! ''सीधा अर्थ बताना हमारा काम है और अस्पष्टता को संसद् के भरोसे छोड़ दिया जाना चाहिए, न कि अदालत के हवाले कि वह इस तरह उसकी व्याख्या करे। इसलिए, महोदय, इस मामले में उच्च न्यायालयों और उच्चतम न्यायालय की व्याख्या

करने की शक्ति पर दोबारा विचार किया जाना चाहिए। हमें यह अवश्य जानना चाहिए कि अदालतों को कहाँ व्याख्या करनी चाहिए। हमें यह भी निर्धारित कर देना चाहिए कि हम कहाँ अदालत द्वारा दोबारा व्याख्या नहीं चाहते हैं, कहाँ चीजें हमारे हवाले छोड़ दी जानी चाहिए, ताकि हम सार्वभौम संसद् और विधानसभाओं में इसकी व्याख्या करें…।''

वापस साजिश पर विपक्ष के तर्क रोजाना पश्चिमी प्रेस, पश्चिमी टेलीविजन, पश्चिमी रेडियो, अमरीका, पश्चिमी जर्मनी, खासतौर से ब्रिटेन और फ्रांस… विघटनकारी, प्रतिक्रियावादी, सांप्रदायिकतावादी ताकतों और उनसे जो आनंदमार्गियों एवं आर.एस.एस. के साथ गिरोह बनाने को तैयार हैं, उनसे लिये गए तर्क हैं, ताकि वे अपने शैतानी राजनीतिक लक्ष्यों को हासिल कर सकें… आंतरिक प्रतिक्रियावादी ताकतों और साम्राज्यवाद व नव-उपनिवेशवाद की ताकतों की साजिश हैं…''

कानून मंत्री गोखले जल्द ही खड़े हो गए, ''अध्यक्ष महोदय, मैं अपने आदरणीय मित्र भूपेश गुप्ता का बहुत आभारी हूँ कि उन्होंने एक काफी चमकदार और तर्कपूर्ण भाषण दिया, महान् वाक्पटुता के लिहाज से नहीं, बल्कि सामग्री के लिहाज से भी…'' उनके सम्मानित दोस्त ने जो कहा कि वे हर चीज से सहमत हैं… और फिर वे अहम् शब्द, जो पूर्वाभास देते थे कि क्या पहले से ही योजना बनाई जा रही थी, मैंने निजी तौर पर महसूस किया है, और मुझे पक्का भरोसा है कि हममें से अधिकांश महसूस करेंगे कि हमें संविधान के पूरे ढाँचे पर ही दोबारा विचार करना चाहिए तथा इस प्रक्रिया को जितनी जल्दी हो सके, उतनी जल्दी शुरू होना है…। जहाँ तक मौजूदा चुनावी कानून की बात है, राष्ट्रपति, उप-राष्ट्रपति, प्रधानमंत्री, लोकसभा अध्यक्ष आदि उच्च पद हैं, ''मेरा मानना है कि यह एक बकवास प्रणाली है, जिसके तहत उन्हें न्यायिक समीक्षा का सामना करने को कहा जाता है, जबकि वे लोगों और निर्वाचक मंडल के विशाल बहुमत से चुने जाते हैं…''

विधेयक पारित हो गया। इसे दर्ज करने की जरूरत नहीं थी कि कितने सदस्यों ने इसके पक्ष में मतदान किया।

यह 6 अगस्त, 1975 था।

## एक अन्य सार्वभौम काररवाई

यहाँ तक कि चुनाव कानून में वह नपा-तुला बदलाव भी पर्याप्त होगा; इसे लेकर सरकार आश्वस्त नहीं थी और श्रीमती गांधी की अपील पर सुनवाई की

तारीख 11 अगस्त थी। इसलिए अगले ही दिन 7 अगस्त को सरकार ने हड़बड़ाकर लोकसभा में 39वाँ संशोधन पेश कर दिया। यह व्यापक संशोधन महज दो घंटे के अंदर पारित कर दिया गया। इसके अगले ही दिन, इसे सार्वभौमिकता के दूसरे अंग, राज्यसभा में प्रस्तुत किया गया और पारित करा लिया गया। अगला दिन शनिवार था। कोई समस्या नहीं। राज्य विधायिकाओं को आपात सत्र के लिए बुला लिया गया। उन्होंने संशोधन का अनुमोदन कर दिया! राष्ट्रपति ने 10 अगस्त, 1975 को अपनी स्वीकृति दे दी। इसलिए, सुनवाई शुरू होने के वस्तुतः एक दिन पूर्व, न केवल उस कानून को बदल दिया गया, जिसके आधार पर उच्चतम न्यायालय को अपील पर फैसला करना था, बल्कि खुद संविधान को ही इस तरह बदल दिया गया कि उच्चतम न्यायालय ही इस दायरे से बाहर हो गया!

चुनाव कानून की गौण बातों की तो छोड़िए, असली सवाल है, ''प्रधानमंत्री का पद न्यायाधीशों की सनक के हवाले कैसे किया जा सकता है?'' यह तर्क था निष्ठावानों का। यदि कानून में इन परिवर्तनों के बावजूद उन्होंने किसी तरह इलाहाबाद फैसले को बरकरार रखा, तो क्या होगा? इसलिए क्यों न संविधान को ही संशोधित कर दिया जाए, और प्रधानमंत्री के चुनाव को अदालतों की पड़ताल के दायरे से पूरी तरह बाहर कर दिया जाए?

इसलिए, 7 अगस्त, 1975 को लोकसभा की बैठक शुरू होने के केवल ढाई घंटे पहले, सदस्यों को अचानक संविधान संशोधन (चालीसवाँ) विधेयक मिला।

लोकसभा अध्यक्ष ने फॉमूले का मसौदा पढ़ा, ''प्रस्ताव पेश किया गया कि 'भारत के संविधान को और संशोधित करने के लिए एक विधेयक लाने की इजाजत दी जाए।'' मोहन धारिया, जो उन दिनों के युवा तुर्कों में से एक थे, खड़े हुए। उन्होंने कहा, ''महोदय, जहाँ तक संसद् की सार्वभौमिकता की बात है, तो इसे चुनौती नहीं दी जा सकती है। लेकिन इस विधेयक की खासियतों के बारे में बात करें, तो मैं यह बताना चाहूँगा कि यह विधेयक मुझे आज सुबह 8-15 बजे मिला…'' धारिया बोले, ''नियम है कि संविधान संशोधन विधेयक सदन में पेश किए जाने के कम-से-कम ढाई दिन पहले सदस्यों को प्राप्त हो जाने चाहिए। मैं महसूस करता हूँ कि नियमों को इस सत्र के लिए निलंबित कर दिया गया है, लेकिन कम-से-कम संविधान में संशोधन के लिए तो नियम को निलंबित नहीं किया जाना चाहिए… कानून मंत्री ने कहा है कि अत्यंत जरूरी होने के कारण ऐसा किया जा रहा है,

लेकिन उन्होंने यह नहीं बताया है कि वह अत्यंत जरूरी चीज क्या है··· '' धारिया ने खुद ही राज खोलते हुए कहा, ''मेरी सूचना है कि विधेयक को आज ही पारित किया जाना है। इसे कल राज्यसभा द्वारा पारित किया जाना है। राज्य विधानसभाओं को आहूत किया जा रहा है, ताकि 50 फीसदी से ज्यादा राज्य विधानसभाओं द्वारा इसकी पुष्टि कराई जा सके। मुझे यह भी बताया गया है कि···10 अगस्त को सांविधिक निकाय या प्राधिकार का गठन करने के लिए एक अध्यादेश लाया जाएगा और यह काम हुआ नहीं कि उच्चतम न्यायालय में 11 अगस्त को निर्धारित सुनवाई अपने आप निरस्त हो जाएगी।''

कानून मंत्री एच.आर. गोखले ने खुद संक्षिप्त जवाब दिया, ''मुझे कुछ नहीं कहना है, क्योंकि नोटिस को लेकर बात उठाई जा रही थी। महोदय, आपने अपने विवेक और विशेषाधिकार का इस्तेमाल कर नियम में ढील दी, इसके लिए मैं बहुत आभारी हूँ!''

सार्वभौम सदन ने, तद्नुरूप, विधेयक को विचारार्थ लिया। कानून मंत्री ने प्रावधानों का बस सारांश बताया। उनमें जो ढिठाई निहित थी, वह तीस साल बाद भी किसी के रोंगटे खड़े कर देती है।

राष्ट्रपति, उप-राष्ट्रपति और लोकसभा अध्यक्ष के पदनामों को भी जोड़ दिया गया, लेकिन असली निशाना केवल श्रीमती गांधी के खिलाफ केस था। जनता और सिद्धांत के नाम पर, 39वें संशोधन में व्यवस्था दी गई—

- एक व्यक्ति के चुनाव पर (किसी कोर्ट में) सवाल खड़ा नहीं किया जाएगा, यदि वह चुनाव के वक्त या उसके बाद प्रधानमंत्री नियुक्त किया जाता है। ''ऐसे व्यक्ति के चुनाव को सिर्फ संसद् द्वारा बनाए गए कानून के तहत निर्धारित तरीके और स्थापित निकाय या प्राधिकार के समक्ष ही चुनौती दी जा सकती है। यह कानून ऐसे चुनाव के संबंध में तमाम संदेहों और विवादों को लेकर व्यवस्था प्रदान कर सकता है। इसमें वे आधार भी बताए जा सकते हैं, जिनको लेकर ऐसे चुनाव पर सवाल खड़े किए जा सकते हैं।''
- ''ऐसे कानून की मान्यता··· और ऐसे कानून के तहत बनाए गए निकाय या प्राधिकार के फैसले को किसी अदालत में चुनौती नहीं दी जा सकती है।''

- ''जहाँ किसी व्यक्ति को प्रधानमंत्री नियुक्त किया जाता है··· जबकि एक चुनाव याचिका उस व्यक्ति के संसद् के किसी सदन में चुनाव के संबंध में या लोक सदन में चुनाव के संबंध में लंबित हो, जैसा भी मामला हो, वह याचिका उस व्यक्ति को प्रधानमंत्री नियुक्त किए जाने के लिए छूट देगी···''
- निर्लज्ज एवं निष्कर्षात्मक प्रावधान (4), ''उनचालीसवें संविधान संशोधन कानून, 1975 के लागू होने के पूर्व संसद् द्वारा बनाया गया कोई भी कानून, जहाँ तक चुनाव याचिकाओं या उनसे जुड़े मामलों की बात है, ऐसे व्यक्ति के चुनाव के संबंध में लागू नहीं होगा अथवा कभी भी लागू हुआ नहीं माना जाएगा··· तथा ऐसे चुनाव को किसी भी आधार पर रद्द नहीं माना जाएगा··· इस संशोधन के पूर्व यदि किसी अदालत ने ऐसे चुनाव को रद्द घोषित किया हो, तो वह चुनाव हर तरह से मान्य माना जाएगा और अदालत का ऐसा कोई भी आदेश या जाँच-परिणाम, जिनके आधार पर वह आदेश दिया गया हो, वह हमेशा रद्द माना जाएगा एवं उसका कोई असर नहीं होगा।''
- ''उनचालीसवाँ संविधान संशोधन कानून, 1975 के लागू होने के तुरंत पूर्व किसी अदालत के ऐसे आदेश के खिलाफ उच्चतम न्यायालय में दायर किसी अपील या प्रति अपील को अनुच्छेद (4) के प्रावधानों के अनुरूप निपटाया जाएगा।''

कानून मंत्री ने कहा कि इस मौके पर कुछ कानूनों को नौवीं अनुसूची में भी डाला जा रहा है। अपनी मृदुभाषा में उन्होंने एक ही साँस में, 38 कानूनों को नौवीं अनुसूची में डाल दिया और उन्हें अदालतों की पहुँच से परे कर दिया। इन नियमों में वे बदलाव शामिल थे, जो चुनाव कानूनों में किए गए थे। कुख्यात आंतरिक सुरक्षा प्रबंधन कानून (मीसा) भी शामिल था, जिसके तहत देश भर में विपक्ष को जेल में ठूँस दिया गया था।

पहले स्पीकर ने कहा कि विधेयक को बेहद जल्दबाजी में पेश किया गया है। उन्होंने इसके लिए दो कारण बताए। पहला, विधेयक का मकसद प्रधानमंत्री आदि के चुनाव को अदालतों की पहुँच के दायरे से बाहर करना है। लेकिन उच्चतम न्यायालय द्वारा जो केस सुना जाना है, वह श्रीमती इंदिरा गांधी का चुनाव प्रधानमंत्री

के रूप में होने को लेकर नहीं है। यह केस रायबरेली से उनके सामान्य संसद् सदस्य के रूप में चुनाव को लेकर है। प्रधानमंत्री चुना जाना उसके बाद की घटना है। बहुमत प्राप्त पार्टी के निर्वाचित सदस्य अपने नेता को चुनते हैं, तब उस नेता को प्रधानमंत्री बनने के लिए आमंत्रित किया जाता है। इस चरण का इस केस में जिक्र नहीं है। यह विधेयक, प्रधानमंत्री के चुनाव को सिर्फ अदालतों की पहुँच से बाहर करके समस्या को और उलझा सकता है, जटिल बना सकता है। दूसरा, संपूर्ण संविधान की व्यापक समीक्षा किए जाने की जरूरत है। उन्होंने कहा कि टुकड़ों में एक-एक कर इस तरह संशोधन लाना गलत छवि पैदा करता है। जब एक केस उच्च न्यायालय में या उच्चतम न्यायालय में लंबित है या किसी अदालत द्वारा एक फैसला दिया गया है, तो इस तरह थोड़ा-थोड़ा कर संशोधन लाना बहुत स्वास्थ्यकर या अच्छा नहीं लगता है। कम-से-कम यह हमारे राजनीतिक, सामाजिक और आर्थिक जीवन में एक बुरा स्वाद पैदा करता है। यहाँ तक कि वे लोग भी, जो ऐसा परिवर्तन चाहते हैं, वे भी उस पृष्ठभूमि में इसका बचाव या समर्थन करने में हिचक महसूस करते हैं, जिस पृष्ठभूमि में इसे पेश किया गया है। संविधान को दुरुस्त करने की एक व्यापक योजना के हिस्से के रूप में इसे लाया जाना चाहिए था। इसे काफी पहले किया जाना चाहिए था···, खासकर यह देखते हुए कि पिछले डेढ़ साल में हमारी लोकतांत्रिक व्यवस्था, लोकतंत्र के एकदम बुनियादी ढाँचे को पूँजीपति-वर्ग, जमींदारों और विदेशी साम्राज्यवादियों द्वारा एक मौलिक खतरा पैदा किया गया है।

क्या वे इसे समर्थन देने के बहाने इसका विरोध कर रहे हैं या वे स्वतंत्रता का मुखौटा बरकरार रखते हुए इसका समर्थन कर रहे हैं? यह स्पष्ट नहीं था। स्पीकर ने उन्हें अपनी बात समाप्त करने को कहा। कुछ सदस्यों ने विरोध जताया कि वे अकेले सदस्य हैं, जिन्हें बोलने के लिए सूची में रखा गया है और आपने इस चर्चा के लिए कोई नियत समय निर्धारित नहीं किया है। आप उन्हें बोलने क्यों नहीं दे रहे?···लेकिन वे सदस्य खुद ही जल्द बैठ गए।

'समूह-गान' शुरू हुआ। प्रधानमंत्री हमारे ढाँचे में एक महत्त्वपूर्ण/धुरीय/प्रमुख स्थान रखता है। एक सदस्य का नाम बोलने के लिए पुकारा गया। उन्होंने कोई जवाब नहीं दिया। थोड़ी देर बाद उनका नाम फिर पुकारा गया। इस बार उन्होंने उठते हुए कहा, "महोदय, मैं बिलकुल चकित हूँ। मैंने अपना नाम दिया ही नहीं है। मैंने किसी संशोधन के लिए कोई नोटिस भी नहीं दिया है··· ।"

जाहिर है, चीजें जल्दबाजी में की जा रही थीं। स्पीकर ने कहा, ''यह गलती हुई है। सदस्य ने किसी अन्य मकसद के लिए पहले जो परची भेजी थी, वह इस चर्चा के कागजों के साथ मिल गई है…''

सार्वभौम सदस्यों का 'समूह-गान' फिर शुरू हो गया। यहाँ तक कि 'हाउस ऑफ कॉमंस' में भी स्पीकर के चुनाव का विरोध नहीं किया जाता है। अगर हम अपने स्वीकर के पद को उसी स्तर तक ऊँचा उठा दें, तो कुछ भी गलत नहीं होगा। सदस्य ने आरोप लगाया, ''लेकिन जब हम प्रधानमंत्री की बात करते हैं, तो हममें से कुछ सदस्यों को कुछ मतिभ्रम होता है। हम कहते हैं कि वे देश की प्रधानमंत्री हैं; वे राष्ट्र को प्रतिबिंबित करती हैं और वे इस संसद् और सत्ताधारी पार्टी के वास्ते बोलती हैं। मतिभ्रम के कारण, खास रंग दे दिया जाता है और आप इसे रंगीन चश्मे से पढ़ते हैं। अगर आप स्वीकार करते हैं कि प्रधानमंत्री की संस्था ऐसी है, जो इन सबसे ऊपर है या सुरक्षित और गंभीर है, तब राष्ट्रपति, उप-राष्ट्रपति एवं लोकसभा अध्यक्ष के साथ प्रधानमंत्री को भी शामिल करने में कुछ भी गलत नहीं है…''

उन्होंने बात जारी रखी, ''अगर आप इसे गंभीर नजरिए से देखें, हम उन चीजों को जानते हैं , जो इस मुल्क में मौजूद हैं, हम सिर्फ जुबानी जमा-खर्च न करें, हम वाकई इसे महसूस करें, और मैं सोचता हूँ कि यह सही वक्त है कि दिए गए समय में इस विधेयक पर गंभीर विचार किया जाए।'' उन्होंने और साफगोई से अपनी बात जारी रखी, बल्कि कुछ सदस्य तो नहीं चाहते होंगे कि इतनी साफगोई से बात रिकॉर्ड में जाए, ''समय अति महत्त्वपूर्ण है। हम अच्छी तरह जानते हैं कि 11वीं या 12वीं तारीख के बाद कुछ चीजें होने जा रही हैं।'' यह उस सुनवाई की ओर संकेत था, जो उच्चतम न्यायालय में होने जा रही थी। उन्होंने माना, ''वह है तीन दिन पहले, हमने जन-प्रतिनिधित्व कानून को संशोधित किया। उसी से यह स्पष्ट है कि इलाहाबाद फैसला अब लागू नहीं हो सकता। लेकिन मैं जानता हूँ महोदय कि कुछ बुरे तत्त्व हैं, जो उसे भी चुनौती दे सकते हैं, और वे इस मुल्क में भ्रम पैदा कर सकते हैं। वे टिकेंगे नहीं, लेकिन वे भ्रम उत्पन्न कर सकते हैं…।'' इसलिए यह विधेयक…

इसका खाका हड़बड़ी में तैयार किया गया है। इसके तहत जिस प्राधिकार का गठन किया जाना है, उसे स्पष्ट नहीं किया गया है…। उन्होंने सार्वभौमिकता के सिद्धांत की पुष्टि करते हुए घोषणा की, ''लेकिन आपसे कहता हूँ कि हम सब यहाँ

सहमत हैं और कहते हैं कि संसद् सर्वोच्च प्राधिकार है और हमें कानून बनाने का अधिकार है। उसे कोई चुनौती नहीं दे सकता है।''

सार्वभौमिकता के उस सिद्धांत की प्रमेयिका को उजागर करते हुए उन्होंने पूछा, ''लेकिन संसद् का प्रतिनिधित्व किनके द्वारा किया जाता है?'' ''प्रधानमंत्री के द्वारा, जो बहुमत रखता है, जो बहुमत के लिए और राष्ट्र के लिए बोलता है।''

इसलिए, जाहिर निष्कर्ष, ''इसलिए, हम प्रधानमंत्री की संस्था को लेते हैं, न कि श्रीमती इंदिरा गांधी जैसा वे कहती हैं। यह प्रधानमंत्री की संस्था है, जिसे हम उस पीठ से लेते हैं और वहाँ इसे रखते हैं।''

लेकिन इस संस्था के इर्द-गिर्द इस किले को खड़ा करना सार्वभौमिकता के सिद्धांत को पूरा करने में महज एक धारा हो सकता है। इसलिए सदस्य ने आगे कहा, ''अन्य दिन हमने भी चर्चा की तथा कार्यपालिका, विधायिका और न्यायपालिका को वर्गीकृत किया। अब सवाल है कि सर्वोच्च क्या है? हमारे लिए फैसला करने की घड़ी आ गई है, क्योंकि 27 साल बाद भी हम आगे बढ़ने में असमर्थ हैं। इसका सीधा कारण है कि रास्ते में कई बाधाएँ हैं। ये बाधाएँ अवश्य ही हमेशा के लिए दूर की जानी चाहिए। यही कारण है कि हमारे यहाँ आपातकाल लगा है; यही वजह है कि हम इस आपातकाल का स्वागत कर रहे हैं…''

सार्वभौमिकता का सिद्धांत क्या अच्छी रोशनी देता है! और यह कहाँ ले जाता है!

उन्होंने कहा, ''इसलिए, संविधान में ढेरों संविधान किए जाने की जरूरत है। लेकिन वह एक दिन में नहीं किया जा सकता है।'' और कुछ अनकही चीज है, जिसे एक दिन में किए जाने की जरूरत है! ''ये ऐसी चीजें हैं, जो इस पल बेहद अनिवार्य हैं और इन्हें तुरंत आगे लाया जाना है…'' उन्होंने बात जारी रखी, ''हम सब इलाहाबाद उच्च न्यायालय के फैसले के बारे में जानते हैं। मैं इस फैसले के गुण-दोष में नहीं जाना चाहता हूँ।'' इसलिए वे इसके मकसद पर उतर आए!! ''लेकिन हर किसी की राय है कि यह एक राजनीतिक फैसला है; यह ऐसा फैसला नहीं है, जो कानून पर आधारित है। अन्य दिन जब हमने जन-प्रतिनिधित्व कानून में संशोधन किया, तो हमने कुछ चीजों को दुरुस्त करने की कोशिश की, ताकि भविष्य में ऐसी आपदाएँ खड़ी न हों…।

उन्होंने निष्कर्ष दिया, ''इसलिए, मैं इस संशोधन का समर्थन करता हूँ, किसी

भावुकता के कोण से नहीं, महज इसका समर्थन करने के कोण से नहीं; इसकी आलोचना करने के कोण से नहीं, बल्कि इसलिए कि यह वक्त की जरूरत है। हमें राष्ट्र की नब्ज को महसूस करना है और मैं जानता हूँ कि विघटनकारी ताकतें अभी भी सक्रिय हैं। चूँकि वे अभी भी सक्रिय हैं, इसलिए ऐसा करना अनिवार्य है एवं हमें इस तर्क को छोड़ना है कि वक्त नहीं है तथा हमें दो दिन और दिया जाना चाहिए था।''

सदस्य ने वैसी ही साफगोई से अपनी बात जारी रखी, जिसका वे प्रदर्शन करते आ रहे थे। और यह सदस्यों को दिन नहीं दिए जाने का रोना क्या है? ''मैं जानता हूँ कि कई विधायकों के संबंध में यहाँ तक कि दो महीने का समय दिया गया था, लेकिन हममें से किसी ने यह जहमत नहीं उठाई कि हम उन्हें पहले पढ़ लें और फिर यहाँ आएँ। वे इस विधायन को रंगीन चश्मे से देख रहे हैं। अतीत में कागजातों को पढ़ने की तो बात ही छोड़िए, हमने विधेयकों के शीर्षकों पर नजर डालने तक की फिक्र नहीं की। लेकिन आज हम आते हैं और कहते हैं कि इसे पढ़ने का पर्याप्त समय नहीं है! मैं बस यह कहूँगा कि हमें एकजुट हो जाना चाहिए, अन्यथा वक्त हम पर हावी हो जाएगा और हम कहीं के नहीं रहेंगे।''

मोहन धारिया की बारी आई। वे सार्वभौमिकता के ठेकेदारों के सामने बस यहीं तक जा सके और उसके आगे नहीं। उन्होंने इस बात पर सहमति जताई कि संविधान को नया रूप देने की जरूरत है। और इसके लिए, किसी संविधान सभा की आवश्यकता नहीं है। उन्होंने कहा कि जब संसद् संविधान में संशोधन पर विचार करने के लिए बैठती है, तो वह ऐसा एक संविधान सभा के रूप में ही करती है। वस्तुतः, मूल संविधान सभा का चुनाव सिर्फ सीमित मताधिकार और अप्रत्यक्ष तौर पर किया गया था। उन्होंने घोषणा की, ''इसलिए, मैं महसूस करता हूँ और मानता हूँ कि यह सदन संविधान सभा की तुलना में ज्यादा सार्वभौम है।'' उन्होंने दोहराया, ''मैं महसूस करता हूँ कि एक संसद् के रूप में हम पूरी तरह सार्वभौम निकाय हैं और एक नई संविधान सभा की कोई जरूरत नहीं है।'' और इसलिए वे चाहते थे कि सरकार संविधान में ढाँचागत संशोधनों का एक पैकेज प्रोग्राम लेकर सामने आए। धारिया ने कहा, ''उनकी आपत्ति इस बात को लेकर है कि यह संशोधन इसलिए लाया जा रहा है, क्योंकि एक फैसला एक खास व्यक्ति के खिलाफ चला गया है, और इसी कारण से वे इसका समर्थन नहीं कर रहे हैं।'' व्यापक

संशोधनों के लिए, जो कि आवश्यक थे, उन्होंने सरकार से अपील की कि वह 'राष्ट्रीय वार्त्तालाप' प्रारंभ करने पर विचार करे। तत्कालीन परिस्थितियों में यह भाषण साहसिक माना गया।

कम्युनिस्ट पार्टी के नेता इंद्रजीत गुप्ता ने, अपेक्षानुरूप, एक तार्किक भाषण दिया। विधेयक उनके पास बस आया ही था। उन्हें इसके गुण-दोषों एवं परिणामों का आकलन करने का वक्त ही नहीं मिला था। क्या इसे इस आधार पर चुनौती नहीं दी जा सकती कि यह राष्ट्रपति, उप-राष्ट्रपति, लोकसभा अध्यक्ष और प्रधानमंत्री के चुनावों पर फैसला करने के लिए एक साझा प्राधिकार की स्थापना कर रहा है, क्योंकि वे भिन्न-भिन्न प्रकार के पद हैं। पहले तीन पद तो पार्टियों से ऊपर और परे हैं, लेकिन प्रधानमंत्री तो बहुमत दल का नेता होने के कारण है?

उनका मुख्य क्षोभ इस बात पर था कि विधेयक को अचानक सदन में ले आया गया था। हम आपातकाल में आपका समर्थन कर रहे हैं, लेकिन आपने इस विधेयक के बारे में हमसे मशविरा किया ही नहीं। 'सार्थक सहयोग' सुनिश्चित करने के लिए, आपको हमारी जैसी पार्टियों को अपने पाले में पहले से ही मानकर नहीं चलना चाहिए···,इसे आप 'दोस्ताना चेतावनी' के रूप में लें।

इसके साथ ही, वे शीघ्र ही अपेक्षाकृत सुरक्षित धरातल पर उतर आए, संसद् की काररवाई पर सेंसर लगाने के बेतरतीब तरीके पर। 'शुरुआत में, कम-से-कम सेंसर की महती कृपा से, नाम छापे जाते थे कि फलाँ-फलाँ ने सदन में बोला। दूसरे चरण में, नाम काट दिए गए। तीसरे चरण में यह तथ्य कि बहस हुई भी थी, को भी काट दिया गया···', इतना कुछ संसद् के लिए, जो सार्वभौम है!

और फिर उससे भी सुरक्षित आधार, कह लें साझा आधार। 'निंदात्मक प्रकार की सामग्री' जो कि 'लंदन इकोनॉमिस्ट', 'टाइम' और 'न्यूजवीक' में छापी जा रही है। और, वस्तुत: वे जानते थे कि इस बेतरतीबी या मनमानी के पीछे कौन है। उन्होंने सुनाया, "मैं माँग करता हूँ कि पूरी सेंसर प्रक्रिया को समुचित तरीके से देखा जाना चाहिए और पड़ताल की जानी चाहिए कि जनसंघ के कौन एजेंट वहाँ बैठे हुए हैं, जो यह सब कारस्तानी कर रहे हैं।"

उन्होंने सदन को याद दिलाया कि कम्युनिस्ट आपातकाल का समर्थन कर रहे हैं। यही कारण है कि हम इस सत्र के लिए नियमों के निलंबन के लिए राजी हुए। लेकिन हम नहीं चाहते हैं कि संसद् को हमेशा के लिए इस तरह दुर्बल कर दिया

जाए···और फिर काम की बात···"बेशक हम इस विधेयक का विरोध करने नहीं जा रहे हैं।" फिर अपील-सह-मित्रवत् चेतावनी, "लेकिन मैं सोचता हूँ कि देश के हित में, तमाम लोकतांत्रिक ताकतों के लिए यह आवश्यक है कि वे एक-दूसरे के साथ सहयोग करें और एकजुट रहें। अगर आप वह सहयोग चाहते हैं, जो कि हम दक्षिणपंथी एवं प्रतिक्रियावादियों के खिलाफ उठाए जानेवाले तमाम उपायों के मामले में देने के इच्छुक हैं, तो कृपया हमसे ए.डी.एम.के. और अन्य समूहों की तरह, अन्य स्वतंत्र दलों की तरह व्यवहार करें, जिनकी अपनी स्वतंत्र पहचान है, अपनी नीतियाँ हैं और चीजों को देखने का अपना नजरिया है, न कि अपने मातहत या सहायक एजेंटों की तरह व्यवहार करें। अगर आप वैसा रवैया अपनाएँगे, तो सहयोग करना बहुत मुश्किल हो जाएगा। मैं उम्मीद करता हूँ कि भविष्य में, यह ज्यादा सार्थक तरीके से किया जाएगा।"

दूसरे को एक स्वतंत्र इकाई के रूप में देखने और व्यवहार करने में किसे कोई दिक्कत होगी, जबकि वह इकाई उन ताकतों के खिलाफ हरेक कदम को मंजूरी देने के लिए हमेशा तत्पर है, जिन्हें वे दोनों एक स्वर से 'दक्षिणपंथी एवं प्रतिक्रियावादी' ठहराते हैं?

खैर, इस विधेयक के लिए काम की बात वही थी, जो बस मुँह से निकल गई थी, "बेशक हम इस विधेयक का विरोध करने नहीं जा रहे हैं।"

अगले वक्ता धर्मनिरपेक्षता के एक अन्य पुरोधा थे, जो मुसलिम लीग से थे। उन्होंने घोषणा की, यदि प्रधानमंत्री ने काररवाई नहीं की होती, "तो दक्षिणपंथी प्रतिक्रियावादियों, उग्रवादी सांप्रदायिक तत्त्वों एवं धुर वामपंथियों ने हमारे देश को अराजक बना दिया होता।" वे भी संविधान में बदलाव चाहते थे। दरअसल हम तो माँग करते आ रहे हैं कि आरएसएस जैसे धुर दक्षिणपंथी तत्त्वों तथा सशस्त्र उग्रवादी सांप्रदायिक ताकतों पर प्रतिबंध होना चाहिए। अब यह काम कर दिया गया है···' सिर्फ एक सतर्कता, जो अवश्य ही बरती जानी चाहिए कि संविधान में संशोधन करते हुए 'अल्पसंख्यकों के मूलभूत अधिकारों' पर निश्चित ही कोई असर नहीं पड़ना चाहिए।

धारिया की अपनी आपत्ति को छोड़कर, चूँकि तमाम सदस्यों ने विधेयक का समर्थन किया था, इसलिए कानून मंत्री संक्षिप्त और कृपा-मूर्ति बने हुए थे। उन्होंने मौजूदा कानून के सिर्फ परिणामों की ओर इंगित किया। यहाँ हमारे पास प्रधानमंत्री

जैसे उच्च पदनाम हैं। और उनके चुनाव को अदालतों में चुनौती दी जा सकती है। 'एक ऐसी स्थिति जहाँ ये तमाम उच्च पदाधिकारी, जब लोगों के विशाल बहुमत के समर्थन से चुन लिये जाते हैं, और उनके चुनाव की मान्यता को लेकर उन्हें न्यायिक फैसले के हवाले किया जाता है, तो यह बड़ी हास्यास्पद स्थिति बन जाती है। यह हास्यास्पद स्थिति है कि उदाहरण के लिए, प्रधानमंत्री जो न केवल अपने निर्वाचन क्षेत्र में लोगों के विशाल बहुमत से चुनी गई हों, बल्कि जिन्हें देश भर में और बाहर भी मुल्क के अविवादित नेता के रूप में माना जाता है,को एक ऐसी प्रक्रिया के अधीन किया जाता है, जिसमें न्यायिक पड़ताल होती है और यह तब तथा भी हास्यास्पद हो जाती है, जब यह काल्पनिक, हवाई और यहाँ तक कि हास्यास्पद आधारों पर चलाई जाती है'''।

रेखीय आरोह पर गौर करें—

- लोग सार्वभौम हैं
- इसलिए संसद् सार्वभौम है।
- इसलिए सांसद सार्वभौम हैं।
- इसलिए सांसदों का बहुमत सार्वभौम है।
- इसलिए उस बहुमत का नेता/नियंत्रक, प्रधानमंत्री, सार्वभौम है।
- इसलिए उन्हें न्यायिक पड़ताल के हवाले करना हास्यास्पद है।
- इसी तर्क से, जो कोई भी उनका विरोध करता है, वह सार्वभौम लोगों के अभियान में एक बाधा है।
- इसलिए यह सुनिश्चित करने के लिए कि लोग अपना अग्रगामी अभियान जारी रखें, उस अभियान को नुकसान के रास्ते से अवश्य ही हटा दिया जाना चाहिए।

कानून मंत्री ने याद किया कि उनसे पूछा गया था कि इस संशोधन के तहत किस तरह के प्राधिकार का गठन किया जाएगा? उन्होंने जवाब दिया कि वे इस बारे में कोई स्पष्ट संकेत नहीं दे सकते, सिवाय इसके कि यह कोई अदालत जैसी संस्था नहीं होगी। 'न्यायिक व्याख्याओं' के कारण जो 'एकदम अतर्कसंगत' स्थिति पैदा हो गई है। किस तारीख से प्रधानमंत्री को एक चुनाव के लिए बाहर माना जाए; किस हद तक एक सरकारी कर्मी की सहायता ली जाए, ताकि वह भ्रष्ट साधन करार न दिया जाए''' ऐसी चीजें उन संशोधनों में स्पष्ट की गई हैं, जो जन-प्रतिनिधित्व कानून में

किए गए हैं। वह सभी सदस्यों पर लागू होता है। यह संशोधन केवल इन उच्च पदाधिकारियों के लिए लाया गया है और यह इन्हीं तक सीमित है···

और इसके बाद उद्घोषणा, हम संविधान द्वारा देश को 'बंदी बनाए' रखने की इजाजत नहीं दे सकते हैं। संविधान को बहुत भिन्न परिस्थितियों, ब्रिटिश साम्राज्यवाद, में बनाया गया था···, इसलिए 'मैं बहुत चाहूँगा कि मैंने यह बात कल राज्यसभा में कही थी और मैं इसे यहाँ दोहराना चाहता हूँ कि वक्त आ गया है कि हम खुद संविधान के पूरे आधारभूत ढाँचे पर ही नए नजरिए से विचार करें···'

मतदान का वक्त। धारिया सदन से चले गए। संशोधन विधेयक को पारित कर दिया गया—हाँ : 335, नहीं : शून्य···[1]

अगले ही दिन, विधेयक को सार्वभौमिकता के दूसरे अंग, राज्यसभा में प्रस्तुत कर दिया गया।

## वैसा सार्वभौम, जैसा ताबेदार

कानून मंत्री को प्रस्तावों को पढ़ने, जो कुछ मकसदों एवं कारणों के बयानों में जोर डाला गया था, उसे दोहराने से ज्यादा कुछ करने की जरूरत नहीं थी। बहस, तर्कशास्त्र पर सदन के विशेषज्ञ, सी.पी.आई. के धुरंधर भूपेश गुप्ता की बातों के साथ शुरू हुई। उन्होंने शुरुआत की कि हमें लोकसभा से आज ही विधेयक प्राप्त हुआ। हमें इस पर अपने बीच चर्चा करने का वक्त नहीं मिला। जाहिर है, हमें इसे परखने का, संविधान को देखने का और 'यह देखने का कि विधेयक में चीजें समुचित ढंग से रखी गई हैं या नहीं, भले ही हम इसको समर्थन देने को तैयार हैं, समय दिया जाना चाहिए। लेकिन समय नहीं था। क्या यह ठीक है? मैंने इसे पहले कहा। जो इस कदम को प्रायोजित कर रहे हैं, उनके लिए तुरंत किए जाने का भाव है। मैं इसमें कोई बुराई नहीं देखता। और न ही मैं उन लोगों की गंभीरता, ईमानदारी और उत्कट आकांक्षा पर कोई दोष मढ़ रहा हूँ, जो इसे यथाशीघ्र पारित कराना चाहते हैं। मैं उनकी चिंता को साझा करता हूँ। फिर भी···नियमों के तहत, हमें दो दिन मिलना चाहिए था। लेकिन हमें कम-से-कम चार-पाँच घंटे तो दिए जाएँ। हमें इसे पढ़ने और पचाने का यथोचित समय तो दें···' एक भक्त की शिकायत।

नेता ने स्पष्ट किया, वे इसलिए यह सुझाव दे रहे हैं, क्योंकि वे एक ही पाले

---

1. पूर्वोल्लिखित के लिए, 'संविधान (चालीसवाँ संशोधन) विधेयक, संसदीय बहस, लोकसभा, सरकारी रिपोर्ट, लोकसभा सचिवालय, 7 अगस्त, 1975, 6-115'।

में हैं और क्योंकि वे संसद् और संस्थानों का साझा रूप से सम्मान करते हैं। संसद् और अन्य संस्थानों के लिए उनकी चिंता तीस साल बाद भी कितनी मर्मस्पर्शी है—

"मैं यह कहता हूँ क्योंकि मैं एक ऐसी स्थिति नहीं चाहूँगा, जब हम तमाम अच्छे इरादों के साथ अनजाने में ही संसद् को किसी भी तरह से उसके अधिकार से वंचित कर रहे होंगे। वाकई, हम जानते हैं कि ऐसे लोग हैं, जिनकी नीति और योजना हमारे देश में लोकतंत्र के संस्थानों को नष्ट-भ्रष्ट करने की है और आपको उनसे निपटना पड़ेगा। वे लोग, जो लोकतंत्र के संस्थानों को गिराना चाहते हैं, उन्हें अपवित्र करना चाहते हैं, उसे बदनाम करना चाहते हैं, लेकिन जब तक यह उनके लिए अनुकूल रहता है, तब तक वे उनके प्रति स्नेह-वर्षा करते हैं। जिस पल यह उनके अनुकूल नहीं होता, वे उसकी भर्त्सना करते हैं।"

लेनिन के 'कलेक्टेड वर्क' (संग्रहित रचना) में कम्युनिस्टों के वास्ते दी गई चालों का एक पाठ्यपुस्तक जैसा वर्णन!

'महोदय, हम वैसे लोगों में नहीं आते हैं।' और उसके बाद तर्क—

"अगर आवश्यक हो तो संस्थानों को अवश्य ही बदला जाना चाहिए, वे स्थिर तालाब नहीं बन सकते हैं। जिन्हें कुछ मकसद और दिशा अवश्य ही दी जानी चाहिए और बदलती स्थिति के अनुरूप उन्हें ढालने के लिए, हमारे समय की चुनौतियों का सामना करने के लिए उन्हें समय-समय पर नवीकरण करते रहना चाहिए। मैं उससे पूरी तरह सहमत हूँ, और इसीलिए मैं इससे भी सहमत हूँ कि हमारे अपने संविधान की भी समीक्षा करना अनिवार्य है।"

वे पूरी तरह संशोधन के पक्ष में थे। उन्होंने चीजों को इस तरह सुव्यवस्थित ढंग से रखा कि इसे हाजिर-जवाबी कहा जा सकता है। यह आवश्यक है कि इन उच्च पदों पर आसीन लोगों को 'किसी के द्वारा न्यायिक बंदूक की नोंक पर अपहरण करने से बचाया जाए।' उन्होंने इसे विस्तार से कहा, "अपहरणकर्ता कई तरह के होते हैं। अब, अपहरण अनेक तरह से हो सकते हैं। यहाँ महोदय, कोई बंदूक उठा सकता है, मगर आपको रिवॉल्वर अथवा पिस्तौल उठाने की जरूरत नहीं है। उच्च न्यायलय का फैसला आपकी बंदूक है, इसे तान दें और प्रधानमंत्री को अगवा कर लें तथा उन्हें न्यायिक बंदूक की नोक अथवा न्यायिक फैसले की बंदूक की नोक पर इस अपहरण-व्यवसाय से बचा रहे हैं। किसी भी इतने विख्यात या इतने उच्च पदासीन व्यक्ति··· का इस तरह अपहरण नहीं किया जाना चाहिए। इसलिए हम इस विधेयक के जरिए

इस अपहरण व्यवसाय को रोक रहे हैं। हम उनसे सदन में निपटेंगे…''

प्रधानमंत्री के मामले में, एक कानून की अदालत में जाने की दरकार ही क्या है? वह प्रधानमंत्री बनाए/बनाई गए/गई हैं, क्योंकि उन्हें लोकसभा में बहुमत का विश्वास हासिल है। इसलिए लोकसभा को मामले को निपटाना चाहिए। उसे यह तय करना चाहिए कि उसे उस व्यक्ति में अभी भी विश्वास है अथवा नहीं। और इसका आशय प्रधानमंत्री के पक्ष में किसी भेदभाव से नहीं है। तर्कशास्त्री ने एक तर्क के जरिए इसकी व्याख्या की, जो कि अगले ही दिन लज्जा की बात बननी थी—

> ''महोदय, इसका यह मतलब नहीं है कि कानून की नजर में प्रधानमंत्री बराबर नहीं हैं। मान लें, प्रधानमंत्री एक कार चलाते हैं और यातायात के नियमों का उल्लंघन करते हैं, तो वे उतना ही दोषी हैं, जितना मैं। मान लें प्रधानमंत्री एक अपराध करते है तो वे उतना ही दोषी हैं जितना मैं। प्रधानमंत्री जब एक जुर्म करते हैं, तो वे आपराधिक और न्यायिक काररवाइयों से उन्मुक्ति का दावा नहीं कर सकते हैं। इसलिए, वहाँ कानून लागू होता है। कानून प्रधानमंत्री और अन्यों के बीच में भेदभावकारी नहीं है…''

सदस्य ने खुलासा किया कि इन उच्च पदाधिकारियों को 'इस अपहरण-व्यवसाय' से उन्मुक्ति प्रदान करने के बारे में इतनी विशेष बात क्या है? हमें जो स्थिति प्राप्त है, उस कारण हममें से प्रत्येक को कुछ विशेषाधिकार प्राप्त हैं; सांसद होने के कारण मुझे यह उन्मुक्ति हासिल है कि मैं यहाँ जो कुछ भी कहूँ, उसके आधार पर मेरे खिलाफ मानहानि का मुकदमा नहीं चलाया जा सकता। उन्होंने आगे स्पष्ट किया कि वही केस और फैसला, जिसने मौजूदा स्थिति को खड़ा किया है, बदलाव के लिए तर्क प्रदान करते हैं। कहा जा रहा है कि एक अफसर की मदद ली गई। अदालत को बताया गया कि उन्होंने (अफसर ने) इस्तीफा दे दिया था। लेकिन, विरोधियों ने कहा कि इस्तीफे को गजट में अधिसूचित नहीं किया गया था, चाहे उनका इस्तीफा गजट में अधिसूचित किया जाना चाहिए था अथवा इसके पूर्व कुछ होना चाहिए था, वह इतनी शक्तिशाली, भयावह, विनाशकारी चीज हो गई कि प्रधानमंत्री का पद धराशायी हो जाता है और प्रधानमंत्री को पदच्युत कर दिया जाता है! संकट खड़ा किया जाता है और चंद लोग इसे 'संपूर्ण क्रांति' कहना शुरू कर देते हैं! लेकिन हम इसे 'संपूर्ण प्रति-क्रांति' कहते हैं। महोदय, स्वाभाविक है, आपको कानून को संशोधित करना है, आपको वह करना ही है, कोई विकल्प नहीं है। और परेशानी पर गौर करें कि केस महीनों चलता रहा, जहाँ हर चीज खोदी गई। कई

चीजें, जिनका चुनाव के केस से कुछ लेना-दना नहीं था, जिनका इस बात से कोई लेना-देना नहीं था कि कैसे एक चुनाव जीता जाना चाहिए था, उन्हें सामने लाया गया। महोदय, प्रधानमंत्री की तो बात ही छोड़िए, यह एक सामान्य संसद् सदस्य के लिए भी अच्छी बात नहीं है। इसलिए मैं उस तरह की चीज को भली-भाँति समझ सकता हूँ।

और इसका श्रीमती इंदिरा गांधी से कोई मतलब नहीं है।…कल कोई और प्रधानमंत्री हो सकता है, लेकिन संसदीय संस्थान के बारे में हमारी समझ यह है कि प्रधानमंत्री का पद बेहद महत्त्वपूर्ण स्थान रखता है। इसकी एक अंतरराष्ट्रीय छवि है, और एक मुल्क के लिए यह कतई अच्छी बात नहीं है कि वह अपने प्रधानमंत्री को इन तमाम चीजों के हवाले कर दे, यह खासतौर पर तब तक हमारे जैसे देश के लिए अच्छा नहीं है, जब तक वह प्रगतिशील राह पर चलता है…

और इस प्रगतिशील रास्ते पर आगे बढ़ना ही मामले का केंद्रबिंदु है। सदस्य ने घोषणा की, यही कारण है कि यह तमाम बाधा डाली जा रही है और निंदा की जा रही है। सदस्य ने मूल विरोधाभास की ओर बढ़ते हुए यह घोषणा की ''इसलिए महोदय, वे चीजें हैं। देश में जो कुछ हो रहा है, उसे अमरीकी नापसंद करते हैं। पश्चिम जर्मनी के लोग नापसंद करते हैं। साम्राज्यवादी वर्ग, ब्रिटिश साम्राज्यवादी इसे नापसंद करते हैं। वे इसकी निंदा कर रहे हैं। वे एक अभियान चला रहे हैं, उनमें से कुछेक कि जयप्रकाश नारायण के समर्थन में हैं। वे इसकी निंदा कर रहे हैं।

साम्राज्यवाद-विरोधी नेता ने पूछा, ''मैं इससे क्या निष्कर्ष निकालता हूँ?'' और फिर जवाब दिया—

> ''मैं निष्कर्ष निकालता हूँ कि शायद हमने उनके खिलाफ गंभीर आघात किया है। महादेय, मैं दक्षिणपंथी ताकतों के खिलाफ इस काररवाई को अमेरिकी नव-उपनिवेशवाद की रणनीति के खिलाफ आघात के रूप में देखता हूँ…अपने देश में दक्षिणपंथी प्रतिक्रियावादी आनंदमार्गी, आर.एस.एस. और अन्य के खिलाफ जो हल्ला बोला गया है, वह ऐसा हमला है, जिसने अस्थिरता फैलाने की अमरीकी रणनीति के आधार पर ही चोट पहुँचाई है। देश के अंदर इन तत्त्वों की रणनीति सत्ता में दक्षिणपंथी ताकतों को लाना है, ताकि नव-उपनिवेशवाद का हाथ ऊपर हो सके। इसलिए महोदय, हम उस दृष्टि से भी खुश हैं। यह इस कारण नहीं कि काररवाई अंतरराष्ट्रीय महत्त्व की है। यह इस कारण कि दुनिया के तमाम प्रगतिशील वर्ग, समाजवादी देशों का तो

कहना ही क्या, समाजवादी देशों के लोग भी इन काररवाइयों का पूरा समर्थन कर रहे हैं। महोदय, ये कदम इन्हीं के अनुरूप उठाए गए हैं।

"और कोई झिझक नहीं होनी चाहिए। हम एक संघर्ष के बीच में हैं। हम उस तरह से भले ही न लड़ रहे हों जैसे कि कुछ लोग लिस्बन या उत्तरी पुर्तगाल की गलियों में लड़ रहे हैं। हो सकता है कि प्रतिक्रिया और प्रतिक्रियावादियों की भीड़ हाथों में बंदूक लेकर गलियों में, सड़कों पर न उतरी हो। वह हम सबके लिए घातक दिन होगा। लेकिन तथ्य है कि विचारधारा के धरातल पर हम एक लड़ाई के बीच में हैं। हमें संवैधानिक, राजनीतिक, कानूनी या आर्थिक रूप से बाध्य नहीं किया जाता है, लेकिन हमें उस स्थिति से लड़ाई लड़नी है, जहाँ से हम उन पर सर्वाधिक प्रभावी ढंग से हमला कर सकें और उन्हें इतनी चोट पहुँचाएँ कि वे पूर्ण समर्पण कर दें। संपूर्ण क्रांति के बहादुर सैनिकों, योद्धाओं और जनरलों को पूर्ण समर्पण की हालत में हम ले आएँ। यही है वह बात, जिसे हमें पसंद करनी चाहिए। इसलिए, यह कदम खुद को नैतिक और राजनीतिक नजरिए से भी उचित साबित करता है। संवैधानिक नजरिए की बात छोड़िए, क्योंकि वे इस पर निर्भर कर रहे हैं, वे कुछ तथ्यों पर, उनके लिए खुले कुछ अन्य मौकों पर वे निर्भर कर रहे हैं। इसलिए महोदय, यह एकदम ठीक है कि हमारे हाथ यह अवसर आया है।"

भूपेश गुप्ता ने अकेले दम पर पूरी परिचर्चा को ऊपर उठाकर नैतिक धरातल पर रख दिया। इसके लिए हम देखेंगे कि कानून मंत्री ने विशेष आभार व्यक्त किया!

अगले वक्ता तमिलनाडु से थे। उन्होंने संक्षेप में अपनी बात रखी। उन्होंने कहा कि यह संशोधन अन्य संशोधनों की तरह ही है। ज्यादातर संशोधनों की आवश्यकता इसलिए पड़ी कि संविधान की जो न्यायिक व्याख्या की गई, वह संविधान की भावना के अनुरूप नहीं थी। भारतीय संवैधानिक ढाँचे में प्रधानमंत्री की एक 'धुरीय स्थिति है।' और क्या हो गया है?

उस सम्मानजनक स्थिति को हताश राजनीतिज्ञों ने दिन-रात एक कर झूठी अफवाहें फैलाकर दूषित कर दिया है, बदनाम कर दिया है। दक्षिणपंथी प्रतिक्रियावादियों ने जो विनाशकारी अभियान छेड़ा है, वह और कुछ नहीं, बस प्रधानमंत्री इंदिरा गांधी की प्रतिष्ठा को धूमिल करना है। इंदिरा से आदतन-घृणा करनेवाले कुछ भी कर सकते हैं। लेकिन महोदय, देश को अब भली-भाँति पता है कि इंदिरा गांधी एकमात्र नेता हैं, जिनके देश भर में अनुयायी हैं। वे एकमात्र दृश्यमान राजनीतिक नेता हैं,

जिन्हें भारत में तमाम वर्गों का सम्मान प्राप्त है। क्या इस प्राधिकार को और क्या इस सम्मान को राजनीतिक हताशा की सनक और मनमानी के आगे छोड़ा जा सकता है? मैं सोचता हूँ कि 39वें संशोधन ने इस आपदा को रोक दिया है।

उत्तर प्रदेश के एक सदस्य ने चिल्लाकर कहा, ''मैं समझ नहीं सकता कि ऐसा संशोधन इतने लंबे समय तक कानून मंत्रालय के ध्यान से बचा कैसे रहा! और इसके परिणाम के रूप में क्या घटित हुआ? कुछ समय पहले नुक्कड़ के किसी शख्स ने प्रधानमंत्री के खिलाफ एक याचिका दायर कर दी। और क्या हुआ? दो छोटे मुद्दों अथवा बातों पर आया फैसला उनकी राह में रोड़ा बन गया। और जो शब्द इस्तेमाल किया गया, वह 'भ्रष्टाचार' था। मेरे मित्रो, इतने बड़े मुल्क के प्रधानमंत्री की निष्ठा एवं ईमानदारी के खिलाफ कौन सवाल खड़ा कर सकता है अथवा कोई बात कह सकता है, धरती पर ऐसा कौन है, जो प्रधानमंत्री के विरुद्ध कुछ वैसा कह सकता है, जैसा कि समय-समय पर कुछ गैर-जिम्मेदार लोगों द्वारा कहा जाता है? प्रधानमंत्री ने 80 हजार या 90 हजार वोटों से जीत हासिल की थी।''

एक सदस्य ने उन्हें सुधारा, ''एक लाख वोटों से भी ज्यादा···''

कानून मंत्री खड़े हुए। उन्होंने कहा कि वे एकदम जवाब देना नहीं चाहते थे, क्योंकि जन प्रतिनिधित्व कानून में संशोधन पर परिचर्चा के दौरान उन्होंने ज्यादातर मुद्दों या बातों पर पहले ही जवाब दे दिया था, ''लेकिन मैं इस मौके पर उन बातों से पूरी तरह सहमति व्यक्त करता हूँ, जो कुछ मेरे मित्र एवं सहयोगी भूपेश गुप्ता ने कही कि मौजूदा संशोधन न केवल संवैधानिक और कानूनी रूप से उचित है, बल्कि नैतिक रूप से भी उचित है।'' और यह कुछ ऐसी बात है जिसे स्पष्ट रूप से समझने की जरूरत है—

> ''मैं जोर देकर कहना चाहूँगा कि यह नैतिक रूप से उचित है, क्योंकि संशोधन के पीछे मूल अवधारणा यह है कि इन चार उच्च पदों पर आसीन लोगों, जो लोगों के विशाल बहुमत द्वारा चुने गए हैं और जो व्यापक रूप से लोगों का प्रतिनिधित्व करते हैं तथा चुनावी जनादेश के आधार पर इन पदों पर बैठे हुए हैं, को किसी भी प्राधिकार, जो कि न्यायिक प्राधिकार, चाहे वह उच्च न्यायालय हो या उच्चतम न्यायालय या किसी अन्य प्राधिकार, जैसे बाहरी प्राधिकार द्वारा हटाया नहीं जा सकता। यह एक स्वीकृत सिद्धांत है कि लोगों की इच्छा ही अंतिम शब्द है और किसी भी न्यायिक व्याख्या, चाहे यह कितनी भी ऊँची क्यों न हो, जनादेश को खारिज नहीं कर सकती।

यही कारण है कि मैं कहता हूँ कि इस (संशोधन) को न केवल कानूनी या संवैधानिक आधार प्राप्त है, बल्कि नैतिक आधार भी प्राप्त है…''

मतदान के लिए समय—हाँ : 161, नहीं : शून्य[1] लोग प्रमाणित हो गए!

## सार्वभौमिकता पुनः दोगुनी हो गई

आपातकाल और ढेरों किए जा रहे परिवर्तनों के प्रति अपने समर्थन का महत्त्व कम करते हुए, सी.पी.आई. के भूपेश गुप्ता ने 8 अगस्त को कहा था कि प्रधानमंत्री की हिफाजत के लिए, जो व्यवस्था की जा रही है, ताकि उनके चुनाव को चुनौती न दी जा सके, वह उन्हें कानून की नजरों में अन्य से ऊपर नहीं रखता। वे अभी भी किसी जुर्म के लिए जिम्मेदार ठहराई जाएँगी। याद करें, उन्होंने कहा था कि यदि वे यातायात नियमों का उल्लंघन करते/करती हैं तो वे इसके लिए दोषी ठहराए/ठहराई जाएँगे/जाएँगी। यह तर्क 8 अगस्त को दिया गया था।

इसके अगले ही दिन 9 अगस्त, 1975 को यानी उच्चतम न्यायालय द्वारा उनको (इंदिरा गांधी) की अपील पर सुनवाई किए जाने के ठीक दो दिन पहले, साम्राज्यवादी/सांप्रदायिक/प्रतिक्रियावादी ताकतों के खिलाफ लड़ाई और आगे बढ़ गई।

प्रधानमंत्री को महज उनके चुनाव के मामले में चुनौतियों से कवच क्यों प्रदान करें? आखिरकार, वे लोगों की सबसे ऊँची प्रतिनिधि हैं, वे मुल्क की आकांक्षाओं, देश के मान-सम्मान, संसद् की सार्वभौमिकता को प्रतिबिंबित करती हैं। उन्हें तमाम काररवाइयों से सुरक्षा-कवच प्रदान किया जाना चाहिए।

और ठीक यही काम राज्यसभा ने निस्संदेह अपनी सार्वभौम शक्ति का प्रयोग करते हुए, संविधान (इकतालीसवें संशोधन) विधेयक में किया। तत्कालीन कानून मंत्री एच.आर. गोखले ने 9 अगस्त, 1975 को विधेयक पेश किया। हरेक सदस्य, जिन्होंने अपनी बात रखी, ने एक-दूसरे से आगे बढ़-चढ़कर विधेयक के लिए अपना तहेदिल से और उत्साहजनक समर्थन व्यक्त किया। एक के बाद एक सदस्यों ने कहा कि उन्हें आश्चर्य है कि ऐसा विधेयक पहले क्यों नहीं लाया गया था।

गोखले ने सदन से कहा, ''यह एक संक्षिप्त और एक सरल विधेयक है।'' संविधान के अनुच्छेद 361 में बस कुछ बदलाव सुझाए जा रहे हैं।

---

1. संविधान (चालीसवाँ संशोधन) विधेयक, संसदीय बहस, राज्यसभा, सरकारी रिपोर्ट, 8 अगस्त, 1975, 9-64.

**यह अनुच्छेद अब यह व्यवस्था प्रदान करेगा,**

यदि कोई व्यक्ति राष्ट्रपति या प्रधानमंत्री या एक राज्य का राज्यपाल रहा है, तो उनके द्वारा यह पद सँभालने के पूर्व या कार्यकाल के दौरान किए गए किसी भी कार्य के लिए किसी अदालत में कोई आपराधिक काररवाई नहीं चलाई जा सकती और ऐसे किसी कार्य को लेकर किसी अदालत द्वारा गिरफ्तारी या जेल भेजने की प्रक्रिया भी शुरू नहीं की जा सकती।

**इससे और आगे,**

राष्ट्रपति या प्रधानमंत्री, या राज्य के राज्यपाल के खिलाफ उनके कार्यकाल के दौरान उनके द्वारा किए गए किसी कार्य अथवा यह पद सँभालने के पूर्व व्यक्तिगत तौर पर उनके द्वारा किए गए किसी कार्य के लिए किसी अदालत में कोई दीवानी काररवाई नहीं की जा सकती।

कितना संक्षिप्त! कितना सरल!

और क्या ही तारीफ!

गोखले ने सदन से कहा, ''यह कितनी असंगत बात है कि हालाँकि अभी तक कुछ कम रूप में राष्ट्रपति और राज्यपालों को यह रक्षा-कवच मिला हुआ है, लेकिन यह प्रधानमंत्री को उपलब्ध नहीं है, जबकि वह 'एक धुरीय स्थिति रखते/रखती हैं। इसलिए, यह विधेयक लाया गया है।''

इसके बाद जिस पहले सदस्य ने अपनी बात रखी, उन्होंने कहा कि संविधान में 'गंभीर कमी' रही है। उन्होंने माना कि यह सच है कि प्रधानमंत्री का पद धारण करनेवाला एक राजनीतिक दल का नेता होता है और उसी पार्टी का बना रहता है, लेकिन जिस क्षण वह इस उच्च पद पर आसीन होता है, वह सभी लोगों का नेता बन जाता है। प्रधानमंत्री की यह जिम्मेदारी होती है कि वह तमाम जनता का कल्याण और उनकी भलाई सुनिश्चित करे, चाहे लोगों के दलीय संबंध कुछ भी हों।' वैसे, उस सदस्य को यह विचार मन में नहीं आया कि इसी तर्क के आधार पर उन लोगों को भी विधेयक में शामिल किया जाना चाहिए, जो राज्यों के मुख्यमंत्री या मंत्री बनते हैं।

उन्होंने अपनी बात जारी रखी, ''इसलिए प्रधानमंत्री के इस उच्च पद को हमारा पूरा सम्मान मिलना ही चाहिए और यह प्रत्येक नागरिक का अनिवार्य कर्तव्य है कि वह पदासीन व्यक्ति का मान-सम्मान करे। लेकिन दुर्भाग्यवश, ऐसी समझदारी

का भाव हाल के अतीत में देखने को नहीं मिला और प्रधानमंत्री के पद को नीचा दिखाने की ऐसी प्रवृत्ति को रोका जाना है। इसलिए, मैं इस संशोधन का स्वागत करता हूँ।''

उन्होंने कहा, ''लेकिन इस प्रकार के संशोधन पर्याप्त नहीं हैं। इसलिए वे बहुत प्रसन्न हैं कि कानून मंत्री ने कहा है कि पूरे संविधान पर फिर से नजर डालने की जरूरत है।''

अगले वक्ता ने खुलासा किया, हम आपातकाल में हैं; जो कि एक मुल्क के इतिहास में खास अवधि में बहुत आवश्यक होता है। हमें तेज छलाँगें लगानी होंगी। लेकिन इस देश में ऐसे लोग हैं, जिनका दिमाग पहले से अनुकूलित है और उस हद तक जड़ है, जो कहते हैं कि संविधान पवित्र है और इसे छूना नहीं चाहिए। मगर संविधान तो मानव-निर्मित है। उन्होंने कहा, ''इसे बनाने में, उस समय की परिस्थितियों के कारण, संविधान निर्माताओं ने 'स्वतंत्रता के विचार को प्रमुखता दी' लेकिन इस स्वतंत्रता का इस हद तक दुरुपयोग किया गया है कि 'स्वतंत्रता, स्वच्छंदता और मनमानी में बदल गई है तथा लोकतंत्र का स्तर गिरकर भीड़तंत्र में बदल गया है।''

जब परिस्थितियाँ बदलती हैं, तो संविधान को बदलना होगा। क्या हमारे पास खुद ईश्वर का उदाहरण नहीं है? ''महोदय, परिवर्तन आवश्यक हैं। यह कहा जाता है कि पुरानी व्यवस्था बदलती है और नई व्यवस्था के लिए जगह देती है; तथा ईश्वर खुद ही कई तरीकों से खुद को पूरा करता है, ताकि एक अच्छी परंपरा दुनिया को भ्रष्ट न कर दे। जब ईश्वर खुद परिवर्तित होता है, तो संसद् को भी बदलना चाहिए। कोई भी प्रणाली निरपेक्ष नहीं है। कोई भी संविधान निरपेक्ष नहीं हो सकता। तमाम चीजें सापेक्ष हैं। संविधान सापेक्ष है। शासन-प्रणाली सापेक्ष है। संसदीय लोकतांत्रिक प्रणाली भी परिस्थिति की खास आवश्यकताओं के सापेक्ष है। इसलिए जहाँ संविधान में बदलावों की जरूरत है, हमें इसे बदलना है, और इसका यह मतलब नहीं है कि हम जो परिवर्तन करते हैं, उसे स्थायी होना चाहिए। कल अन्य परिस्थिति खड़ी हो जा सकती है। तब हमें इसमें बदलाव करना होगा। यही जीवन का नियम है। हम जीवन के नियम के खिलाफ नहीं जा सकते, जैसा कि इस देश के प्रतिक्रियावादी इस बहाने कर रहे हैं कि संविधान पवित्र है, मानो ईश्वर ने यह संविधान सीधे इस देश को दिया हो! यह प्रवृत्ति प्रतिक्रियावादी, प्रगतिशीलता-विरोधी और जन-विरोधी है।''

अगले वक्ता ने घोषणा की, ''प्रधानमंत्री बहुत ही अहम स्थान रखते हैं। प्रधानमंत्री, दरअसल अब पूरे ढाँचे की धुरी हैं। वस्तुत:, इस संघात्मक राजनीतिक व्यवस्था में, यह प्रधानमंत्री का व्यक्तित्व है और यह प्रधानमंत्री की छवि है, जो कि जोड़नेवाली, एकीकृत करनेवाली ताकत है। और, हमारे देश के लिए जिस चीज की जरूरत है, वहाँ अधिकांशत: इस मुल्क में एकता के बंधन को और मजबूत करना है··· इसलिए, हम ऐसा कुछ भी करने की इजाजत नहीं देंगे, जो उस छवि को कलंकित करे, दूषित करे।''

लेकिन पिछले कुछ वर्षों में क्या हो रहा है? ये कांग्रेस-विरोधी पार्टियाँ एकजुट हो गईं और कांग्रेस को हटाकर लोकतंत्र को नीचे से नष्ट करना चाहा। लेकिन इन दलों के कार्य-प्रदर्शन को देख लेने के बाद, लोग कांग्रेस की ओर वापस आए। जब इन लोगों ने देखा कि गैर-कांग्रेसवाद लाभांश नहीं दे रहा है तो उन्होंने शिखर से, पिरामिड की चोरी से कांग्रेस को नष्ट करना चाहा। गैर-कांग्रेसवाद से गैर-इंदिरा गांधी, यही रूपांतरण 1971 से हुआ···वे केवल शख्सियतों को निशाना बना रहे हैं, उन पर हमले कर रहे हैं, नेतृत्व की छवि को नष्ट कर रहे हैं और सिर्फ ब्लैकमेल कर रहे हैं···इसलिए, यह विधेयक···

वक्ता की बात समाप्त नहीं हुई थी। उन्होंने तात्कालिक समस्या की जड़—न्यायपालिका पर निशाना साधा। उन्होंने कहा, ''न्यायपालिका ने कार्यपालिका की भूमिका निभाने की कोशिश की। महोदय, न्यायपालिका को यह महसूस करने दें कि न्यायिक कार्यों और कार्यपालिका के कार्यों के बीच कहाँ विभाजन रेखा है। न्यायाधीशों को 'दृष्टांतों के लिए उनकी आसक्ति' से ऊपर उठने दें।'' उन्होंने घोषणा की, ''न्यायपालिका को एक ब्रेक की तरह काम नहीं करना चाहिए। इसे एक ब्रेक की तरह, एक स्थायी ब्रेक की तरह काम मत करने दें। हम इस बारे में दृढ़-प्रतिज्ञ हैं।'' उन्होंने कहा, ''महोदय, दूसरी बात है, सवाल है कि देश पर कौन शासन करेगा?''

लोगों के एक अन्य प्रतिनिधि, संप्रभुता के एक अन्य प्रवक्ता ने बीच में ही कहा, ''संसद्।''

हमारे वक्ता ने बात जारी रखी, ''मैं सोचता हूँ कि हमने एक बार पहले ही तय कर लिया है। संभवत: हमारी न्यायपालिका को इस बारे में बार-बार कहे जाने की जरूरत है। मैं सोचता हूँ कि यदि हम उन्हें इस बात का अहसास नहीं कराते हैं, तो हम अपना कर्तव्य पूरा करने में विफल रहेंगे। यह लोगों का संस्थान, प्रतिनिधि

संस्थान, संसद् है, जिसके पास अंतिम शब्द है और यह बात उन्हें अवश्य ही बता देनी चाहिए…''

अगले वक्ता ने घोषणा की, ''देर आयद, दुरुस्त आयद।'' जब हम बड़े हो जाते हैं, तो हम उन कपड़ों को पहनते नहीं रह सकते हैं जो तब बनाए गए थे, जब हम पाँच साल के थे। हम शीतकाल में उन कपड़ों को नहीं पहन सकते, जो ग्रीष्मकाल के लिए बनाए गए थे। हम लद्दाख और कश्मीर में उन कपड़ों को नहीं पहन सकते, जिन्हें हमने मैदानी इलाकों के लिए बनवाया था। हम बीसवीं सदी में हैं। पहले की तुलना में बदलाव की रफ्तार सौ गुना तेज है। हम वे भोजन नहीं खाते रह सकते हैं, जो हमारे पूर्वजों ने हजारों साल पहले ईजाद किए थे, जबकि हम आज एक ऐसी दुनिया में रह रहे हैं, जो चाँद पर जा रही है। जब हवाई जहाज चलन में आ गया है, तो हम बैलगाड़ी से यात्रा करते नहीं रह सकते हैं।

उन्होंने कहा कि प्रधानमंत्री की स्थिति राज्यपालों और उनकी तरह के पदाधिकारियों की तुलना में ज्यादा अहम है। प्रधानमंत्री के व्यक्तित्व में, देश की पूरी शक्ति निहित होती है। वह देश के लिए, राष्ट्र के लिए बोलता है। जब वह कोई कदम उठाता है, तो वह देश की ओर से उठाया गया कदम होता है। वह मुल्क को रास्ता दिखाता है। वह देश को आगे ले जाता है। यह वह शख्स है, जो देश को सुरक्षित रखता है, जो देश की एकता को मजबूत करता है। जब ऐसा व्यक्ति कपटी लोगों के कारण तुच्छ मामलों में फँस जाता है, तो न केवल उसका ओहदा नीचा होता है, बल्कि देश का कद, देश की प्रतिष्ठा पर भी आँच आती है…।

उन्होंने प्रतिध्वनित किया, लेकिन ऐसे एक-एक संशोधन लाना पर्याप्त नहीं है। हमें अवश्य ही पूरे संविधान की समीक्षा करनी चाहिए। दरअसल, जब हम संशोधनों को एक-एक कर लाते हैं, तो हमारी मंशाओं पर सवाल खड़े किए जाते हैं, और यह निष्कर्ष निकाला जाता है कि मौजूदा स्थिति में किसी चीज के कारण हम ये बदलाव ला रहे हैं… इसलिए पूरे संविधान की अवश्य ही समीक्षा की जानी चाहिए, और इसके लिए एक समिति का गठन किया जाना चाहिए…

लोगों की सार्वभौमिकता की घोषणा करने तथा उन लोगों के उच्चतम प्रतीक, सार्वभौमिकता की प्रतिमूर्ति, श्रीमती इंदिरा गांधी के प्रति निष्ठा का प्रदर्शन करने, दोनों में वक्ता ऊँची-से-ऊँची उड़ान भर रहे थे। अगले वक्ता ने उन सबको पीछे छोड़ दिया, वे उनसे दोगुना आगे निकल गए। उन्होंने बार-बार इजहार किया कि

वह एक आम आदमी हैं और यहाँ तक कि अंग्रेजी भी नहीं जानते हैं। मगर उन्होंने आम आदमी के अधिकारों का भरपूर इस्तेमाल किया और ऊँची उड़ान भरी। उन्होंने कहा कि संविधान निर्माताओं ने एकदम भिन्न परिस्थितियों में संविधान को तैयार किया था। 'उन्होंने ऐसे वक्त की कभी भी कल्पना नहीं की कि ऐसे लोग विपक्षी दलों में भरे होंगे, जो संविधान की आड़ लेते हुए, इस देश में ऐसे काम करेंगे, जो लोगों को आहत करेंगे...' इन कानूनों और इस संविधान के तहत ऐसी पार्टियों, क्षेत्रीय पार्टियों को मान्यता दी गई है। उन्होंने पहले तो लाठियों के जोर से लोगों को वोट देने से रोककर सत्ता पर कब्जा करने की कोशिश की। जब यह कोशिश कामयाब नहीं हुई, तो उन्होंने साजिश रची कि अदालतें शासकों के खिलाफ निंदात्मक आदेश पारित करें, ताकि शासक उनके लिए कुर्सियाँ खाली कर दें। "हमारे संविधान के निर्माताओं को इसकी भनक नहीं थी कि विपक्षी दलों में ऐसे सड़े हुए लोग भरे होंगे कि पार्टियाँ गठित करने में विफल होकर, वे पार्टीविहीन लोकतंत्र की बात शुरू कर देंगे।" यह इस मामले के जयप्रकाश नारायण के सिद्धांत की ओर संकेत था।

उन्होंने घोषणा की, "उन्होंने यह कल्पना भी नहीं की होगी कि न्यायपालिका इतनी घटिया हो जाएगी कि यह विदेशी एजेंटों से हाथ मिला लेगी और काम करेगी। यहाँ इंदिरा गांधी हैं, जिनके दादा ने उत्तर प्रदेश में काम किया, जिनके पिता ने उत्तर प्रदेश को पोषित किया, सेवा की, जिनके आदरणीय पति ने रायबरेली की सेवा की, उस निर्वाचन क्षेत्र में इंदिरा गांधी ने यशपाल कपूर[1] की वजह से जीत हासिल की?" उन्होंने माँग की, "क्या संविधान निर्माताओं ने सोचा भी होगा कि इस मुल्क में ऐसे नीच और ऐस शैतान जज होंगे?" उनके जुमले मूल रूप में रखे जाने चाहिए, "क्या कांस्टीट्यूशनल फ्रेमर्स को यह पता था कि ऐसे घटिया और कमीने जज भी इस देश में हो सकते हैं?"

उन्होंने सार्वभौम लोगों के सार्वभौम प्रतिनिधि के रूप में, सार्वभौम संसद् से कहा, "हमें हालाँकि इस विधेयक को अवश्य ही पारित करना चाहिए, लेकिन हमें दो अन्य चीजें भी करनी चाहिए। पहला, क्षेत्रीय दलों पर प्रतिबंध लगाने के लिए संविधान का संशोधन किया जाना चाहिए।" दूसरा, "हमें ऐसे किसी शख्स को जज नहीं बनने देना चाहिए। दरअसल, मैं तो कहता हूँ कि ऐसे जज, जिनकी मानसिक क्षमता इतनी पर्याप्त ढंग से काम नहीं करती कि वे यह जान सकें कि कौन ज्यादा

1. इंदिरा गांधी के लंबे समय से सहायक रहे, जिनका उल्लेख न्यायमूर्ति सिन्हा के फैसले में हुआ था।

महत्त्वपूर्ण है, इंदिरा गांधी या यशपाल कपूर, ऐसे जजों को दंडित किया जाना चाहिए।''

आम आदमी की बात समाप्त नहीं हुई थी। ''दरअसल, मेरा विचार है कि यह जज सी.आई.ए. का एजेंट हो सकता है अथवा वह पागल है। उसका स्थान अमरीका में है या आगरा के पागलखाने में है।

लोगों के एक अन्य सार्वभौम प्रतिनिधि ने सुर-में-सुर मिलाया, ''एक पागलखाना बरेली में भी है।''

''हाँ, बरेली में भी एक पागलखाना है, वह भी एक सही स्थान है…''

और कौन कहे कि सदस्य को यह सब कहने का अधिकार और प्राधिकार नहीं है? आखिरकार, वह एक आम आदमी के रूप में बोल रहा है। एक ऐसा व्यक्ति, जो अंग्रेजी न जानने की बात से प्रमुदित होता है। लोगों का एक सच्चा प्रतिनिधि? सार्वभौमिकता रूपी ईश्वरीय शक्ति का एक स्फुरण!

अगले वक्ता ने शुरुआत की, ''जब संविधान का निर्माण किया गया, तब सम्मान के पदों की रक्षा करना आवश्यक था। आज काम के पदों की रक्षा करना आवश्यक है। महोदय, संविधान राष्ट्र के जीवन का प्रतीक है। जीवन प्रवाहित होता है। वही जल निर्मल, साफ रहता है, जो बहता रहता है… । उस वक्त, गांधीजी की हत्या के कारण आर.एस.एस. गायब हो गया था; विभाजन के कारण मुसलिम सांप्रदायिकता गायब हो गई थी' संविधान निर्माता यह कैसे सोच सकते थे कि 'यह जहर की गाँठ' 25 साल बाद फिर से पनप जाएगी? हाँ, उस दौर के राजकुमार चले गए हैं। लेकिन अपने आभूषणों और करोड़ों की छिपी दौलत के बूते, वे समाज को खतरे में डालने की साजिश रच रहे हैं। तथा उनकी इस मुहिम में नव धनाढ्य, पूँजीपति भी साथ हो गए हैं। ऐसी परिस्थितियों में, हमें संविधान की पूरी तरह समीक्षा करनी चाहिए।''

उन्होंने उद्घोषणा की, ''आज भारत की प्रधानमंत्री महज देश की प्रधानमंत्री नहीं हैं। वे भारतीयता की प्रतिमूर्ति, भारत की एकता का, भारत की प्रगति का प्रतीक बन गई हैं। ऐसी परिस्थितियों में, अगर किसी फौजदारी अदालत में उनके खिलाफ कोई केस शुरू होता है, तो खुद देश की इज्जत मिट्टी में मिल जाएगी। इस संशोधन को पहले ही लाया जाना चाहिए था…

यह महज आम लोगों के लिए बात करने का वक्त नहीं था, जैसा कि पूर्ववर्ती वक्ताओं ने पहले ही किया था। यह गरीबों के नाम पर बोलने का वक्त था।

हम समाजवादी कांग्रेस में फिर से शामिल हो गए हैं, क्योंकि हम जिन चीजों की माँग करते थे क प्रिवी पर्सों को खत्म करो, बैंकों का राष्ट्रीयकरण करो, आयात-निर्यात व्यापार का राष्ट्रीयकरण करो, उन सभी पर कांग्रेस द्वारा कानून बनाए गए हैं और उन्हें लागू भी किया गया है। समाजवादी नेता ने इस तरह अपनी घर वापसी की व्याख्या की। इसलिए, यह उन दिनों की कांग्रेस नहीं रह गई है। महोदय, मैं आपके जरिए, कानून मंत्री से अपील करूँगा कि वह इन पूँजीपतियों, जिनके पास भी पाँच-दस लाख या इससे ज्यादा की दौलत है, का मताधिकार छीन लें। गरीबों की इस धरती पर, इन करोड़पतियों को कोई मताधिकार नहीं होना चाहिए, ये धन्नासेठ हैं, जो अपने करोड़ों की संपत्ति के बूते समाज में जहर भरने पर आमादा हैं…''

गौर करें कि घटक या अवयव कैसे एक-दूसरे से घुलते-मिलते गए हैं। लोग, गरीब, उनके प्रतिनिधि, आम आदमी, प्रगतिशील…और आपस में मिलकर, वे कहाँ ले जाते हैं!

अगले वक्ता ने शुरुआत की, ''प्रधानमंत्री हमारे संविधान की आधारशिला हैं, जिनके इर्द-गिर्द हमारे लोकतंत्र की चक्की घूमती है। अगर प्रधानमंत्री की रक्षा नहीं की जाती है, अगर प्रधानमंत्री पर ऐसे हमलों का रास्ता खुला रहता है, तो यह व्यक्ति अपने पद की जिम्मेदारियों का निर्वाह नहीं कर सकता है।'' उन्होंने घोषणा की, ''इसका किसी व्यक्ति से कुछ लेना-देना नहीं है, यह एक सिद्धांत की बात है…। हमें अवश्य ही संविधान पर पुनर्विचार करना चाहिए, खासकर संपत्ति से जुड़े प्रावधानों पर…। हमें इसे अवश्य ही बदलना चाहिए, ताकि हमारे लक्ष्य की प्राप्ति हो, ताकि हमारे विचारों की जीत हो…।''

वक्ता ने लोगों, खासकर गरीबों और वंचितों, तथा उनके प्रतिनिधियों की थीम को गरमाते हुए कहा कि महोदय, एक और बात है। महोदय, उच्च न्यायालयों एवं उच्चतम न्यायालय के जजों की बात होती रही है। मैं सोचता हूँ कि कोई भी उन परिस्थितियों से बच नहीं सकता, जिनमें वह पैदा हुआ है, जिनमें उसका पालन-पोषण हुआ है, जिसमें वह जीवन जीता है। यही कारण है कि ये अदालतें मुख्य तौर पर ऐसे लोगों से भरी हुई हैं, जो समाज के संपन्न तबके से आते हैं। वे बस गरीबों, दबे-कुचले, भूखे लोगों का प्रतिनिधित्व नहीं कर सकते हैं। वे बस उनकी भावनाओं को समझ ही नहीं सकते हैं। वे एक ऐसे माहौल में पले-बढ़े हैं कि उनमें गरीबों की बातों को समझने की क्षमता ही नहीं है। इसलिए, मैं कानून मंत्री से अपील करता हूँ

कि ऐसे लोगों को जज नियुक्त करें, जिनकी भावनाएँ उन गरीबों के साथ जुड़ी हों, जो उनका प्रतिनिधित्व कर सकें, जो हमेशा उन्हें अपने दिमाग में रखें··· । जमींदारी उन्मूलन में, किराया कानून में वे कैसी बाधाएँ खड़ी करते रहे हैं···, इसलिए ऐसे बंदों को उच्च न्यायालयों और उच्चतम न्यायालय में रखें, जो गरीबों की भावनाओं के प्रति संवेदनशील हों। और जिनकी वैसी ही विधारधारा हो, जैसी कि सत्ताधारी पार्टी में हमारी है। तभी वे हमारी सोच के मुताबिक फैसला देंगे···

हरेक सदस्य द्वारा उनके पक्ष में बोल लिये जाने के बाद, 'बहस' के जवाब में, कानून मंत्री उतने ही संक्षिप्त और सरल थे, जितना कि उनके अनुसार विधेयक था।

विधेयक को उसी दिन पारित कर दिया गया, उसी सत्र में। हाँ : 154, नहीं : शून्य।[1]

वह 9 अगस्त, 1975 था। संसद् ने, अपनी सार्वभौम शक्तियों के साथ, चुनाव कानून को बदल डाला था, उसे 'कानूनी' या 'वैध' घोषित कर दिया था, जो अब तक अवैध था। इसने संविधान का संशोधन कर डाला था, ताकि श्रीमती इंदिरा गांधी का चुनाव उच्चतम न्यायालय की पहुँच के बाहर रहे। अब उस सार्वभौम के आधे भाग ने उनके तमाम कार्यों—अतीत, वर्तमान और भविष्य के कार्यों को दीवानी एवं फौजदारी कानून के दायरे से बाहर कर दिया था।

सार्वभौम ने श्रीमती गांधी को उच्चतम न्यायालय के वास्ते भली-भाँति तैयार कर दिया था!

ज्यों-ज्यों महीने गुजरते गए, चाकू का आखिरी वार अनावश्यक लगने लगा। क्या यह गलत धारणा भी बना सकता था? दुश्मन कह रहे थे कि चुनाव कानून को संशोधित कर दिया गया, क्योंकि श्रीमती गांधी भ्रष्ट तरीकों की दोषी पाई गई थीं। क्या वे अब कहेंगे कि उन्हें अपनी आपराधिक गतिविधियाँ छुपानी थीं और इसी वजह से आखिरी विधेयक को पारित किया गया था?

जो भी हो, जरूरत कहाँ है? लाखों लोग जेल में बंद हैं। मुल्क खामोश है। रेलगाड़ियाँ वक्त से चल रही हैं···

☐

1. पूर्वोक्त के लिए, 'संविधान (इकतालीसवाँ संशोधन) विधेयक, 1975' संसदीय बहस, राज्यसभा, सरकारी रिपोर्ट, राज्यसभा सचिवालय, 9 अगस्त, 1975, 1 से 58.

# 8

# सार्वभौमिकता की पूरी बाढ़

लेकिन लोगों को अवश्य ही आगे बढ़ना चाहिए। सामाजिक-आर्थिक क्रांति लाई जानी है। अदालतें रोड़ा बनी हुई हैं। मौलिक अधिकार बाधा बने हुए हैं, खुद संविधान की पूरी समीक्षा किए जाने की जरूरत है। और सार्वभौम के रूप में, संसद् इसके साथ चाहे जो कर सकती है।

एक परचा सामने आया, ''हमारे संविधान का एक ताजा अवलोकन, कुछ सलाहें।'' इसके प्रस्ताव न्यायपालिका का पूरी तरह गला घोंट देंगे। बँधी हुई कांग्रेस ने एक प्रस्ताव पारित किया, जिसमें इस बात की वकालत की गई कि गरीबों और कमजोर वर्गों की तकलीफों को दूर करने के लिए यह एकदम जरूरी है कि हमारे संविधान की पूरी तरह पड़ताल की जाए। कुख्यात 'स्वर्ण सिंह समिति' की स्थापना की गई और उसने वैसे ही प्रस्ताव रखे, जैसे कि उसने सोचा कि उससे अपेक्षित थे। जैसी कि उनकी (श्रीमती गांधी की) परिपाटी थी, श्रीमती गांधी ने एक समानांतर समूह बना रखा था, जिसने और भी विनाशकारी बदलावों का मसौदा तैयार किया था। शीघ्र ही, बयालीसवाँ संशोधन संसद् के सामने पेश कर दिया गया।

हम जिन बातों पर विचार कर रहे हैं, उस लिहाज से इस संशोधन के तीन पहलू महत्त्वपूर्ण हैं—

> नागरिकों और राज्य के बीच संबंध को पलट दिया गया। कह सकते हैं कि अनुच्छेद 31 सी का सामान्यीकरण कर दिया गया। ऐसा कोई भी कानून, जिसमें यह घोषणा है, महज घोषणा कि यह नीति निदेशक सिद्धांतों या उनमें से किसी एक के अमलीकरण के लिए है, उसे किसी अदालत में इस आधार पर चुनौती नहीं दी जा

सकती है कि यह मौलिक अधिकारों, खासकर अनुच्छेद 14[1] और अनुच्छेद 19[2] का उल्लंघन करता है। दूसरा, एक नए अनुच्छेद 31 डी के जरिए, यह व्यवस्था की गई कि कोई भी कानून, जो 'राष्ट्र-विरोधी गतिविधियों' अथवा 'राष्ट्र-विरोधी संगठनों या संघों' के निर्माण की रोकथाम करता है, उसे इस आधार पर अवैध घोषित नहीं किया जाएगा कि यह अनुच्छेद 14, 19 अथवा 31[3] के अनुकूल नहीं है। तीसरा, अनुच्छेद 26 को हटा दिया गया, ताकि इसके बाद अदालतें सरकार को सिर्फ उन्हीं हालात में कोई समादेश जारी कर सकती हैं, जब अन्याय या नुकसान गंभीर या बड़े किस्म का हो। न्यायपालिका को पंगु कर दिया गया। अब से, संविधान को संशोधित करने की संसद् की शक्ति की कोई सीमा नहीं होगी। अनुच्छेद 368 में एक नया प्रावधान जोड़ा गया, जिसके अनुसार, ''इस अनुच्छेद के तहत किए गए और माने गए किसी संविधान-संशोधन (जिसमें भाग-III के प्रावधान भी शामिल हैं)[4]··· को इसके सिवा किसी और आधार पर किसी अदालत में चुनौती नहीं दी जा सकती कि यह संशोधन इस अनुच्छेद में दी गई प्रक्रिया के मुताबिक नहीं किया गया है।'' यहाँ तक कि वह आखिरी अंश कि संशोधन को अननुज्ञेय प्रक्रिया के आधार पर चुनौती दी जा सकती है, को लोकसभा में चर्चा के दौरान छोड़ दिया गया, ताकि अब से किसी भी संशोधन को किसी भी अदालत में किसी भी आधार पर चुनौती नहीं दी जा सके, पूर्ण विराम। दूसरा, 'स्वर्ण सिंह समिति' के कमान-प्रदर्शन को आगे बढ़ाते हुए, एक नया अनुच्छेद 144 ए जोड़ा गया। इसमें यह व्यवस्था दी गई कि किसी भी कानून की वैधानिकता पर कम-से-कम सात जजों की पीठ विचार करेगी; कि किसी भी कानून को तब तक असंवैधानिक करार नहीं दिया जा सकता, जब तक कि उस पीठ के कम-से-कम दो-तिहाई जज ऐसा फैसला न दें।[5] श्रीमती गांधी के चुनाव के इर्द-गिर्द की बाँध और मोटी कर दी गई। याद करें कि सार्वभौम संसद् ने कितनी शीघ्रता से 5 अगस्त, 1975 को चुनाव कानूनों में संशोधनों को मंजूरी दी थी और इनके जरिए उन कार्य-व्यवहारों को कानूनी या वैध ठहरा दिया था, जिन आधारों पर श्रीमती इंदिरा गांधी को भ्रष्ट

1. समानता का अधिकार।
2. बोलने (भाषण) देने, एकत्र होने, संघ या संगठन बनाने, देश के किसी भाग में रहने और स्थायी रूप से निवास करने, कोई भी पेशा, व्यवसाय, रोजगार या कारोबार करने का अधिकार।
3. संपत्ति का अधिकार।
4. यह वह भाग है, जो मौलिक अधिकारों की गारंटी देता है।
5. एक नए अनुच्छेद 228 ए ने उच्च न्यायालयों के लिए भी राज्य के कानूनों के संवैधानिक आकलन वास्ते ऐसी ही व्यवस्था दी, कम-से-कम पाँच जजों की पीठ उस पर विचार करेगी और किसी कानून को असंवैधानिक तभी ठहराया जा सकेगा, जब उस पीठ के दो-तिहाई से ज्यादा जज ऐसा फैसला दें···

चुनाव आचरण का दोषी करार दिया गया था। इन बदलावों के द्वारा, यह तय करने की शक्ति कि क्या कोई सदस्य भ्रष्ट चुनाव आचरण का दोषी करार दिए जाने के बाद, अयोग्य हो गया है और यदि हाँ तो कब तक, अदालतों से ले ली गई और इसे राष्ट्रपति के हवाले कर दी गई। इस बदलाव की सिफारिश करते हुए, एच.आर. गोखले ने दो बार कहा था कि राष्ट्रपति द्वारा इस शक्ति का इस्तेमाल चुनाव आयोग की सलाह से किया जाएगा, ''और चुनाव आयोग की सलाह राष्ट्रपति के लिए बाध्यकारी होगी।''[1] अनुच्छेद 103 और 192 अब बदल दिए गए। अगर यह सवाल उठता है कि संसद् या राज्य विधायिका का कोई सदस्य अयोग्य करार दिए जाने लायक हो गया है अथवा नहीं, और कब तक अयोग्य रहेगा, तो इस सवाल का निर्णय राष्ट्रपति द्वारा किया जाएगा, और राष्ट्रपति का फैसला ही अंतिम होगा। अपना फैसला देने के पूर्व, राष्ट्रपति, चुनाव आयोग से सिर्फ 'मशविरा' करेंगे, लेकिन ऐसा कुछ नहीं है कि वह परामर्श राष्ट्रपति के लिए बाध्यकारी हो। साथ-साथ, अनुच्छेद 74 को संशोधित किया गया, यह सुनिश्चित करने के लिए कि राष्ट्रपति तमाम मामलों में प्रधानमंत्री के नेतृत्व में मंत्रिपरिषद् के निर्णय से बँधे होंगे। इसलिए, प्रधानमंत्री को हर उस संसद् सदस्य और हरेक राज्य विधायिका के हर उस सदस्य के बारे में तय करने की शक्ति होगी, जिसका चुनाव विवादित हो गया है। एक अन्य अनुसूचक बदलाव किया गया—उनके चुनाव केस की सुनवाई के दौरान, श्रीमती गांधी की ओर से दावा किया गया था कि अफसरों ने जो काम किए थे, उनमें कुछ भी अपवाद स्वरूप नहीं था, कि यह स्थापित कार्य-व्यवहार है और प्रधानमंत्री जब भी यात्रा या दौरे पर होते हैं, तो उनकी सुरक्षा के लिए ये निर्देश और नियम पहले से विहित हैं। राजनारायण ने कहा कि यह नियम-पुस्तिका पेश की जाए; श्रीमती गांधी के पक्ष ने इसका विरोध किया। 42वें संशोधन ने अनुच्छेद 166 में एक नया प्रावधान (4) जोड़ दिया, ''कोई भी अदालत या प्राधिकार प्रावधान (3) के तहत बनाए गए किन्हीं नियमों को पेश करने के लिए कहने के वास्ते अधिकृत नहीं होगा, क्योंकि प्रावधान (3) के तहत ये नियम राज्य (देश) की सरकार के कामकाज में सुविधा की दृष्टि से बनाए जाते हैं।''

वस्तुतः संविधान को कई अन्य तरीकों से भी बदला गया। जो कुछ किया जा रहा था, उस पर 'धर्मनिरपेक्ष' और 'समाजवादी' का मुलम्मा चढ़ाने के लिए प्रस्तावना को बदला गया; दो नए भाग और नौ नए अनुच्छेद गढ़े गए; 50 अनुच्छेद संशोधित किए गए, जिनमें से कई पहचान योग्य भी नहीं थे। सार्वभौमिकता की इस कवायद के कुल प्रभाव का अच्छी तरह वर्णन ग्रैनपिले ऑस्टिन द्वारा अपने प्रमाणसाध्य एवं

1. लोकसभा बहस, 5 अगस्त, 1975, 5.

व्यापक अध्ययन में किया गया है—

> 'नए संविधान के तहत सत्ता-संतुलन में बदलाव ने जो कुछ भी किया हो, लेकिन उससे संविधान पहचान योग्य नहीं रह गया। उच्चतम न्यायालय को उसके मूल क्षेत्राधिकार से वंचित कर दिया गया। उच्च न्यायालयों को लँगड़ा कर दिया गया। संविधान का संरक्षण अथवा विनाश करने के लिए संसद् के पास निर्बाध शक्ति दे दी गई। संसद् अब अपने ही सदस्यों के चुनावों और राष्ट्रपति तथा उपराष्ट्रपति के चुनावों पर फैसला करने के लिए बैठ गई। राष्ट्रपति को मंत्रिपरिषद् द्वारा प्रस्तुत संसद् के कानूनों पर सहमति देनी ही थी··· न तो केंद्र सरकार और न ही राज्य सरकारों को अपनी-अपनी विधायिका में किसी कोरम की आवश्यकता से बँधे रहना था, क्योंकि संशोधन ने इन्हें खत्म कर दिया था। खाली सदन में भी सरकार का एक समर्थन एक विधेयक को पारित कर सकता था। संसद् और विधायिकाओं के कार्यकाल को पाँच साल से बढ़ाकर छह साल कर दिया गया था। अंतत:, मंत्रिपरिषद् को संशोधन की अंतिम धारा ने असामान्य शक्तियाँ प्रदान कर दी थीं। इसमें दिया गया था कि अगर संशोधित रूप में संविधान को लागू करने में कोई दिक्कत आ रही हो, तो 'राष्ट्रपति अपने आदेश' के जरिए दो साल तक के लिए, उस दिक्कत को दूर करने के लिए प्रावधान को अनुकूलित या रूपांतरित कर सकता है···[1]

और यह सब कैसे न्यायोचित था? लोग सार्वभौम हैं; इसलिए, संसद् सार्वभौम है; इसलिए प्रधानमंत्री, जिसे सरकार का प्रमुख होने के लिए उन्होंने चुना है, को महज जजों से बचाया जाना है; गरीबों और कमजोर तबकों की मदद करने के हमारे प्रयासों में जज बाधा हैं···

42वें संशोधन पर लोकसभा में आठ दिनों और राज्य सभा में छह दिनों तक 'बहस' हुई या इसे 'प्रशंसा' और 'सराहना' कहना ज्यादा उपयुक्त होगा। इन 'बहसों' के परिणामस्वरूप एक अहम परिवर्तन किया गया। जैसा कि हमने पहले गौर किया था कि संविधान में संशोधन को अदालत में इस आधार पर चुनौती दी जा सकती है कि संविधान-संशोधन के लिए निर्धारित प्रक्रिया का पालन नहीं किया गया है, यहाँ तक कि उस छोटे आधार को भी खत्म कर दिया गया।

लेकिन ये 'बहसें' इस अर्थ में महत्त्वपूर्ण हैं कि वे दरशाती हैं कि वे स्थापनाएँ, लोग सार्वभौम हैं; इसलिए, संसद् सार्वभौम है··, कहाँ ले जाती हैं।

---

1. ग्रैनपिले ऑस्टिन, वर्किंग ए डिमोक्रेटिक कांस्टीट्यूशन, दी इंडियन एक्सपीरियंस, ऑक्सफोर्ड, नई दिल्ली, 2001, पृष्ठ 373-74.

## 25 अक्तूबर, 1976 : लोकसभा

एच.आर. गोखले संशोधन को प्रस्तुत करने के लिए खड़े हुए। उन्होंने घोषणा की कि इसका मकसद इस स्वतंत्रता को हासिल करने के बाद देश में एक सामाजिक-आर्थिक क्रांति लाना है। संविधान के कुछ प्रावधान हमारी सामाजिक-आर्थिक क्रांति की मुहिम में बाधाएँ साबित हुई हैं···उन्होंने कहा कि 'न्यायिक इतिहास' में ये बाधाएँ और भी ज्यादा हैं। यह दरशाता है कि हरेक चरण में इन मकसदों को प्रभावी बनाने के लिए जब भी कुछ किया गया, बाधाएँ खड़ी की गईं···, प्रिवी पर्स, बैंक राष्ट्रीयकरण···और अकसर ही, न्यायपालिका ने कलाबाजी खाई, और अकसर ही यह समझना बहुत मुश्किल हो गया कि वास्तव में कानून क्या था···, संशोधन इन बाधाओं को दूर करने के लिए लाया जा रहा है।

वे जल्द ही मुख्य निशाने पर आ गए। वे न्यायिक फैसले, जिनमें उच्चतम न्यायालय ने व्यवस्था की थी कि, हालाँकि संसद् संविधान को संशोधित कर सकती है, लेकिन यह इसके मूलभूत ढाँचे अथवा विशेषताओं के साथ छेड़छाड़ नहीं कर सकती, उन्हें नहीं बदल सकती। गोखले ने लोकसभा से कहा, "हम नहीं जानते हैं कि ये मूल विशेषताएँ क्या हैं? मैं सोचता हूँ कि हमें बगैर कोई वक्त गँवाए यह हमेशा के लिए साफ-साफ और दो टूक ढंग से बता देना चाहिए कि मौलिक विशेषताओं जैसी कोई चीज नहीं है, जिनके बारे में वे खुद नहीं जानते हैं कि वे क्या हैं। लेकिन जहाँ तक संसद् जिसे बदलाव करने के मकसद से मौलिक बात मानती है, संविधान के किसी भी प्रावधान को संशोधित करने के लिए संसद् की राह में कोई बाधा या रुकावट नहीं आ सकती है।" उन्होंने कहा कि इसलिए सामाजिक-आर्थिक लक्ष्यों की बात तो एक तरफ, इस संविधान संशोधन विधेयक की सबसे अहम खासियत यह है कि हम पूरा जोर लगाकर फिर से दावा कर रहे हैं कि संसद् सर्वोच्च है और संविधान का संशोधन करने के मामले में संसद् पर कोई सीमा नहीं है। संसद् की सर्वोच्चता और संप्रभुता के दावे को अमली जामा पहनाने के लिए हमने प्रस्ताव रखे हैं और मेरी समझ से मौजूदा संविधान संशोधन विधेयक की यह सबसे अहम खासियतों में से एक है। एक धारा में हमने कहा है कि इस संशोधन के लागू हो जाने के बाद, कोई भी अदालत, चाहे जितनी ऊँची या नीची हो, संविधान संशोधन की वैधता, यानी इसकी संवैधानिकता या अन्य किसी आधार पर सवाल खड़े करने के लिए अधिकृत नहीं होगी।

उन्होंने सार्वभौमिकता के न्यासियों से कहा, "चाहे कोई अदालत कितने भी मशहूर, विद्वान् और नामचीन जजों से बनी हो, तथ्य यह है कि यहाँ, इस सदन में और दूसरे सदन में बैठे लोग, जो लोगों के प्रति उत्तरदायी हैं, जो लोगों के प्रति जवाबदेह हैं, न कि वे, जो यह तय करते हैं कि कोई खास संशोधन किया जाए अथवा नहीं, और कि एक संशोधन संवैधानिक है अथवा नहीं..."

इस सार्वभौमिकता को सुनिश्चित करने के लिए वे पहले साधन पर आगे बढ़े। अब से, कोई भी कानून जिसे संसद् एक भी दिशा-निदेशक सिद्धांत को अमल में लाने के लिए पारित करती है; कोई भी कानून जिसे संसद् कहती है कि यह एक भी दिशा-निदेशक सिद्धांत को लागू करने के लिए लाया गया है, को इस आधार पर चुनौती नहीं दी जाएगी कि यह मौलिक अधिकारों का उल्लंघन करता है।

जिन धाराओं के जरिए उच्चतम न्यायालय के मूल क्षेत्राधिकार को खत्म किया जा रहा था, और जिसके द्वारा संवैधानिक संशोधनों पर न्यायिक फैसले देने की इसकी शक्ति को छीना जा रहा था, उन पर उन्होंने विस्तार से चर्चा की। और फिर आपातकाल के खौफनाक मिजाज को बरकरार रखते हुए, उन्होंने घोषणा की कि जो यह कह रहे हैं कि न्यायपालिका की स्वतंत्रता का दमन किया जा रहा है, वे पूरी तरह गलत हैं—'कैसे? क्योंकि मौजूदा संशोधन के किसी भी प्रावधान ने न्यायपालिका की स्थिति, मान-सम्मान, ओहदे और स्वतंत्रता को प्रभावित नहीं किया है। महज यह तथ्य कि एक प्रावधान के जरिए आप मामलों का पुन: आवंटन करते हैं या वितरण करते हैं, जिसके तहत क्षेत्राधिकार या शक्तियों का इस्तेमाल किया जाएगा, न्यायपालिका की स्वतंत्रता या इसके मान-सम्मान या स्थिति को निश्चित रूप से नहीं छीन लेता है।'

तर्कशास्त्री ने मोरचा सँभाल लिया। सी.पी.आई. के इंद्रजीत गुप्ता ने कहा कि उनकी पार्टी को सामाजिक-आर्थिक क्रांति के मकसद, जिसका उल्लेख गोखले ने किया, से 'कोई भी विवाद या झगड़ा' नहीं है। उन प्रावधानों से भी कोई विरोध नहीं है, जिन्हें इस मकसद को आगे बढ़ाने के लिए प्रस्ताव में रखा गया है। दरअसल, हमारी पार्टी तो लंबे समय से दबाव डालती रही है कि संविधान का संशोधन किए जाने की जरूरत है, क्रांतिकारी ढंग से संशोधन किए जाने की जरूरत है, ताकि ज्यादा समतामूलक समाज की ओर बढ़ने के लिए लोगों के विशाल बहुमत के हित में सामाजिक-आर्थिक सुधारों को हासिल करने के लिए, और उन बाधाओं तथा

रुकावटों को दूर करने के लिए मार्ग–प्रशस्त हो, जो ऐसे सुधारों के रास्ते में आती हैं। उनकी हलकी आपत्ति, जिसे वे बाद में बताँएगे, इस बात को लेकर थी कि कुछेक प्रस्ताव इस मकसद से मेल नहीं खाते हैं। मसलन, विधायिकाओं के सत्रों में कोरम की आवश्यकता को खत्म करने का प्रस्ताव। हमारी राय में संविधान काफी हद तक एक समझौते को प्रतिबिंबित करता है। एक तरफ हमारे समाज में समृद्ध वर्ग या शोषक तबके का हित है, विशेष अधिकार प्राप्त वर्ग हैं, जो स्वाभाविक रूप से उन अधिकारों और हितों का त्याग नहीं करना चाहते हैं। दूसरी तरफ इस मुल्क में लोगों का विशाल बहुमत है। मेहनतकश लोग, मजदूर लोग, गरीब तबके के हित हैं, यह समझौता इन्हीं दो वर्गों के हितों के बीच है। मगर गरीब लोग चाहते हैं कि संविधान का ज्यादा–से–ज्यादा इस तरह संशोधन किया जाए कि उनके अधिकारों और हितों की समुचित व प्रभावी गारंटी संविधान के पृष्ठों में हो। यह संशोधन उस समझौते को दुरुस्त करने की दिशा में एक कदम है।

गुप्ता की विशेष स्वीकृति का बृहत्तर महत्त्व था। उन्होंने कहा कि उनके साथी और वे इस विचार के हैं कि 'संविधान का संशोधन करने का संसद् का अधिकार सर्वोच्च है और इसे चुनौती नहीं दी जा सकती। मुझे खुशी है कि सरकार ने इस विधेयक को आगे बढ़ाने का विचार किया, क्योंकि जैसा कि मंत्री महोदय ने अभी–अभी कहा कि यह विधेयक संसद् की सर्वोच्चता का दावा करता है।'

गुप्ता स्वाभाविक रूप से कृतज्ञ थे कि समाजवाद का आदर्श प्रस्तावना में लाया जा रहा है और इसे आगे बढ़ाने वाले प्रावधान भी किए जा रहे हैं। समाजवादी व्यवस्था या समाज के विचार की आकर्षक शक्ति, और मैं सोचता हूँ, पूरी दुनिया में पूँजीवादी प्रणाली जिस हद तक विफल साबित हो रही है, ये तमाम चीजें मिलाकर हमारे देश के लोगों को एक समाजवादी व्यवस्था के लिए प्रेरित करती हैं। समय आने पर इसे स्पष्ट किया जाना चाहिए कि इसके क्या मायने हैं और इसके क्या मायने होने चाहिए'''। यह संशोधन हमारे देश के अधिकांश लोगों की सही आकांक्षाओं को प्रतिबिंबित करता है, लेकिन प्रस्तावना में महज शब्द जोड़ देने की तुलना में काफी कुछ और किए जाने की जरूरत पड़ेगी।

आपातकाल और ऐसे परिवर्तनों के प्रशंसकों में से एक, प्रियरंजन दास मुंशी, जो अब संसदीय कार्य मंत्री हैं, ने शीघ्र बाद अनुकरण किया। उन्होंने शुरुआत की, ''तहेदिल से, मैं इस विधेयक का स्वागत करता हूँ और कानून मंत्री को बधाई देता

हूँ कि उन्होंने राष्ट्रीय संघर्ष के हमारे महान् नेताओं, खासतौर पर हमारे महान् नेता पंडित जवाहरलाल नेहरू की कुछेक आकांक्षाओं और सपनों को पूरा करने के लिए इस कदम को उठाया और यह संशोधन विधेयक लाया।'' उन्होंने चमक के साथ कहा, ''यह विधेयक हमारे देश में सामाजिक-आर्थिक बदलावों से संबंधित प्रावधानों से विशेष तौर पर जुड़ा हुआ है।'' उन्होंने बात जारी रखी, ''सदन के सामने मौजूद विधेयक देश के लोगों के विचारों एवं उनकी आकांक्षाओं को अभिव्यक्त करता है।···संविधान देश के लोगों का एक दस्तावेज है और इस रूप में, यह एक राष्ट्रीय दस्तावेज है, न कि सिर्फ एक कानूनी दस्तावेज है। इस संदर्भ में हमें यह पड़ताल करनी है कि 'जन आकांक्षाओं, लोगों की इच्छाओं को लोगों के निर्वाचित प्रतिनिधियों की तुलना में कौन बेहतर ढंग से अभिव्यक्त कर सकता है।' यह संसद् न सिर्फ सक्षम है, बल्कि यह उसकी जिम्मेदारी और उसका कर्तव्य है कि वह उन वायदों को पूरा करे, जो उन्होंने चुनावों के दौरान सामाजिक-आर्थिक बदलावों के संदर्भ में लोगों से किए, और जिस हद तक वे उसे पूरा कर सकते हैं।''

''विपक्ष ने इस मामले में जो टिप्पणियाँ की हैं, जैसा कि मैंने पहले ही कहा है, पुरानी हैं, और यदि मैं गलत नहीं हूँ तो वे मोटे तौर पर राष्ट्र-विरोधी हैं।'' यह संशोधन सबसे बड़ी गलती, भूल को सुधारता है। मैं सोचता हूँ कि सन् 1950 में इस संविधान को अपनाए जाने के बाद से जो सबसे बड़ी गलती हमने की है, वह यह कि हमने लोगों को स्पष्ट नहीं किया कि राष्ट्र-विरोध क्या है, देशद्रोह क्या है और जन-विरोधी क्या है? अगर हमने यह पहले किया होता, तो कई संकटों से बचा जा सकता था। वक्त के मिजाज के हिसाब से, उन्होंने सरकार से अपील की कि वह 'महाशक्तियों' और 'एटमी शक्तियों' तथा 'साम्राज्यवादी ताकतों' एवं 'विदेशी ताकतों' की दुश्मनी और साजिशों से चौकस रहे···

एक प्रगतिशील के रूप में, दासमुंशी जानते थे कि न्यायपालिका क्यों आड़े आ रही है, और इसके साथ कैसे निपटा जाना चाहिए। उन्होंने घोषणा की, ''अगर न्यायपालिका की भूमिका बदल दी जाती है, तो मैं इसे अन्यथा नहीं लूँगा। मैं पूरी तरह संसद् की सर्वोच्चता के पक्ष में हूँ। अगर आप महसूस करते हैं कि न्यायपालिका, संसद् से ज्यादा शक्ति का दावा करती है, तो यह वर्ग संघर्ष है। यह स्पष्ट है कि न्यायपालिका ने एक ऐसा रास्ता पकड़ा है, जो संसद् की पसंद के अनुरूप नहीं है और, इसलिए, संसद् को इस वर्ग संघर्ष में कूदना पड़ा। संसद् जबकि लोगों के लिए

एक नीति अपनाने की कोशिश करती है, आप चाहे इसे जो भी नाम दें 'समाजवाद' आदि···, उच्चतम न्यायालय संघर्ष के लिए सामने आ जाता है। इसका आशय है कि एक वर्ग संघर्ष है। इसका मतलब है कि निहित स्वार्थों का एक समूह हमारा विरोध करना चाहता है। जब तक हमारे पास केंद्रीय कानून और राज्य के कानूनों के मामले में वर्ग चरित्र एवं न्यायिक विवेक की अवधारणा को बदलने की क्षमता नहीं होगी, तब तक यह जारी रहेगा।'' 'सरकार ने ऐसा दमदार और साहसिक कदम उठाने का माद्दा और सद्बुद्धि दिखाई है और जिन्होंने इस उपाय को लाया है, उन्हें आनेवाले समय में हमेशा के लिए सबसे बड़े देशभक्त के रूप में देखा जाना चाहिए।'

दिन अच्छा गुजरा। विपक्ष जेल में था, ···और सदस्य एक के बाद एक संशोधन की 'तहेदिल' से पुष्टि कर रहे थे। अगले दिन 26 अक्तूबर की खासियत यह थी कि उस कुख्यात समिति के प्रमुख स्वर्ण सिंह ने लंबा प्रवचन दिया, जिसने कई प्रावधानों का मार्ग प्रशस्त किया था।

उनके भाषण का काफी बड़ा भाग यह स्थापित करने के लिए था कि सरकार को यह संशोधन करने के वास्ते किसने बाध्य किया, इसके लिए कौन उत्तरदायी है। उन्होंने कहा कि राज्य के तीन अंगों के संबंधित कार्यों का ब्योरा सुपरिभाषित है। '···दुर्भाग्यवश अदालतों ने अपने लिए तय सीमाओं का अतिक्रमण किया। उन्हें संविधान का संशोधन करनेवाले कानूनों की संवैधानिक वैधता की पड़ताल करने का अधिकार नहीं है, और उन्होंने संवैधानिक संशोधनों की संवैधानिक मान्यता तय करने का क्षेत्राधिकार और अधिकार खुद ही हथिया लिया। यही वह असंतुलन है, जिसे पैदा किया गया था, वह अतिरेकी क्षेत्राधिकार है, जो विभिन्न चरणों में जाहिर होता गया और हम उसे ही सुधारने की कोशिश कर रहे हैं तथा वैसे ही मूल भाग बहाल करने की कोशिश कर रहे हैं, जैसा कि संविधान-निर्माताओं ने सोचा था। इसलिए, यदि उस सीमा रेखा, जो कार्यों को परिभाषित करती थी, में कोई बाधा या गड़बड़ी आई; जो तीनों अंगों के कार्यों की सीमा, रेखाएँ तय करती थीं, उसमें कोई अतिक्रमण हुआ, तो यह अदालतों के द्वारा हुआ। उन्होंने पड़ताल करनी शुरू की और उन्होंने सोचा कि वे इस सवाल में जा सकते हैं। शुरुआती चरणों में मुझे अवश्य ही सच्चाई बरतनी चाहिए, ''वे इस निष्कर्ष पर पहुँचे कि संसद् को मौलिक अधिकार को भी संशोधित करने का अधिकार है, और ऐसा लगा कि चीजें सुस्थापित

हो रही हैं। बाद में, वे मूल चीज पर लौट गए और उन्होंने कहा कि मूल अधिकारों को तो छुआ भी नहीं जा सकता। सबसे परेशान करनेवाली बात यह है कि उन्होंने 'मूल ढाँचे' की इस अवधारणा के बारे में सोचा।''

सरकार जो कुछ भी कर रही है, वह बस जजों की मदद के लिए है। ''उन्होंने एक प्रवृत्ति अपना ली, ओढ़ ली और हम उन्हें उस प्रवृत्ति से बाहर निकलने में मदद करने की कोशिश कर रहे हैं। यही माजरा है।''

उन्होंने कहा, '''मूल ढाँचा' शब्द संविधान में कहीं नहीं हैं। 'इसलिए जब उन्होंने मूल ढाँचे की इस अवधारणा का ईजाद किया, तो अदालतें जो कर रही थीं, वह एक अर्थ में वे संविधान का संशोधन करने का अधिकार अपने हाथों में ले रही थीं और उन्होंने 'मूल ढाँचा' शब्द को गढ़ लिया। जजों ने मूल ढाँचे की इस अवधारणा को खुद ही संविधान में आयोजित कर लिया, जिसके लिए कोई औचित्य नहीं था। मैं पूरी गंभीरता से कहता हूँ कि ये क्षेत्राधिकार हड़पने के लक्षण हैं। यह सही मायने में संसद् के कार्य-क्षेत्र में अतिक्रमण है, घुसपैठ है। इसके लिए उन्होंने ऐसी अभिव्यक्तियों का सहारा लिया, जिसका संविधान में कोई जिक्र ही नहीं है। हम जो कुछ कर रहे हैं, उसका मकसद उन्हें बताना है, संविधान संशोधन का काम हमारे लिए छोड़ दें, संविधान में नए शब्द जोड़ने का काम हमारे लिए छोड़ दें; आप बस संविधान में जो कुछ लिखा गया है, उसकी व्याख्या करने तक खुद को सीमित रखें और ऐसी अवधारणाओं को न घुसेड़ें, जो वायवीय हैं। एक मायने में हम उनके कार्यक्षेत्र को परिभाषित कर उनकी मदद कर रहे हैं, ताकि वे अनधिकृत क्षेत्रों में न जा सकें और मुल्क को किसी अकल्पनीय हालात में न ले जाएँ।'

और इन सबके पीछे एक सिद्धांत निहित है जिस पर हम सभी सहमत हैं। ''जहाँ तक संसद् की सर्वोच्चता का मामला है, मैं सोचता हूँ कि यह स्वयंसिद्ध है; यह लोगों की इच्छा है, जो तमाम क्षेत्रों में सर्वोपरि होगी; इस बारे में कोई संशय नहीं है। संसद् एकमात्र प्राधिकार है, जो संविधान का संशोधन कर सकती है और हम कह रहे हैं कि यदि वे इसे संशोधित करते हैं, तो यह प्राधिकार का प्रयोग है, जो कि लोगों का अधिकार है, जिसका इस्तेमाल चुने हुए प्रतिनिधियों के माध्यम से किया जाता है और वही अंतिम है। इसीलिए यह अवधारणा है कि संवैधानिक संशोधनों को चुनौती नहीं दी जा सकती है।''

उन्होंने कहा, ''बदलाव के लिए अदालतों को यह सीखने दें कि कुछ मौलिक

चीजें क्षीण-बहुमत के द्वारा नहीं बदली जा सकतीं।'' उन्होंने इसके लिए अदालत की पीठ के दो-तिहाई जजों द्वारा फैसला देने के नियम की पुष्टि की। वैसे, यह संशोधन तो इस समिति की रिपोर्ट के आधार पर ही लाया गया था।

और फिर चेतावनी, 'संविधान में सुव्यवस्थित ढंग से परिवर्तन किया जाना मुल्क की सबसे बड़ी सुरक्षा है और लोगों के अधिकारों की रक्षा है। गरीब तबकों की मदद करने के लिए हो रहे विशाल सामाजिक-आर्थिक परिवर्तनों को ठोस आकार लेने से कौन रोक सकता है? वे बदलाव आने ही चाहिए। अगर इन बदलावों के रास्ते में संविधान आड़े आता है, या कोई व्यक्ति बाधा बनता है तो वह व्यक्ति खत्म कर दिया जाएगा, वह संस्था खत्म कर दी जाएगी, लेकिन चीजें बदलनी ही चाहिए। इसलिए, यदि हम परिवर्तन को प्रशस्त करते हैं और परिवर्तन को व्यवस्थित तथा संवैधानिक बनाते हैं, तो यह समाज के सर्वोत्तम हित में है और हमें संविधान को संशोधित करने के बारे में कतई खेदजनक नहीं होना चाहिए।'

यहाँ तक कि नरम सरदार स्वर्ण सिंह ने अपनी बातें इस रूप में रखीं तो अन्य वक्ता तो तमाम झिझक से मुक्त ही हो गए। सी.एम. स्टीफन, जो उन दिनों कानून और संविधान पर एक अधिकारी (विशेषज्ञ) माने जाते थे, ने घोषणा की, ''राष्ट्र ने महसूस किया कि उसे रोक लिया गया है और उससे आगे बढ़ने का अभियान चुरा लिया गया है।'' संसद् महसूस करती है कि अदालत द्वारा लगाई गई रोक ''उसकी गरदन पर एक लटकता पत्थर है...'' हमने संविधान का संशोधन कर इसे हटा दिया। लेकिन अदालत ने और भी भारी रोक लगा दी..., यहाँ हमने लोगों के प्रतिनिधि के रूप में 25वें संशोधन के जरिए कहा कि हम सार्वभौम हैं, हम सर्वोच्च हैं और अनुच्छेद 31 सी में हमने कहा कि अगर हम कोई कानून बनाते हैं तथा यदि संसद् या विधायिका घोषणा करती है कि यह नीति निदेशक सिद्धांतों को आगे बढ़ाने के लिए है, तो इसे इस आधार पर किनारे नहीं कर दिया जाएगा कि यह नीति निदेशक सिद्धांतों को आगे बढ़ाने के लिए नहीं है, या उसके अनुरूप नहीं है...'' लेकिन उच्चतम न्यायलय ने केशवानंद भारती केस में फिर...

लेकिन वक्त बदल गया है, ''हमने इस संविधान को तब बनाया, जब संपत्ति के अधिकार को पवित्र माना जाता था; हमने इस संविधान को तब बनाया, जब समाजवाद को एक अभिशाप माना जाता था; हमने इस संविधान को तब बनाया; जब शाही या राजसी अधिकारों को अति पवित्र माना जाता था; हमने इस संविधान

को तब बनाया, जब रास्ता स्पष्ट नहीं था। आज, रास्ता स्पष्ट है, दृष्टि साफ है, लक्ष्य साफ है, नेतृत्व स्पष्ट है और हम जानते हैं कि हम कहाँ जाना चाहते हैं। हम संविधान के तहत इस तरह शक्ति-संपन्न होना चाहते हैं कि हमें बेड़ियों और पाबंदियों में जकड़ा न जा सके। एक ऐसा संविधान आवश्यक है, जो लोगों की आकांक्षाओं को प्रतिबिंबित करेगा और हमें एक खास तरह से काम करने की स्वतंत्रता देगा… ।'' अब, हास्यास्पद बात है कि कानून हर अदालत के लिए बाध्यकारी है, लेकिन उच्चतम न्यायालय के लिए। उन्होंने अपनी बात जारी रखी, ''वे स्वतंत्र हैं। क्या यह आश्चर्यजनक बात है! हम कल अपने पक्ष में एक फैसला पा सकते हैं, लेकिन इस बात की क्या गारंटी है कि परसों कोई अन्य पीठ उस फैसले पर पुनर्विचार नहीं करेगी और उसे खारिज नहीं कर देगी? क्या हम अपने ऊपर फैसला करने वाले एक महा सदन (सुपर चैंबर) के इस शाश्वत, बहुवर्षीय, कभी न समाप्त होनेवाले और निरंतर खतरे के तहत काम करेंगे?''

श्रीमती इंदिरा गांधी के खुद बोलने के लिए आधार तैयार कर दिया गया था। वे पहले 27 अक्तूबर को बोली थीं। उन्होंने विपक्ष के फैसले के प्रति निंदात्मक रवैया दिखाया। वही विपक्ष जिनके नेताओं को उन्होंने देश भर में जेलों में भर दिया था, ताकि वे बहस में भाग न लें। ''संसद् के साथ सहयोग न करना लोगों के साथ सहयोग नहीं करना है। अड़ियल विपक्षी पार्टियों को मेरी सलाह है कि वे अपना नकारात्मक विरोध छोड़ें और विवेक व उत्तरदायित्व के रास्ते पर लौटें। यह सही है कि यह नकारात्मक विरोध आपातकाल की उपज नहीं है, जैसा कि विपक्ष के कुछ सम्मानित लोगों ने संकेत दिया है। यह आपातकाल के काफी पहले शुरू हो गया था; और दरअसल, यह आपातकाल लगने के कारणों में से एक है…''

श्रीमती गांधी ने घोषणा की, ''आंतरिक और बाहरी, अत्यधिक प्रतिकूल परिस्थितियों और अदृश्य दिक्कतों के बावजूद हम अपने कार्यक्रमों पर आगे बढ़ते गए हैं। यह कुछ विपक्ष द्वारा लोकतंत्र का दुरुपयोग था, हमारे वैध कामकाज के रास्ते में रुकावट या बाधा थी, जिसके कारण हमें और विचार करने तथा काररवाई करने की आवश्यकता पड़ी।''

उन्होंने ही 'प्रतिबद्ध न्यायपालिका' के आह्वान का नेतृत्व किया था। उन्होंने ही उच्चतम न्यायालय में वरिष्ठ जजों की अनदेखी कर अपनी पसंद के जज को मुख्य न्यायाधीश के आसन पर बिठाया था। उन्होंने ही उन जजों का तबादला कर

दिया था, जिन्होंने ऐसे फैसले दिए थे, जो बंदी प्रत्यक्षीकरण मामलों में सरकार के लिए असुविधाजनक बने थे। यह उनकी ही पार्टी थी, जो चुनाव आयोग तथा उच्चतम न्यायालय के प्रमुख को राजनीतिक पद प्रदान करनेवाली थी। लेकिन निरंकुश तो निरंकुश होते हैं, ''न्यायमूर्ति सुब्बा राव, राष्ट्रपति पद के लिए कोशिश कर रहे थे। यह न्यायपालिका में कुछेक के राजनीतिक पक्षपात का न केवल एक संकेत था, बल्कि यह उनके राजनीति में शामिल होने और दखल देने का भी एक संकेत था। सवाल एक खास व्यक्ति का नहीं था, बल्कि स्वतंत्रता-संघर्ष के एक प्रतिनिधि के रूप में कांग्रेस पार्टी में जिस चीज की वकालत की थी और जिन कार्यक्रमों और विचारों, जिनके आधार पर न केवल एक बल्कि तमाम चुनाव लड़े और जीते गए, के लिए संघर्ष किया था, उन तमाम चीजों के खिलाफ पूरे अभियान के अग्रणी, के मौलिक संघर्ष का लक्षण था।''

उन्होंने स्वर्ण सिंह की बातों को और आगे बढ़ाया। 'हमारे संविधान का मूल या केंद्रीय तत्त्व क्या है? इस बारे में विविध सिद्धांत सामने रखे गए हैं। कुछ लोग मौलिक अधिकारों का पक्ष लेते हैं तो अन्य नीति निदेशक सिद्धांतों के अध्याय का। फिर कुछ अन्य सोचते हैं कि यह न्यायिक समीक्षा है। संवैधानिक सर्वोच्चता का एक सिद्धांत प्रस्तुत किया गया है। सच्ची सर्वोच्चता लोगों की है। हालाँकि संविधान एक काफी महत्त्वपूर्ण दस्तावेज है, लेकिन यह लोगों की सेवा करने का एक साधन है, औजार है। संविधान का अस्तित्व लोगों के लिए है। लोगों को निश्चित रूप से इसका आदर करना चाहिए, लेकिन उन्हें इसके लिए न्योछावर नहीं किया जा सकता…'

चुनाव कानून लोगों के लिए पलट दिए गए थे। प्रधानमंत्री के चुनाव को लोगों की खातिर अदालतों की पहुँच से बाहर कर दिया गया था। प्रधानमंत्री चाहे जो भी करे, उसका जुर्म कितना भी गंभीर क्यों न हो, उसने चाहे जितनी बड़ी लूट की हो, लेकिन उसे लोगों की खातिर कानून के शिकंजे से दूर कर दिया गया था। लोगों की खातिर ही, सुप्रीम कोर्ट के क्षेत्राधिकार को खत्म कर दिया गया। सदनों में कोरम की आवश्यकता को लोगों की खातिर ही खत्म किया जा रहा था…

जीवन का कानून है, 'स्थायित्व और उत्तरदायित्व' तथा कानून तभी हो सकते हैं, जब विधायिका, कार्यपालिका और न्यायपालिका हमारे लोगों की बदलती जरूरतों तथा आकांक्षाओं के अनुकूल बनें, उनके प्रति संवेदनशील बनें…। मौजूदा विधेयक यही काम करता है—अनुकूल है और यह वर्तमान एवं भविष्य की वास्तविकताओं

को प्रतिबिंबित करता है···

और फिर वह मूल अभिशाप, जिसे जजों ने सोच रखा है। हमने हमेशा ही कहा है कि संसद् के पास संविधान को संशोधित करने का निर्बाध, बिना शर्त एवं अलंघ्य अधिकार है। हम आधारभूत ढाँचे के सिद्धांत को नहीं स्वीकार करते हैं। सरदार स्वर्ण सिंह ने टिप्पणी की कि कुछ जजों ने 'आधारभूत ढाँचे' के मुहावरे का आयात किया है। मैं यह नहीं कहूँगी कि उन्होंने इसका आयात किया है, क्योंकि यह किसी अन्य संविधान में नहीं है, उन्होंने इसे ईजाद किया है··· । न केवल लोगों की अदालत, बल्कि इतिहास की अदालत; संविधान को न्यायिक पड़ताल से ज्यादा बड़ी परीक्षा का सामना करना है और वह है इतिहास की पड़ताल। इसे ऐतिहासिक ताकतों की चुनौतियों का सामना करने में सक्षम होना है। कुछ ऐसी चीज है, जो हम सबसे बड़ी है और वह है, राष्ट्र तथा उसका भविष्य। यह इस विधेयक का महत्त्व है।

अगले दिन, 28 अक्तूबर को, गोखले बातों को विस्तार से रखने और न्यायपालिका पर हमला तेज करने के लिए उठे तथा उन्होंने सिफारिश की कि विधेयक पर विचार किया जाए। गोलकनाथ के साथ, केशवानंद के साथ, 'न्यायपालिक ने विधायिका और उसकी सर्वोच्चता के क्षेत्र में घुसपैठ की···' तद्नुरूप, 'हमने इसे अपना कर्तव्य, अपना प्राथमिक कर्तव्य माना कि अपनी शक्ति के तहत हम जो कुछ कर सकते हैं, वह करें, ताकि संसद् की सर्वोच्चता का दावा स्थापित हो···'

और पंडितजी की बातों को उद्धृत किया गया। गोखले ने कहा, ''मैं फिर से ऐसी चीज को उद्धृत करना चाहता हूँ, जिसे कई बार उद्धृत किया गया है। ये शब्द इतने भविष्यसूचक महत्त्व के हैं कि ये थोड़े दोहराव को बरदाश्त कर लेंगे, क्योंकि ऐसे वक्त में, जब हम बदलावों की बात कर रहे हैं, तो हमें वह बात बार-बार याद करनी चाहिए, जो जवाहरलाल नेहरू ने संविधान सभा में कही थी।'' उन्होंने कहा, ''जहाँ तक हमारी बात है, हम जो कि कांग्रेस से जुड़े हैं, उस संकल्प को स्वाभाविक रूप से, पूर्णत: सौ फीसदी प्रभावी बनाएँगे, और कोई भी कानूनी बारीकी तथा कोई भी परिवर्तन हमारे रास्ते में बाधा नहीं बनने जा रहा है, यह एकदम स्पष्ट है। हम अपनी सीमाओं के तहत अपने संकल्पों का सम्मान करेंगे और कोई भी जज एवं कोई भी न्यायपालिका पूरे देश की इच्छा का प्रतिनिधित्व करनेवाली संसद् की सार्वभौम इच्छा के ऊपर फैसला नहीं करेगी। यह जाहिर है कि कोई भी अदालत, न्यायपालिका की कोई भी प्रणाली एक तीसरे सदन की भाँति काम नहीं कर सकती

है। इसलिए, यह अहम है कि अपनी सीमाओं के अंतर्गत, न्यायपालिका को काम करना चाहिए।''

गोखले ने अपने साथी सार्वभौम सदस्यों से कहा, ''यह चेतावनी न्यायपालिका को अभी नहीं दी गई है, हालाँकि कुछ लोग ऐसा संकेत देते हैं। हम न्यायपालिका के बारे में ऐसा कुछ नहीं कह रहे हैं और न ही कर रहे हैं, मानो हम उसके महत्त्व को कम करने के लिए या उसे नीचा दिखाने के लिए कह रहे हों या कर रहे हों। लेकिन ये शब्द तब कहे गए थे, जब संविधान का निर्माण किया ही जा रहा था और उस पर विचार-विमर्श चल ही रहा था। फिर भी, हमारा दुर्भाग्य और ज्यादातर न्यायपालिका के लिए दुर्भाग्यपूर्ण है कि इस भविष्यसूचक चेतावनी का उनके बहरे कानों पर कोई असर नहीं हुआ एवं समय-समय पर हमारे सामने ऐसी परिस्थितियाँ आईं, जब इन्हीं जजों द्वारा टकराव का माहौल बनाने की कोशिश की गई, जबकि यह देखना उनका काम था कि टकराव पैदा न हो।''

इस टकराव के लिए कौन जिम्मेदार है? जज! किनके लिए यह टकराव दुर्भाग्यपूर्ण है? जजों के लिए! 'इसलिए यह देखना हमारा कर्तव्य था कि वे एक ऐसे क्षेत्र में अतिक्रमण न करें, जो वैधानिक रूप से उनका नहीं है।'

और अपने कर्तव्य के पालन में हमें जिस हद तक संभव हो, अवश्य जाना चाहिए। 'स्वाभाविक रूप से हमारी चिंता अब यह देखने की है कि हम ऐसी कोई घटना फिर से घटने की इजाजत न दें और मौजूदा संशोधनों, जिस पर हम विचार कर रहे हैं, में हमें कोई भी बाधा छोड़नी नहीं चाहिए, हमें कोई भी काम बिना किए नहीं छोड़ना चाहिए, जो यह देखने के लिए आवश्यक हो कि भविष्य में, ऐसी चीज दोबारा न घटे। और यही कारण है कि अनुच्छेद 368 में··· हमने दो टूक कहा है कि उच्चतम न्यायालय को एक संविधान संशोधन की मान्यता से संबद्ध सवाल पर न तो सुनवाई करने का और न ही फैसला करने का क्षेत्राधिकार होगा। अगर इस चेतावनी के फिर से दिए जाने के बाद भी, न केवल मौखिक शब्दों के रूप में, बल्कि इस देश के संविधान में एक स्पष्ट प्रावधान का उल्लेख कर देने के बाद भी, इस तरह की बातें फिर से घटती हैं, जो कि मैं उम्मीद करता हूँ कि नहीं घटेंगी, तो यह इस देश की न्यायपालिका के लिए एक बुरा दिन होगा। और यही वह बात है, मैं उम्मीद करता हूँ, जिसे वे अभी भी, देर से सही, समझेंगे और इसलिए अपना ध्यान उन मामलों में लगाएँगे, जिन्हें उनका वैध क्षेत्राधिकार माना जा सकता है तथा किसी

अन्य मामले पर नहीं। यह चेतावनी कानून एवं न्याय मंत्री की थी!

और यह बात वाकई जजों के वास्ते उनकी चिंता और अनुकंपा के कारण कही गई! गोखले ने कहा, ''कल, सरदार साहिब ने बहुत ही समुचित तरीके से इंगित किया कि हम ऐसा कुछ नहीं कर रहे हैं, जो उनकी शक्तियों पर अतिक्रमण हो, लेकिन हम उन्हें वाकई उन शक्तियों में घुसपैठ करने के मोह से बचाने की कोशिश कर रहे हैं, जो उनकी नहीं हैं। ऐसा वाकई नहीं है कि हम खुद को, लोगों को उनसे बचाना चाहते हैं, लेकिन यह दरअसल जजों को इस मोह से खुद को बचाने में समर्थ बनाना है, उन्हें खुद को खुद से बचाना है।'' 'हमें, लोगों को', जजों को खुद से बचाना है! जो बदलाव किए जा रहे हैं, वे अदालतों को सही भावना से यह बताने के लिए हैं कि वे कहाँ खड़े हैं और संसद् कहाँ खड़ी है।''

क्या शीर्ष-सार्वभौम ने इस सबका खुलासा नहीं किया था? ''इसी संदर्भ में प्रधानमंत्री ने कल कहा था। वैसे, उन्होंने इन शब्दों का इस्तेमाल नहीं किया था कि उच्चतम न्यायालय उतना भी सर्वोच्च नहीं है, कि कुछ ऐसा है, जो ज्यादा सर्वोच्च है, ऐसा एक फोरम है, जो उस अदालत से कहीं ज्यादा सर्वोच्च है, और वह फोरम है यह संसद्, जहाँ लोगों के प्रतिनिधि बैठते हैं।''

उन्होंने कहा, ''संसद् की सर्वोच्चता के मामले में, यहाँ हममें से प्रत्येक की इच्छा और कोशिश यह देखने की है कि··कोई कोर-कसर बाकी न रह जाए, ऐसा कुछ किए बिना न रह जाए, जो आवश्यक है, ताकि वास्तविक स्थिति फिर से वापस आए, तथा हम उस स्थिति को बहाल करने की कोशिश कर रहे हैं और ज्यादा कुछ नहीं।''

और कलात्मक योग्यता के साथ वह संपूर्ण झूठ, ''हम जानते हैं··· अदालत की शक्ति, अदालत का क्षेत्राधिकार, उन मामलों में वापस नहीं लिया जाता है, जो वाकई, सही मायनों में, न्यायिक फैसले का क्षेत्र होता है, इसलिए मैं जो इंगित करने की कोशिश कर रहा हूँ कि उन तमाम आधारभूत व अहम मामलों तथा उन मामलों में, जो वैध रूप से उनका क्षेत्र कहा जा सकता है, उन सारे मामलों में, न्यायपालिका को अभी भी कार्यपालिका की किसी काररवाई या न्यायिक या अर्ध-न्यायिक काररवाई के खिलाफ फैसला करने का अधिकार है···''

लॉबियाँ साफ कर दी गईं। ''सवाल है कि भारत के संविधान को और संशोधित करने के लिए विधेयक को विचारार्थ लिया जाए।''

मत विभाजन— हाँ : 346 नहीं : 2

उत्साहवर्धकों को संशोधन की धारा-दर-धारा विचार के वक्त फिर मौका मिला। प्रियरंजन दास मुंशी ने घोषणा की कि 'समाजवाद' की अवधारणा को प्रस्तावना में शामिल किया जा रहा है। इसलिए, 'समाजवाद अब कांग्रेस पार्टी अथवा कम्युनिस्टों का नारा नहीं रह गया है; यह अब किसी समूह अथवा व्यक्ति की एकाधिकारवादी सैद्धांतिक अवधारणा नहीं रह गया है, बल्कि यह कश्मीर से लेकर केप कोमोरिन तक, पूरे राष्ट्र की इच्छा और माँग है।' इसलिए 'यदि कोई समाजवाद की अवधारणा के खिलाफ किसी चीज का प्रचार-प्रसार करता है, यदि कोई समाजवाद की अवधारणा के खिलाफ किसी चीज का उपदेश झाड़ता है, यदि कोई समाजवाद की अवधारणा के खिलाफ लोगों को अभिप्रेरित करने के लिए कोई चीज संगठित करता है, तो उस गतिविधि को एक राष्ट्र-विरोधी गतिविधि के रूप में लिया जाना चाहिए।' उनके दिमाग में जो पक रहा था, उसका उन्होंने खुलासा किया, ''वर्तमान में देश में बड़े सार्वजनिक जल प्रसार के साधन, अखबार आदि एकाधिकारवादी घरानों द्वारा नियंत्रित किए जाते हैं। दक्षिण, पूर्व, उत्तर और पश्चिम में व्यवसाय-संगठन इस देश के व्यापार-व्यवसाय पर प्रभुत्व जमाए बैठे हैं। रोटरी क्लब और लायंस क्लब देश के बुद्धिजीवी समुदाय पर काफी असर रखते हैं। उनका चाहे जो चरित्र हो, चाहे वामपंथी हों या दक्षिणपंथी, यह महत्त्वपूर्ण नहीं है। लेकिन जो बात अहम है, वह यह है। मान लें कि इस संविधान संशोधन को अपना लिये जाने के बाद, 'इंडियन एक्सप्रेस' अथवा 'हिंदुस्तान टाइम्स' लेखों की एक श्रृंखला छापने की कोशिश करता है, जिसमें इस देश के लोगों को यह औचित्य बताने की कोशिश की गई हो कि इस देश में समाजवाद को क्यों स्वीकृत नहीं किया जाना चाहिए, तो उसे एक राष्ट्र-विरोधी गतिविधि माना जाना चाहिए, क्योंकि संपूर्ण राष्ट्र पहले ही समाजवाद की अवधारणा के प्रति प्रतिबद्ध हो चुका है···। मुंशी आज सूचना एवं प्रसारण मंत्री हैं! चारों ओर साजिशें, दक्षिणपंथी-प्रतिक्रियावादी ताकतें, नक्सली, रेडियो पेइचिंग, वॉयस ऑफ अमरीका···गांधी शांति प्रतिष्ठान, इंडिया हॉर्मोनी सोसाइटी, पश्चिम जर्मनी में इंडियन नेशनल क्लब···कोलकाता की इंटरनेशनल कृष्णा कॉन्ससनेस सोसाइटी···प्रजापति, ब्रह्मकुमारी ईश्वरीय विश्वविद्यालय···वर्ष 1969 में सी.आई.ए. की रिपोर्ट में इसका उल्लेख किया गया था कि ये सब सी.आई.ए. के सहायक-संगठन हैं···

और यह सब क्योंकि संसद् सर्वोच्च है, ''मैं सदन की नेता और देश की नेता, हमारी नेता श्रीमती इंदिरा गांधी को दुनिया के सामने यह सिद्ध करने के लिए एक बार फिर बधाई देता हूँ कि संसदीय लोकतंत्र और इस देश में संसद् जिस रूप में है, वह सर्वोच्च है और यह संसद् ही है, जो लोगों की इच्छा का प्रतिनिधित्व कर रही है। वर्ष 1969 से लेकर आज तक उनके साहसिक नेतृत्व के कारण ही पूरे देश की राजनीति ने एक नई ताकत और आत्मविश्वास हासिल किया तथा मैं महसूस करता हूँ कि इस संविधान-संशोधन के जरिए न केवल सरकार को एक नई ताकत मिलेगी, बल्कि पूरे देश को एक नई ताकत और आत्मविश्वास मिलेगा, ताकि वह सामाजिक-आर्थिक रूपांतरण में नया मुकाम हासिल करे, नई उपलब्धि हासिल करे··· । संविधान सभा के लिए कोई जरूरत नहीं है, संवैधानिक संशोधन जैसे बड़े मसलों में संविधान सभा की अवधारणा न केवल जन-इच्छा के खिलाफ है, बल्कि यह संसदीय लोकतंत्र के हित और यह अवधारणा कि संसद् सर्वोच्च है, के भी खिलाफ है। हमारी नेता श्रीमती इंदिरा गांधी ने अपनी हिम्मत से यह दरशाया है कि यह संसद् न केवल सर्वोच्च है, बल्कि यह लोगों की इच्छा का अभिरक्षक भी है और इसका कोई विकल्प नहीं होगा··· । वर्तमान में, श्रीमती गांधी के नेतृत्व में, इस संसद् के जरिए लोगों की इच्छा देश में सर्वोपरि है और चाहे जो भी हो, वह बाधा बनकर हमारे रास्ते में नहीं आ सकता।'

और इसलिए ''भगवान् के लिए, स्वर्ग के लिए, संविधान सभा के इस विचार को पुनर्जीवित न करें। हम लोगों की चेतना के विचार को पुनर्जीवित करें, यह विचार कि संसद् सर्वोच्च है, कोई भी चीज संसद् के रास्ते में आड़े नहीं आ सकती है; कि संसद् लोगों की इच्छा का प्रतिनिधित्व करती है, कि संसद् राष्ट्र और संविधान का मुख्य अभिरक्षक है।''

गोखले फिर खड़े हो गए। उन्होंने शुरुआत की ''···जब यह सदन विधेयक को पारित करेगा, तो वह हमारे लिए सबसे बढ़िया वक्त होगा···'' और सबसे अहम बात यह है कि संसद् की सर्वोच्चता को संशय के परे किया जा रहा है। जजों की निंदा करने, यह कहने कि उनमें देशभक्ति का अभाव है, की बजाय उन्होंने कहा, ''मैं बस यह करने की कोशिश कर रहा था कि मैं इस बात पर जोर देना चाहता था कि जजों को वक्त की गति और वक्त की जरूरतों के अनुरूप खुद को ढालना पड़ेगा। अगर यह नहीं होता है, तो ऐसा नहीं है कि लोगों को रोका जा सकता है।

अगर ऐसा नहीं होता है तो न्यायपालिका की बदनामी होगी। ऐसा होने से रोकने के लिए ही मैंने जोर दिया…कि हम जजों को यह बताना चाहते थे कि इसे समझें कि लोग क्या माँग करते हैं, लोग जो चाहते हैं, उसके अनुरूप रहें। किसी ने भी कभी इस पर विवाद खड़ा नहीं किया कि संविधान अथवा उन्हें आवंटित दायरे के तहत अन्य कानूनों की व्याख्या करने का अधिकार जजों को है, लेकिन हमने निस्संदेह इस तथ्य पर विवाद किया और विवाद करेंगे कि व्याख्या की प्रक्रिया में, वे अच्छे के लिए अथवा बुरे के लिए अपने राजनीतिक दर्शन का आयात करने के मोह में नहीं फँसे…"

गोखले ने कहा, "इसलिए, मेरे कुछेक दोस्तों, जिनमें से अधिकतर विपक्ष से हैं, द्वारा किए गए संदेह को मैं दूर करना चाहूँगा। वे कहते हैं कि मैं जजों पर आक्रमण कर रहा हूँ, जजों का विरोध कर रहा हूँ और उन्हें नीचा दिखा रहा हूँ। मैं इस मौके का लाभ उठाते हुए यह स्पष्ट करना चाहता हूँ कि उन्हें नीचा दिखाने का विचार तो मेरे दिमाग में दूर-दूर तक नहीं था। वे दरअसल अपना कर्तव्य निभा रहे थे, मैंने जो कहा, यदि मैंने वह नहीं कहा होता तो मैं अपना कर्तव्य निभाने में विफल रहता, क्योंकि मैं तो बस उन्हें यह संदेश दे रहा था कि पिछले कुछ वर्षों से पूरा देश क्या महसूस करता था और इस देश के लोगों का प्रतिनिधित्व करनेवाली पूरी संसद् क्या महसूस करती थी…"

## सार्वभौमिकता को सशक्त किया गया

प्रस्ताव अब राज्यसभा में था। अन्य दिन इस विधेयक को लोकसभा द्वारा भारी सराहना के साथ पारित किया गया। गोखले ने कहा कि उन्हें पक्का यकीन है कि "यह सदन भी इस विधेयक को उसी खुशी और सराहना के साथ स्वीकार करेगा।"

उन्होंने बड़ी मुहिम का खुलासा किया, "यह संसद् अब इस बात को बगैर किसी संशय के सामने रख रही है कि संविधान के किसी प्रावधान अथवा संविधान के तमाम प्रावधानों को संशोधित करने के लिए संसद् सर्वोच्च प्राधिकार है।" इस विधेयक के तहत, जैसा कि इसे मूल रूप से लोकसभा में पेश किया गया था, उसमें एक प्रावधान था कि यदि संशोधन की निर्धारित प्रक्रिया का पालन नहीं किया गया है, तो संशोधन विधेयक को अदालत में लाया जा सकता है, लेकिन अब तमाम संदेहों को दूर कर दिया गया है; उन शब्दों को संशोधित अनुच्छेद 368 से पूरी तरह

हटा दिया गया है। गोखले ने सार्वभौम सदस्यों, जो शीघ्र ही खुशी और प्रशंसा के साथ विधेयक को पारित करनेवाले थे, से कहा, ''केवल इतना ही नहीं, एक नई धारा जोड़ी गई है कि किसी भी आधार पर संसद् के संशोधन करने के अधिकार को किसी कानून की अदालत में चुनौती नहीं दी जा सकती। अब इस सदन में अनुच्छेद जिस रूप में आया है, वह पर्याप्त रूप से स्पष्ट कर देता है कि किसी संवैधानिक संशोधन को चुनौती दिए जाने पर अदालतों को इस पर कोई क्षेत्राधिकार ही नहीं है, यानी वे इस मसले पर विचार ही नहीं कर सकतीं।''

उन्होंने कहा कि ये अदालतें ही हैं, जिन्होंने सरकार के हाथ को बाध्य किया। वे मामले का फैसला करनेवाले जजों के राजनीतिक दर्शन के आधार पर फैसले दिए जा रहे थे। मामले 'राजनीतिक आधार' पर तय किए जा रहे थे। परिणामस्वरूप, यह कहने के अतिरिक्त कि 'भाग-तीन (संविधान का वह भाग, जिसमें मौलिक अधिकारों का उल्लेख है) संशोधन के परे है, कई अपरंपरागत, अज्ञात चीजें की गई थीं। गोखले ने कहा, ''हम कहते रहते थे कि आधारभूत ढाँचे की अवधारणा का आयात किया गया है।'' लेकिन उन्होंने जोड़ा और उन्हें श्रेय दिया, जिन्हें यह बनता था, लेकिन प्रधानमंत्री ने अन्य सदन में सही ही इंगित किया कि इसे आयात नहीं किया गया है, लेकिन इसे ईजाद किया गया है; यह उन जजों की सोच से निकला है, जिन्होंने सोचा कि उन्हें कुछ ऐसी शक्ति अपने पास आरक्षित रखनी चाहिए, जो वाकई उनके पास नहीं थी और वे अपने तहेदिल से जानते थे कि यह शक्ति भारत में सिर्फ एक ही प्राधिकार के पास है, और वह है सर्वोच्च प्राधिकार, जिसे संसद् कहते हैं।''

गोखले ने विस्तार से बताया कि सरकार के हाथ को कैसे बाध्य किया गया— ''अब, न्यायिक फैसलों के इन तमाम मामलों ने हमारे समक्ष कोई विकल्प नहीं छोड़ा। हमें संसद् के सामने, दो टूक शब्दों में एक प्रस्ताव रखना पड़ा, जिसके अनुसार भारत में न तो उच्चतम न्यायाल को अथवा अन्य किसी अदालत को, बल्कि सिर्फ संसद् को वह प्राधिकार और आवश्यक सर्वोच्चता हासिल है, जिसे हम सब जानते थे, कि हमेशा निहित रही है। लेकिन न्यायिक फैसलों द्वारा उत्पन्न की गई परिस्थिति के कारण हमें फिर से दावा करना पड़ा। इसलिए, संविधान संशोधन में इस प्रस्ताव को स्वीकार कर हम जो कुछ कर रहे हैं, वह वाकई एक बार फिर से निस्संदेह यह दावा करना है कि संवैधानिक संशोधन की मान्यता तय

करने के मामले में अदालतों का कोई कार्य नहीं है और यह काम सिर्फ संसद् का है, और किसी का नहीं।''

इसके आगे, सामाजिक-आर्थिक क्रांति··· इसलिए, मौलिक अधिकारों के ऊपर नीति निदेशक सिद्धांतों को तरजीह देना···संसद् द्वारा महज यह घोषणा करना कि एक कानून नीति निदेशक सिद्धांतों को आगे बढ़ाने के लिए बनाया गया है या यहाँ तक कि उनमें से केवल एक सिद्धांत के अमलीकरण के वास्ते है, तो इस आशय की महज घोषणा ही उसे किसी और हरेक अदालत की पड़ताल से बाहर कर देगी तथा इसके लिए अच्छा कारण है। अनुभव ने दुर्भाग्यवश पिछले 10 या 12 वर्षों में दरशाया है कि हरेक केस में, हरेक महत्त्वपूर्ण मामले में जहाँ व्यापक रूप से आम आदमी और मुल्क के लिहाज से चीजें काफी अहम मानी जा रही थीं, वहाँ न्यायपालिका ने अपनी सीमाओं का उल्लंघन किया और एक ऐसे क्षेत्र में प्रवेश किया, जो वाकई उनकी नहीं थी।' कुछ आलोचक कह रहे हैं कि हम अदालतों का क्षेत्राधिकार छीन रहे हैं। ''यह एक प्रेरित आलोचना है और इसका मकसद जजों के दिमागों में संदेह की भावना पैदा करना है। जो लोग आलोचना करते हैं, वे वैसे लोग हैं, जिनका अदालतों के मौजूदा कामकाज या कार्यप्रणाली में निहित स्वार्थ है···'

प्रावधानों पर काफी विस्तार से चर्चा की गई है। गोखले ने माँग की कि क्या आपातकाल ने किसी भी तरह चर्चा-परिचर्चा करने के रास्ते में बाधा खड़ी की है?

कुछ सम्मानित सदस्य : हाँ।

श्री एच.आर. गोखले : नहीं।

श्री ओम प्रकाश त्यागी (उत्तर प्रदेश) : तमाम सेमिनारों (विचार-गोष्ठियों) को प्रतिबंधित कर दिया गया है।

श्री एच.आर. गोखले : कुछ भी प्रतिबंधित नहीं किया गया है।

श्री ओम प्रकाश त्यागी : यहाँ दिल्ली में।

श्री एच.आर. गोखले : मेरी बात ध्यान से सुनें।

असली चीज यह है कि संवैधानिक संशोधनों पर चर्चा करने की आड़ में, कुछ बैठकों का इस्तेमाल अन्य मकसदों के लिए किया जाना था। लेकिन, मैं विश्वास के साथ कह सकता हूँ कि हरेक बैठक जो वाकई संवैधानिक संशोधनों पर चर्चा करना चाहती थी, उसे न केवल हाल में अनुमति दी गई, बल्कि तब भी देरी हो गई, जब देश में पहली बार यह सवाल खड़ा किया गया कि संविधान का

संशोधन किया जा रहा है।'

सदन खुशी और प्रशंसा के माहौल में लौट आया।

कानून एवं न्याय मंत्री ने स्पष्ट किया, संशोधन जो कुछ कर रहा है, वह दरअसल कानून के शासन को मजबूत करने और उसे बढ़ाने के लिए है। उनका प्रतिपादन कानून विद्यालयों में पढ़ाए जाने के लायक है। उन्होंने कहा, ''जब एक देश में ऐसी स्थिति आती है, जहाँ आगे और तरक्की सिर्फ इसी के जरिए हासिल की जा सकती है, एक चीज हमारे दिमागों में साफ थी कि हम इस देश में जो भी करें, वह इस आधार पर करें कि कानून का शासन है। अगर कानून का शासन है, तो हम उन चीजों को करेंगे, जिन्हें करने में कानून हमें समर्थ बनाता है। लेकिन उन्हें करने में यदि कानून आड़े आता है, तो यह देखना संसद् का परम कर्तव्य बन जाता है कि कानून लोगों की इच्छाओं और आकांक्षाओं के अनुरूप बने। यही वह उद्देश्य है, जिसके लिए मौलिक कानून तक को संशोधित किया जा रहा है। हमें यह देखना है कि किसी भी वक्त कोई यह न कह सके कि कुछ अवैध किया गया।'' आलोचक जो भी चाहें कहें और करें, लेकिन तथ्य यह है कि देशभर में, लोगों के तमाम तबकों में, संशोधनों के प्रस्तावों को बेहद अच्छी तरह स्वीकारा गया है और एक आम सहमति है। वस्तुतः लोग शिकायत करते रहे हैं कि यह कुछ ऐसा है, जिसे दस साल पहले ही किया जाना चाहिए था, तब आपने यह काम क्यों नहीं किया? भावना इतनी प्रबल है कि जो कुछ किया जा रहा है, वह बहुत आवश्यक है। उनमें से कुछेक ने कहा है, ''कभी नहीं से, देर से सही, बेहतर है।''

अदालतों को जिस रास्ते का अनुगमन करना था, वह अब पर्याप्त रूप से स्पष्ट था, और ज्यादा कुछ कहने की जरूरत नहीं थी। मैं जो कुछ कहूँगा, वह यह कि मैं उम्मीद करता हूँ कि इन संशोधनों को लागू किए जाने के बाद भी, न्यायिक फैसले करने की जिम्मेदारी से बँधे लोग यह देखेंगे कि लोगों की भावनाएँ क्या हैं, वे यह बात दिमाग में रखेंगे कि लोग कहाँ जाना चाहते हैं और उन चीजों को करने के रास्ते में जो बाधाएँ आईं, उन्हें क्यों हटाना पड़ा? अगर यह किया जाता है और लोग अपने न्यायिक आयातित नहीं करते हैं, तो मेरा मानना है कि कोई भी अदालत उस तरह काम नहीं करेगी, जिस तरह वह पिछले दस-पंद्रह वर्षों से करती आ रही थी।

संवैधानिक मामलों के एक अन्य महान् विशेषज्ञ सदा-सर्वदा कानून पालनकर्ता

ए.आर.अंतुले ने इस विषय पर बोलना शुरू किया। उन्होंने कहा कि ये संशोधन प्रगति के रास्ते से, गरीबों के रास्ते से बाधाओं, रुकावटों को हटाने के लिए किए जा रहे हैं। बहुत ईमानदारी एवं स्पष्ट रूप से कहें, तो वे भयावह नहीं हैं। दरअसल, भारत को आज जिसकी जरूरत है, वे उससे काफी कम हैं। वे कानून मंत्री से पूछना चाहते थे, ''उच्चतम न्यायालय के पास संविधान की व्याख्या करने की शक्ति क्यों होनी चाहिए? यहाँ तक कि सामान्य कानून अथवा विधेयक की भी न्यायिक समीक्षा करने की शक्ति उनके पास क्यों होनी चाहिए?'' वे किसी के प्रति जवाबदेह नहीं हैं। व्याख्या और न्यायिक समीक्षा के जरिए उनके अधिकार की जड़ के आधार को ही एक-न-एक दिन खत्म करना पड़ेगा और यह काम इस महान् देश के लोगों के हितों की खातिर करना पड़ेगा। इस धुरंधर वकील ने घोषणा की, और न्यायिक समीक्षा एक लोकतांत्रिक संविधान का अपृथक्य भाग नहीं है। फ्रांस, जो कि एक पूर्ण कारगर लोकतंत्र है, के पास ऐसी व्यवस्था नहीं है। और अच्छे कारण के लिए 'राज्य के तीन अंग हैं—कार्यपालिका, न्यायपालिका और विधायिका। कार्यपालिका को लोगों द्वारा हटाया जा सकता है और इसी तरह विधायिका को भी लोगों द्वारा हटाया जा सकता है। लेकिन किसी ने इस सवाल के बारे में सोचा है कि राज्य का तीसरा अंग, यानी न्यायपालिका को लोगों द्वारा कैसे हटाया जा सकता है? अगर भारत के तमाम लोग भी ऐसा सोचें, तो क्या वे एक जज को हटा सकते हैं? एक माननीय सदस्य, ''आप वह भी चाहते हैं?'' श्री ए.आर. अंतुले, ''हाँ, मैं वह चाहता हूँ, मैं चाहता हूँ कि न्यायपालिका लोगों की इच्छाओं के प्रति संवेदनशील बने।''

सार्वभौमिकता के एक अन्य हिमायती, हर्ष देव मालवीय, जो कि समान रूप से प्रगतिशील, समान रूप से समाजवाद के लिए प्रतिबद्ध थे, ने घोषणा की, ''आधारभूत ढाँचा महज कल्पना की कथा है।'' हमारी प्रधानमंत्री द्वारा स्पष्ट रूप से कहा गया है कि यह कुछ ऐसा है, जो मनगढ़ंत है। इसका वजूद नहीं है। इसका संविधान में कहीं उल्लेख नहीं है। इसे सिर्फ निजी संपत्ति की रक्षा और निहित स्वार्थों की रक्षा करने के लिए लाया गया है। मेरे अनुसार और इस सदन में बैठे हम सदस्यों के अनुसार, अगर इस मुल्क में कोई चीज आधारभूत है, तो वे देश के लोग हैं, जो आधारभूत हैं, वे हैं लोगों के अधिकार। किसी को भी, किसी भी शक्ति को, किसी भी न्यायपालिका को, चाहे वे जितने भी उच्च पदस्थ हों और चाहे वे जितनी भी ऊँची कुरसी पर विराजमान हों, लोगों की आधारभूत इच्छा, जो कि संसद् के जरिए अभिव्यक्त होती है, के साथ

दखलअंदाजी करने का अधिकार नहीं होगा और यही मौलिक है।

कांग्रेस अध्यक्ष डी.के. बरुआ, जिन्होंने घोषणा की थी, ''इंदिरा भारत है और भारत इंदिरा है'' (इंदिरा इज इंडिया इंडिया इज इंदिरा।) ने सबसे लंबे भाषणों में से एक भाषण दिया। श्रीमती इंदिरा गांधी ने शीघ्र ही इसे अलग छाँटा। उन्होंने राज्यसभा से कहा, ''यह व्यापक था। उन्होंने सवाल के तमाम पहलुओं को तीक्ष्णता और हास्य के साथ सामने रखा। उनसे यह अपेक्षित था, क्योंकि इन संशोधनों का खाका तैयार करने में वे सबसे ज्यादा जुड़े हुए थे। उन्होंने काफी कुछ पढ़ रखा है, उन्होंने हमारी शिक्षा में और योगदान किया तथा हमें मशहूर लेखकों व विचारकों, राजनीति के प्रकांड लोगों एवं कानून के विशेषज्ञ लोगों के विचारों और शब्दों से परिचित कराया। मैं एक बात जोड़ूँ कि उन्होंने मुझे हाल में एक पुस्तक उधार दी है, जिसमें से कुछ उद्धरण मेरे भाषण में होंगे...'' क्या आप उस धुकधुकी की कल्पना कर सकते हैं, जो इस बात ने पैदा की?

उन्होंने घोषणा की, ''महोदय, मैं यह कहना चाहूँगा कि आपातकाल, जो कि संविधान का बच्चा है, ने इन तमाम चीजों को सामने लाया है। इसने लोगों तक भोजन, लोगों तक कपड़े, लोगों तक घर और विकास के कई अवसर लाने की कोशिश की है। इसलिए, यह आवश्यक है कि उपलब्धियों को सँजोया जाए, उसे ठोस शक्ल दी जाए और उसे बिखरने न दिया जाए। इसलिए, महोदय, मेरा मानना है कि आपातकाल आवश्यक था और मैं मानता हूँ कि यह अभी भी आवश्यक है...''

वे चाहते थे कि सदन उस बात की सराहना करे, जिसे उन्होंने 'उन सभी में से सबसे बड़ी बात' बताया और वह है 'उच्चतम न्यायालय बनाम यह संसद्' जिस पर उनका कहना था, ''महोदय, हमारे संविधान की एक विशेषता, एक आधारभूत विशेषता है, और वह है संसद् के जरिए अभिव्यक्त की गई संसद् की सर्वोच्चता। सिर्फ यही है संविधान की आधारभूत गुणवत्ता। संविधान ने इस देश में संसद् की सार्वभौमिकता को स्थापित किया है, किसी अन्य की सार्वभौमिकता को नहीं''...उन्होंने कहा, ''न्यायपालिका स्वायत्तता का दावा कर सकती है। यह सार्वभौमिकता का दावा नहीं कर सकती है'' मानो अदालतें इसी का दावा करती रही हैं! और फिर छुपी हुई चेतावनी, ''इसीलिए महोदय, न्यायिक प्राधिकार के विस्तार की कोई भी कोशिश संविधान के लिए घातक होगी और खुद उच्चतम न्यायालय के लिए तो निश्चित रूप से घातक होगी।''

उन्होंने कहा कि उन्हें आधारभूत ढाँचे के बारे में कुछ कहने की आवश्यकता नहीं है। कोई नहीं जानता है कि यह क्या है, यह एक अराजक विचार भी नहीं है। यह महज एक शब्द है, जिसका उन्होंने इस्तेमाल किया है, लेकिन इसका कोई अर्थ नहीं है···। हम इसे गाड़ नहीं सकते या दफन तक नहीं कर सकते, आप उसे कैसे गाड़ सकते हैं या दफन कर सकते हैं, जो है ही नहीं?···सीख, हास्य, जैसा कि श्रीमती गांधी शीघ्र कहनेवाली थीं। 'इसलिए, हम इसे वहीं छोड़ते हैं और संशोधनों के साथ आगे बढ़ते हैं, ताकि हम उसे लागू करें, जिसे पंडित जवाहर लाल नेहरू करना चाहते थे, जब उन्होंने संविधान की स्थापना के लिए लक्ष्य प्रस्ताव पेश किया था···।'

**8 नवंबर**—दिन की मुख्य घटना है श्रीमती इंदिरा गांधी का भाषण। वे निश्चिंत हैं, उसी सीख और हास्य, उधार लिये गए उद्धरणों और तमाम चीजों से भरी हुई हैं। विपक्षी सदस्य दूर रह रहे हैं, इसलिए नहीं कि मुल्क बंदी है, बल्कि इसलिए कि "उन्होंने उस भारी समर्थन को भाँप लिया था, जो विधेयक को लोकसभा में मिला।" वे अपने हाथ के दाग-धब्बे धोती हुई कहती हैं, महोदय, एक अफवाह, मैं नहीं जानती हूँ कि इसे क्या कहा जाए, फैलाई जा रही है कि हम जजों के खिलाफ हैं अथवा उच्चतम न्यायालय के खिलाफ हैं। कांग्रेस अध्यक्ष ने अपनी लीक से हटकर हमारे विचार को स्पष्टता के साथ अभिव्यक्त किया। लेकिन मैं भी इस सदन को और बाहरी दुनिया को आश्वस्त करना चाहूँगी कि हमारे दिमागों में ऐसी कोई भावना मौजूद नहीं है और मेरे चंद सहयोगियों ने जो कुछ कहा है, उसका गलत अर्थ निकाला जा रहा है···" लेकिन तथ्य तो तथ्य हैं। ज्यादातर जज राजनीतिक क्षेत्र में नहीं कूदते हैं। लेकिन एक ने ऐसा किया··· कि अंदर और बाहर की ताकतें देश के खिलाफ काम कर रही हैं, विदेश में 'इंडियंस फॉर डिमॉक्रेसी' नामक एक संगठन की स्थापना की गई है। 'अमरीका में एक अमरीकी' ने मुझे ऐसे व्यक्तियों और संगठनों के बारे में लिखा है, और मैं इस सदन को भरोसे में लेती हूँ कि इस अमरीकी ने क्या लिखा है, "ये तमाम भारतीय जिन्होंने विदेश में रिहायश बना ली है, जिन्हें मालामाल होने की चाह में भारत से मुँह फेरने का अनुताप नहीं है, अब आपके देश को आगे बढ़ाने के प्रयास की आलोचना कर रहे हैं।" जाहिर है, कुछ अमरीकी 'विदेशी हाथ' नहीं हैं!

मामला सीधा है, देश का आगे बढ़ने का अभियान, स्वतंत्रता के लिए संघर्ष को जारी रखना, लोग और संसद् की सार्वभौमिकता; उन जालों को हटाना, जिन्हें

न्यायपालिका की हाल की कुछ कोशिशों ने बुन दिया है···

> इस विधेयक का मकसद राष्ट्र और संविधान की तरोताजगी है। हम अपने संस्थापकों की मंशा पर काफी गंभीरता से ध्यान केंद्रित कर रहे हैं। हम विधायिका, कार्यपालिका और न्यायपालिका के बीच सामंजस्य को पुनर्स्थापित कर रहे हैं, जैसा कि संविधान में मूल रूप से दिया गया था। हम उन जालों को हटा रहे हैं, जो राजनीतिक एवं विधायी क्षेत्रों में अतिक्रमण करने की न्यायपालिका की हाल की कोशिशों से पैदा हुए हैं। हम लोगों की संप्रभुता का फिर से दावा कर रहे हैं और यह इंगित कर रहे हैं कि संविधान समेत बाकी अन्य कोई भी चीज, लोगों के लिए हैं। हम उन अनावश्यक विवादों को हमेशा के लिए खत्म कर रहे हैं, जो तीव्र प्रगति की राह में बाधा बनकर खड़े हो गए थे। हम फिर किसी भी संशय से परे यह स्पष्ट कर रहे हैं कि जब संविधान में संशोधन करने की बात आती है तो संसद् की शक्ति सार्वभौम है।

संशोधनों में कुछ क्रांतिकारी नहीं हैं। जो कुछ नया प्रतीत होता है, वह उन अपीलों की स्पष्ट अभिव्यक्ति है, जिसने स्वतंत्रता प्राप्ति के पूर्व और बाद में राष्ट्र को संचालित किया तथा जिसने हमारे संस्थापकों का दिशा-निर्देशन किया। लेकिन, जैसा कि मैंने कहा, हम संसद् की सार्वभौमिकता के पक्ष में हैं। लेकिन संसद् की सार्वभौमिकता खुद भारत के लोगों पर निर्भर है। संसद्, भारतीय लोगों द्वारा पैदा की गई चीज है। इसलिए, हम जो वाकई करने की कोशिश कर रहे हैं, वह है भारतीय लोगों को सशक्त करना, उनकी आवाज को सुने जाने लायक बनाना और उनकी समस्याओं का शीघ्रतर समाधान करना।

झंडा फहरा दिया गया था, कई उसकी सराहना के लिए उठ खड़े हुए··· ।

**9 नवंबर**—सदन शीघ्र ही खुशी और सराहना के साथ काम करनेवाला है। गोखले फिर, यह मौलिक अधिकारों को कैद किया जाना क्या बला है? अब महान् वकील सी.के. दफ्तरी की बारी थी। उन्होंने कहा कि क्या सदस्य, जिसने इसे इंगित किया था, ने इस पर गौर नहीं किया कि हमने नीति निदेशक सिद्धांतों को कैद से आजाद किया है?···यह न्यायिक समीक्षा का गोरख धंधा, "अगर हम न्यायिक समीक्षा की बात करें, तो इस देश में और बाहर के परंपरागत न्यायविद् इस निष्कर्ष पर पहुँचे हैं कि अगर संविधान में कोई अलोकतांत्रिक गुण है, तो वह गुण न्यायिक समीक्षा का है। यह अलोकतांत्रिक है, क्योंकि जो चीज निर्वाचित प्रतिनिधियों द्वारा की और तय की जाती है, उसे उन लोगों द्वारा निरस्त कर दिया जाता है, जो उस तरह चुने नहीं गए हैं और जो, उस मायने में लोगों का प्रतिनिधित्व नहीं करते हैं···"

42वाँ संशोधन खुशी और तारीफ के साथ पारित कर दिया गया···

कदमों या चरणों पर गौर करें—

- लोग सार्वभौम हैं।
- इसलिए संसद् सार्वभौम है।
- इसलिए सांसद सार्वभौम हैं।
- इसलिए सांसदों का बहुमत सार्वभौम है।
- इसलिए जो बहुमत को नियंत्रित करता है, वह सार्वभौम है।
- इसलिए कोई व्यक्ति, कोई संस्था, कोई कानून या संविधान उस सार्वभौम के रास्ते में बाधा बनता है, तो वह लोगों की इच्छा को निष्फल, व्यर्थ कर रहा है, वह गरीबों के शोषण को जारी रखने के लिए काम कर रहा है।
- इसलिए उसे अवश्य ही 'खत्म किया जाना चाहिए।'

एक अन्य बात भी बस उतनी ही अहम है। गुंडों, बदमाशों, गँवारों द्वारा प्रस्ताव फेंक दिए जाते हैं, संस्थानों को आधारविहीन कर दिया जाता है। न्यायविद् गोखले, विवेकशील स्वर्ण सिंह, विद्वान् बरूआ, कानून-निर्माता सी.एम. स्टीफन को कौन याद करता है, उन दिनों के उत्साहवर्धकों को कौन याद रखता है? लेकिन उनकी चीखों और चिल्लाहटों, उनकी निंदा, उनके झूठों की ही चली। जख्म कर दिया गया···

**आज तक**

हर बार जब अदालतें यह स्थापित करती हैं कि राजनीतिज्ञ जो कुछ कर रहे हैं, वह कानून और संविधान का उल्लंघन है, तब प्रस्तावों का यह क्रम, वस्तुत: यही शब्द आज भी सुनने को मिलते हैं। याद करें कि जब उच्चतम न्यायालय ने हाल में अनुसूची नौ के दुरुपयोग पर लगाम लगाई तो उन्हीं राजनीतिज्ञों, जिन्होंने देश को जातिवाद के दुष्चक्र में डाल दिया है, ने किस कदर हल्ला बोला। डी.एम.के. प्रमुख एवं मुख्यमंत्री एम.करुणानिधि ने कहा, "अदालतों के लिए जो सीमाएँ तय की गई हैं, उन्हें उसका उल्लंघन नहीं करना चाहिए···' संसद् सर्वोच्च है···।" उन्होंने इस फैसले में तुरंत वह कारण देखा, जिसके लिए संविधान की समीक्षा की जानी चाहिए···

मैं जब इस अध्याय को समाप्त करने को हूँ, तो तमिलनाडु से और खबर आई

है। 'एशियन एज' ने खबर दी है, डी.एम.के. न्यायपालिका से कहती है, हदों को पार न करें। कोई आर्कोट एन. वीरासामी, जिन्हें अखबार ने तमिलनाडु सरकार में एक वरिष्ठ मंत्री बताया है, जो मुख्यमंत्री एम. करुणानिधि के करीबी हैं, जो डी.एम.के. के कोषाध्यक्ष हैं, इस काबिल मंत्री ने मुख्यमंत्री की मौजूदगी में एक सार्वजनिक बैठक में घोषणा की, 'कुछ जज इस तरह आचरण कर रहे हैं, मानो वे स्वर्ग से कूदे हों! हरेक की एक सीमा है और उसे उसके अंदर ही काम करना चाहिए। एक निर्वाचित मुख्यमंत्री की आलोचना करने अथवा अनावश्यक रूप से इस सरकार को दोषी ठहराने के लिए कोई कानूनी अनुमति नहीं है। मेरी सिर्फ इतनी चिंता है कि अदालतों का हश्र 'कट्टापंचायत' (कंगारू पंचायत) के रूप में न हो जाए। अगर अदालतें इसी तरह से काम करती रहेंगी, तो लोग उनमें भरोसा खो देंगे।'' वीरासामी ने बात जारी रखी, ''तमिलनाडु में कुछ अदालतें इस तरीके से काम कर रही हैं, मानो उनके पास एक लोकतांत्रिक रूप से निर्वाचित मुख्यमंत्री से ज्यादा प्राधिकार हों। मैं उच्च न्यायालयों के जजों को मुख्यमंत्री से श्रेष्ठतर नहीं मानता हूँ। उच्च न्यायालयों को मुख्यमंत्री की शक्तियाँ हड़पने का अधिकार किसने दिया है? क्या उच्च न्यायालय को मुख्यमंत्री से ज्यादा जिम्मेदारी दी गई है?…''

और करुणानिधि की प्रतिक्रिया क्या है? 'एशियन एज' ने उन्हें यह कहते हुए खबर दी है कि 'हाल में एक बहस जोर-शोर से चल रही है कि बिल्ली के गले में घंटी कौन बाँधेगा, और अब वीरासामी ने वह काम कर दिया है। कम-से-कम अब, जबकि यह घंटी बज रही है, यहाँ ईमानदारी और न्याय की स्थापना की।'[1]

और अब अन्य भूस्खलन, जिस पल उच्चतम न्यायालय ने आरक्षण के बारे में अर्जुन सिंह के हुक्म के अनुपालन को स्थगित कर दिया है। लोग, गरीब, संसद् सार्वभौमिकता… का राग अलापा जा रहा है।

□

1. दी एशियन एज, 5 फरवरी, 2007.

# 9

# कुछ महत्त्वपूर्ण सबक

कांग्रेस अध्यक्ष डी.के. बरूआ ने मौलिक ढाँचे के बारे में घोषणा की थी, 'इसके बारे में कोई नहीं जानता है…' उन्होंने कहा कि उन्हें इस बारे में कुछ कहने की जरूरत ही नहीं है, क्योंकि यह एक अराजक विचार तक नहीं है। यह महज एक शब्दावली है, जिसका उन्होंने प्रयोग किया है, लेकिन इसका कोई अर्थ नहीं है…उन्होंने कहा था, "हम इसे गाड़ नहीं सकते हैं या दफन भी नहीं कर सकते हैं। आप किसी को कैसे गाड़ सकते हैं या दफन कर सकते हैं, जिसका वजूद ही नहीं है?"[1]

---

1. जैसा कि सुविदित है, सर्वोच्च न्यायालय ने शुरू में माना कि संसद् की संशोधन शक्ति पर कोई सीमा नहीं है। सर्वोच्च न्यायालय ने गौर किया कि यह सही है कि अनुच्छेद 13 (2) कहता है कि 'सरकार ऐसा कोई कानून नहीं बनाएगी, जो इस भाग [मूलभूत अधिकारों से संबद्ध भाग—III] द्वारा प्रदत्त अधिकारों का हनन करता है या अतिक्रमण करता है और यदि कोई कानून इस प्रावधान का उल्लंघन कर बनाया जाता है, तो जिस हद तक वह उल्लंघन करता है, वह अवैध करार दिया जाएगा। लेकिन अदालत ने कहा कि इस प्रावधान में 'कानून' शब्द संशोधन करने की शक्ति को समाहित नहीं करता है [संकरी प्रसाद बनाम भारत सरकार, ए.आई.आर. 1951 एस.सी. 458] इस विचार को दोहराया गया और एक अर्थ में इसे और विस्तार दिया गया। अदालत ने कहा कि संविधान-संशोधन यहाँ तक कि मूलभूत अधिकारों को भी छीन सकता है, और फिर भी वह अनुच्छेद 13 (2) के उल्लंघन का दोषी नहीं माना जाएगा [सज्जन सिंह बनाम राजस्थान राज्य, ए.आई.आर. 1965 एस.सी. 845]। यह सन् 1965 की बात थी। वर्ष 1967 में, उच्चतम न्यायालय ने तय किया कि अनुच्छेद 13(2) में 'कानून' दरअसल संविधान के संशोधनों को समाहित करता है, और इसीलिए, कोई भी संशोधन भाग-III द्वारा हमें दिए गए मौलिक अधिकारों को छीन नहीं सकता है या उनका उल्लंघन नहीं कर सकता है। [आई.सी. गोलकनाथ बनाम पंजाब राज्य, ए.आई.आर. 1967 एस.सी. 1643] संशोधन शक्ति की सीमा को लेकर विवाद बना रहा। जैसे-

सरदार स्वर्ण सिंह ने लोकसभा से कहा कि इसका (आधारभूत ढाँचा) न्यायाधीशों द्वारा आयात किया गया है। श्रीमती गांधी ने घोषणा की कि यह एक आविष्कार है। हौसला अफजाई करनेवालों ने इस कथन को लपक किया। उन्होंने कहा कि कोई नहीं जानता कि इसका मतलब क्या है, जज खुद नहीं जानते कि इसका अर्थ क्या है...

सरकार ने तब दलील दी कि यदि ऐसी अस्पष्ट अवधारणा की घोषणा की जाती है कि संसद् संविधान का संशोधन तो कर सकती है, लेकिन 'मूलभूत ढाँचे' नामक किसी काल्पनिक चीज को कमजोर नहीं कर सकती है, तो संसद् को उन सीमाओं का पता नहीं चलेगा जिसके तहत उसे कानून बनाना है। और तब से सरकार अकसर ही ऐसे तर्क देती आई है। जजों ने केशवानंद भारती केस में दर्ज किया, "केंद्र और राज्यों की ओर से यह जोरदार अपील की गई कि अगर हम इस निष्कर्ष पर पहुँचते हैं कि अनुच्छेद 368 के तहत संसद् की संशोधन शक्ति पर अंतर्निहित सीमाएँ हैं, तो यह संसद् के लिए पहले से फैसला करना असंभव हो जाएगा कि वह क्या संशोधन कर सकती है और क्या संशोधन करने से उसे मना किया गया है।" अदालत ने दर्ज किया, "केंद्र और राज्यों के वकील के अनुसार, मूल तत्त्व और मूलभूत विशेषताओं की अवधारणाएँ भ्रामक अवधारणाएँ हैं और उनका निर्णय एक जज से दूसरे जज में भिन्न हो सकता है तथा इसलिए यदि हम यह मत बनाते हैं कि अनुच्छेद 368 के तहत संशोधन करने की शक्ति पर अंतर्निहित सीमाएँ हैं, तो हम संसद् का काम करना असंभव बना देंगे।"[1]

लेकिन न्यायाधीशों ने विस्तार से दरशाया कि संविधान की योजना सीधी और स्पष्ट है। प्रस्तावना तय कर देती है कि हमें किस तरह का राजनीतिक तंत्र और समाज बनाना है। इससे जो प्रावधान निकलते हैं, वे उस लक्ष्य को हासिल करने के

---

जैसे राजनीतिज्ञ ज्यादा-से-ज्यादा बड़े-बड़े वायदे करते गए और उनमें से कम-से-कम को पूरा कर पाए, वे आरोप लगाने लगे कि न्यायपालिका बाधा बनी हुई है। वामपंथी बड़बोलापन अपनी पराकाष्ठा पर था, और इसके साथ ही, वे दूसरों पर दोषारोपण कर रहे थे। लेकिन जब केशवानंद भारती बनाम केरल राज्य [(1973) 4 एस.सी.सी. 225] केस सामने आया, तो यह मामला जोरदार ढंग से उठा और यह हमारे संवैधानिक इतिहास के निर्णायक मामलों में से एक बन गया। इस केस में दिए गए फैसले आधारभूत ढाँचे के महल की आधारशिला बन गए हैं, और इसीलिए, इस अध्याय में इन्हीं फैसलों के मद्देनजर चर्चा की जाएगी।

1. केशवानंद भारती बनाम केरल राज्य, (1973) 4 एस.सी.सी. 225, 485 पर।

साधन भर हैं। हमारी राजनीतिक व्यवस्था की खास पहचान है कि हमें सामाजिक-आर्थिक परिवर्तन सुनिश्चित करना है, मगर साथ में संविधान द्वारा तय किए गए लोकतांत्रिक ढाँचे और वैयक्तिक स्वातंत्र्य तथा सम्मान की हिफाजत भी करनी है।[1]

जजों ने पूछा कि क्या अवधारणा इतनी अस्पष्ट है कि वह विधायिकों के लिए मार्गदर्शक नहीं बन सकती है? प्रस्तावना में तय किए गए प्रत्येक उद्देश्य के बारे में क्या किया जाए? क्या उन पर वही आरोप नहीं मढ़े जा सकते हैं? क्या इसका आशय यह है कि उनका कोई महत्त्व नहीं है? या वे भी हमारी विधायिकाओं को भ्रम में डालते हैं? प्रस्तावना को याद करें—

हम भारत के लोग पूरी गंभीरता से संकल्प लेते हैं कि हम भारत को एक सार्वभौम समाजवादी, धर्मनिरपेक्ष, लोकतांत्रिक, गणतंत्र बनाएँगे और इसके तमाम नागरिकों के लिए सुनिश्चित करेंगे—

न्याय : सामाजिक, आर्थिक एवं राजनीतिक;

स्वतंत्रता : विचार, अभिव्यक्ति, विश्वास, मान्यता और पूजा की;

समानता : स्थिति (पद) की और अवसर की; तथा वैयक्तिक सम्मान एवं राष्ट्र की एकता और अखंडता को सुनिश्चित करते हुए उन सबके बीच भ्रातृत्व को बढ़ावा देना…

समाजवादी? धर्मनिरपेक्ष? न्याय, सामाजिक, आर्थिक और राजनीतिक? विचार, अभिव्यक्ति, विश्वास और उपासना की स्वतंत्रता? पदस्थिति और अवसर की समानता? बंधुत्व? व्यक्ति का सम्मान? इनमें से कौन इतना सुस्पष्ट है कि उस पर और चर्चा करने की जरूरत नहीं है? उनमें से प्रत्येक के जो अर्थ लगाए गए हैं, क्या उन पर विवाद नहीं हुए? क्या शोध-प्रबंधों, विधि पुस्तकों और फैसलों में उन अर्थों के विभिन्न रूप नहीं भरे पड़े हैं, जो इन अवधारणाओं और लक्ष्यों या साधन, जो उन्हें प्राप्त करने के लिए लगाए जा सकते हैं या नहीं लगाए जा सकते हैं? इसलिए, क्या उन्हें मिटा दिया जाना चाहिए? या क्या ऐसा है कि, चूँकि ये अवधारणाएँ '2+2' के परिणाम से निकले '4' नहीं हैं, इसलिए उनका वजूद नहीं है? उच्चतम

1. उदाहरण के लिए देखें, केशवानंद भारती बनाम केरल राज्य, 1973 (4) एस.सी.सी. 225, 365 पर पैरा 283, 287, 427, पैरा 533, 435 पैरा 546, 454 पैरा 581, 640, पैरा 1161 अकसर दोहराया गया। उदाहरण के लिए, मिनर्वा मिल्स बनाम केंद्र सरकार (1980) 3 एस.सी.सी. 625, 673 पर पैरा 83, 645, पैरा 27, 654, 57, पैरा 56, 57, 62, 63.

न्यायालय ने इंगित किया था, ''यह कहना सही नहीं है कि जिसके बारे में तय करना मुश्किल है, उसका अस्तित्व ही नहीं है।''

नैसर्गिक अधिकार? किन मायनों में वे ज्यादा स्पष्ट हैं? किन अर्थों में उनकी सीमाएँ ज्यादा ठोस हैं?

उस शक्ति के बारे में क्या जो सरकार को दी गई है कि वह अनुच्छेद 19 में दिए गए मूलभूत अधिकारों पर 'समुचित प्रतिबंध' लगाए? किसी खास अधिकार के संदर्भ में खास परिस्थिति में क्या 'समुचित' है, क्या यह स्वतः स्पष्ट है? क्या तब अनिश्चितता कम या जटिल हो जाती है, जब संविधान उसी अनुच्छेद में यह व्यवस्था देता है कि ऐसे समुचित प्रतिबंध अवश्य ही 'नैतिकता' या 'सार्वजनिक व्यवस्था' के हित में लगाए जाने चाहिए? कि वे प्रतिबंध निश्चित तौर पर आम जनता के हित में होने चाहिए?

क्या विधायिकाओं को उन हदों का साफ तौर पर पता होता है, जिस हद तक वे अपनी विधायन शक्ति प्रदत्त कर सकती हैं? क्या अदालतों को कई कानूनों को इस आधार पर खारिज नहीं करना पड़ा है कि इसके प्रावधान प्रदत्त करने की अनुमति योग्य सीमाओं का उल्लंघन करते हैं? क्या इसका यह मतलब है कि विधायिकाओं पर कोई सीमा नहीं है कि वे कहाँ तक निचले निकायों को विधायन-शक्ति प्रदत्त कर सकती हैं, या कि हदों को ध्यान में रखने की जरूरत ही नहीं है? उच्चतम न्यायालय ने रेखांकित किया कि संविधान की मूल विशेषताओं या उसके आधारभूत तत्त्वों के बारे में तय करना किसी भी तरह उससे ज्यादा मुश्किल नहीं हो सकता, जितना कि विधायिकाओं को अन्य विविध मामलों में विधेयन की पहले से संवैधानिकता तय करने में होता है। और ऐसी साजिशाना आशंकाओं के असली मकसद पर भी अदालत ने टिप्पणी की; ''विधायिकाओं द्वारा सामना किए जानेवाले संभावित मुश्किलों पर आधारित तर्कों का बहुत कम महत्त्व है और वे अनिवार्य रूप से न्यायिक समीक्षा के खिलाफ तर्क हैं।''[1]

## यदि संसद् की शक्ति 'असीमित' है

यदि यह मान लिया जाए कि संसद् के पास संविधान का संशोधन करने की असीमित शक्ति है, तो जजों ने इंगित किया कि इसके क्या परिणाम हो सकते हैं।

1. केशवानंद भारती बनाम केरल राज्य, (1973) 4 एस.सी.सी. 225, 485 पर।

दरअसल, तत्कालीन महान्यायवादी (अटॉर्नी जनरल) ने केंद्र सरकार और राज्य सरकार की ओर से अदालत के समक्ष जो दावा पेश किया, उससे जजों को ये बातें स्पष्ट रूप से सामने रखनी पड़ीं। न्यायमूर्ति जे.एम. शेलात और न्यायमूर्ति ए.एन. ग्रोवर ने गौर किया, ''विद्वान् महान्यायवादी के अनुसार, हमारे संविधान की प्रस्तावना में भारत के लोगों की यह घोषणा कि वे इसे एक सार्वभौम लोकतांत्रिक गणतंत्र[1] बनाएँगे, महज एक मंशा की घोषणा की है, जो सन् 1947 में की गई और अब अनुच्छेद 368 के तहत संशोधन करनेवाले निकाय के लिए खुला है कि वह सार्वभौम लोकतांत्रिक गणतंत्र को किसी और किस्म की राजनीतिक व्यवस्था में बदल दे।'' जजों ने कहा, ''यह अपने आप दरशाता है कि उस अनुच्छेद में उल्लिखित शब्दों के आधार पर कितनी विस्तृत और व्यापक शक्ति की संरचना तैयार कर ली गई है'' और इसलिए अदालत शक्ति प्रदान करनेवाले प्रावधानों की सीमाओं को तय करते समय उन परिणामों की अनदेखी नहीं कर सकती है, जो एक खास संरचना या बनावट के कारण पैदा हो सकती है।'[2]

अदालत ने याद किया कि संविधान सभा में चर्चाओं के दौरान ही, एच.वी. कामथ ने एक संशोधन पेश किया था, जिससे संसद् को संविधान का संशोधन करने की असीमित शक्तियाँ मिल जातीं। इस संशोधन को खासतौर पर खारिज कर दिया गया।[3] और इसके लिए अच्छे कारण थे।

संविधान का संशोधन करने की असीमित शक्ति के दावे को स्वीकार कर लिया जाए, तो मुख्य न्यायाधीश न्यायमूर्ति एस.एस. सिकरी ने गौर किया कि 'खुद अनुच्छेद 368 को ही संशोधित कर संविधान को पूरी तरह लचीला, या अत्यधिक कठोर और अपरिवर्तनीय बनाया जा सकता है। अगर ऐसा है, तो एक राजनीतिक पार्टी, जिसके पास संसद् में चार वर्षों की अवधि के लिए दो-तिहाई बहुमत है, संविधान में इस तरह संशोधन कर सकती है कि किसी अन्य दल को काम करने से प्रतिबंधित कर दे, संपूर्णवादी या निरंकुशतावादी व्यवस्था स्थापित कर ले, लोगों को गुलाम बना दे और उन मकसदों को पूरा करने के बाद संविधान को अपरिवर्तनीय

---

1. कि अन्य शब्द, समान रूप से अस्पष्ट, 'समाजवादी', आपातकाल के दौरान जोड़ा जाना था और अभी भी भविष्य में था।
2. केशवानंद भारती बनाम केरल राज्य, (1973) 4 एस.सी.सी. 225, 427 पर।
3. वही, 415 पर, पैरा 499.

या अत्यधिक कठोर बना दे।'[1]

यह अनुच्छेद 32 को रद्द कर सकती है, अपने अधिकारों को लागू करवाने के लिए लोगों द्वारा अदालत का रुख करने के अधिकार को छीन सकती है, और इस तरह उसे नष्ट कर सकती है, जिसे डॉ. आंबेडकर ने संविधान का दिल और आत्मा करार दिया था।[2]

जजों ने कहा कि संसद् संविधान का इस तरह संशोधन कर सकती है कि भाग-3 और भाग-4 खत्म हो जाएँ तथा इस तरह मूलभूत अधिकार और दिशा (नीति)-निदेशक सिद्धांत समाप्त कर दिए जाएँ या अर्थहीन कर दिए जाएँ। यह राज्यों को दी गई शक्तियाँ छीन सकती हैं, और इस तरह संविधान द्वारा स्थापित संघ व्यवस्था को नष्ट कर सकती हैं।[3]

जजों ने कहा कि संसद् खुद को न्यायिक कार्यों की शक्ति प्रदान कर सकती है और इस तरह संविधान में प्रदत्त कार्यों की पृथकता को नष्ट कर दे सकती है।[4]

क्या यह बात बहुत दूर की ध्वनित होती है? लेकिन जैसा कि हमने देखा है, संसद् ने ठीक यही काम 39वें संशोधन के जरिए किया और एक ऐसे व्यक्ति के चुनाव की वैधता को तय करने का अधिकार संसद् को दे दिया, जिसकी जकड़ में

---

1. केशवानंद भारती बनाम केरल राज्य, (1973) 4 एस.सी.सी. 225, 365 पर, पैरा 285.
2. आंबेडकर ने इस तथ्य को हलके में लिया था कि उद्देश्य प्रस्ताव में अधिकारों का उल्लेख किया गया है। उन्होंने कहा कि दुनिया के प्रत्येक सभ्य हिस्से में ये पहले ही आधुनिक आदमी की मानसिक धारणा के अभिन्न अंग बन चुके हैं। हम सबको पता है कि उपचारों के बिना अधिकार अर्थहीन हैं। जब अधिकारों का उल्लंघन किया जाए तो लोगों को इसके खिलाफ उपचार प्राप्त करने का अधिकार दिया जाना चाहिए। इसीलिए जब वह आज के अनुच्छेद 32 की ताईद कर रहे थे, तो उन्होंने संविधान सभा से कहा कि यह 'एक ऐसा अनुच्छेद है, जिसके बिना यह संविधान शून्य हो जाएगा, निष्प्रभावी हो जाएगा…। अगर उनसे यह पूछा जाए कि सबसे महत्त्वपूर्ण अनुच्छेद कौन है, तो 'मैं इसे छोड़कर किसी अन्य अनुच्छेद का नाम नहीं ले सकता। यह संविधान का दिल है, इसकी आत्मा है, और मुझे खुशी है कि सदन ने इसके महत्त्व को महसूस कर लिया है। यह उपचार या निदान ही है, जो एक अधिकार को वास्तविक बनाता है। अगर कोई निदान नहीं है तो कोई अधिकार है ही नहीं…।' जो नेता आंबेडकर के नाम की माला दिन-रात जपते हैं और इनमें वे भी शामिल हैं, जिन्होंने आपातकाल के दौरान इसे और अन्य उपचारों को कुचल दिया था, वे यदि इसे पढ़ लें, जो उन्होंने कहा था और लिखा था, तो बेहतर हो! कांस्टिटुएंट एसेंबली डिबेट्स, अंक VII, पृष्ठ 953. केशवानंद भारती बनाम केरल राज्य, (1973) 4 एस.सी.सी. 225, 639-40 पर, पैरा 1161 भी देखें।
3. वही, 406 पर, पैरा 481.
4. वही, 415 पर, पैरा 499.

वह थी, यानी कि प्रधानमंत्री, और यह काम उसने महज दो साल के अंदर कर डाला, जब जजों ने आशंका जताई थी कि संविधान को संशोधित करने की असीमित शक्तियों के दावों के नतीजे ऐसे बदलावों के रूप में सामने आ सकते हैं।[1]

संसद् किसी धर्म के अनुपालन को अवैध ठहरा सकती है, और किसी दूसरे धर्म के अनुपालन को अनिवार्य घोषित कर सकती है।[2]

संसद् संविधान के अनुच्छेद 85 और 172 को संशोधित कर सकती है तथा अपनी अवधि को पाँच साल का नहीं, बल्कि पचास साल का कर सकती है।[3] और यह काम इसने शीघ्र ही किया भी, कृपा कर पचास साल नहीं किया, बल्कि छह साल ही किया!

सत्तारूढ़ दल या गठबंधन संसद् से कानून बनवा सकता है कि विरोधी पार्टियों के उम्मीदवारों का चुनाव अवैध करार दिया जाएगा, और उसके अपने उम्मीदवारों के चुनाव, या उसके नेता के चुनाव पर, कभी भी सवाल नहीं उठाया जाएगा।[4]

इन फैसलों में एक खास गद्यांश हमें सचेत करता है कि सरकार की ओर से पहले ही क्या दावा किया जा रहा था। यह हमारे लिए 'तर्कों' के उस तरीके को दर्ज करता है, जिसके बिना पर पूर्ण या निरपेक्ष सत्ता का दावा किया जा रहा था। इतना वक्त बीत जाने पर, यह दरशाता है कि न्यायाधीश कितने दूरदर्शी थे। इससे भी ज्यादा महत्त्वपूर्ण, यह हमें याद दिलाता है कि दूर की सोचना, दूर की देखना कितना अनिवार्य है। न्यायमूर्ति के.एस. हेगड़े और न्यायमूर्ति ए.के. मुखर्जी ने महान्यायवादी और महाधिवक्ता द्वारा कहे गए तर्कों को दर्ज किया है तथा इन तर्कों के महत्त्व या मायने को भी स्पष्ट किया है। उन्होंने टिप्पणी की,

संघ और राज्यों के अनुसार, उस शक्ति में निम्न काम करने की शक्ति शामिल है—(1) इस देश की संप्रभुता को नष्ट कर देना और किसी अन्य देश का उपग्रह देश बना देना; (2) लोकतांत्रिक सरकार की जगह राजतंत्रीय या निरंकुशतावादी

---

1. संसद् को न्यायिक शक्ति प्रदान करना एक मुख्य कारण था, जिसके आधार पर सर्वोच्च न्यायालय के पाँच वरिष्ठतम न्यायाधीश थे, जिसमें पसंदीदा (सरकार के) मुख्य न्यायाधीश ए.एन. रे भी शामिल थे। इस पीठ ने इंदिरा नेहरू गांधी बनाम राजनारायण, (1975) अनुपूरक एस.सी.सी. 1 केस में सर्वसम्मति से 39वें संशोधन को खारिज कर दिया।
2. केशवानंद भारती बनाम केरल राज्य, 430 पर, पैरा 535.
3. वही, 766, पैरा 1423.
4. इंदिरा नेहरू गांधी बनाम राजनारायण, (1975), अनुपूरक एस.सी.सी. 1, 36 पर, पैरा 22.

सरकार की स्थापना करना; (3) इस देश की एकता को तोड़ देना और विविध स्वतंत्र राज्य बना देना; (4) इस देश के धर्म निरपेक्ष चारित्र को नष्ट कर देना और इसकी जगह एक मजहबी सरकार की स्थापना करना; (5) नागरिकों और अल्पसंख्यकों को दिए गए विविध अधिकारों का पूरी तरह उल्लंघन करना; (6) संसद् के दोनों सदनों के जीवन (कार्यकाल) को अनिश्चितकाल के लिए बढ़ा देना; (8) संशोधन करने की शक्ति को इस तरह संशोधित कर देना कि संविधान कानूनी रूप से या व्यावहारिक रूप से अपरिवर्तनीय हो जाए या संशोधन के काबिल ही न रह जाए।

जजों ने गौर फरमाया, ''दरअसल, उनकी दलील है कि कानूनी संप्रभुता, अंतिम विश्लेषण में केवल संशोधन करने की शक्ति में ही निहित है।'' यह ठीक उसी तरह का दावा है जैसा संप्रभु सांसदों ने 39वें और 42वें संशोधनों पर बहस के दौरान पेश किया था। जजों ने दर्ज किया कि 'एक बार, केंद्र और राज्यों के वकील ने अनमने ढंग से माना कि अनुच्छेद 368 के तहत जो शक्ति दी गई है, उसका इस्तेमाल संविधान का उल्लंघन करने के लिए नहीं किया जा सकता। लेकिन बाद में हममें से कुछ लोगों के द्वारा सवाल किए जाने के दबाव में उन्होंने अपनी बात बदल दी और कहा कि 'उल्लंघन' से उनका आशय संविधान को पूरी तरह निरस्त कर देने से था। जब उनसे पूछा गया कि यह कहने से उनका क्या आशय था कि अनुच्छेद 368 के तहत दी गई शक्ति का इस्तेमाल संविधान को निरस्त करने के लिए नहीं किया जा सकता, तो उन्होंने बस इतना कहा कि संविधान का संशोधन करते वक्त, संविधान में कम-से-कम एक प्रावधान अवश्य ही बनाए रखा जाना चाहिए, हालाँकि संविधान का अन्य हरेक प्रावधान या भाग, जिसमें प्रस्तावना भी शामिल है, को रद्द किया जा सकता है तथा उसके बदले कुछ और प्रावधानों को लाया जा सकता है। संक्षेप में, उनके कहने का आशय यह था कि जब तक 'भारत का संविधान' अभिव्यक्ति को बनाए रखा जाता है, इसका अन्य हरेक अनुच्छेद रद्द किया जा सकता है या बदला जा सकता है।'

जजों के समक्ष फिर व्यावहारिक तर्क रखा गया। जब हम अगले पाठ पर आएँगे, तो शीघ्र ही इसका सामना करेंगे। उन्होंने (महान्यायवादी और महाधिवक्ता, भारत सरकार और राज्यों की ओर से) यह कहते हुए अपने दावे के असर को कम करने की कोशिश की कि हालाँकि कानूनन, संशोधन करने की शक्ति पर कोई सीमा

नहीं लगी है, लेकिन निश्चित तौर पर राजनीतिक बाध्यताएँ हैं, जो संसद् को इसकी इजाजत नहीं देंगी कि वह संशोधन करने की शक्ति का इस तरह इस्तेमाल करे कि व्यापक रूप से लोगों को अस्वीकार्य हो। मगर ऐसी दलील देने के महज दो साल के अंदर 'राजनीतिक बाध्यताओं' ने संसद् को किस दिशा में धकेला? जज कितने अनुभूतिक्षम थे, जब ऐसी दलील को कमतर करते हुए उन्होंने टिप्पणी की, "राजनीतिक प्रतिक्रिया की ताकत अनिश्चित है। यह विविध कारकों पर निर्भर करती है, जैसे—लोगों की राजनीतिक जागरूकता, उनकी शिक्षा का स्तर, देश में मौजूद विविध राजनीतिक संगठनों की शक्ति, जिस तरीके से जन-संचार साधनों का प्रयोग किया जाता है और अंततः आंदोलनों को दबाने की सरकार की क्षमता। इसलिए संशोधन की शक्ति के दायरे की व्याख्या करते समय एक अवांछित संशोधन का लोगों द्वारा प्रतिरोध करने की इच्छा-शक्ति को ध्यान में नहीं रखा जा सकता है। कानूनेत्तर शक्तियाँ एकदम अलग धरातल पर काम करती हैं।"[1]

सरकार द्वारा किए गए दावों के खिलाफ एन.ए. पालखीवाला के तर्कों का हवाला देते हुए, न्यायमूर्ति जे.एम. शेलात एवं न्यायमूर्ति ए.एन. ग्रोवर ने मामले को जिन शब्दों में पिरोया, वे याद किए जाने योग्य हैं। उन्होंने लिखा, "पालखीवाला के अनुसार, एक शक्ति के वास्तविक विस्तार की परख इससे नहीं होती है कि इसके इस्तेमाल किए जाने की कितनी संभावना है, बल्कि इसमें है कि इसके तहत क्या किया जा सकता है; कि शक्ति के दायरे के सवाल को इसके इस्तेमाल के सवाल के साथ मिश्रित नहीं किया जा सकता और कि जब असली सवाल शक्ति के विस्तार का है, तो यह अपेक्षा कि इसका कभी भी इस्तेमाल नहीं किया जाएगा", उतना ही पूरी तरह अप्रासंगिक है जितना कि इसके तुरंत इस्तेमाल का खतरा। अदालत यह नहीं तय करती है कि क्या सबसे अच्छा है और क्या सबसे बुरा। यह तो महज यह तय करती है कि एक शक्ति के तहत संभवतः क्या किया जा सकता है, यह देखते हुए कि जो शब्द यह शक्ति प्रदान कर रहे हैं, उनका अर्थ निर्बाध एवं असीमित विस्तार लगाया जा रहा है, जैसा कि प्रतिवादियों द्वारा दावा किया गया है।"[2]

## एक और दावा जकड़ा गया

लेकिन, जैसा कि प्रस्तावना खुद ही साफ कर देती है, लोगों ने खुद को यह

1. केशवानंद भारती बनाम केरल राज्य, (1973) 4 एस.सी.सी. 225, 479-80 पर, पैरा 650.
2. वही, 427 पर, पैरा 531.

संविधान प्रदान किया है। इसलिए, उन्हें इसे बदलने या हटाने की पूरी शक्ति है। वे संसद् के जरिए काम करते हैं। इसलिए, संसद् को पूरी शक्ति है कि वह इसके किसी भी भाग को और हरेक भाग को किसी भी हद तक बदल दे। सरकार की ओर से इस लाइन पर 'तर्क' दिया गया, यह ठीक उसी तरह का 'तर्क' है, जैसा कि हमने देखा है, शीघ्र ही 39वें और 42वें संशोधनों को पारित कराने के लिए पेश किया जाना था।

मुख्य न्यायाधीश सिकरी ने खुद प्रस्तावना, और जहाँ इसने काफी बघारी जानेवाली संप्रभुता को निहित किया था, की ओर इंगित किया। अमरीकी संविधान के अनुच्छेद 5 से जो निष्कर्ष निकाले जा रहे थे, उनका असली रूप दिखाते हुए उन्होंने दो कारण दिए, जिनके आधार पर दावा नाजायज था, "जहाँ एक लिखित संविधान है, जो लोगों में संप्रभुता की प्रस्तावना को अपनाता है, वहाँ पहली बात कि कानून वाले निकाय के संप्रभु निकाय होने का सवाल ही नहीं उठता, क्योंकि उस निकाय के पास सिर्फ उतनी ही शक्तियाँ हैं, जो उसे दी गई हैं और दूसरी बात कि वह निकाय चाहे जितना भी प्रतिनिधित्व करे, उसे लोगों के समकक्ष नहीं ठहराया जा सकता। यह खासतौर पर वहाँ के लिए है, जहाँ संविधान में अधिकारों की एक सूची है, क्योंकि यह सूची उस निकाय पर सीमाएँ थोपती है, यानी यह उस निकाय को लोगों के बराबर होने की बात को नकारती है।"[1]

न्यायमूर्ति के.एस. हेगड़े और न्यायमूर्ति ए.के. मुखर्जी ने इंगित किया, "हमें इस धारणा को स्वीकार करने में दिक्कत होती है कि हमारे संविधान-निर्माताओं ने खास आदर्शों को प्राप्त करने के लिए अत्यधिक त्याग करने के बाद खुद संविधान में ही उन आदर्शों को नष्ट करनेवाले प्रावधान रख दिए…, कोई कानूनी रूप से संविधान का इस्तेमाल इसे ही नष्ट करने के लिए नहीं कर सकता।" एक उद्धरण में उन्होंने उन सीमाओं को स्पष्ट कर दिया, जिसके तहत संविधान को बदला जा सकता है। इसका हमारे मतलब के इस सवाल से सीधा संबंध है कि क्या किसी थोड़ी भिन्न संवैधानिक प्रणाली की ओर कदम बढ़ाना मूलभूत ढाँचे के बाँध से टकराना होगा? जजों ने लिखा, "अनुच्छेद 368 के तहत संशोधित संविधान अवश्य ही 'संविधान' रहना चाहिए, जिसका मतलब है 'मूल संविधान।' जब हम संविधान

1. केशवानंद भारती बनाम केरल राज्य, (1973) 4 एस.सी.सी. 225, 432 पर, पैरा 540.

के 'उल्लंघन' या 'गिरफ्त करने' की बात करते हैं, तो हमारा आशय किसी रूप से नहीं, बल्कि उसके सार-तत्त्व से होता है। यदि संविधान की एक या इससे ज्यादा मूलभूत विशेषताएँ या तत्त्व निकाल दिए जाते हैं, तो उस हद तक संविधान का उल्लंघन किया जाता है या उसे निरस्त किया जाता है। यदि संविधान की तमाम मूलभूत विशेषताएँ निरस्त कर दी जाती हैं और कुछ अन्य प्रावधान डाल दिए जाते हैं, जो उन विशेषताओं से असंगत हों, तो यह अभी भी अनुच्छेद 368 के तहत संदर्भित संविधान नहीं रह सकता है। संविधान का व्यक्तित्व अवश्य ही अपरिवर्तित रहना चाहिए।''

लोग और संसद् के बीच साफ फर्क करते हुए उन्होंने जोर दिया कि अनुच्छेद 368 संविधान के संशोधन की शक्ति संसद् को देता है, जो कि 'संविधान के तहत गठित एक निकाय है।' 'लोग संविधान के संशोधन से जुड़े हुए नहीं हैं।' और कानून तथा तथ्य दोनों ही दृष्टि से इसके तात्कालिक परिणाम हैं। पहला, ''जब संविधान का संशोधन करने की शक्ति लोगों को दी जाती है, तो इसकी सामग्री उसकी अपेक्षा बृहत्तर हो सकती है, जब यह शक्ति उस संविधान के तहत गठित एक निकाय को दी जाती है।'' दूसरे, एक तथ्य है, जिससे भागा नहीं जा सकता, 'संसद् के दोनों सदनों के दो-तिहाई सदस्य आवश्यक नहीं कि इस देश के बहुमत का भी प्रतिनिधित्व करते हों। हमारी चुनाव प्रणाली ऐसी है कि अल्पमतवाले मतदाता भी संसद् के किसी भी सदन के दो-तिहाई से ज्यादा सदस्यों को चुन सकते हैं। अतीत में हमारे अनुभव से यह देखा गया है।' तीसरा, 'हमारा संविधान सर्वसम्मति के आधार पर बनाया गया है, न कि बहुमत वोटों के आधार पर। यह अल्पसंख्यकों की सुरक्षा की व्यवस्था करता है। यदि बहुसंख्यक विचार को दिशा-निर्देशक कारण माना जाता है, तो अल्पसंख्यकों को दी गई गारंटियाँ महत्त्वहीन हो जाती हैं''', इसलिए केंद्र और राज्यों की ओर से दी गई यह दलील कि संसद् के दोनों सदनों के दो-तिहाई सदस्यों को हमेशा ही इस देश की पूरी जनता की ओर से बोलने का अधिकार है, स्वीकारने योग्य नहीं है।'[1]

जजों ने तमाम संबंधित लोगों को याद दिलाया कि अगर ऐसे संशोधन पारित किए जाएँ, जो संविधान के मूलभूत ढाँचे को निरस्त करते हों और राष्ट्रपति उन संशोधनों की स्वीकृति प्रदान करते हुए उन पर दस्तखत करें, तो वे पद ग्रहण करते

---

1. केशवानंद भारती बनाम केरल राज्य, (1973) 4 एस.सी.सी. 225, 480-81 पर, पैरा 651-54.

वक्त लिये गए शपथ का उल्लंघन कर रहे होंगे; क्योंकि जब वे पद सँभालते हैं, तो राष्ट्रपति संविधान को संरक्षित रखने, उसकी रक्षा और सुरक्षा करने का शपथ लेते हैं। जजों ने पूछा, ''क्या उस शपथ का इतना भर आशय है कि उन्हें संसद् की संशोधन करने की शक्ति की रक्षा करनी है? क्या संसद् की संशोधन करने की शक्ति को संविधान के रूप में समझा जा सकता है?''

जजों ने इंगित किया कि हमारी राजनीतिक प्रणाली की प्रकृति के कारण लोगों और संसद् के बीच की दूरी और भी बढ़ जाती है। पहले तो चुनाव हैं, पार्टियाँ संदेशों और वायदों के एक जटिल बंडल के साथ मतदाताओं के पास जाती हैं। यहाँ तक कि यदि किसी एक पार्टी को दो-तिहाई सीटों पर जीत हासिल हो जाए, तो भी वह यह दावा नहीं कर सकती कि उसे लोगों द्वारा संविधान का स्वरूप बिगाड़ देने का जनादेश मिला है। इतना ही नहीं, संसदीय लोकतंत्र दलीय-प्रणाली के आधार पर कार्य करता है। जजों ने टिप्पणी की कि 'पार्टी प्रणाली और मंत्रिमंडलीय सरकार की प्रणाली के कामकाज का तरीका इस तरह का है कि कानून-निर्माण की बारीकियों के मामलों में पूरी जनता का कुछ भी नियंत्रण नहीं रहता।'

उन्होंने पहले ही जोर देकर कहा था कि एक दल या गठबंधन अल्पमत वोट के जरिए भी संसद् में दो-तिहाई सीटें जीत सकता है और कैसे यह तथ्य खुद दरशाता है कि संसद् को लोगों के समकक्ष नहीं ठहराया जा सकता है। उन्होंने उल्लेख किया कि दरअसल यह दूरी और भी ज्यादा है, वाकई, सत्तारूढ़ पार्टी के लिए यह संभव है कि वह मतदाता का विश्वास खो देने के बाद भी महत्त्वपूर्ण संवैधानिक संशोधन कर डाले। लोकसभा के सदस्य पाँच वर्षों के लिए चुने जाते हैं। सत्तारूढ़ दल या उसके सदस्यों को अपने पूरे कार्यकाल तक मतदाता का विश्वास हासिल हो भी सकता है या नहीं भी हो सकता है। इसलिए, यह कहना सही नहीं होगा कि संसद् जब भी संविधान का संशोधन करती है, तो उसने अवश्य ऐसा जनता की इच्छा के अनुरूप किया होगा।

उन्होंने इंगित किया, ''इस धारणा में और भी त्रुटि है कि जब भी संविधान का संशोधन किया जाता है तो हमें यह मानना चाहिए कि यह संशोधन संविधान को लोगों की बढ़ती जरूरतों के अनुकूल बनाने के लिए किया गया है।'' कहा जाता है कि संसद् अपनी शक्ति लोगों से हासिल करती है। लेकिन अपनी संशोधन करने की शक्ति का प्रयोग करते हुए, यह अपना जीवन (कार्यकाल) बढ़ा सकती है और इस

तरह लोगों के पास वापस जाने की स्थिति को स्थगित कर सकती है, ''....सैद्धांतिक रूप से संसद् के लिए यह संभव है कि वह अपना जीवन अनिश्चित काल के लिए बढ़ा ले और यह भी कि वह संविधान को इस तरह संशोधित कर दे कि या तो कानूनी रूप से अथवा व्यावहारिक रूप से कभी भी इसे संशोधित न किया जा सके। एक शक्ति, जिसका इस्तेमाल खुद लोगों के खिलाफ किया जा सके, को यह नहीं कहा जा सकता कि इसका इस्तेमाल जनता की ओर से अथवा उनके हित में किया गया है।''[1] महज दो साल भी नहीं बीते थे और हमें याद दिला दिया गया कि यह अंदेशा कितना दूरदृष्टि वाला था। श्रीमती गांधी की मंजूरी से, संसद् ने दरअसल अपना जीवन बढ़ा लिया, और अपने उस बढ़े हुए कार्यकाल के दौरान, 42वाँ संशोधन पारित कर दिया।

## एक महत्त्वपूर्ण सीमा

ऐसे तर्क के जरिए, उच्चतम न्यायालय ने बार-बार कहा है—

- संसद् को संविधान के प्रावधानों को संशोधित करने की शक्ति है;
- लेकिन यह इसके मूलभूत ढाँचे को समाप्त नहीं कर सकती है;
- मूलभूत ढाँचे का गठन जिन तत्त्वों के द्वारा होता है, उसमें यह तथ्य भी है कि अनुच्छेद 368 के द्वारा संविधान का संशोधन करने की जो शक्ति प्रदान की गई है, वह एक सीमित शक्ति है।

आखिरी तत्त्व का एक तात्कालिक उप-परिणाम है। उच्चतम न्यायालय को इसे उस प्रावधान के संदर्भ में स्पष्ट करना पड़ा था, जिसे केशवानंद मामले में दिए गए फैसले से पार पाने के लिए 42वें संविधान संशोधन में शामिल कर लिया गया था। बाद के केसों में, अदालत ने खुलासा किया है कि अनुच्छेद 368 संविधान का संशोधन करने की जो शक्ति प्रदान करता है, उसका इस्तेमाल इस तरह नहीं किया जा सकता कि वह शक्ति असीमित हो जाए। न्यायमूर्ति वाई.वी.चंद्रचूड़ ने **मिनर्वा मिल्स** केस में तब इस बात को सटीक रूप से रखा, जब उन्होंने स्पष्ट किया, ''चूँकि संविधान ने संसद् को संशोधन करने की सीमित शक्ति प्रदान की है, इसलिए संसद् उस सीमित शक्ति का प्रयोग करते हुए उस शक्ति को ही विस्तारित कर निरपेक्ष या संपूर्ण शक्ति नहीं बना सकती है। वाकई, एक सीमित संशोधन-शक्ति

---

1. केशवानंद भारती बनाम केरल राज्य, (1973) 4 एस.सी.सी. 485-86 पर, पैरा 663-65.

हमारे संविधान की मूलभूत विशेषताओं में से एक है, और इसलिए उस शक्ति पर सीमाओं को नष्ट नहीं किया जा सकता है। दूसरे शब्दों में, संसद् संशोधन करने की सीमित शक्ति का प्रयोग करते हुए उस शक्ति को ही विस्तारित कर निरपेक्ष या संपूर्ण शक्ति नहीं बना सकती है। दूसरे शब्दों में, संसद् अनुच्छेद 368 के तहत अपनी संशोधन-शक्ति का विस्तार इस तरह नहीं कर सकती है कि वह संविधान का उल्लंघन करने या उसे निरस्त करने या उसकी आधारभूत व अनिवार्य विशेषताओं को ही नष्ट करने का अधिकार प्राप्त कर ले। एक सीमित शक्ति का अधिष्ठाता उस शक्ति का प्रयोग कर सीमित शक्ति को असीमित शक्ति में तब्दील नहीं कर सकता है।'' उन्होंने जो फैसला दिया, उसके कई उद्धरणों का इस्तेमाल किया जा सकता था, और दरअसल उसका इस्तेमाल केशवानंद केस के कई पहलुओं पर संदेह पैदा करने के लिए किया गया, तथा इसलिए इसकी समीक्षा की माँग उठी। न्यायमूर्ति पी.एन. भगवती ने भी जोर देकर कहा कि संशोधन करने की शक्ति, जो कि सीमित है, संविधान की एक मूलभूत खासियत है। और इस प्रस्ताव के लिए उन्होंने एक अतिरिक्त तर्क दिया। उन्होंने कहा, ''अब, यदि संवैधानिक संशोधन के द्वारा, संसद् को संशोधन करने की असीमित शक्ति प्रदान कर दी जाए, तो यह संविधान के तहत एक प्राधिकार के रूप में खत्म हो जाएगी, लेकिन यह उसके ऊपर सर्वोच्च हो जाएगी, क्योंकि इसे इसके आधारभूत ढाँचे समेत पूरे संविधान को बदल डालने की शक्ति हासिल हो जाएगी और यहाँ तक कि वह इसकी पहचान को पूरी तरह बदलकर इसका खात्मा कर दे सकती है। इसलिए यह देखा जाएगा कि संसद् की सीमित संशोधन शक्ति खुद ही संविधान की एक अनिवार्य विशेषता है, इसके आधारभूत ढाँचे का एक हिस्सा है, क्योंकि संशोधन की सीमित शक्ति को बढ़ाकर असीमित शक्ति कर दिया जाए, तो संविधान का पूरा चरित्र ही बदल जाएगा। इसका आवश्यक प्रतिफल यह होना चाहिए कि संविधान का कोई भी संशोधन, जो प्रत्यक्ष या अप्रत्यक्ष रूप से, आधारभूत ढाँचे को न बदले जाने की सीमा से मुक्त कर संसद् की संशोधन शक्ति को विस्तारित करना चाहता है आधारभूत ढाँचे का उल्लंघन माना जाएगा, इसीलिए संसद् की संशोधन-शक्ति के दायरे से बाहर माना जाएगा।''[1]

तब संविधान की आधारभूत विशेषताएँ क्या हैं, जिनके बरक्स इस तरह की

1. मिनर्वा मिल्स लिमिटेड बनाम केंद्र सरकार, (1980) 3 एस.सी.सी. 625, 643 पर, पैरा 17; 676-77 पर पैरा 86.

पुस्तक में दिए गए प्रस्तावों का आकलन किया जाए?

## आधारभूत विशेषताएँ

संविधान के खास प्रावधानों के विकास का विस्तृत खुलासा करने और भारत सरकार द्वारा दिए गए उद्धरणों की विस्तार से चर्चा करते हुए मुख्य न्यायाधीश सिकरी ने कहा—

विद्वान महान्यायवादी ने कहा कि संविधान का हरेक प्रावधान आवश्यक है; अन्यथा इसे संविधान में नहीं रखा गया होता। यह सच है, लेकिन यह संविधान के हरेक प्रावधान को उसी स्थिति में नहीं रखता। सही स्थिति है कि संविधान के हरेक प्रावधान को संशोधित किया जा सकता है, बशर्ते कि परिणामस्वरूप संविधान की आधारभूत नींव और उसका ढाँचा वही रहे। आधारभूत ढाँचे की निम्न खासियतें गिनाई जा सकती हैं—

(1) संविधान की सर्वोच्चता;

(2) गणतंत्रीय एवं लोकतंत्रीय सरकार;

(3) संविधान का धर्मनिरपेक्ष चरित्र;

(4) विधायिका, कार्यपालिका और न्यायपालिका के बीच शक्ति-पृथक्करण;

(5) संविधान का संघीय ढाँचा।

उपर्युक्त ढाँचा आधारभूत नींव, यानी व्यक्ति के सम्मान एवं स्वतंत्रता पर बनाया गया है। यह सर्वोच्च महत्त्व का है। किसी भी तरह के संशोधन के जरिए इसे नष्ट नहीं किया जा सकता है।

उपर्युक्त नींव और उपर्युक्त आधारभूत विशेषताएँ न केवल प्रस्तावना से, बल्कि संविधान की पूरी योजना से पहचानने योग्य हैं...[1]

न्यायमूर्ति शेलात और न्यायमूर्ति ग्रोवर ने जो विशेषताएँ बताईं, वे कमोबेश यही थीं। दोनों न्यायमूर्तियों ने संविधान का मसौदा तैयार किए जाने के पूर्व की ऐतिहासिक पृष्ठभूमि, प्रस्तावना, अनुच्छेद 368 समेत प्रस्तावना में दिए गए आदर्श लक्ष्यों को प्राप्त करने के लिए संविधान में दिए गए प्रावधानों के जरिए पूरी योजना को इंगित किया। उन्होंने कहा कि इन खासियतों की सूची नहीं बनाई जा सकती, इन्हें सिर्फ दृष्टांत स्वरूप प्रस्तुत किया जा सकता है। उन्होंने निम्न विशेषताओं को सूचीबद्ध किया—

---

1. केशवानंद भारती बनाम केरल राज्य, (1973) 4 एस.सी.सी. 225, 366 पर, पैरा 292-94.

(1) संविधान की सर्वोच्चता।

(2) गणतांत्रिक एवं लोकतांत्रिक सरकार और देश की संप्रभुता।

(3) संविधान का धर्मनिरपेक्ष एवं संघीय चरित्र।

(4) विधायिका, कार्यपालिका एवं न्यायपालिका के बीच शक्ति का सीमांकन।

(5) विविध स्वतंत्रताओं और भाग-3 में दिए गए मूल अधिकारों के जरिए व्यक्तिगत सम्मान तथा भाग-4 में निहित कल्याणकारी राज्य बनाने का जनादेश।

(6) राष्ट्र की एकता एवं अखंडता।[1]

न्यायमूर्ति हेगड़े और न्यायमूर्ति मुखर्जी ने प्रस्तावना एवं इसके द्वारा तय लक्ष्यों पर जोर दिया। उन्होंने प्रस्तावना को फिर से प्रस्तुत करते हुए, इसके पूर्व के लक्ष्य-प्रस्ताव को याद करते हुए, और संविधान के भाग-3 तथा भाग-4 में दिए गए प्रावधानों का उल्लेख करते हुए, मूलभूत विशेषताओं का जिक्र किया, भारत एक संप्रभु देश होगा; कि हमारी राजनीतिक व्यवस्था लोकतांत्रिक होगी; कि हम एक एकीकृत देश होंगे; कि नागरिकों के रूप में हमें जिन अधिकारों की गारंटी दी गई है, वे अक्षुण्ण रहेंगे; और कि सरकार सभी को राज्य के नीति निदेशक सिद्धांतों में निर्धारित स्वतंत्रता का लाभ सुनिश्चित करेगी।[2]

न्यायमूर्ति ए.एन. रे ने उन मदों की कोई स्पष्ट सूची नहीं प्रदान की, जो उनकी राय में आधारभूत ढाँचे का निर्माण करते हों। बहरहाल, उन्होंने उन बारह मदों को पुनर्प्रस्तुत किया, जिसे एन.ए. पालखीवाला ने बहस के दौरान पेश किया था। यह सूची निम्न रूप में है—

पालखीवाला ने 12 अनिवार्य विशेषताएँ गिनाईं। ये निम्नवत् हैं—

(1) संविधान की सर्वोच्चता

(2) भारत की संप्रभुता

(3) देश की अखंडता

(4) जीवन का लोकतांत्रिक तरीका

(5) गणतांत्रिक सरकार

(6) संविधान के भाग-3 में विस्तार से दिए गए मानवाधिकारों की गारंटी।

---

1. केशवानंद भारती बनाम केरल राज्य, (1973) 4 एस.सी.सी. 454 पर, पैरा 582.

2. वही, 479 पर, पैरा 647-48.

(7) धर्मनिरपेक्ष राज्य

(8) एक मुक्त एवं स्वतंत्र न्यायपालिका

(9) संघ एवं राज्यों का दोहरा ढाँचा

(10) विधायिका, कार्यपालिका एवं न्यायपालिका के बीच संतुलन।

(11) राष्ट्रपति प्रणाली की सरकार से अलग संसदीय प्रणाली की सरकार।

(12) अनुच्छेद 368 को संशोधित किया जा सकता है, लेकिन संसद् को यह शक्ति प्रदान करने के लिए संशोधित नहीं किया जा सकता कि वह संविधान की अनिवार्य विशेषताओं को बदल दे या नष्ट कर दे; संविधान को शब्दशः या व्यावहारिक रूप से संशोधन करने योग्य न छोड़े, आमतौर पर संसद् में क्षीण बहुमत के आधार पर भी संशोधन योग्य बना दे, संशोधन करने की शक्ति जाहिर तौर पर या वस्तुतः राज्य विधायिकाओं को प्रदान कर दे और उस प्रावधान को रद्द कर दे और राज्यों को पुष्टि करने की उस शक्ति से वंचित कर दे, जो उन्हें आज खास बड़े क्षेत्रों में उपलब्ध है।[1]

इस सूची में हमारा सामना 'राष्ट्रपति प्रणाली की सरकार से अलग संसदीय प्रणाली की सरकार से' होता है।

न्यायमूर्ति पी. जगमोहन रेड्डी नें इस सवाल का ज्यादा स्पष्टता के साथ जवाब दिया। उन्होंने सरकार के वकीलों के ये दावे ठुकरा दिए कि अनुच्छेद 368 द्वारा दी गई संशोधन-शक्ति की पहुँच के बाहर संविधान में कुछ भी नहीं है, और कि जो भी मूलभूत तत्त्व या विशेषताएँ हैं, उन्हें निश्चिंतता के साथ तय नहीं किया जा सकता। उन्होंने कहा, "आधारभूत ढाँचे के तत्त्वों का संकेत प्रस्तावना में दिया गया है और संविधान के विविध प्रावधानों में उन्हें अनुवादित किया गया है। हमारे संविधान का महल कई अवलंबों पर बनाया गया है और यह उन्हीं पर टिका हुआ है। उनमें से कोई भी अवलंब हटाएँ, तो संविधान ढह जाएगा। ये हैं—(1) संप्रभु लोकतांत्रिक गणतंत्र; (2) सामाजिक, आर्थिक एवं राजनीतिक न्याय; (3) विचार, अभिव्यक्ति, विश्वास, मान्यता और पूजा की स्वतंत्रता; (4) स्थिति (पद) और अवसर की समानता।' उन्होंने जोर देकर आगे कहा कि इनमें से हरेक महत्त्वपूर्ण है और सामूहिक रूप से वे भारत के लोगों को ऐसे जीवन का भरोसा दिलाते हैं,

---

1. केशवानंद भारती बनाम केरल राज्य, (1973) 4 एस.सी.सी. 545 पर, पैरा 876।

जिसकी गारंटी संविधान देता है। उपर्युक्त तत्त्वों में से यदि किसी भी तत्त्व को निकालते हैं, तो ढाँचा नहीं बचेगा और यह वही संविधान या यह संविधान नहीं रहेगा। यदि इसकी जगह पर एकदम भिन्न चीज ले आई जाती है, तो यह अपनी पहचान भी बरकरार नहीं रख पाएगा। जहाँ तक एकदम भिन्न चीज लाने की बात है, तो यह सिर्फ लोगों की सार्वभौम इच्छा ही कर सकती है।' उन्होंने उल्लेखनीय दृष्टांत दिए, ''ऐसा लोकतांत्रिक गणतंत्र हो सकता है कि लोगों को एक दल या सिर्फ एक उम्मीदवार के पक्ष या विपक्ष में वोट देने का अधिकार दिया जाए और उस दल या उम्मीदवार का विरोध करनेवाले दलों या उम्मीदवारों में से चुनने का उन्हें विकल्प न दिया जाए। हमारे लोगों को ऐसे गणतंत्र का भरोसा नहीं दिया गया है और जिन्होंने संविधान को बनाए रखने, रक्षा करने, बचाने या संरक्षित रखने या उसके लिए काम करने की शपथ ली है, उनके लिए यह बात विचारणीय तक नहीं है। एक लोकतांत्रिक गणतंत्र जिसकी परिकल्पना की गई है, वह एक प्रतिनिधित्व प्रणाली पर आधारित है, जिसमें एक-दूसरे के विरोधी विचार रखनेवाले उम्मीदवार हो सकते हैं और मतदाताओं को उनके लिए वोट देने हेतु आमंत्रित किया जाता है। अगर यह प्रणाली है, जो लोकतांत्रिक गणतंत्र की नींव है, तो यह सोचा भी नहीं जा सकता कि यह (2) से (4) तक के तत्त्वों के सामूहिक या पृथक् रूप के बगैर वजूद में रह सकता है। सामाजिक, आर्थिक और राजनीतिक न्याय के बिना लोकतंत्र क्या है, या इसका क्या मोल है, जहाँ इसके नागरिकों को विचार, विश्वास, मान्यता या पूजा की स्वतंत्रता नहीं है अथवा जहाँ पद और अवसर की समानता नहीं है?''

उन्होंने कहा कि हमारे संविधान के ढाँचे को बनानेवाले अनिवार्य गुण या आधारभूत तत्त्व क्या हैं, उन पर विस्तार से विचार किए जाने की जरूरत नहीं है, क्योंकि उन पर तब किसी ठोस केस में विचार किया जाएगा, जब उनका कथित रूप से उल्लंघन किया गया होगा और उनका अस्तित्व खत्म कर दिया गया होगा। लेकिन यह बाँध की सीमा को अमान्य नहीं कर देता है। न्यायमूर्ति रेड्डी ने इंगित किया, ''यह तथ्य कि आधारभूत ढाँचे को बनानेवाले इन अनिवार्य तथ्यों की एक पूरी सूची नहीं दी गई है, इसके अस्तित्व को नकारने का यह कोई आधार नहीं है। क्या उन तमाम तत्त्वों, जिनके आधार पर एक कानून को अवैध या असंवैधानिक करार दिया जाता है, को कभी भी संविधान के संदान पर परखे गए कानूनों की वैधता या अवैधता की मान्यता के लिए सूचीबद्ध करने की जरूरत होती है?'' और

फिर वह वाक्य आता है, जिसका संदर्भ हमारे प्रस्तावों से है, ''एक संप्रभु लोकतांत्रिक गणतंत्र, संसदीय लोकतंत्र, राज्य (शासन) के तीन अंग, निश्चित तौर पर मेरे विचार में आधारभूत ढाँचे का निर्माण करते हैं… ।'' उद्धरण में आगे विचार किया जाता है कि क्या मौलिक अधिकारों और नीति निदेशक सिद्धांतों की बलि दी जा सकती है और संविधान फिर भी पूर्ववत् बना हुआ माना जा सकता है?[1]

न्यायमूर्ति खन्ना ने कोई खास सूची नहीं दी। लेकिन उनके प्रतिपादन ने लोकतांत्रिक प्रणाली की सरकार, शासन के धर्मनिरपेक्ष चरित्र, अदालतों तक पहुँच और कानूनों, संविधान के संशोधनों और कार्यपालिका के कार्यों की समीक्षा करने की न्यायपालिका की शक्ति पर जोर दिया।

हमें अब अवश्य ही उन दो दृष्टांतों का अनुसरण करना चाहिए, जिनमें 'संसदीय लोकतंत्र' का उल्लेख किया गया है। पालखीवाला द्वारा पेश की गई सूची को न्यायमूर्ति रे द्वारा गिनाया जाना, और न्यायमूर्ति रेड्डी द्वारा दी गई सूची। ऊपर जिन प्रस्तावों का उल्लेख किया गया है, क्या उनके रास्ते में ये तत्त्व रोड़ा बनते हैं?

आनेवाले बाद के वर्षों में, फैसला-दर-फैसला बात का जोर बदलता रहा, क्योंकि केस का फोकस विभिन्न कारकों को प्रमुखता प्रदान करता रहा। ऐसे मौके पर, अभिव्यक्तियाँ उनसे थोड़ी भिन्न थीं, जिनका इस्तेमाल जजों ने केशवानंद केस में किया था, लेकिन केवल अभिव्यक्तियाँ भर। वैसे, कुछ पहलुओं को लेकर असहमतियाँ भी थीं। किन मौलिक अधिकारों में कटौती की जा सकती है? किस हद तक? क्या सामान्य कानूनों को भी इस कसौटी पर परखा जाए कि वे आधारभूत ढाँचे का उल्लंघन नहीं करते हैं या सिर्फ संवैधानिक संशोधनों को इस कसौटी पर परखा जाए? प्रस्तावना में निर्धारित किए गए लक्ष्यों को आधारभूत ढाँचे का हिस्सा माना जाए अथवा संविधान के सिर्फ उन प्रावधानों को आधारभूत ढाँचे के तत्त्व माने जाएँ, जो उन लक्ष्यों को खासतौर पर आकार देते हैं? जैसा कि न्यायमूर्ति चंद्रचूड़ ने एक अन्य संदर्भ में टिप्पणी की, विवाद अंतहीन रहे हैं और कई मामले इन सवालों पर एक जज के नजरिए पर निर्भर करते हैं और निर्भर रह चुके हैं।

एक कारण कि इस सवाल का समाधान करना होगा—

आधारभूत ढाँचे के सिद्धांत ने हालाँकि कई उतार-चढ़ाव देखे हैं, और कभी-कभी तो यह बस पलट दिए जाने से बच सका है, लेकिन इसकी संरचना अक्षुण्ण

1. केशवानंद भारती बनाम केरल राज्य, (1973) 4 एस.सी.सी, 225, 638 पर, पैरा 1159।

रही है। यह बना रहा है—

- प्रसन्नता में दिए गए आदर्श और उद्देश्य तथा संविधान के विभिन्न भागों में अंतर्निहित तत्त्व—राज्य की तीन शाखाओं के बीच शक्ति पृथक्करण, न्यायिक समीक्षा, स्वतंत्र न्यायपालिका आदि आधारभूत ढाँचे का गठन करते हैं।
- प्रावधान-विशेष वे साधन हैं, जिनके जरिए इन आदर्शों और लक्ष्यों को साकार करना है।

ऊपर जिस तरह के परिवर्तनों को सूचीबद्ध किया गया है, वे इस संरचना से तारतम्य बनाते हैं। दरअसल उन आदर्शों को प्राप्त करने के लिए वे आज आवश्यक हैं, जिन्हें माना गया है कि वे हमारे संविधान के आधारभूत ढाँचे का गठन करते हैं।

लेकिन सतह पर एक बुलबुला है। प्राय: 'लोकतंत्र' को एक आधारभूत विशेषता के रूप में सूचीबद्ध किया गया है, और समय-समय पर इस तथ्य को जाहिर तौर पर माना गया है कि जिस प्रणाली को अपनाया गया है, वह लोकतंत्र का एक संभव प्रकार है, एक संभव साधन-समूह है।[1]

लेकिन यदा-कदा, जिसे आधारभूत विशेषता के रूप में सूचीबद्ध किया गया है, वह है 'संसदीय लोकतंत्र'। यह अभिव्यक्ति तीन भिन्न संदर्भों में इस्तेमाल की गई है—

- यदा-कदा यह पुष्टि करने के लिए कि यही वह खास प्रकार है, जिसे निर्माताओं (संविधान) ने अपनाया, न्यायमूर्ति वी.आर. कृष्ण अय्यर के शमशेर सिंह बनाम पंजाब राज्य केस में इस प्रभाव के विस्तारित प्रतिपादन को याद करें कि 'यमुना के प्रवाह को पोटोमैक नहीं, बल्कि थेम्स निषेचित करती है…'[2]
- अकसर ही 'लोकतंत्र' के पर्याय के रूप में।
- विचारणीय संस्थान विशेष, कार्य विशेष या शक्ति विशेष पर विचार करने में।

---

1. इसलिए, दृष्टांत के लिए, 'लोकतंत्र संविधान की एक आधारभूत विशेषता है। एक खास प्रकार की शासन प्रणाली में खुद यह आधारभूत विशेषता है, जब तक कि एक शासन प्रणाली को लोकतांत्रिक कहे जाने के अनिवार्य गुणों को अन्यथा पूरा किया जाता है, इसकी तह में जाने की जरूरत नहीं है…' (गुजरात विधानसभा चुनाव मामला) के 2002 की संख्या एक के विशेष संदर्भ के मामले में, (2002) 8 एस.सी.सी. 237, 315 पर, पैरा 128।
2. (1974) 2 एस.सी.सी. 831.

उदाहरणार्थ, इस तरह यह मानते हुए कि

- राज्यपाल की शक्तियाँ कड़ाई से सीमित हैं;[1]
- बहुदलीय प्रणाली अहम है; इसलिए स्वतंत्र एवं निष्पक्ष चुनाव अहम है; इसलिए वोट की गोपनीयता अहम है; इसलिए प्रति-मतदान की बुराई का दमन किया जाना है;[2]
- स्वतंत्र एवं निष्पक्ष चुनाव अहम हैं; इसलिए, कानून का शासन एवं चुनाव विवादों के हल के लिए एक प्रणाली का होना अनिवार्य है;[3]
- विधायक या कानून बनाने वाले विधायिका (संसद्) के अंदर अपने संसदीय दायित्वों का निर्वाह करते हुए, जो कुछ कहते या करते हैं, उसके लिए वे अदालत की पड़ताल से उन्मुक्त हैं;[4]
- संसद् भवन पर हमला भारत के खिलाफ युद्ध की एक काररवाई है;[5]
- चूँकि स्वतंत्र एवं निष्पक्ष चुनाव अहम हैं, इसलिए, मतदाताओं को उन उम्मीदवारों की पृष्ठभूमि के बारे में जानने का हक है, जो उनके वोट के लिए प्रतियोगिता कर रहे हैं;[6]
- एक व्यक्ति को यदि मंत्री नियुक्त किया जाता है, तो उसे छह महीनों के अंदर विधायिका (संसद्) के लिए निर्वाचित होना पड़ेगा, अन्यथा वह मंत्री नहीं बना रह सकता[7]
- निचली अदालतों में आरक्षण तय करते वक्त विधायिका से संपर्क किया जाना चाहिए था;[8]
- दलबदल को अवश्य ही रोका जाना चाहिए; इस संदर्भ में लोकसभा/विधानसभा अध्यक्ष की शक्तियाँ हैं…

इन खास निष्कर्षों पर जोर देते हुए, अदालत ने संदर्भ के तौर पर टिप्पणी की

1. रामेश्वर प्रसाद (VI) बनाम भारत सरकार, (2006) 2 एस.सी.सी. 1.
2. कुलदीप नायर बनाम भारत सरकार, (संघ सरकार), (2006) 7 एस.सी.सी. 1.
3. किबोतो होलोबान बनाम जाचिलहु, (1992) 1 एस.सी.सी. 309
4. पी.वी. नरसिंह राव बनाम राज्य (1998) 4 एस.सी.सी. 626
5. राज्य (दिल्ली का राष्ट्रीय राजधानी क्षेत्र) बनाम नवजोत संधु (2005) 11 एस.सी.सी. 600
6. पीपुल्स यूनियन फॉर सिविल लिबर्टीज बनाम संघ सरकार, (2003) 4 एस.सी.सी. 399
7. एस.आर.चौधरी बनाम पंजाब राज्य, (2001) 7 एस.सी.सी. 126
8. बिहार राज्य बनाम बाल मुकुंद शाह, (2000) 4 एस.सी.सी. 640

है कि 'संसदीय लोकतंत्र' एक आधारभूत विशेषता है।

वैसे, यह दलील देना संभव है कि ऐसे फैसलों में 'संसदीय लोकतंत्र' का जिक्र संयोगवश इस अर्थ में हुआ है कि फैसले के लिए आए मुद्दे के मामले में किसी अन्य निष्कर्ष पर पहुँचने की बजाय इस निष्कर्ष पर आते हुए, अदालत ने बतौर कारण उल्लेख किया कि हमारा एक 'संसदीय लोकतंत्र' है। लेकिन चूँकि अदालत ने समय-समय पर उल्लेख किया है कि 'संसदीय लोकतंत्र' एक मूलभूत विशेषता है, इसलिए प्रस्तावित बदलावों के बारे में जब सोचा जाता है, तो इस सवाल का समाधान करना पड़ेगा कि :

- लोकतंत्र एक आधारभूत विशेषता है;
- संविधान ने जो प्रणाली तय की है, वह लोकतंत्र की एक संभव प्रणाली है;
- यह खास प्रकार धराशायी हो गया है;
- संविधान के आधारभूत ढाँचे को संरक्षित रखने का एक तरीका है कि सुझाए गए बदलावों के सदृश कानून बनाए जाएँ।

जिस तरह के बदलाव प्रस्तावित किए गए हैं, उन पर एक सरसरी नजर भी दरशाती है कि वे किसी भी तरह अदालत द्वारा घोषित आधारभूत ढाँचे का उल्लंघन नहीं करते हैं। उनमें से अधिकतर तो यहाँ तक कि संविधान में दिए गए 'संसदीय लोकतंत्र' का भी अतिक्रमण नहीं करते हैं। दो चक्रवाले चुनाव, ताकि जो भी चुना जाए, उसे मतदाताओं के 50 फीसदी से ज्यादा द्वारा समर्थन प्राप्त हो? आवश्यक मतदान? बृहत्तर, बहु-सदस्यीय निर्वाचन क्षेत्र? इलेक्ट्रॉनिक वोटिंग मशीनों (ई.वी.एम.) के लिए बायोमेट्रिक सॉफ्टवेयर? सरकार के सभी स्तरों के लिए साथ-साथ चुनाव? उम्मीदवारों के लिए ज्यादा तीखी योग्यताएँ और अयोग्यताएँ? उन पार्टियों की मान्यता खुद-ब-खुद खत्म हो जाना, जो आपराधिक पृष्ठभूमि के लोगों को उम्मीदवार के रूप में नामित करती हैं? विधायिकाओं की काररवाइयों के दौरान नियमों का कड़ाई से कार्यान्वयन? सार्वजनिक जीवन में शामिल लोगों के केसों की दैनिक आधार पर सुनवाई?··· इनमें से कोई भी बात उस 'संसदीय प्रणाली' से किसी भी तरह टकराती नहीं है, जैसा कि हम आज जानते हैं। दरअसल, इनमें से हरेक और सभी बदलाव सिर्फ इसे तथा दुरुस्त और मजबूत बना सकते हैं।

केवल तीन प्रस्तावों पर विचार करने की आवश्यकता पड़ेगी, कार्यपालिका के

प्रमुख का सीधा चुनाव, कार्यपालिका प्रमुख द्वारा ऐसे मंत्रियों का चयन करना, जो विधायिका के सदस्य नहीं हैं; और मौजूदा व्यवस्था की तुलना में न्यायपालिका को ज्यादा शक्तियाँ प्रदान करना, ताकि कार्यपालिका तथा विधायिक दोनों को उत्तरदायी बनाया जा सके। ये बदलाव मौजूदा व्यवस्था के बाहर हैं और हम जिन न्यायिक फैसलों पर विचार कर रहे हैं, उनमें 'संसदीय लोकतंत्र' का उल्लेख किया गया है, इसलिए अदालतों को वाकई इसका आकलन करना पड़ेगा कि वे आधारभूत ढाँचे का उल्लंघन करते हैं, अथवा इसकी बजाय उस ढाँचे को बचाने का वे एक तरीका हैं।

लेकिन ये ऐसी चीजें हैं, जो ढाँचों से भी ज्यादा आधारभूत हैं और हमें उन पर अवश्य ही ध्यान देना चाहिए—संरक्षकों के रवैए के द्वारा ढाँचों को सिफर किया जा सकता है, बेहद मजबूत बाँधों को भी नजरअंदाज किया जा सकता है। और जिन न्यायिक फैसलों पर हम विचार करते रहे हैं, वे उन सबकों को रेखांकित करते हैं, जो अहम् हैं।[1]

□

1. आदेश में एक संक्षिप्त नोट आधारभूत विशेषताओं की एन.ए. पालखीवाला की उस सूची के बारे में है, जिसे न्यायमूर्ति ए.एन. रे ने पुनर्प्रस्तुत किया और जिसमें 'संसदीय प्रणाली की सरकार' शामिल है। संविधान में उस वक्त जो बदलाव किए जा रहे थे, उनके प्रति श्री पालखीवाला का विरोध इस कारण नहीं था कि संसदीय प्रणाली की जगह एक राष्ट्रपति प्रणाली लाई जा रही थी, बल्कि इस कारण था कि गरीबों आदि के हितों को आगे बढ़ाने के बहाने एक निरंकुश प्रणाली को चोरी-छुपे लाया जा रहा था। अदालतों को कार्यपालिका का संलग्नक या पिछलग्गू बनाया जाना था। मौलिक अधिकारों को हमेशा के लिए छीन लिया जाना था। बदलावों का राष्ट्रपति प्रणाली से कुछ लेना-देना नहीं था, लेकिन तानाशाही को संस्थागत स्वरूप देने से सबकुछ लेना-देना था। बाद के वर्षों में, श्री पालखीवाला ने खुद ही संवैधानिक ढाँचे के इस सवाल पर विचार व्यक्त किया कि हम जिसके द्वारा सर्वोत्तम तरीके से शासित किए जाएँ। उन्होंने वे फायदे गिनाए, जो राष्ट्रपति प्रणाली अपनाए जाने से देश को मिल सकते हैं, लेकिन साथ में यह अति महत्त्वपूर्ण चेतावनी भी जोड़ी कि राष्ट्रपति प्रणाली के कई प्रकार हैं, और हम जिस प्रणाली को अपनाएँ, उसे आवश्यक रूप से ऐसा होना चाहिए, जो हमारी स्वतंत्रता और लोकतांत्रिक जीवन प्रणाली को संरक्षित रखे। देखें—वी, दी पीपुल, स्ट्रैंड बुकस्टॉल, बॉम्बे, 1984, खासतौर पर 9, 10 और 13 अध्याय।

# धारणाएँ

# 10

# उदारवादियों से सबक, उदारवादियों के लिए

केशवानंद भारती केस में अपने और इसके नागरिकों को राजनीतिक वर्ग से बचाने के लिए एक बाँध का निर्माण किया। आपातकाल के दौरान और उसके बाद भी भारी दबाव के बावजूद अदालत ने आधारभूत ढाँचे के सवाल को फिर से खोलने से दृढ़ता से इनकार कर दिया तथा इसकी रक्षा की। लेकिन बाँध बमुश्किल बच सका है। कुछेक कारणों के प्रति व्यक्तिगत बच सका है। कुछेक कारणों के प्रति व्यक्तिगत जजों का उत्साह, उनमें से सरल और अच्छे जजों का भरोसा करनेवाला स्वभाव एवं इस तथ्य का क्या कहना कि कुछ न्यायपालिका के बाहर ऊँचे ओहदे पर महज इसलिए पहुँचे कि वे सत्ता को खुश करने को उत्सुक थे। ये और अन्य कारकों ने प्रायः ही इस बाँध को टूट जाने के बुरी तरह करीब ला दिया है।

जैसा कि मैंने पहले कानूनी बाजीगरी को उजागर किया है, जिसकी वजह से हमारा न्यायक्षेत्र अकसर ही राजनीतिक वर्ग के हाथों में खेला है,[1] बस कुछेक उदाहरण यह दरशाने के लिए पर्याप्त होंगे कि कुछ ऐसे विश्वासघाती और द्रोही हैं, जिनसे हमें सावधान, सतर्क रहना है।

---

1. कोर्ट्स ऐंड देयर जजमेंट्स, प्रीमाइसेस, प्रीरिक्वीजिट्स, कंस्वेक्वेनसेस, रूपा, दिल्ली–2001; फॉलिंग ओवर बैकवार्ड्स एन एसे एगेंस्ट रिजर्वेशंस ऐंड एगेंस्ट जुडिशियल पॉपुलिज्म, ए.एस.ए. ऐंड रूपा, दिल्ली–2006

## खतरे का पहला स्रोत

इनमें से पहला खतरा है खुद जजों द्वारा आधारभूत ढाँचे के प्रति कुछ-कुछ मनमौजी लगाव या प्रतिबद्धता। वैसे, अदालत द्वारा इस सिद्धांत की घोषणा किए जाने के महज दो साल के अंदर इसका सबसे खराब नमूना देखने को मिला, यह आपातकाल का दौर था। स्वतंत्रता, मौलिक अधिकार और तमाम अच्छी व भद्र चीजें हमारे संविधान की अपृथक्य तत्त्व घोषित की गईं, लेकिन उच्चतम न्यायालय को कार्यपालिका द्वारा इन तमाम चीजों के दमन व हनन का औचित्य ठहराने में जरा भी दिक्कत नहीं हुई। अदालत ने घोषणा की कि हाँ, वे आधारभूत ढाँचे के तत्त्व हैं। लेकिन आपातकालीन प्रावधान भी वैसे ही हैं। इसलिए, जब ये प्रावधान कहते हैं कि आपातकाल के दौरान नागरिकों को अपनी स्वतंत्रताओं और अपने अधिकारों को लागू करवाने के लिए अदालतों में जाने का अधिकार नहीं होगा, तो यह भी ऐसी चीज है, जो आधारभूत ढाँचे से ही निकलती है। यहाँ प्रस्तुत है कि एक जज ने 'ए.डी.एम., जबलपुर' में मामले को किस तरह रखा—

> ···हमसे कहा गया कि आपात प्रावधानों और कानून की कम-से-कम इस तरह व्याख्या की जाए कि इसे उस 'कानून के शासन' को संरक्षित करने के लिए कहा जाए, जो कि संविधान के आधारभूत ढाँचे का एक हिस्सा है।
>
> मुझे ऐसा लगता है कि संविधान के 'आधारभूत ढाँचे' के सिद्धांत का इस्तेमाल संविधान में एक ऐसा काल्पनिक हिस्सा बनाने के लिए नहीं किया जा सकता है, जिसका संवैधानिक प्रावधानों के साथ टकराव हो। संविधान का ऐसा आधार नहीं हो सकता है, जो अपनी अधिरचना से कटा हुआ हो। वाकई, ···मुझे लगता है कि आपातकालीन प्रावधानों को खुद ही संविधान के आधारभूत ढाँचे का हिस्सा माना जा सकता है। खैर, किसी भी तरह वे कानून के अनुसार एकदम व्यवस्थित सरकार के आधार की हिफाजत के लिए बने हैं।[1]

एक अन्य जज इस सिद्धांत को लागू करने में और भी चौकस थे। आधारभूत ढाँचे की धारणा संविधान में संशोधनों के लिए एक कसौटी है, न कि सामान्य कानूनों के लिए, और यह लोगों को बंदी बनाना तो एक सामान्य कानून भी नहीं है; यह महज कार्यपालिका की सीधी काररवाई है। इसमें आधारभूत ढाँचा कहाँ से आता है? सामान्य समय में, कार्यपालिका को अवश्य ही विधायिका द्वारा पारित

1. ए.डी.एम., जबलपुर बनाम शिवकांत शुक्ला, (1976) 2 एस.सी.सी. 521, 640 पर, पैरा 312-13

कानूनों का पालन करना चाहिए, लेकिन इसे आपातकाल में विस्तारित नहीं किया जा सकता। आपातकालीन प्रावधान भी आधारभूत ढाँचे का एक हिस्सा है। और, जो भी हो, जो प्रावधान कार्यपालिका को आपातकाल लगाने के लिए अधिकृत करता है, वह यह नहीं कहता कि कार्यपालिका, विधायिका द्वारा बनाए गए कानूनों की अवज्ञा करने के लिए स्वतंत्र है। यह तो बस इतना कहता है कि यदि आपातकाल के दौरान, कार्यपालिका या विधायिका, कानून या संविधान के खिलाफ जाती है, तो नागरिकों को अदालतों में जाने का अधिकार नहीं होगा...[1]

लेकिन कानून के शासन के बारे में क्या? क्या आपने बार-बार घोषणा नहीं की है कि यह संविधान की आधारभूत विशेषता है? क्या सरकार उसे भी फेंक देने के लिए स्वतंत्र है? अदालत पर कोई असर नहीं हुआ—

प्रतिवादियों की ओर से उसी तर्क का एक आयाम और ज्यादा ताकत के साथ पेश किया गया। यह दलील दी गई कि अनुच्छेद 359 (1) भाग III (संविधान का वह भाग जो मौलिक अधिकार प्रदान करता है) द्वारा लगाई गई बाधाओं को हटा सकता है, लेकिन यह कभी भी कानून के शासन के सिद्धांत अथवा शक्ति-पृथक्करण पर आधारित नियंत्रण एवं संतुलन की प्रणाली के तहत कार्यपालिका की सीमित शक्ति के सिद्धांत से उत्पन्न बाधाओं को नहीं हटा सकता है...

भारतीय संविधान के तहत कानून का शासन यह है कि सामान्य समय में कानून के शासन का अवश्य ही अनुपालन होना चाहिए। लेकिन एक भ्रम को साफ करना जरूरी है। हालाँकि कानून को मानने की बाध्यता सामान्य समय की बाध्यता है, अनुच्छेद 358 सिर्फ उन्हीं मामलों को लेता है, जिनमें कार्यपालिका कानून के प्राधिकार के तहत काम करने का दावा करती है। यह ऐसी व्यवस्था नहीं देता है कि कार्यपालिका कानून के प्रकट प्राधिकार के बिना काम कर सकती है। दूसरे शब्दों में, अनुच्छेद 358 विधायिका को अनुच्छेद 19 का उल्लंघन करते हुए कानून बनाने और कार्यपालिका को उन कानूनों के तहत काम करने में समर्थ बनाता है, बावजूद इसके कि ये कानून अनुच्छेद 19 द्वारा प्रदान किए गए मौलिक अधिकारों का अतिक्रमण करते हों...

कानून के शासन का तर्क उसी तरह हठीला है, जिस तरह आधारभूत ढाँचे का तर्क। संविधान के भाग 18 में दिए गए आपातकालीन प्रावधान, जो कि राज्य

1. ए.डी.एम., जबलपुर बनाम शिवकांत शुक्ला, (1976) 2 एस.सी.सी. 657 पर, पैरा 365-66

(देश) की सुरक्षा के लिए बनाए गए हैं, उतने ही महत्त्वपूर्ण हैं, जितना कि संविधान का कोई अन्य प्रावधान। अगर अनुच्छेद 359 (1) की असली बनावट और उसका प्रभाव, जैसा कि मैंने कहा है, वैसा हो, तो यह मानना असंभव है कि ऐसी बनावट कानून के शासन का उल्लंघन करती है। आपातकाल के दौरान, कानून का शासन वैसा है जैसा कि संविधान के अध्याय 18 में निहित प्रावधानों में दिया गया है। एक रहस्यमय और सर्वशक्तिमान कानून का शासन नहीं हो सकता, जो संविधान के आपातकालीन प्रावधानों को अपनी बुदबुदाहट में डुबो दे।[1]

जज ने घोषणा की, आपातकाल की घोषणा किए जाने के गंभीर संवैधानिक परिणाम होते हैं। विधायिकाएँ मूलभूत अधिकारों का हनन करते हुए कानून बना सकती हैं। किसी अधिकार को लागू करवाने के लिए अदालतों में जाने का अधिकार स्थगित हो जाता है। कार्यपालिका की राज्यों को निर्देश देने की शक्ति इतनी बढ़ जाती है कि पहचान में न आए। संसद् को राज्य सूची में दिए गए विषयों पर कानून बनाने की शक्ति मिल जाती है। संक्षेप में, संविधान का लोकतांत्रिक ढाँचा ऐसी स्थिति में बुरी तरह क्षीण हो जाता है।' इसलिए, जज ने घोषणा की—

"यदि आपातकाल के दौरान संविधान के आधारभूत संघीय ढाँचे के इतने मौलिक रूप से पलट देनेवाले परिणाम हो सकते हैं, तो यदि कार्यपालिका, विधायिका के आदेश को न भी माने, तो यह उतनी उद्वेलित करनेवाली बात नहीं है, जितनी पहली नजर में प्रतीत होती है। अगर राष्ट्रपति द्वारा जारी आदेश में इन अधिकारों का उल्लेख है, तो नागरिकों को अपने उन मौलिक अधिकारों की रक्षा के लिए किसी अदालत में जाने की शक्ति नहीं होगी।"[2]

चूँकि कोई चीज 'उतनी उद्वेलित करनेवाली नहीं है', यह स्वीकार्य है, संतोषजनक है, कोर्ट ने कहा।

जिस पल लोगों ने आपातकाल को रौंद दिया और इसे लागू करनेवालों को फेंक दिया (चुनाव में), आधारभूत ढाँचे का वही सिद्धांत उलटी दिशा में काम करने लगा—बल्कि आधारभूत ढाँचे को हलके में लेने का नजरिया, जब ऐसा करना सुविधाजनक प्रतीत होता था, दूसरी तरह से काम करने लगा और अकसर यह ऐसा

---

1. ए.डी.एम., जबलपुर बनाम शिवकांत शुक्ला, (1976) 2 एस.सी.सी. 521, 658-61 पर, पैरा 368-75
2. ए.डी.एम., जबलपुर बनाम शिवकांत शुक्ला, (1976) 2 एस.सी.सी. 521, 658 पर, पैरा 367

उन्हीं जजों के हाथों करने लगा। उदाहरण के लिए, 'संघवाद' को प्राय: संविधान की एक आधारभूत खासियत के रूप में सूचीबद्ध किया गया है और इस पंगु कानून के प्रति ऐसा आदर है कि केंद्रीय जाँच ब्यूरो राज्य सरकार की अनुमति के बगैर सर्वाधिक हिंसक अपराध, सर्वाधिक संगीन भ्रष्टाचार की जाँच तक नहीं कर सकता। यहाँ तक कि वह ऐसा करने के लिए उँगली भी उठाए, तो अदालतें शर्तिया उसे रोक देंगी। लेकिन श्रीमती इंदिरा गांधी की भारी पराजय के बाद जब कई राज्यों में कांग्रेस सरकारें बरखास्त कर दी गईं, तो उच्चतम न्यायालय को उनकी बरखास्तगी को मंजूरी देने के बढ़िया आधार मिल गए, 'संघवाद' आड़े नहीं आया। अदालत ने कहा, "लोकतंत्र का सार है कि लोग अपनी विधायिकाओं को चुनेंगे। चूँकि घटनाएँ दरशाती हैं कि इन विधायिकाओं ने लोगों का विश्वास खो दिया है, इसलिए इन विधायिकाओं का भंग किया जाना सही ही है।" इस तरह का तर्क पेश किया गया। एक खास उद्धरण में अदालत ने घोषणा की—

हमारे संविधान और कानूनों का एक उद्देश्य है कि मतदाताओं को निश्चित तौर पर समय-समय पर अपने राज्य की विधायिका को चुनने का मौका दिया जाए तथा इसके जरिए, अपने राज्य की सरकार का चरित्र भी तय करने का अवसर दिया जाए। हरेक लोकतांत्रिक संविधान का यह लक्ष्य होता है कि वह ऐसे अवसर प्रदान करे। इसलिए, उस उद्देश्य को पूरा करने के लिए बनाई गई नीति संविधान के आधारभूत ढाँचे या उसकी योजना के प्रतिकूल नहीं हो सकती। यह सवाल कि उन्हें (मतदाताओं को) यह अवसर अभी मिलना चाहिए या बाद में, राजनीतिक सुविधा या कार्यपालिका की नीति का सवाल है। क्या यह कानूनी अधिकार का भी सवाल हो सकता है, जब तक कि निश्चित अवधि पूरा होने के पूर्व एक विधानसभा भंग किए जाने पर प्रतिबंध न लगा हो? अगर कोई संवैधानिक मनाही होती, तो केंद्र सरकार की प्रस्तावित काररवाई उस संवैधानिक आदेश का उल्लंघन करती और उस सूरत में हम दखल देने को बाध्य होते। लेकिन जब ऐसा कोई संवैधानिक प्रावधान नहीं है, जो एक राज्य की विधायिका को बिना भंग हुए जारी रहने का अधिकार देता है, तो क्या हम ऐसा कर सकते हैं? और वह भी इसके बावजूद कि एक नजरिए के अनुसार, कुछ विशेष परिस्थितियाँ ऐसी हैं कि उनका (विधायिकाओं का) भंग किया जाना आवश्यक है।[1]

1. राजस्थान राज्य बनाम संघ सरकार, (1977) 3 एस.सी.सी. 592, 614 पर, पैरा 32

इसी तरह, यहाँ तक कि तेलगी जैसे घोटाले में प्राथमिक जाँच को भी अदालतें मना कर देंगी, जब तक कि राज्य सरकार इसकी इजाजत न दें, जबकि इस घोटाले में राज्य सरकार के कुछ नियंत्रणकर्ता भी शामिल प्रतीत होते थे। निठारी जैसी जघन्य हत्याओं की जाँच के लिए भी सी.बी.आई. को तब तक इंतजार करना पड़ेगा, जब तक कि राज्य सरकार उसे जाँच करने के लिए आमंत्रित न करे। यहाँ तक कि नक्सलियों और आतंकवादियों का अपने राज्य की सीमा के बाहर पीछा किया जाना इस धारणा के आधार पर बाधित किया जाता है कि संघवाद संविधान की आधारभूत विशेषता है। लेकिन जब लोगों द्वारा आपातकाल को उठाकर फेंक दिया गया, तो केंद्र सरकार ने कर्नाटक के तत्कालीन मुख्यमंत्री देवराज अर्स के खिलाफ आरोपों की जाँच करने के लिए एक आयोग बनाया, तो अदालत ने संघवाद-एक-आधारभूत-विशेषज्ञ वाले तर्क को तवज्जो नहीं दी। अदालत ने कहा, ''यह स्पष्ट है कि जब भी आधारभूत ढाँचे के सिद्धांत को प्रतिपादित या लागू किया गया है, तो सिर्फ संविधान की व्याख्या के रूप में किया गया है, जैसा कि वस्तुतः यह अस्तित्व में है, न कि एक ऐसे संविधान की व्याख्या के रूप में, जो विभिन्न व्यक्तियों के दिमागों में महज सिद्धांतों के बतौर विषयगत रह सकता है कि संविधान क्या है?''

तथाकथित संघवाद को विधायी शक्ति पर एक बाधा या अड़चन के रूप में किन्हीं स्पष्ट प्रावधान में अवश्य ही अभिव्यक्त होना चाहिए, जिसे कि अदालतें पहचान सकें। यहाँ यह उल्लेखनीय है कि अधिकतर जजों, जिन्होंने केशवानंद भारती केस का फैसला किया था, ने 'संघवाद' को संविधान के आधारभूत ढाँचे के रूप में नहीं लिया है और उनमें से किसी ने भी इस ढाँचे के 'संघीय' हद के बारे में चर्चा नहीं की है। संविधान के अनुच्छेद 1 की ओर इंगित करना भर पर्याप्त नहीं है कि हमारा गणतंत्र राज्यों का एक 'संघ' है। निस्संदेह, यह सच है। लेकिन, 'संघ' शब्द का इस्तेमाल हमारे संघीय गणतंत्र के विचित्र चरित्र के संदर्भ में किया गया था, जो कि इसके स्पष्ट प्रावधानों से उजागर होता है। हमें अन्य स्पष्ट प्रावधानों से अभी भी यह पता करना है कि इस 'संघ' का क्या अर्थ है अथवा इसमें निहित 'संघवाद' की हद या प्रकृति क्या है? संविधान खुद 'संघ' शब्द का इस्तेमाल एकदम नहीं करता।[1]

1. कर्नाटक राज्य बनाम संघ सरकार, (1977) 4 एस.सी.सी. 608, 681 पर, पैरा 128-29

वैकल्पिक सिद्धांत खोज निकालने की यह दक्षता हमें याद दिलाती है किं आधारभूत ढाँचे का कवच हासिल करने के लिए हमें वकीलों और जजों की प्रवीणता से बचाव का इंतजाम अवश्य करना चाहिए!

## खतरे के और भी स्रोत

दूसरा खतरा जिससे सावधान रहने की जरूरत है, वह यह है कि जजों ने मूलभूत ढाँचा सिद्धांत को अपने प्रिय शौक या विषय को आगे बढ़ाने के लिए एक अच्छे साधन के रूप में इस्तेमाल किया है। जज तर्क देते हैं, प्रस्तावना घोषणा करती है कि हमारा उद्‌देश्य समाजवाद है। समाजवाद का लक्ष्य आर्थिक और सामाजिक समानतावाद लाना होता है। और इसके लिए नियोजित अर्थव्यवस्था की जरूरत होती है, ''यह समाजवादी उपक्रमों के सक्षम कामकाज और निजी उपक्रमों के अनियोजित एवं अराजक विस्तार को रोकने, दोनों के लिए ही आवश्यक होगा…'' तथा इसीलिए कोयला खदानों का राष्ट्रीयकरण। और यह सबकुछ उन विविध धाराओं से निकलती है, जिसने हमारी परंपरा में योगदान दिया है, 'बौद्ध, जैन, वेदांत तथा भक्ति, हिंदूवाद, सिख, इसलाम, ईसाई।'[1] प्रायः ही, कई अन्य की तरह, जज भी इन उदात्त लक्ष्यों के प्रति अपनी निष्ठा की रौ में बह गए हैं और उन्होंने उन तटबंधों को हलका या कमजोर किया है, जिसके तहत संविधान, खासकर आधारभूत ढाँचे का सिद्धांत हमें काम करने के लिए सीमित करता है।

खतरे का तीसरा स्रोत इस तथ्य से निकलता है कि उन जजों के बीच भी, जिन्हें खुद को इस धारणा को अपनाना पड़ा कि संविधान का एक आधारभूत ढाँचा है, दो धाराएँ पृथक् रूप से बहती रही हैं। जजों के एक समूह ने माना है कि ऐसा आधारभूत ढाँचा, जैसा कि है, अवश्य ही संविधान के खास प्रावधानों से जुड़ा होना चाहिए, कि ऐसा कोई ढाँचा नहीं है, जो आसमान में बादल की तरह संविधान की सतह के ऊपर या इसके बाहर तैर रहा है, या ऐसा ढाँचा जो सतह के नीचे गड़ा हुआ है, जिसे खोजने के लिए हमें खुदाई करनी पड़ेगी।[2] जजों के दूसरे समूह ने माना है कि ऐसा वाकई एक ढाँचा है, जो विशेष प्रावधानों के ऊपर एक मेहराब बनाए हुए है; कि ऐसे तत्त्व हैं, जो संविधान के पृथक् प्रावधानों और भागों को

1. समता बनाम आंध्र प्रदेश राज्य, (1997) 8 एस.सी.सी. 191, 248, 262, 264 पर, पैरा 79, 102, 103, 106
2. कर्नाटक राज्य बनाम संघ सरकार, (1977) 4 एस.सी.सी. 608, 677 पर, पैरा 120

जोड़ते हैं, जो पूरे संविधान को सुसंगत बनाते हैं।[1] एक कार्यपालिका या वाकई एक विधायिका, जो आधारभूत ढाँचे की सीमाओं की उपेक्षा करना चाहती है, उसे आधारभूत ढाँचे को एक दंतविहीन अवधारणा में तब्दील कर देने के लिए पहले समूह की घोषणाओं को लागू करने में तनिक भी दिक्कत नहीं होगी।

चौथा खतरा तो और भी बड़ा है, क्योंकि ऐसे जजों की निरंतर एक धारा चली आई है, जिसे प्रगतिशील जजों में शुमार किया जाता है और जो इस धारणा का ही उपहास उड़ाते हैं कि संविधान का ऐसा कोई आधारभूत ढाँचा है, जिसका उल्लंघन नहीं किया जा सकता है। न्यायमूर्तिगण ए.एन. रे, के.के. मैथ्यू, चिनप्पा रेड्डी और उनके कई अनुचरों ने केशवानंद, मिनर्वा मिल्स और इसी तरह के केसों में अदालत के निष्कर्षों को कमतर करने में काफी व्यंग्य-बाग छोड़े हैं। उन्होंने 'अस्पष्ट', 'निराकार', 'अपरिभाषीय', 'असंभव बाँहों का एक अभ्यास' जैसे ध्यान खींचनेवाले शब्दों और रंगीन बिंबों का प्रयोग किया है कि जो इस सिद्धांत को कुचलना चाहते हैं, वे इन्हें जोर-शोर से उठा सकते हैं। यदा-कदा, यहाँ तक कि आपातकाल को फेंक दिए जाने के बाद वे भी जो सजगता से स्वतंत्रता के पक्ष में बोले और संविधान के अनुच्छेदों में स्वतंत्रता के ज्यादा-से-ज्यादा आयाम खोजने के लिए मशहूर हुए, अपने फैसलों में ऐसे विस्तृत बयान देना सही समझा, जो शिकारियों के लिए पथ्य बन सकते हैं।

---

1. जैसा कि नीचे दिया गया है, ''इसलिए यह गौर करना महत्त्वपूर्ण है कि संशोधन के संदर्भ में एक आधारभूत ढाँचे की पहचान एक समझ प्रदान करती है कि खास प्रावधानों के परे, संविधान के प्रावधानों को जोड़नेवाले और अंतर्निहित सुव्यवस्थित सिद्धांत हैं। ये सिद्धांत संविधान को सुसंगति प्रदान करते हैं और इसे एक आंगिक संपूर्णता देते हैं। यदि इन्हें नियमों के रूप में स्पष्ट रूप से अभिव्यक्त नहीं भी किया गया है, तो भी ये सिद्धांत संवैधानिक कानून का हिस्सा हैं। उदारहण के लिए एक सिद्धांत है समुचितता का सिद्धांत, जो अनुच्छेद 14, 19 और 21 को जोड़ता है। इन सिद्धांतों में से कुछ इतने महत्त्वपूर्ण एवं मौलिक हो सकते हैं, कि उन्हें संविधान के 'आधारभूत ढाँचे' का हिस्सा या उसकी 'अनिवार्य विशेषताएँ' कहा जा सकता है, यानी कि वे संशोधन के लिए खुले नहीं हैं। बहरहाल, संविधान के प्रावधानों को सिर्फ ऐसे मेहराबी सिद्धांतों से जोड़कर ही कोई यह फर्क कर सकता है कि संविधान की अनिवार्य विशेषताएँ क्या हैं और कम अनिवार्य विशेषताएँ क्या हैं। महत्त्वपूर्ण बात यह है कि संघवाद, धर्मनिरपेक्षतावाद, समुचितता और समाजवाद आदि के सिद्धांत खास प्रावधान के शब्दों से परे हैं। वे सुसंबद्ध और ढाँचागत सिद्धांत हैं, जो अंतर्निहित हैं तथा संविधान के विविध प्रावधानों को जोड़नेवाले हैं। वे संविधान को सुसंगति प्रदान करते हैं। वे संविधान को आंगिक संपूर्णता देते हैं। यदि उन्हें नियमों के रूप में स्पष्ट रूप से अभिव्यक्त नहीं किया गया है, तो भी वे संवैधानिक कानून का हिस्सा हैं।'' एम नागराज बनाम संघ सरकार, (2006) 8 एस.सी.सी. 212, 243 पर, पैरा 23-24

कई दृष्टांतों को याद किया जा सकता है। हम केशवानंद भारती केस से ही शुरुआत कर सकते हैं। न्यायमूर्ति वाई.वी. चंद्रचूड़ ने अपने फैसले की प्रस्तावना में ऐसी टिप्पणियों को शामिल करना सही समझा कि उन्हें जल्द ही उन्हीं पर फेंका जाना था। उन्होंने शुरुआत की, कि वे एक पृथक् फैसला लिखने से बचना चाहते थे। लेकिन, काश, विकल्प 'खुला हुआ प्रतीत न हुआ।' उन्होंने दर्ज किया, ''हम मामले की सुनवाई के लिए 13 जजों की पूरी तादाद में बैठे।' उन्होंने आशा की थी कि 'विचारों के खुले एवं उन्मुक्त आदान-प्रदान के बाद' वे सहयोगियों के विचारों को साझा करने में समर्थ होंगे। उन्होंने बात जारी रखी, ''लेकिन 'आकस्मिक परिस्थितियों' के द्वारा हम सब दबोच लिये गए। वकील ने इतना ज्यादा वक्त ले लिया था कि विचारों के आदान-प्रदान के लिए बेहद कम वक्त बचा था,'' उन्होंने लिखा, ''और समय का कारक एक चरण में उतना ही गंभीर हो गया, जितना कि इस केस में उठे मसले थे। मुख्य न्यायाधीश  अवकाश प्राप्त करनेवाले थे, इसलिए आखिर में विचारों के आदान-प्रदान के लिए या यहाँ तक कि फैसलों के प्रस्ताव वितरित किए जाने के लिए भी वक्त नहीं था...''[1] सबसे ज्यादा चिंताजनक टिप्पणी, ''क्योंकि इसने दिखाया कि न्यायिक परंपराओं की 'सिर्फ आकस्मिकता' के कारण दरकिनार कर दिया गया था। जो फैसले को नीचा दिखाना चाहेंगे, वे इस तथ्य को इंगित करेंगे।''

कुछ वर्ष बीत गए। न्यायमूर्ति चंद्रचूड़ अब मुख्य न्यायाधीश बन गए थे। वे मिनर्वा मिल्स केस में अध्यक्षता कर रहे थे। उनके और न्यायमूर्ति पी.एन. भगवती के बीच यदि भूमिगत नहीं तो उदात्त भाव के तनाव थे। और यह बात बार में और उसके बाहर भी चर्चा में थी। जब फैसला देने का वक्त आया, तो न्यायमूर्ति भगवती ने न्यायमूर्ति चंद्रचूड़ पर वही उद्धरण उछाल दिया और उसमें अपनी ओर से काफी मिर्च-मसाला लगा दिया। न्यायमूर्ति भगवती ने इंगित किया कि इस केस में तीन हफ्तों तक बहस चली थी। इसकी शुरुआत 22 अक्तूबर, 1979 को हुई थी और समाप्ति 16 नवंबर, 1979 को हुई। उन्होंने कहा, ''उन्होंने आशा की थी कि ऐसे महत्त्वपूर्ण सवालों पर बहस पूरी हो जाने के बाद, मुख्य न्यायाधीश द्वारा फैसले का मसौदा वितरित किए जाने के पहले अथवा बाद में एक न्यायिक सम्मेलन में विचारों का स्वतंत्र एवं उन्मुक्त आदान-प्रदान होगा।'' यही अभिव्यक्ति न्यायमूर्ति चंद्रचूड़

1. केशवानंद भारती, 959-60 के उलट पर उद्धृत, पैरा 1997.

की पहले रही थी। न्यायमूर्ति भगवती ने कहा कि इससे उन्हें अपने सहयोगियों के विचारों को या तो साझा करने अथवा उन्हें अपने विचारों के लिए राजी करने का मौका मिलता। ''लेकिन मैं खुद को उसी दशा में पाता हूँ जिस दशा में विद्वान् मुख्य न्यायाधीश ने खुद को केशवनानंद भारती बनाम केरल राज्य केस में पाया था।'' और उन्होंने उसी उद्धरण का हवाला दे मारा, जिसे हमने अभी-अभी देखा था। न्यायमूर्ति भगवती ने कहा कि जैसा कि केशवानंद मामले में हुआ था, वैसा ही इस केस में हुआ। वकीलों द्वारा अपने दृष्टिकोणों को स्पष्ट करने में इतना ज्यादा वक्त लिया गया कि बहस पूरी होने के बाद, जजों के पास फैसलों का मसौदा आदान-प्रदान करने का वक्त ही बेहद कम बचा। यहाँ भी, मैं उसी तरह की परिस्थितियों द्वारा बाध्य किया गया कि मैं अलग राय पेश करूँ, ''हालाँकि यह आकस्मिक नहीं था। जज ने लिखा, ''ऐसे या वैसे, संभवत: इस अदालत के काम के असामान्य दबाव के कारण, कोई न्यायिक सम्मेलन या विचार-विमर्श नहीं हो सका तथा न ही कोई मसौदा फैसला वितरित किया गया, जिसके आधार पर परिचर्चा होती। हालाँकि, जैसा कि पहले इंगित किया गया, इस केस की सुनवाई 16 नवंबर, 1979 को ही संपन्न हो गई थी।''

महीनों बीत गए थे। कोई खबर नहीं थी इस केस की। न्यायमूर्ति भगवती ने कहा, ''यह महज 7 मई, 1980 को, अदालत के ग्रीष्मावकाश के बस दो दिन पहले मुझे विद्वान् मुख्य न्यायाधीश द्वारा सूचित किया गया कि तीन अन्य जजों, जिन्होंने मेरे साथ इस केस की सुनवाई की थी, ने एक आदेश जारी करने का फैसला किया है, जिसमें प्रतिवादित संवैधानिक संशोधनों को इस आधार पर अधिकार के परे और रद्द घोषित किया जाएगा कि वे संविधान की आधारभूत विशेषताओं का उल्लंघन करते हैं और इस आदेश के कारण उनके द्वारा बाद में बताए जाएँगे। मुझे खुद को इस प्रक्रिया को अपनाने के लिए राजी करने में दिक्कत हुई, क्योंकि जजों के बीच कोई न्यायिक सम्मेलन या विचार-विमर्श नहीं हुआ था, जहाँ विचारों का खुला एवं स्वतंत्र आदान-प्रदान हो सकता था और न ही फैसले का मसौदा वितरित किया गया था, इसीलिए मुझे वे कारण जानने का लाभ नहीं मिला कि क्यों विद्वान् मुख्य न्यायाधीश और तीन विद्वान् जजों ने संवैधानिक संशोधनों को खारिज करने का मन बनाया था?'' जज ने कहा कि अगर कोई न्यायिक सम्मेलन या विचार-विमर्श हुआ होता या संवैधानिक संशोधनों को निरस्त करने के कारण बतानेवाले फैसले के

मसौदे को वितरित किया गया होता, तो 'पूर्ण एवं स्पष्ट चर्चा के परिणामस्वरूप अथवा मसौदा फैसला में दिए गए कारणों पर विचार करने के बाद, मैं उस निष्कर्ष से सहमत हो सकता था, जो माननीय मुख्य न्यायाधीश और तीन अन्य विद्वान् जजों ने निकाला था, या उन्हें अपने दृष्टिकोण बदलने के लिए राजी कर सकता था तथा मैं उन्हें अपने विचार से सहमत करा सकता था।'

और उन्होंने आगे बढ़ते हुए उस तरीके पर संशय जाहिर किया, जिस तरह अदालत को काम करने के लिए कहा गया, स्पष्ट रूप से मुख्य न्यायाधीश द्वारा। न्यायमूर्ति भगवती ने दर्ज किया कि 'यही न्यायिक सामूहिकतावाद का सार है' और उनके विचार में मुख्य न्यायाधीश तथा उनके सहयोगी जजों ने इसका उल्लंघन किया है। 'मेरे विचार में यह अनिवार्य है कि अदालत के एक फैसले को अदालत का गठन करनेवाले जजों के सामूहिक विचार-विमर्श का परिणाम होना चाहिए और मेरी विनम्र राय है कि यह सामूहिक निर्णय-प्रक्रिया के अनुकूल या संगत बात नहीं होगी, यदि पीठ का गठन करनेवाले एक या ज्यादा जज अपने सहयोगियों की उपेक्षा करते हुए और उनके साथ कारणों पर चर्चा किए बगैर तथा यहाँ तक कि अपने फैसले का मसौदा वितरित किए बगैर आगे बढ़कर कहते हैं कि वे अपनी व्यक्तिगत राय व्यक्त करेंगे। इससे सहयोगी जजों को सामूहिक निर्णय-प्रक्रिया में भाग लेने का अवसर नहीं मिलेगा। वस्तुतः न्यायमूर्ति भगवती ने इंगित कर दिया कि मुख्य न्यायाधीश और पीठ के अन्य जजों ने एक सहयोगी जज की उपेक्षा की है और उन्हें कमतर आँका है। उन्होंने आगे कहा, ''यह न्यायिक प्रक्रिया में एक अराजक स्थिति की शुरुआत करेगा और यह एक अस्वस्थ दृष्टांत होगा। यह देश की सबसे ऊँची अदालत है, एक आदर्श न्यायिक संस्थान है। इससे अपेक्षा की जाती है कि वह देश में पूरी न्यायपालिका के लिए एक आदर्श प्रक्रिया निर्धारित करे। उसे अस्वस्थ परंपरा को बढ़ावा नहीं देना चाहिए।'' यह कुप्रबंधन का, एक गलत उदाहरण पेश करने का सीधा आरोप था।

जज ने आगे विस्तार से बताया कि मामले इस तथ्य से और भी बदतर हो गए कि उनके सहयोगियों ने एक ऐसा आदेश देने का फैसला किया है, जो तमाम चीजों के संवैधानिक संशोधनों को रद्द कर देगा, और यह भी घोषणा करने का निर्णय किया है कि वे इसका कारण बाद में बताएँगे। यह सही है कि अपवादस्वरूप ऐसी परिस्थितियाँ होती हैं, जब एक आदेश दे दिया जाता है और कारण बाद में बताए

जाते हैं। लेकिन वे बहुत खास परिस्थितियाँ होती हैं; जहाँ नागरिकों की स्वतंत्रता या मृत्युदंड को लागू करने का मामला होता है या जहाँ कारण सहित फैसला तैयार करने में लगा वक्त विजयी पक्ष को प्रतिकूल ढंग से प्रभावित कर सकता है। ऐसी अति आवश्यक परिस्थितियों में और अपूरणीय नुकसान की सूरत में ऐसी प्रक्रिया अपनाई जाती है। 'कानूनी रूप से तय प्रक्रिया' से हटकर काम किया जाता है। लेकिन यहाँ क्या स्थिति थी? जज ने कहा, ''अदालत ने दरअसल बहस पूरी हो जाने के बाद करीब 5 महीनों तक इंतजार किया और उसे स्पष्टत: ऐसी कोई तात्कालिक आवश्यकता नहीं थी कि बिना कारण बताए आदेश जारी किया जाए¨, करीब दो और महीनों का विलंब किसी पक्ष के हितों को क्षति नहीं पहुँचाने जा रही थी···। अगर ग्रीष्मावकाश के बाद अदालत के खुलने पर तर्कपूर्ण या कारणयुक्त फैसला दिया जाता, तो यह न्याय के हितों के खिलाफ बात नहीं होती।'' जज ने कहा कि इन्हीं कारणों से उन्होंने दर्ज किया था कि वे इस केस में अपना अंतिम आदेश तब देना पसंद करेंगे, जब मैं तर्कयुक्त फैसला दूँगा। लेकिन 'दुर्भाग्यवश इससे मेरी स्थिति को लेकर काफी गलतफहमी पैदा हुई और इसीलिए वे अब 'अपने आचरण' का खुलासा कर रहे हैं।[1]

जज ने खुद दरशाया है कि इस फैसले पर समुचित विचार नहीं किया गया, इसलिए पिछलग्गू लोग शीघ्र ही घोषणा करनेवाले थे। तद्नुरूप, इसकी अवश्य ही समीक्षा होनी चाहिए···।

यही घटनाक्रम तुलसीराम पटेल केस में दोहराया गया। यहाँ एक ऐसा फैसला सवालों के घेरे में था, जो पिछले दस साल से बना हुआ था। इससे संवैधानिक एवं प्रशासकीय कानून की अहम् बातें भी दाँव पर थीं। जजों का बहुमत एक राय बन चुका था, यह उस फैसले को पलटने का था। मगर न्यायमूर्ति एम.पी. ठक्कर की भिन्न राय थी। उन्होंने बस उतना ही नहीं कहा। उन्होंने कहा कि कोई बैठक नहीं हुई। विपरीत दृष्टिकोण रखनेवालों के साथ समुचित सम्मान दरशाते हुए सहिष्णुता की सच्ची लोकतांत्रिक भावना के साथ विचारों का आदान-प्रदान नहीं हुआ, यानी उनके सहयोगी अलोकतांत्रिक थे, वे उनके प्रति सहिष्णुता और सम्मान का भाव नहीं रखते थे। ऐसे आदान-प्रदान ने न्याय के हित को आहत नहीं किया होता, इसने एक पक्ष को दूसरे को मनाने का मौका दिया होता। न्यायमूर्ति मैडॉन जिन्होंने बहुमत

1. मिनर्वा मिल्स लिमिटेड बनाम संघ सरकार, (1980) 3 एस.सी.सी. 625, 664 पर, पैरा 78

का फैसला लिखा था, भी इसी बात को लेकर दु:खी प्रतीत होते हैं। न्यायमूर्ति मैडॉन ने अपने मसौदा फैसले के साथ जो व्याख्या-पत्र जोड़ा था, न्यायमूर्ति ठक्कर ने उससे एक वाक्य उठा लिया। उन्होंने खुलासा किया कि वार्त्ता तो दूर रही, 237 पृष्ठों का मसौदा फैसला अंतिम फैसला दिए जाने की समय-सीमा के महज तीन घंटे पहले उन्हें भेजा गया था, यह समय-सीमा इसलिए थी कि मुख्य न्यायाधीश को उसी दिन अवकाश प्राप्त करना था और यदि फैसला नहीं दिया जाता, तो इस केस में जजों का जो वक्त लगा था, वह व्यर्थ हो जाता,...इसलिए उनकी असहमति...[1]

बदमाशी पर उतारू स्कूली बच्चों को भी इससे ज्यादा मौके की जरूरत नहीं होगी...

संक्षेप में, हमारे पास एक बाँध है। लेकिन इसकी भी सुरक्षा करने की जरूरत है, न केवल समर्पित जजों से बल्कि 'प्रगतिशील' कार्यक्रमों से। अदालतों की कार्यप्रणाली को बेहतर किया जाना चाहिए।

## प्रगतिशील जज

क्योंकि प्रगतिशील जजों की अपनी कार्यसूची को लेकर प्रतिबद्धता अकसर शासकों के लिए एक सहज साधन बन जाती है। प्रगतिशील माने जानेवाले किसी कदम की इजाजत देने को प्रतिबद्ध एक जज हैं हमारे पास, जो अन्य केसों में पूर्व-दृष्टांतों के बारे में एकदम अत्यौपचारिक रहते हैं, घोषणा करते हैं, "अतिरेकी या दुर्भावपूर्ण प्रावधानों को रद्द करने की न्यायिक समीक्षा की शक्ति हमेशा है, विक्टोरियाई पुरातन पंथ के संकीर्ण दृष्टांतों से न्यायिक समीक्षा का सजग प्रयोग बाधित नहीं होता..." वे बाँध को लेकर उतने ही अधीर हैं, जितने कि संप्रभुता के झंडाबरदार—

जब हम संवैधानिक संशोधन से अलग एक सामान्य कानून की वैधानिकता की पड़ताल करते हैं, तो आधारभूत ढाँचा भंग किए जाने का सवाल ही नहीं उठता। जब एक विनम्र कानून जायदादवालों का 'अतिरिकी भाग' समाज कल्याण के लिए ले लेता है, तो केशवानंद भारती केस उनका आखिरी शरणस्थल नहीं हो सकता है। और न ही समानता का हरेक उल्लंघन आधारभूत ढाँचे के घातक उल्लंघन के रूप में घोर विपदा ला सकता है। जब बड़े पैमाने की बराबरीकरण प्रक्रियाओं को कार्यरूप में डाला जाता है, तो परिधीय असमानता का रह जाना अवश्यंभावी है।

---

1. संघ सरकार बनाम तुलसीराम पटेल, (1985) 3 एस.सी.सी. 398, 526 पर, पैरा 178-79

अगर उच्चतम न्यायालय के तमाम न्यायाधीश संकल्प लेकर एक सत्र में बैठें और घोर आर्थिक विषमता को कम करने के लिए एक कानून बनाने के लिए छह महीने तक विचार-विमर्श करें, तथा यदि मंशा परिधीय असमानता या विषमता से भी बचनेवाला कानून बनाने का हो, तो उनकी मेधा शक्ति जवाब दे देगी, उन्हें नीचा दिखा देगी। जैसा कि समाजशास्त्री अच्छी तरह जानते हैं, हर बड़ा कार्य कुछ बलि माँगता है। इसलिए आधारभूत ढाँचे का उल्लंघन महज अनुच्छेद 14 का उल्लंघन नहीं है, बल्कि समान न्याय के सारतत्त्व को दहलानेवाला, एकदम अनुचित या अनैतिक तोड़-मरोड़ है। अगर कोई कानून इस हद तक जाता है कि वह लोकतांत्रिक नींव को ही हिला देता है, तो उसे सजा-ए-मौत मिलनी ही चाहिए। लेकिन असमानता के हरेक अंश वाले कानून के लिए हम भारती के भूत को न्यायालय के बरामदों में विचरण करने देंगे और घातक आदेश जारी करने देंगे, तो यह संसदीय कामकाज का न्यायिक अंगघात होगा। और न ही आधारभूत ढाँचा सिद्धांत के लिए संवैधानिक सम्मोहन को एक ऐसा गोपनीय हथियार या साधन बनाया जा सकता है, जो नई सामाजिक व्यवस्था के लिए संघर्षरत पूरे विधायी वर्ग में घुस जाए और 'आधारभूत ढाँचे' के प्रक्षेपास्त्र द्वारा मूल गरीबी को समाप्त करने की लड़ाई पर कब्जा कर ले, उसे समाप्त कर दे। ज्यादा आधारभूत या मौलिक क्या है? तमाम मानवाधिकारों को अर्थहीन करनेवाली घोर, घातक एवं व्यापक दरिद्रता को खत्म करना अथवा यथास्थिति बनाए रखने के लिए एकदम समरूपता और निरपेक्ष समानता की कानूनी विलासिता को आकर्षक रूप से पेश करना? संविधान को पराजित करने के लिए संविधान के इस्तेमाल का पक्षधर न्यायपालिका नहीं हो सकती है...[1]

ऐसी घोषणाएँ उन लोगों के लिए कितनी मददगार हो सकती हैं, जो बाँध को ही ध्वस्त कर देंगे! केशवानंद भारती केस में दिया गया फैसला 'भूत' बन जाता है। आधारभूत ढाँचे को बनाए रखने की चिंता 'ट्रॉजन हॉर्स' (गोपनीय साधन) बन जाती है। आधारभूत ढाँचे पर भरोसा करनेवाले 'जायदादवालों' की तरफदारी करनेवाले बन जाते हैं। जिसके अधिकार कुचले जा रहे हैं, वे 'बड़े हित' के लिए 'शहीद' बन जाते हैं। अधिकारों का उल्लंघन यदि 'दहलानेवाले, घोर अनुचित या नितांत अनैतिक

1. भीम सिंहजी बनाम संघ सरकार, (1981) 1 एस.सी.सी. 166, 185-86 पर, पैरा 18-20 में न्यायमूर्ति वी.आर. कृष्ण अय्यर। इस तरह कई उदाहरणों के लिए देखें 'फॉलिंग ओवर बैकवड्‌र्स, एन एसे एगेंस्ट रिजर्वेशंस ऐंड जुडिशियल पॉपुलिज्म', ए.एस.ए., दिल्ली, 2006

तोड़-मरोड़' से कम है, तो निष्ठावान् जज को उसकी परवाह नहीं। जो अन्यायों को दिखाते हैं, वे मान लिये जाते हैं कि 'एकदम समरूपता और निरपेक्ष समानता की कानूनी विलासता' में 'यथास्थिति बनाए रखने के लिए' लिप्त हो रहे हैं।

इसी तरह की मदद उस बारीक फर्क के जरिए की गई है, जो सामान्य कानून और संवैधानिक संशोधनों के बीच, विधायी शक्ति और संवैधानिक शक्ति के बीच निकाली गई है। उच्चतम न्यायालय ने कई केसों में फैसला दिया है कि सामान्य कानूनों को इस आधार पर खारिज नहीं किया जा सकता कि वे संविधान के आधारभूत ढाँचे का उल्लंघन करते हैं। सिर्फ संवैधानिक संशोधनों को इस कसौटी पर परखा जाना है। लेकिन अनुच्छेद 13 (2) में की गई इस मनाही के बारे में क्या जो यह कहती है कि 'राज्य या सरकार ऐसा कोई कानून नहीं बनाएगी, जो इस भाग (यानी भाग तीन जो मूलभूत अधिकारों को सूचीबद्ध करता है) में दिए गए अधिकारों को छीनता है अथवा उनका उल्लंघन करता है और इस प्रावधान का अतिक्रमण कर यदि कोई कानून बनाया जाता है, तो ऐसी विसंगति की सीमा तक वह अवैध करार दिया जाएगा? अदालत एक समानांतर अंतर ईजाद करती है! उच्चतम न्यायालय घोषणा करता है कि हालाँकि कानून को सामान्यत: संवैधानिक कानून को भी समाहित करना चाहिए, लेकिन सामान्य कानून, जो विधायी शक्ति का प्रयोग करते हुए बनाया जाता है, और संवैधानिक कानून, जो संविधानी शक्ति का इस्तेमाल करते हुए बनाया जाता है, के बीच एक स्पष्ट फर्क है···, जैसा कि एच.एम. सीरबाई ने बाद में इंगित किया, सर्जनात्मक और प्रगतिशील सांसदों के हत्थों में ऐसे अंतर का मतलब यह होगा कि जब वे मनोवांछित ढंग से संविधान का संशोधन नहीं कर पाएँगे, क्योंकि प्रस्तावित बदलाव आधारभूत ढाँचे को स्थायी नुकसान पहुँचाएगा, तो वे बस एक सामान्य कानून बनाएँगे, नौवीं अनुसूची में डाल देंगे और इस तरह अंग विच्छेदन के अपने लक्ष्य को हासिल कर लेंगे, जो कि आधारभूत ढाँचे में असुविधाजनक था।[1]

इन तमाम बातों से ऊपर, एक और कमजोरी आती है। अकसर ही, जजों ने गुंजायमान गद्य में सामान्य सिद्धांत का बखान किया है, लेकिन वे अपने समक्ष प्रस्तुत केस पर उसे लागू करने से बचे हैं। हमला करने को कृतसंकल्प, लेकिन

1. एच.एम. सीरबाई, कांस्टिट्यूशनल लॉ ऑफ इंडिया, त्रिपाठी, बॉम्बे, 1996, अंक तीन, पृष्ठ 3150-51

जख्मी करने से भयभीत! अंततः, न्यायपालिका इस न्यायिक संयम का प्रयोग करेगी, यह बात राजनीतिज्ञों से छुपी नहीं रही है। यदा-कदा, जज और भी मददगार रहे हैं, उन्होंने ऐसे बारीक फर्क निकाले हैं, जो कम विद्वान् राजनीतिज्ञों की नजर में नहीं आते। एक उदाहरण पर्याप्त होगा। चूँकि ज्यादा-से-ज्यादा कानूनों को नौवीं अनुसूची में डाला जा रहा था, इसलिए अदालत के समक्ष इंगित किया गया कि उन कानूनों को नौवीं अनुसूची में डाले जाने के पीछे क्या मंशा है और इसके क्या परिणाम होंगे! उदाहरण के लिए, मौलिक अधिकारों पर कुठाराघात होगा, यह संविधान की एक आधारभूत विशेषता, न्यायिक समीक्षा पर भी चोट करती है, उसे सीमित करती है। वस्तुत: यदि कोई सामान्य कानून और संवैधानिक संशोधनों के बीच अंतर पर आगे बढ़े, तो ऐसा होगा कि संविधान का संशोधन कर दिया गया और अनुच्छेद 31 ए और 31 बी उसमें डाल दिए गए। इन्होंने अनेक कानूनों को अदालतों की पहुँच से बाहर कर दिया। यह इंगित किया गया कि ऐसा करके उन्हें छीनने के लिए अदालत में सवाल नहीं उठाया जा सकता है। उच्चतम न्यायालय ने ईसा मसीह की शहादत को गौरवान्वित करनेवाला रवैया अपनाया! अदालत ने कहा, "यह कहना सही नहीं है कि ऐसे मामलों में मौलिक अधिकारों को लागू करने के लिए आदर्श जारी करने या अपीलें सुनने की शक्ति में कटौती की गई है। वे वैसे ही बनी हुई हैं, जैसी कि पहले थीं, सिर्फ एक खास वर्ग के मामलों को भाग III के दायरे से बाहर कर दिया गया है और अदालतें अब उनमें हस्तक्षेप नहीं कर सकती हैं, ऐसा इस कारण नहीं कि किसी भी तरह से या किसी हद तक उनकी शक्तियों में कटौती की गई है, बल्कि इस वजह से कि ऐसे मामलों में उन्हें अपनी शक्ति के इस्तेमाल का कोई अवसर नहीं होगा।"[1] सरकारों द्वारा अकसर ही इस तर्ज पर 'दलील' दी गई, और ऐसा करना स्वाभाविक भी था। आखिरकार, खुद उच्चतम न्यायालय द्वारा इसे कई बार दोहराया गया। क्या हम सज्जन सिंह केस में नहीं पढ़ते हैं, "…यह तथ्य कि कथित वर्ग के मामलों में अदालतें अपनी शक्तियों का इस्तेमाल नहीं कर सकीं, यह नहीं दरशाता है कि अदालतों की शक्तियों में किसी भी तरह से या किसी हद तक कटौती की गई। इसका महज यह आशय था कि खास क्षेत्र के केसों, जिनमें कथित शक्तियों का इस्तेमाल किया जा सकता था, को वापस ले लिया गया…"[2]

1. संकरी प्रसाद सिंह देव बनाम संघ सरकार, 1952, एस.सी.आर. 89
2. सज्जन सिंह बनाम राजस्थान राज्य, (1965) 1 एस.सी.आर. 933

ऐसे बारीक फर्क कार्यपालिका के लिए कितने उपयोगी रहे हैं, वह उस घटनाक्रम से स्पष्ट हो जाएगा, जिसका हमने पहले सामना किया है। 42वें संशोधन में न्यायपालिका को कुचलने के लिए दिए गए औचित्यों से पूर्ववर्ती पैराग्राफ में उद्धृत गद्यांशों से तुलना करें। 'कैसे?' गोखले ने टिप्पणी की, ''न्यायपालिका कैसे प्रभावित हुई है?'' गोखले ने घोषणा की, ''मौजूदा संशोधन में किसी भी प्रावधान ने न्यायपालिका की हैसियत, स्थिति, मर्यादा और स्वतंत्रता को प्रभावित नहीं किया है। महज यह तथ्य कि एक प्रावधान के द्वारा आप मामलों को पुन: आवंटित करते हैं या पुनर्वितरित करते हैं, जिसमें क्षेत्राधिकार या शक्तियों का इस्तेमाल किया जाएगा, निश्चित तौर पर न्यायपालिका की स्वतंत्रता या इसकी मान-मर्यादा या स्थिति को नहीं छीनता।'' और फिर ''हम जानते हैं कि अदालत की शक्ति, अदालत के क्षेत्राधिकार को उन मामलों में नहीं छीना गया है, जो वाकई, सच्चे अर्थों में न्यायिक फैसले के दायरे में आते हैं..., उन तमाम आधारभूत और महत्त्वपूर्ण मामलों तथा ऐसे मामलों मे, जो न्यायोचित रूप से उनके क्षेत्र कहे जा सकते हैं, उन तमाम मामलों में, न्यायपालिका को अभी भी कार्यपालिका की काररवाई या न्यायिक या अर्ध-न्यायिक काररवाई के खिलाफ फैसला करने का अधिकार है...''[1]

ऐसे उदाहरण कई गुणा हैं। लेकिन हमारी मौजूदा चिंता के लिए, दो प्रवृत्तियाँ और भी परिणामी हैं। वे मुल्क को जिस संकट में डालती हैं, हमें उसे अपने दिमागों में प्रज्वलित रखना चाहिए, जिन न्यायिक फैसलों से हमारा सामना हुआ है, वे इसे दरशाते हैं।

## खतरनाक विश्वास

संकीर्ण रूप से देखें, तो केशवानंद भारती केस में सवाल संपत्ति के अधिकार से जुड़ा था। उस वक्त, संपत्ति का अधिकार भी उन मौलिक अधिकारों में शामिल था, जिनकी गारंटी संविधान के भाग-3 में दी गई है। जिन अहम तत्त्वों से यह बना था, उसे छीन लिया गया। तर्क इस तरह था—

- संपत्ति का अधिकार एक मौलिक अधिकार है;
- मौलिक अधिकारों का हनन नहीं किया जा सकता है;
- इसलिए संपत्ति के अधिकार को कुचला नहीं जा सकता है।

1. लोकसभा में, 25 एवं 28 अक्तूबर, 1976

एक अर्थ में, न्यायमूर्ति एच.आर. खन्ना इस लाइन की दलील पर प्रतिक्रिया दे रहे थे। जैसा कि सुविदित है, वे उच्चतम न्यायालय के सर्वाधिक विलक्षण जजों में से एक रहे हैं। देश उनके प्रति हमेशा इस बात के लिए ऋणी रहेगा कि उन्होंने आपातकाल के दिनों में बंदी प्रत्यक्षीकरण केस में स्वतंत्रता के लिए और नागरिकों के लिए खड़े होने का साहस दिखाया। केशवानंद भारती केस में उनका फैसला इसी कारण से एक महत्त्वपूर्ण सबक है। यह दरशाता है कि कैसे एक उदार, एक अच्छा आदमी गलत जगह विश्वास कर सकता है।

न्यायमूर्ति खन्ना का आधारभूत विचार था कि संपत्ति पर एक व्यक्ति के दावे को सामाजिक न्याय और आर्थिक प्रगति की राह में रोड़ा बनने नहीं दिया जा सकता है। और उनके फैसले के अनुपात को सावधानीपूर्वक सीमित कर दिया गया, उन्होंने फैसला दिया कि संसद् को मौलिक अधिकारों से संबंधित हरेक अनुच्छेद समेत संविधान के हरेक अनुच्छेद को संशोधित करने की शक्ति है, लेकिन ऐसा करते हुए उसे संविधान के आधारभूत ढाँचे को ध्वस्त नहीं करना चाहिए।[1] इस अर्थ में, उनके फैसले से बाँध को किलेबंद करने में मदद मिली। लेकिन इस दिशा में आगे बढ़ते हुए उन्होंने जो प्रतिपादन किया, जो सूत्र दिए, उससे संप्रभुता के दावेदारों को खतरनाक छूट मिल गई, और इसीलिए वे एक अहम सबक प्रदान करते हैं।

जज ने कहा कि यदि मौलिक अधिकार असंशोधनीय होते, तो संविधान निर्माताओं ने अनुच्छेद 368 में एक प्रावधान के जरिए ऐसा स्पष्ट रूप से कहा होता।[2] यह धारणा कि निहित प्रतिबंध हैं, सही नहीं कही जा सकती है।[3] और न ही नैसर्गिक अधिकार रास्ते में बाधा बन सकते हैं, भले ही वे उन अंतरराष्ट्रीय संधियों में निहित हों, जिन पर देश ने हस्ताक्षर किया हो।[4] इन बयानों ने न्यायमूर्ति खन्ना के फैसले के सारांश को प्रभावित नहीं किया कि हालाँकि संसद् मूलभूत अधिकारों से संबंधित प्रावधान सहित संविधान के हरेक प्रावधान का संशोधन कर सकती है, लेकिन वह संविधान के आधारभूत ढाँचे का उल्लंघन नहीं कर सकती है। संप्रभुता के दावेदारों ने न्यायमूर्ति खन्ना के उद्धरणों पर ऐसी संरचनाएँ बनानी शुरू कर दी कि

1. उदाहरण के लिए देखें, केशवानंद भारती बनाम केरल राज्य, (1973) 4 एस.सी.सी. 225, 767 पर, पैरा 1426; 768 पर पैरा 1430, 769 पर पैरा 1434, 806 पर पैरा 1508, 824 पर पैरा 1537
2. वही, 750 पर, पैरा 1383
3. वही, 776-77 पर, पैरा 1447-48
4. वही, 781 पर, पैरा 1456

बाद में उन्हें स्पष्ट करना पड़ा कि उन्होंने क्या कहा था; उदाहरण के लिए, इंदिरा नेहरू गांधी बनाम राजनारायण केस में। फिर भी, अन्य जजों को भी बाद के फैसलों में ऐसा करना पड़ा। उदाहरण के लिए, न्यायमूर्ति चंद्रचूड़ को वामन राव बनाम संघ सरकार केस में।[1]

लेकिन इस नेक-दिल इनसान ने कार्यपालिका और विधायिका में जो विश्वास जाहिर किया, वह और भी तेज सबक देता है। वर्ष 1973 में लिखते हुए, यानी कि देश को आपातकाल में डुबोए जाने के महज दो साल पहले, न्यायमूर्ति खन्ना ने उस विशेष बहुमत की ओर इंगित किया, जो संविधान में संशोधन के लिए आवश्यक था। प्रत्येक सदन में अलग-अलग मौजूद एवं मतदान करनेवाले सदस्यों का दो-तिहाई बहुमत; अधिकांश राज्य विधानसभाओं द्वारा इसकी पुष्टि किया जाना। उन्होंने कहा कि इस तथ्य के अलावा शक्ति के दुरुपयोग की संभावना शक्ति देने से इनकार का कोई आधार नहीं है, यदि यह वैधानिक रूप से उसमें निहित पाई जाती है, मैं यह पाता हूँ कि अनुच्छेद 368 के तहत संशोधन करने की शक्ति किसी एक व्यक्ति में नहीं, बल्कि संसद् में जनप्रतिनिधियों के बहुमत में निहित की गई है''', लेकिन जैसा कि शीघ्र जाहिर हो जानेवाला था कि यह बहुमत एक व्यक्ति के इशारे और आह्वान पर हाजिर किया जा सकता है। जज ने तर्क दिया, ''यह तथ्य कि संशोधन करने के लिए जनप्रतिनिधियों के निर्धारित बहुमत की जरूरत पड़ती है, सामान्यतः इसकी गारंटी है कि शक्ति का दुरुपयोग नहीं किया जाएगा।'' उन्होंने कहा कि वैसे भी शक्ति के दुरुपयोग या मनमाने प्रयोग के खिलाफ सबसे अच्छी सुरक्षा जनभावना है, न कि खुद संविधान में दी गई प्रक्रिया का पालन करते हुए संविधान में परिवर्तन करने के जन-प्रतिनिधियों के अधिकार पर कोई बाधा लगाना है। संसद् में जनप्रतिनिधियों में अविश्वास के साथ शुरुआत करना और यह मानना कि उनमें से अधिकांश को लोगों की स्वतंत्रताओं से गुरेज होगा और वे जनहित के खिलाफ काम करेंगे, एक सही नजरिया नहीं होगा।

न्यायमूर्ति खन्ना ने कहा, ''यह मानते हुए कि किसी आप्लावित कर देनेवाले आवेग में, एक ऐसा माहौल बनाया जाता है, जिसमें लोगों और उनके प्रतिनिधियों की नजर में स्वतंत्रता तथा आजादी जैसे आदर्श मूल्य अपना महत्त्व खो देते हैं और वे संविधान का संशोधन कर तमाम मौलिक अधिकारों को समाप्त कर देने का

---

1. (1981) 2 एस.सी.सी. 362, 381 पर, पैरा 16

विकल्प चुनते हैं, तो अनुच्छेद 368 की एक सीमित व्याख्या बहुत कारगर या उपयोगी साबित नहीं होगी। ऐसी घटना में लोग मौलिक अधिकार रखने का दावा छोड़ देंगे।'' लेकिन उस स्थिति का क्या, जब जनता कहीं तसवीर में नहीं होगी, उस हालत के बारे में क्या, जब यह सबकुछ उनके नाम का हवाला देकर हड़पनेवालों द्वारा किया जाएगा? जज ने रुककर इस पर विचार नहीं किया। इसकी बजाय, भरोसे के लय को जारी रखते हुए उन्होंने कहा, ''ऐसी किसी घटना में मौलिक अधिकार लोगों को राजनीतिक गुलामी, सामाजिक जड़ता और मानसिक दासता से नहीं बचा पाएँगे।'' और उन्होंने आगे बढ़ते हुए लर्नेड हैंड के एक उद्धरण पर भरोसा जताया...[1]

जब अपने फैसले का सारांश पेश करने का वक्त आया, तो न्यायमूर्ति खन्ना ने अपने तर्क को फिर विश्वास की गोद में रखा, ''यह आशंका कि संशोधन की शक्ति का दुरुपयोग किया जा सकता है, इसके अस्तित्व के इनकार का कोई आधार प्रदान नहीं करता है। शक्ति के दुरुपयोग के खिलाफ सर्वोत्तम सुरक्षा जन भावना और संसद् के सदस्यों के बहुमत का सद्विवेक है। यह मानना भी सही नहीं है कि यदि संसद् को संविधान के भाग-3 को संशोधन करने के लिए अधिकृत किया जाता है, तो इसका स्वयंमेव एवं आवश्यक परिणाम तमाम मौलिक अधिकारों का समाप्त हो जाना होगा।''[2] लेकिन क्या 'स्वयमेव नहीं' और 'आवश्यक नहीं' का आशय यह है कि ऐसा नहीं होगा?

न्यायमूर्ति खन्ना ने उल्लेख किया कि कार्यपालिका को और भी बड़ी शक्ति-युद्ध की घोषणा करने की शक्ति दी गई है। उस शक्ति के प्रयोग से नागरिकों की जान जा सकती है, खासकर उनकी, जो देश के सशस्त्र बलों में हैं। अगर कार्यपालिका और विधायिका को ऐसी चरम शक्ति इस विश्वास के साथ दी जा सकती है कि इसका दुरुपयोग नहीं किया जाएगा, तो हम उससे काफी छोटी शक्ति, संविधान का संशोधन करने की शक्ति, इस विश्वास के साथ क्यों नहीं दे सकते हैं कि इस शक्ति का भी दुरुपयोग नहीं किया जाएगा? न्यायमूर्ति खन्ना ने लिखा, ''यह स्वयंसिद्ध है कि युद्ध की घोषणा द्वारा एक देश के दूसरे देश के खिलाफ युद्ध में शामिल होने से

---

1. उदाहरण के लिए देखें, केशवानंद भारती बनाम केरल राज्य, (1973) 4 एस.सी.सी. 763 पर, पैरा 1418-19
2. वही, 823 पर, पैरा 1537, vi

देश के इतिहास की पूरी धारा बदल सकती है। इस मामले में एक गलत फैसला अनकही पीड़ा दे सकता है, इससे राष्ट्रीय अपमान झेलना पड़ सकता है, हजारों लोगों की जानें जा सकती हैं और आनेवाले दशकों तक के लिए देश की अर्थव्यवस्था चरमरा सकती है। अगर सरकार तथा संसद् को इतने दूरगामी परिणाम वाली शक्तियों से इस आधार पर मंडित किया जाएगा, बल्कि इसका प्रयोग राष्ट्रीय हित में समुचित तरीके से किया जाएगा, तो राज्य के उन्हीं अंगों में अविश्वास का दृष्टिकोण रखना विसंगतिपूर्ण बात होगी। संसद् को मौलिक अधिकारों के संशोधन करने की शक्ति से इस आशंका के कारण मना करना कि ऐसी शक्ति का दुरुपयोग किया जा सकता है, एक सही नजरिया नहीं होगा।''[1] यह सादृश्यता और यह निष्कर्ष कितने दूर तक खींचे गए थे, यह शीघ्र ही सामने आनेवाला था!

और फिर जो कुछ पहले हुआ था, उससे आया बहिर्वेशन। न्यायमूर्ति खन्ना ने उल्लेख किया, सत्रह वर्षों के लिए, जब तक कि गोलकनाथ केस में उच्चतम न्यायालय का फैसला आया, यह धारणा कि संसद् के पास संविधान का संशोधन करने की असीमित शक्ति है, बनी रही। शक्ति का दुरुपयोग नहीं किया गया। हमें क्यों नहीं यकीन करना चाहिए कि इसका भविष्य में दुरुपयोग नहीं किया जाएगा? मेरी राय में, यह मानना सही दृष्टिकोण नहीं होगा कि यदि संसद् को संविधान का भाग–तीन संशोधित करने के लिए अधिकृत किया जाता है, जिससे वह मौलिक अधिकारों को छीन सके या उनका हनन कर सके, तो इसका स्वयमेव या अनिवार्य परिणाम होगा कि तमाम मूलभूत अधिकारों का उल्लंघन किया जाएगा। फिर वही दलील, क्योंकि हम मान नहीं सकते हैं कि संसद् 'स्वयमेव या अनिवार्य रूप से' मौलिक अधिकारों का उल्लंघन करेगी, इसलिए, हमें अवश्य मानना चाहिए कि यह ऐसा नहीं करेगी। मैं इस संदर्भ में उल्लेख कर सकता हूँ कि सत्रह वर्षों तक, सन् 1950 से लेकर 1967 तक, जब गोलकल केस का निर्णय किया गया, स्वीकृत स्थिति यह थी कि संसद् के पास संविधान के भाग–तीन को संशोधित करने की शक्ति है और वह मौलिक अधिकारों को छीन सकती है या उनका उल्लंघन कर सकती है। संसद् द्वारा यह शक्ति रखने के बावजूद, व्यक्ति की स्वतंत्रता और अभिव्यक्ति की आजादी जैसे प्रिय मूल्यों से जुड़े मौलिक अधिकारों को नहीं छीना गया अथवा उनका उल्लंघन नहीं किया गया। अगर यह अतीत में नहीं किया गया,

1. वही, 764 पर, पैरा 1420

तो हमें क्यों मानना चाहिए कि भविष्य में संसद् में बहुसंख्यक सदस्य इन मूल्यों को अचानक नापसंद करने लगेंगे या इनसे उन्हें अरुचि हो जाएगी तथा वे इन्हें संविधान से हटाने के लिए चिंता जताएँगे?[1] वर्ष 1973 में वे कितने मनुहारी लगे होंगे! वर्ष 1975 में ये कितने भरोसमंद ध्वनित हुए होंगे!

भद्र न्यायाधीश के लिए बस अकल्पनीय था कि संसद् कभी उस तरह की चीजें कर सकती है, जिन्हें उनके सहयोगियों ने सूचीबद्ध किया था। उन्होंने याद किया, "हमें कहा गया है कि यदि संसद् को संविधान को संशोधित करने की असीमित शक्ति दी गई तो वह अपना जीवन (कार्यकाल) बढ़ा सकती है। वह ऐसा कर सकती है, लेकिन वह ऐसा करेगी, यह अकल्पनीय है..." वे इस आशंका पर लौटे, लेकिन इसे सिर्फ दरकिनार करने के लिए। न्यायमूर्ति खन्ना ने उल्लेख किया, "यहाँ तक कि यदि भाग-तीन को अनछुआ छोड़ दिया गया, तो भी अनुच्छेद 85 और अनुच्छेद 172 का संशोधन कर पूरी संसदीय प्रणाली का मजाक बनाया जा सकता है। ये दोनों अनुच्छेद भाग-तीन में नहीं हैं और उनके अनुसार लोकसभा तथा राज्यों की विधानसभाओं का कार्यकाल पाँच वर्ष होगा, बशर्ते उन्हें इससे पहले भंग न कर दिया जाए। मगर इन अनुच्छेदों का संशोधन कर यह व्यवस्था की जा सकती है कि मौजूदा लोकसभा और विधानसभाओं की अवधि पचास वर्षों की होगी। यह संशोधन करने की शक्ति का घोर दुरुपयोग होगा और मैं यह मानने से इनकार करता हूँ कि हमारे देश में जनमत इतना गिर जाएगा तथा राजनीतिक एवं संवैधानिक नैतिकता का पैमाना या स्तर इतना नीचे हो जाएगा कि ऐसा कोई संशोधन कभी भी पारित किया जाएगा। इस केस के मकसद से मुझे कोई राय देने की जरूरत नहीं है कि क्या यह अदालत भी ऐसे किसी संशोधन को खारिज नहीं कर देगी। वैसे भी, ऐसा संशोधन क्रांति के लिए खुला निमंत्रण और पुरोगामी होगा।"[2]

जज ने कहा कि हाँ, संविधान में ऐसे प्रावधान हैं, जो कार्यपालिका को आपातकाल घोषित करने की शक्ति प्रदान करते हैं। लेकिन यह अकल्पनीय है कि सत्तारूढ़ पार्टी उनका दुरुपयोग करेगी। 'किसी अनुच्छेद को संशोधित किए बिना भी, अनुच्छेद 358 और अनुच्छेद 359 में निहित संविधान के आपातकालीन प्रावधानों का सैद्धांतिक रूप से इस तरह प्रयोग किया जा सकता है कि लोकतांत्रिक व्यवस्था

---

1. वही, 765 पर, पैरा 1421
2. वही, 766 पर, पैरा 1423

को मजाक बना दिया जा सकता है; सत्तारूढ़ पार्टी जनता का समर्थन खो देने के बाद भी अपना कार्यकाल पिछले चुनाव से पाँच साल बीत जाने के बाद भी आगे बढ़ा सकती है। न्यायमूर्ति खन्ना ने व्यक्त की गई आशंका का सारांश दर्ज करते हुए यह बात कही। उन्होंने उल्लेख किया, ''चूँकि सरकार और संसद् आपातकाल की घोषणा करने और उसे जारी रखने में अहम् भूमिका निभाते हैं, इसलिए आपातकालीन प्रावधानों का सैद्धांतिक रूप से इस्तेमाल चुनाव से बचने के लिए किया जा सकता है और अनुच्छेद 83 (2) के अनुसार लोकसभा का कार्यकाल बढ़ाकर सत्तारूढ़ पार्टी अपना शासन जारी रख सकती है, भले ही उसने जन-समर्थन खो दिया हो। लेकिन वे विचलित नहीं हुए, ''सत्ता के ऐसे निर्लज्ज दुरुपयोग के खिलाफ प्रभावकारी रोक राजनीतिक उत्तरदायित्व का भाव, जनमत का दबाव और जन विद्रोह का भय है। हमें इस सवाल में जाने की जरूरत नहीं है कि ऐसी घटना होने पर क्या अदालत भी दखल देगी! मेरी राय में, यह अकल्पनीय है कि एक पार्टी आपातकालीन प्रावधानों का इस कदर दुरुपयोग करने का दुस्साहस करेगी। अनुच्छेद 83 (2) के तहत यह शक्ति आवश्यक रूप से इस मान्यता के आधार पर मंजूर की गई है कि ऐसी शक्ति का दुरुपयोग नहीं किया जाएगा।[1] महज कुछ महीनों की बात थी और मुल्क को वह अकल्पनीय चीज हकीकत में देखना था, इसलिए—

- यह उदार और अच्छे लोगों की घातक भूल है कि वे मान लेते हैं हर कोई उनके जैसा है;
- अच्छे लोगों को शंकालु भी होना चाहिए;
- उन्हें तब खासतौर पर शंकालु होना चाहिए, जब कोई गरीबों और वंचितों के नाम पर सत्ता का दावा करता है या काबिज हो जाता है।
- सत्ता पर दावे की पड़ताल करते वक्त, किसी को भी यह अवश्य देखना चाहिए, जैसा कि न्यायमूर्ति सिकरी ने उल्लेख किया था, जो दावा किया जा रहा है, उसका संभव विस्तार क्या है, न कि इसकी संभावना कि यह किस हद तक इस्तेमाल किया जा रहा है या नहीं।
- रोक का इंतजाम करने और किलेबंदी करने का वक्त सत्ता का दुरुपयोग किए जाने के पहले होता है। जब इसका दुरुपयोग किया जाता है, तो ऐसा कुछ नहीं रहता कि प्रणाली के अंदर संस्थान कुछ कर सकें।

---

1. वही, 767 पर, पैरा 1424

## अपनी आँखें बंद करना

श्रीमती इंदिरा गांधी को दो आधारों पर भ्रष्ट चुनाव व्यवहार का दोषी करार दिया गया था। उच्चतम न्यायालय में सुनवाई की पूर्वसंध्या में ही चुनाव कानूनों को पलट दिया गया, संप्रभु संसद् ने आदेश दिया कि वे दो चुनाव व्यवहार भ्रष्ट व्यवहार नहीं हैं, और उन्हें कभी भी भ्रष्ट व्यवहार रहा हुआ नहीं माना जाएगा। संविधान का संशोधन कर दिया गया। किसी भी अदालत, जिसमें उच्चतम न्यायालय शामिल है, को उस व्यक्ति के खिलाफ चुनाव केस की सुनवाई करने का एकदम क्षेत्राधिकार नहीं होगा, जो राष्ट्रपति, उपराष्ट्रपति, प्रधानमंत्री, लोकसभा अध्यक्ष चुना गया है…

जैसा कि हमने देखा है, पाँच जजों की पीठ, जिसने मामले की सुनवाई की, ने सर्वसम्मति से 39वें संशोधन को खारिज कर दिया। संसद् न्यायिक शक्तियाँ नहीं हथिया सकती हैं…, नए प्रावधान समानता के अधिकार के खिलाफ हैं…, लोकतंत्र एक आधारभूत विशेषता है; स्वतंत्र एवं निष्पक्ष चुनाव लोकतंत्र के केंद्रीय तत्त्व हैं…।

लेकिन उसी फैसले में, उन्हीं जजों ने उदारवादियों के एक अयोग्यकारी या असमर्थकारी गुणों में से एक का प्रदर्शन किया। भौक्तिकरण या बुद्धिसंगत व्याख्या पर हमले की सूरत में टालमटोल करने के लिए कि हमें आक्रांता को इतना भी दूर नहीं धकेलना चाहिए कि वह…; इस उम्मीद में अपनी आँखें बंद करने के लिए कि हम यदि सिर्फ पर्याप्त रूप से बुरे हाल में छोड़ देंगे, तो बुराई खत्म हो जाएगी, दुष्ट चला जाएगा; वक्त के साथ इस आशा से खेलना कि कुछ आएगा या कुछ घटित होगा।

क्या कोई आज यकीन कर सकता है कि उच्चतम न्यायालय के एक जज ने बदलावों को मंजूरी दी और श्रीमती गांधी के चुनाव को यह घोषणा करते हुए सही ठहराया, ''इस दलील में कोई दम नहीं है कि संवैधानिक संशोधन बुरा है या खराब है, क्योंकि जब इसे पारित किया गया, तब संसद् के कुछ सदस्य बंदी थे। बंदीकरण की वैधानिकता को इन अपीलों में साथ-साथ नहीं परखा जा सकता है। और व्यावहारिक दृष्टि से, लोकसभा के 21 सदस्यों तथा राज्यसभा के 10 सदस्यों, जो कैद में थे, की मौजूदगी ने इस संशोधन के पारित होने में कोई फर्क नहीं डाला होता?''[1] और फिर भी एक जज ने किया।

क्या आज कोई विश्वास कर सकता है कि हालाँकि केशवानंद कानून था, लेकिन उच्चतम न्यायालय के एक जज ने परिवर्तनों को स्वीकृति दी और श्रीमती

1. इंदिरा नेहरू गांधी बनाम राजनारायण, 1975 अनुपूरक, 262 पर, पैरा 695

गांधी के चुनाव को यह घोषणा करते हुए सही ठहराया कि आधारभूत ढाँचों अथवा आधारभूत विशेषताओं का सिद्धांत मुश्किल आकलन का अभ्यास है। आधारभूत ढाँचे या आधारभूत विशेषताएँ परिभाषित करने योग्य नहीं हैं…?[1] और फिर भी एक ने किया।

क्या कोई आज विश्वास कर सकता है कि हालाँकि केशवानंद कानून था, लेकिन उच्चतम न्यायालय के एक न्यायाधीश ने बदलावों को मंजूर किया और श्रीमती गांधी के चुनाव को यह घोषणा करते हुए सही करार दिया कि चुनाव कानूनों में जो परिवर्तन किए गए हैं, वे संविधान के भाग-तीन या संविधान के किसी अन्य प्रावधान द्वारा परखे जाने योग्य हैं, लेकिन यह देख पाना मुश्किल है कि इन कानूनों को इस आधार पर कैसे चुनौती दी जा सकती है कि वे अदालत द्वारा काल्पनिक शून्य से विकसित स्वतंत्र एवं निष्पक्ष चुनावों की किन्हीं आदर्श धारणाओं के अनुरूप नहीं हैं? कि संविधान का गठन करनेवाले प्रावधानों से अलग आधारभूत ढाँचे की अवधारणा आकाश में रहस्यमय सर्वव्यापकता की तरह है और यह इतना अस्पष्ट व अपरिभाषीय है कि यह एक सामान्य कानून की वैधानिकता तय करने के लिए पैमाना नहीं बन सकता?[2] लेकिन प्रमुख प्रगतिशील जजों में से एक ने किया।

क्या आज कोई यकीन कर सकता है कि उच्चतम न्यायालय के एक जज ने बदलावों को स्वीकार किया और श्रीमती गांधी के चुनाव को यह घोषणा करते हुए सही ठहराया कि 1975 के अधिनियम 40 के प्रावधानों, जिनसे हमारा ताल्लुक है, को यह नहीं दिखाया गया है कि वे स्वतंत्र एवं निष्पक्ष चुनावों की प्रक्रिया में दखल देते हैं तथा इस तरह संविधान के आधारभूत ढाँचे पर चोट करते हैं[3], और फिर भी एक ने किया।

क्या आज कोई विश्वास कर सकता है कि उच्चतम न्यायालय के एक जज ने बदलावों को मंजूरी दी और श्रीमती गांधी के चुनाव को यह घोषणा करते हुए सही ठहराया कि आधारभूत ढाँचे की कसौटी पर सिर्फ संवैधानिक संशोधनों को परखा जाएगा, सामान्य कानूनों को नहीं? कि संसद् या राज्य विधायिकाओं द्वारा तय किए गए चुनाव के मानदंड, जो संविधान के प्रावधानों या उससे निकलनेवाले आवश्यक

---

1. वही, 61 पर, पैरा 135
2. वही, 140-41 पर, पैरा 349, 357
3. वही, 108 पर, पैरा 239

परिणामों की रोशनी में परखे गए हों, देश का कानून बनते हैं। उस कानून को किसी अन्य कसौटी पर परखा नहीं जा सकता, जैसे कि एक आदर्श लोकतंत्र में स्वतंत्र एवं निष्पक्ष चुनाव की कसौटी? कि एक 'सामान्य कानून को इस कारण से अवैध करार नहीं दिया जा सकता कि यह लोकतंत्र; न्याय, राजनीतिक, आर्थिक एवं सामाजिक; विचार, विश्वास और अभिव्यक्ति की स्वतंत्रता; या स्थिति एवं अवसर की समानता; या उनसे निकलने वाले अदृश्य विकिरण की अस्पष्ट अवधारणाओं के खिलाफ है?' कि 'कोई एक सामान्य कानून की वैधानिकता को एक आदर्श लोकतंत्र के अनिवार्य तत्त्वों के संदर्भ में नहीं परखा जा सकता है। इसे केवल संविधान में वस्तुतः दिए गए लोकतंत्र के सिद्धांतों के संदर्भ में परखा जा सकता है। और न ही इसे न्याय की कसौटी पर परखा जा सकता है?' कि 'विचार, अभिव्यक्ति, विश्वास, मान्यता और पूजा की स्वतंत्रता निरपेक्ष अवधारणाएँ नहीं हैं। वे भावनात्मक या भावुकतावाले शब्द हैं। वे अलग-अलग लोगों के लिए अलग-अलग चीजें होती हैं। हैसियत की, और अवसर की समानता की अवधारणाएँ भावनात्मक व्यंजना से लदी हुई हैं। अपनी निरपेक्षता में वे वास्तविक रूप से साकार होने में असमर्थ हैं। संविधान के निकाय में कानूनी प्रावधान ही इन विचारों को ठोस आकार देते हैं और इन प्रावधानों के आधार पर ही सामान्य कानून की वैधानिकता को परखा जाना चाहिए?..."[1] और फिर भी प्रमुख प्रगतिशील जजों में से एक ने यह सबकुछ और इससे भी ज्यादा किया।

मुख्य न्यायाधीश कैसे समझदार थे! उन्होंने किसी को संदेह में नहीं रखा कि वे किस पक्ष में थे, "संशोधन अधिनियमों, 1974 एवं 1975 के द्वारा 1951 के अधिनियम में जो संशोधन किए गए हैं, वे हटकर दिए गए विचारों या दृष्टिकोणों अन्यथा बातों की तुलना में उच्चतम न्यायालय द्वारा अभिव्यक्त किए गए खास दृष्टिकोणों को प्रभावी बनाने के लिए और मूल मंशा को स्पष्ट करने के लिए किए गए हैं। यह संसद् की शक्तियों के तहत है कि वह चुनावों के संबंध में कानून बनाए। संसद् को चुनाव खर्चों की गणना करने और परिभाषित करने की शक्ति है। संसद् के पास चुनाव खर्चों की सीमाएँ तय करने की शक्ति है। संसद् के पास यह बताने की शक्ति है कि खास खर्चों को चुनाव खर्चों में शामिल किया जा सकता है या उसके बाहर रखा जा सकता है। नियुक्ति, त्यागपत्र या सेवा समाप्ति के मामलों

1. वही, 131, 138-39 पर, पैरा 315, 345-47

में संसद् को निष्कर्षात्मक सबूत अपनाने की शक्ति है। संसद् के पास यह बताने की शक्ति है कि किसे लाभ का पद माना जा सकता है। संसद् को यह बताने की शक्ति है कि किसे भ्रष्ट आचरण कहा जाएगा और किसे नहीं। संसद् को यह कानून बनाने की शक्ति है कि अयोग्य ठहराने का आधार क्या होगा। संसद् को 'उम्मीदवार' की परिभाषा देने की शक्ति है। संसद् को यह कहने की शक्ति है कि चुनाव में उम्मीदवारों को क्या चुनाव-चिह्न आवंटित किए जाएँगे। ये सब विधायी नीतियाँ हैं।'[1]

क्या आज कोई विश्वास कर सकता है कि अदालत (उच्चतम) ने कैसे इलाहाबाद उच्च न्यायालय के फैसले से पार करने के लिए कानून में किए गए इन सुनियोजित बदलावों को मौन स्वीकृति दे दी? लेकिन हम एक जज की इसी बात को पढ़ते हैं कि 'मान्यता देनेवाले कानूनों का एक सुविदित पैटर्न है, जिसके द्वारा फैसलों अथवा सक्षम अदालतों व न्यायाधिकरणों के आदेशों को प्रभावशून्य अप्रभावी किया जाता है।'[2]

और कोई जुर्म नहीं माना गया; क्योंकि वही जज हमसे कहते हैं, "विधायी कानून द्वारा आधार को बदलकर एक फैसले को प्रभावहीन कर देना न्यायिक समीक्षा की शक्ति का अतिक्रमण नहीं है, क्योंकि विधायन विधायिका की क्षमता के अंतर्गत है।"[3]

क्या एक व्यक्ति को लाभ पहुँचाने के लिए चुनाव कानूनों को बदला नहीं गया है? क्या वह भेदभाव नहीं है? क्या यह समानता के चेहरे पर तमाचा नहीं है? जबकि अदालत घोषणा करती रहती है कि समानता उल्लंघन योग्य नहीं है? इस केस में नहीं! क्योंकि जज घोषणा करते हैं, 'संशोधन अधिनियमों 1974 और 1975 के द्वारा किए गए बदलाव सभी पर लागू होते हैं और इसमें कोई भेदभाव नहीं है। पिछले प्रभाव से किया गया विधायन खुद भेदभाव नहीं है। 1951 के अधिनियम में लाए गए बदलाव सभी पर लागू होते हैं।'[4]

लेकिन क्या यह तथ्य नहीं है कि बदलावों को पिछले प्रभाव से प्रभावी इसलिए किया गया कि श्रीमती गांधी को फैसले (इलाहाबाद उच्च न्यायालय के)

---

1. वही, 62 पर, पैरा 137
2. वही, 62, पैरा 138
3. वही, 62 पर, पैरा 138
4. वही, 45 पर, पैरा 61

से पार पाने में मदद दी जा सके? जज गंभीर रूप से निर्लिप्त रहे, 'कोई कानून, जिसे भविष्य के लिए बनाया जा सकता है, उसे पिछले प्रभाव से भी लागू किया जा सकता है। विधायी संशोधन को पिछले प्रभाव से लागू करना विधायी शक्ति का मान्य प्रयोग है और इसे स्वीकार किया जाता है। कानून पारित करने की विधायिका की शक्ति में इसे पिछले प्रभाव से लागू करने की शक्ति शामिल है।'[1]

लेकिन एक फैसला दिया जा चुका है। जिस कानून के आधार पर उस केस को तय किया गया, उसे अब पलटा जा रहा है और वह भी उन्हीं व्यवहारों के बारे में, जिसके लिए एक उम्मीदवार को दोषी करार दिया गया है। एक जज ने घोषणा की, "कोई बात नहीं, यह अनुमति देने योग्य है कि उस कानून को पिछले प्रभाव से संशोधित कर दिया जाए, जो अदालत के फैसले का आधार था और अदालत के उक्त फैसले के खिलाफ अपील में संशोधित कानून के प्रावधानों पर निर्भर रहा जाए। अपीलीय अदालत ऐसे वाकये में संशोधित कानून को पूर्ण प्रभावी बनाती है, हालाँकि ऐसा संशोधन मूल अदालत के फैसले के बाद किया गया है।"[2]

लेकिन क्या यह स्वतंत्र एवं निष्पक्ष चुनावों का, लोकतांत्रिक सरकार के आधार का खुला उल्लंघन नहीं है? बिलकुल नहीं, '1975 के अधिनियम 40 के प्रासंगिक प्रावधानों को पिछले प्रभाव से लागू किया जाना स्वतंत्र एवं निष्पक्ष चुनावों को प्रभावित नहीं करता है। 1975 के अधिनियम 40 के कथित प्रावधान सामान्य संदर्भ के हैं और उन तमाम चुनाव विवादों पर लागू होंगे, जो उच्च न्यायालय में या उच्चतम न्यायालय में अपील के रूप में लंबित पड़े हो सकते हैं या जो भविष्य में उठ सकते हैं। इसमें कोई शक नहीं कि एक संशोधित कानून को पिछले प्रभाव से लागू किया जाना विवाद से जुड़े पक्षों में से एक को अन्यों की तुलना में ज्यादा लाभकारी स्थिति में पहुँचा सकता है, लेकिन ऐसा तो उन अधिकतर संशोधनों में होना अवश्यंभावी है, जिन्हें पिछले प्रभाव से कार्यान्वित किया जाता है।'[3] उतने ही अच्छे जितने कि तर्कशास्त्री इंद्रजीत गुप्ता और भूपेश गुप्ता संसद् में दिखे थे, वस्तुतः उनके भाषण की शाब्दिक प्रतिध्वनि!

क्या जिस वक्त ये परिवर्तन किए गए; क्या अंधाधुंध हड़बड़ी, जिसके साथ

1. वही, 62 पर, पैरा 138 व 139
2. वही, 100 पर, पैरा 227
3. वही, 142 पर, पैरा 227

ये लागू किए गए; क्या यह तथ्य कि वे सुप्रीम कोर्ट द्वारा विचार किए जा रहे केस के नतीजे को प्रभावित करने के लिए किए गए, उस सहवर्ती मकसद को इंगित नहीं करते हैं, जिसके लिए यह सबकुछ किया गया था? कोई समस्या नहीं, जज ने कहा कि जब भी एक विधायिका एक कानून बनाती है या कानून में संशोधन करती है, तो उसे यह संकेत करना होता है कि किस वक्त से यह प्रभावी होगा। यह अनिवार्य रूप से विधायिका का मामला है और अदालत विधायिका की राय के बदले अपनी राय नहीं थोप सकती। यह तथ्य कि कानून में बदलाव को लंबित केसों पर लागू किया जाता है और वर्गीकरण तय किए जा चुके केसों को एक श्रेणी में और लंबित केसों को एक अन्य श्रेणी में रखता है, अनुच्छेद 14 को क्षति पहुँचानेवाला नहीं है। और न ही अदालत एक चुनाव कानून में किए गए संशोधन को पिछले प्रभाव से लागू करने के औचित्य के मामले में हस्तक्षेप कर सकती है। वस्तुतः औचित्य का सवाल ऐसा मामला है, जो पूरी तरह विधायिका को सोचना है और फैसला करना है। यह कानून की वैधायिकता को प्रभावित नहीं कर सकती है।'[1]

प्रत्यक्ष के प्रति अपनी आँखें मूँद लेने के ऐसे उदाहरण सैकड़ों गुना प्रस्तुत किए जा सकते हैं। और उच्चतम न्यायालय के फैसले बस एक क्षेत्र हैं, जिनमें हम उनका सामना करते हैं। हमारी मौजूदा चिंता के लिए इस संक्षिप्त समीक्षा के सबक हैं—

- आधारभूत ढाँचे का सिद्धांत, न्यायशास्त्र को संभवतः सबसे अहम् योगदान होने के अलावा, राजनीतिज्ञों के निरंकुशतावादी दावों के खिलाफ एक अनिवार्य बचाव है;
- हमारे राजनीतिज्ञ जितने कम सिद्धांतवाले होंगे, इस बचाव की उतनी ही ज्यादा अनिवार्यता होगी;
- इसलिए, हम संविधान में जिस प्रकार के बदलावों की चर्चा कर रहे हैं, उसकी अनिवार्य शर्त है कि संविधान का आधारभूत ढाँचा अवश्य ही अक्षुण्ण रहना चाहिए, उसे हर हाल में संरक्षित किया जाना चाहिए;
- प्रस्तावित बदलाव पूरी तरह उन विशेषताओं के अनुकूल हैं, जिन्हें उच्चतम न्यायालय ने हमारे संविधान का आधारभूत ढाँचा करार दिया है; वस्तुतः, कोई दलील दे सकता है, यह देखते हुए कि हमने 'संसदीय प्रणाली' का

1. वही, 104–105 पर, पैरा 232

जो हाल कर रखा है, एक वैकल्पिक प्रणाली को अपनाना उन आधारभूत विशेषताओं को संरक्षित करने का एक तरीका हो सकता है;

- वैकल्पिक प्रणाली का एक प्रमुख तत्त्व अवश्य ही एक सदृढ़ एवं स्वतंत्र न्यायपालिका होना चाहिए;
- अन्य विशेषताओं के अतिरिक्त जजों को नियुक्त करने का तरीका, उनका स्थानांतरण करने, उनकी निष्ठा का आकलन करने का तरीका; अदालतों तक पहुँच आदि स्वतंत्रता की माँग है कि जिन्हें ऐसी स्वतंत्रता दी जाए, उन्हें अवश्य ही स्वतंत्र रूप से काम करना चाहिए। स्वतंत्रता वैसी है, जैसी स्वतंत्रता हुआ करती है।
- उन्हें स्वतंत्र रखने का एक तरीका है कि उनके फैसलों की सूक्ष्म, बारीक एवं निरंतर पड़ताल की जाए। इस सबक का एक उदाहरण है कि हम, जिनका पेशा पढ़ना-लिखना है, इसे नजरअंदाज करते हैं, अनदेखी करते हैं।

□

# 11

# 'लोगों' पर रोमानी रंग चढ़ाना

हमने 'लोकतंत्र' का जो हाल कर रखा है और उसके परिणामस्वरूप, जो विकृतियाँ घर कर गई हैं, उससे परे कुछ मिथक हैं, जिन पर संसदीय प्रणाली टिकी हुई है। वे स्वतंत्रता के, लोकतंत्र के इतने पर्याय हो गए हैं कि उनकी वैधानिकता के बारे में सवाल उठाने तक की स्वतंत्रता और हर अच्छी चीज का दुश्मन करार देकर भर्त्सना की जाती है।

इनमें से अग्रणी हैं व्यक्ति के बारे में मिथक कि वह एक व्यक्ति के रूप में कार्य करता है; कि वह भली-भाँति सूचित है और वह विकल्पों को नाप-तौलकर काम करता है। इतना ही नहीं, वह या तो ऐसा विकल्प चुनेगा, जिससे सामान्य या आम कल्याण को बढ़ावा मिले, या वह हालाँकि सिर्फ अपना हित साधेगा, लेकिन 'अदृश्य हाथ' द्वारा आम कल्याण को आगे बढ़ाया जाएगा।

तथ्य इसके विपरीत हैं। अतिरेकी स्थितियों को छोड़ दें, जैसे कि जाहिर ताकत द्वारा देश पर हमला कर दिया गया है, व्यक्ति अपने फायदे को देखता है। वह यहाँ और अभी यानी अपने तात्कालिक लाभ को देखता है। वह मुल्क के लाभ की बात नहीं सोचता है। अकसर ही वह अपने दूरगामी हित या फायदे की बात भी नहीं सोचता है। वह बड़ी आसानी से झूठे वायदों और दृष्टिकोणों के द्वारा; सरल नारों के द्वारा; अकसर ही ईर्ष्या, घृणा, डर, लालच, अंधविश्वास के द्वारा बहा ले जाया जाता है। वह कपटियों द्वारा बहा ले जाया जाता है। वह निपट फरेब में फँस जाता है। वैसे, वह अंततः जान जाएगा कि वह शख्स कपटी या धूर्त था, कि झूठा वायदा किया गया था। लेकिन तब तक बहुत देर हो चुकी होती है। जिन्हें उसने पदासीन किया है, उसके

द्वारा पहुँचाए गए नुकसान से पिंड छुड़ाने का मौका नहीं रहता है। जब नेता में कुछ अच्छाई होती है, तो यह अहसास और भी देर से होता है, पंडित नेहरू और 'धर्मनिरपेक्षतावाद'; पंडित नेहरू और इससे पहले कि हमारे सैनिक पाकिस्तानियों को जम्मू एवं कश्मीर से पूरी तरह निकाल बाहर करें, उन्हें उनके द्वारा रोक देना; पंडित नेहरू और जम्मू एवं कश्मीर पर पाकिस्तान द्वारा हमले को संयुक्त राष्ट्र संघ में ले जाने का उनका एकपक्षीय फैसला; पंडित नेहरू को सरदार पटेल द्वारा चेतावनियाँ दिए जाने के बावजूद उनका चीनियों पर भरोसा करना, श्रीमती गांधी और आपातकाल; श्रीमती गांधी और बरबाद समाजवादी अर्थशास्त्र; श्रीमती गांधी और असम के उन विद्यार्थियों को बुरी तरह कुचल देना, जो उनके मातहतों द्वारा बांग्लादेशी घुसपैठियों को मतदाता-सूचियों में भरते जाने से देश को बचाने की कोशिश कर रहे थे; श्रीमती गांधी और नीलगिरि में एल.टी.टी.ई (लिट्टे) रंगरूटों को प्रशिक्षण देना; श्रीमती गांधी और भिंडरवाले को प्रश्रय देना; श्रीमती गांधी और नेशनल कॉन्फ्रेंस सरकार की बरखास्तगी···, उनमें इतनी आशा और उम्मीद जताने की भूल व गलती को किस व्यक्ति ने नहीं जाना होगा, महसूस किया होगा? लेकिन तब तक नुकसान कर दिया गया था, और इससे नेता को भी कम नुकसान नहीं हुआ।

व्यक्तियों के रूप में तथा संभवत: सामूहिक रूप में, और भी आसानी से, लोगों को बहलाया-फुसलाया जा सकता है। उनकी अपेक्षाओं को बड़ी आसानी से सुलगाया जा सकता है, हवा दी जा सकती है। चूँकि इन अपेक्षाओं को पूरा नहीं किया जा सकता है, इसलिए लोगों को, और भी आसानी से, दूसरों को गिरा डालने के लिए, नीचा दिखाने के लिए उकसाया जा सकता है। समाजवादी अर्थशास्त्र के लिए वह मानक ईंधन हुआ करता था और आज हम देखते हैं कि वही ईंधन आरक्षणों को आगे बढ़ाने के लिए झोंका जा रहा है। जैसे कि पत्रकार अपनी इच्छा के अनुसार लिखने के लिए स्वतंत्र हैं, लेकिन इसे इस बात के बरक्स भी देखा जाना चाहिए कि उन्हीं के जरिए कहानियाँ और खबरें छपवाई भी जा सकती हैं, वैसे ही व्यवस्था मतदाताओं को फैसला करने की शक्ति देती है, लेकिन उसे इस बात के बरक्स भी देखा जाना चाहिए कि उन्हें किस आसानी से बरगलाया जा सकता है। मतदाताओं की इस कमजोरी से वाकिफ, कुछ शासक इतने निरंकुश, ढीठ और पक्के हो जाते हैं कि वे जनता को पर्याप्त रूप से लंबे समय तक कुछ भी यकीन कराने में समर्थ हो जाएँगे। दूसरे इस आशंका में सही चीज नहीं करते हैं कि उनके विरोधी लोगों को बरगला देंगे और उन्हें

सत्ता से बेदखल कर देंगे।

और यह आधार कि सार्वजनिक मामलों के बारे में व्यक्ति भली–भाँति परिचित है, कि वह कोई फैसला करने के पूर्व, वोट डालने के पूर्व खुद को इन चीजों से वाकिफ कर लेगा और भी बड़ा मिथक है। मीडिया के गूँगेपन को भूल जाइए; यहाँ तक कि आधारभूत साक्षरता को भी भूल जाइए। मैंकर ओल्सन सही ही दरशाते हैं कि आदर्श स्थिति में भी, वह मतदाता, जो सार्वजनिक मामलों से अनभिज्ञ रहता है, खास नीतियों के बारे में, यहाँ तक कि उन नेताओं के बारे में, जिनके हाथों में वह सत्ता सौंप रहा है, जानकारी नहीं रखता है, विवेकसम्मत रूप से, तार्किक रूप से काम कर रहा होता है। वह दोनों ही कारणों से तर्कपूर्ण है, वह जो कुछ करता है, उस पर इससे बेहद कम असर पड़ेगा कि कौन जीतता है या कौन सी नीति अपनाई जाती है और इस कारण भी कि एक या दूसरे नतीजे से उसे जो हासिल होगा, वह संपूर्ण का बेहद तुच्छ अनुपात है। ओल्सन टिप्पणी करते हैं, ''जनता के कारोबार, कामकाज के बारे में जानकारी रखना एक सार्वजनिक अच्छाई है···, मगर एक आम मतदाता 'तार्किक रूप से अनभिज्ञ' होता है कि मतदाताओं के लिए या बहुमत के हित के लिए क्या सबसे बढ़िया विकल्प होगा? यह बात राष्ट्रीय चुनावों में सबसे नाटकीय रूप से जाहिर होती है। मुद्दों और उम्मीदवारों का अध्ययन करने से एक वोटर को क्या हासिल होगा, जब तक यह स्पष्ट नहीं हो कि चुनाव के 'सही' या 'गलत' नतीजे से उसके हित में व्यक्तिगत रूप से (न कि समाज को) क्या फर्क पड़ेगा और फिर यह भी देखना होगा कि एक व्यक्ति के वोट से चुनाव के नतीजे पर असर पड़ने की कितनी संभावना है! चूँकि एक आम मतदाता के वोट से चुनाव नतीजे पर असर पड़ने की संभावना अत्यंत कम है, इसलिए एक सामान्य नागरिक, चाहे वह डॉक्टर हो या टैक्सी ड्राइवर, सार्वजनिक मामलों के बारे में आमतौर पर तार्किक रूप से अनभिज्ञ रहता है···।[1]

---

1. मैंकर ओल्सन, 'पावर ऐंड प्रॉसपेरिटी,' पृष्ठ 93–94 के उलट उद्धृत। प्रमाण के तौर पर, पिछली सदी के महानतम् जजों में से एक लर्नेड हैंड का फैसला हमारे पास है! उन्होंने टिप्पणी की, ''मेरा वोट मेरे जीवन के सबसे महत्त्वहीन कार्यों में से एक है; यदि मैं खुद को उन चीजों से वाकिफ करना चाहूँ, जिन पर इसे (नोट) वाकई निर्भर होना चाहिए, यदि मैं एक फैसला प्राप्त करने की कोशिश करूँ, जिस पर मैं सबसे छोटे पल के मामलों का भी खतरा उठाने को तैयार था, तो मुझे कुछ और नहीं करना चाहिए, और, वह एक मूर्खतापूर्ण समझ का मूर्खतापूर्ण निष्कर्ष प्रतीत होता है।'' 'डिमॉक्रेसी : इट्स प्रीजंपशंस ऐंड रीयलटीज' 1932, दी स्पिरिट ऑफ लिबर्टी, पेपर्स ऐंड एड्रेसेज ऑफ लर्नेड हैंड में, लीगल क्लासिक्स लाइब्रेरी, बर्मिंघम, 1989, पृष्ठ 93

सिर्फ वे छोटी-मोटी सूचनाएँ, जिनके लिए मतदाता एक पल निकालता है, वैसी होती हैं, जो लंपट हों, लज्जाजनक हों। पैसे का घोटाला, सेक्स, हत्या या जब वह देखता है कि यह जानने से उसे आपवादिक रूप से फायदा होनेवाला है, कोई अंदरूनी बात कि शेयर बाजार में क्या होने जा रहा है। ऐसे मामलों में भी, जैसा कि हम भारत में देखते हैं, वह बस क्षणिक नजर डालता है। हमारे आज के मीडिया की वजह से यह नजर और भी क्षणिक हो जाती है। हरेक चैनल हर दो घंटे में किसी नए 'ब्रेकिंग न्यूज' की दौड़ में रहता है, पिछली खबर द्वारा पैदा की गई छवि को नई खबर से साफ कर दिया जाता है। यह सबक राजनीतिज्ञों में घर कर गया है और यह उनके लिए बड़े सुकून की बात है। मैंने एक काफी अनुभवी राजनीतिज्ञ को मेरी उपस्थिति में एक दूसरे राजनीतिज्ञ को कहते सुना, "आप इस बात से इतना विचलित क्यों हैं कि आज सुबह अखबारों ने आपके बारे में क्या छापा है? बस दो/तीन नजरों से ओझल हो जाइए। वे किसी और के पीछे भाग रहे होंगे···"

आज, पाठकों और दर्शकों के ध्यान को सबसे गंभीर पर्दाफाशों द्वारा भी बमुश्किल टिकाया जा सकता है। उदाहरण के लिए शर्मनाक कांड जितने ज्यादा आम होते जाते हैं, नया कांड उन्हें उतना ही कम उत्तेजित या उद्वेलित करता है। यहाँ तक कि विरले घटना में भी जो कुछ सूचना दर्ज होती है, उससे बहुत कम फर्क पड़ता है। रोजमर्रा की जिंदगी इतनी कठिन होती है कि वह उतनी मशक्कत नहीं कर पाता है, जिसकी जरूरत ऐसे पर्दाफाश के बारे में जानकारी रखने के लिए होती है। इतना ही नहीं, शासक प्राय: गढ़ी गई खबरों के जरिए उन्हें गुमराह करने में कामयाब हो जाते हैं। अंतत: वे न केवल खास पर्दाफाशों के बारे में संशय पैदा करने में सफल हो जाते हैं, बल्कि वे पर्दाफाश के स्रोत, यानी मीडिया पर उनके भरोसे को डिगा देते हैं।

परिणामस्वरूप, सिर्फ जब चीजें काफी बिगड़ जाती हैं, और सिर्फ जब इस बिगाड़ने से वह व्यक्तिगत रूप से प्रभावित होता है, तब वह व्यक्ति-रोमानी रंग चढ़ाया गया, सर्व-शक्तिमान, सर्वज्ञ, सर्वदा, सजग, सतर्क नागरिक। सूचना प्राप्त करते रहने की जहमत उठाता है। लेकिन उसके बाद भी, यहाँ तक कि पूरे तथ्य प्राप्त कर लेने के बाद भी, यहाँ तक कि जब शासकों की मिलीभगत जाहिर हो जाती है, तो भी, उसके महज उन्हें कोसकर, धिक्कार कर शांत हो जाने की संभावना रहती है। इस बात की संभावना कम ही होती है कि वह उस लंबे धैर्यपूर्ण संघर्ष के लिए उठ खड़ा होगा, जो उनकी (शासकों की) खाट खड़ी करने के लिए जरूरी है। और फिर ऐसे

भी कई नेता होते हैं, जो अपने समर्थकों को यह तक समझाने में सफल हो जाते हैं कि हालाँकि वे हार रहे हैं, लेकिन उनके द्वारा पैसा बनाने से या कानून का उल्लंघन करने से समूह को फायदा हो रहा है। अनुयायियों को हतप्रभ कर यह भरोसा दिला दिया जाता है कि 'हमारा स्वाभिमान बहाल हो गया है।'

इसलिए, बहुमत को अपने सच्चे हितों के बारे में पता ही नहीं होता है; जब उन्हें पता होता है, तो भी वे उसके अनुसार काम नहीं करते हैं। इसके विपरीत, विशेष हितवाले अत्यधिक जानकार होते हैं। उनके मामलों में, समूह में लोगों की संख्या छोटी होती है; हरेक सदस्य को बदलाव से, मान लीजिए कि आयात नियमन में बदलाव से, काफी कुछ हासिल होगा। समूह में जो बेहतर हैसियतवाले होते हैं, बेहतर ढंग से संगठित होते हैं, बेहतर रूप में सुसज्जित होते हैं, वे खुद को समूह का नेता और प्रवक्ता बना लेते हैं, और वे अन्यों को यह भ्रम दिला पाते हैं कि इस कदम से उन सभी को लाभ होगा, जबकि असलियत में वे चंद गिने-चुने लोग ही सारे लाभ उठा ले जाएँगे, सारी मलाई चट कर जाएँगे। अनुसूचित जातियों एवं जनजातियों तथा ओ.बी.सी. (अन्य पिछड़ा वर्ग) के अंदर संपन्न तबका जिस तरह आरक्षणों को हड़प रहा है, और जिस तरह से यही तबका उच्चतम न्यायालय के बार-बार फैसला किए जाने के मद्देनजर, 'क्रीमी लेयर' (संपन्न वर्ग) को अलग कर देने की हलकी कोशिश को रोक देता है, वह एक समसामयिक एवं ज्वलंत उदाहरण है।

इसलिए असंगठित एवं जड़ 'लोगों' के विपरीत, ये चंद लोग वस्तुतः बदलावों के लिए जोर लगाते हैं। आयात नीति अनुसूची में किसी वस्तु को एक वर्गीकरण से दूसरे वर्गीकरण में डलवाने के लिए यदि चोरी-छिपे प्रयास करना पड़े, तो वे वैसा भी करते हैं। यदि आम लोगों को यह 'समझाना' जरूरी हो कि जो नीति वास्तव में सिर्फ उन्हें मदद कर रही है, वह आम लोगों के हित में है, तो वे ऐसा करते हैं। खाद सब्सिडियों, तंबाकू के लिए धारण कीमतों के मामले में यही कहानी रही है। ग्लानि और डर की भावना सुलगाकर, अगर यह एकमात्र रास्ता हो, देखें कि आरक्षणों में कैसे सत्याभासी शब्दाडंबरों को ठूँस-ठूँसकर भर दिया गया है। हमें जबकि 'लोगों' को रोमानी रंग चढ़ाने के लिए पढ़ाया जाता है और यह मंत्रोच्चार करते रहने के लिए कहा जाता है कि सत्ता तो लोगों के हाथों में है। ओल्सन अंतर्निहित विषमता की ओर इंगित करते हैं, 'एक ऐसी विषमता जो तमाम फर्क पैदा करती है।' वे संकेत करते हैं, 'एक सामान्य उद्योग में जो लाभ होते हैं और यहाँ तक कि मूल्य में

जो इजाफा किया जाता है और एक सामान्य शिल्प के पेशे में जो मजदूरी या वेतन दिए जाते हैं, वे सकल घरेलू उत्पाद (जीडीपी) का एक छोटा अंश होते हैं। गणना की आसानी के लिए, मान लें कि एक संगठित हित को जीडीपी का ठीक एक फीसदी मिलता है। तब यह इस संगठित हित को यह दबाव डालने के लिए भुगतान करेगा कि वह खुद को सरकारी और उत्पादक संघ का इस हद तक पुनर्वितरण करवाए कि उसे जितनी राशि हासिल होती है, सामाजिक नुकसान उससे 100 गुना बड़ा हो। सिर्फ तभी इन सामाजिक हानियों में से इसका आंशिक हिस्सा उतना बड़ा होगा, जितना कि उसे हासिल होता है और ज्यादा पुनर्वितरण के अंश से। इस तरह, ठेठ विशेष-हित समूह का एक व्यापक हित होने की बजाय एक बहुत संकीर्ण हित होता है। यह वैसे प्रोत्साहनों का सामना करता है, जो किसी भी तरह उतना संपूर्ण नहीं है, जिसका सामना अधिसंख्य लोग करते हैं। दुर्भाग्य से, वे सुरक्षित स्थायी डाकू का सामना करने से भी समाज के लिए ज्यादा नुकसानदेह हैं, अकसर वे उनसे भी बदतर हैं, जो एक सुरक्षा तिकड़म के साथ गिरोह का सामना करते हैं, और उनसे बहुत बेहतर स्थिति में नहीं होते हैं, जो व्यक्तिगत अपराधी का सामना करते हैं...[1] तथा 'विशेष हितों' में हमें न केवल कारोबार एवं व्यापार संघों को गिनना चाहिए, बल्कि मुसलिम/ईसाई/अनुसूचित जाति/अनुसूचित जनजाति/अन्य पिछड़ा वर्ग (ओ.बी.सी.) एवं उनके नियंत्रकों को भी ध्यान में रखना चाहिए। भ्रष्ट राजनीतिज्ञ भी किसी हित समूह की तरह उतने ही खास होते हैं, सिवा इसके कि वे कहें तो अवचेतन रूप से संगठित होते हैं। एक ओर ये विशेष हित हैं, और दूसरी ओर रहस्यमय 'लोग' हैं, जो इससे काफी दूर तथा अनभिज्ञ होते हैं कि क्या किया जा रहा है और इसका क्या नतीजा निकलेगा; इतने बिखेरे और फैले हुए कि वे कोई काररवाई नहीं कर सकते हैं। एक सरल किंतु घातक विषमता पर विचार करें। हम विशेष आर्थिक हितों के कब्जे को बाहरी और आंतरिक प्रतियोगिता के जरिए तोड़ सकते हैं। लेकिन उन समूहों की ताकत को कम करने के लिए क्या किया जा सकता है, जो खुद को व्यक्तियों के रूप में नहीं; भारतीयों के रूप में नहीं, बल्कि 'मुसलमानों' के रूप में, 'अनुसूचित जातियों' के रूप में, 'अन्य पिछड़ा वर्ग' के रूप में देखते हैं? सिर्फ एक ही रास्ता होगा कि हिंदुओं को हिंदुओं के रूप में संगठित किया जाए, हिंदुओं-पर-हिंदुओं की कलई चढ़ाई जाए। और यह संभावना धर्मनिरपेक्ष

---

1. सी.एफ., मैंकर ओल्सन, पॉवर ऐंड प्रॉसपेरिटी, पृष्ठ 95-96 के उलट उद्धृत

भाषण के मलबे, जो आधी सदी से जमा होते रहे हैं, के द्वारा पहले ही बंद कर दी गई है, वर्जित कर दी गई है।

कसौटी के रूप में साधारण राजनीतिज्ञ लोगों से कहते हैं, "आप जनता जनार्दन हैं। आप पंच परमेश्वर हैं। आप संप्रभु हैं।"

वे लोगों से बस कह रहे हैं, "आपके पास एक संप्रभु के अधिकार हैं।" राजनीतिज्ञ उनसे कह रहे हैं, "आप जनार्दन हैं, इसलिए आप कुछ भी और हरेक चीज अंजाम दे सकते हैं।"

"आप पंच परमेश्वर हैं। इसलिए आप जानते हैं।" लेकिन जैसा कि ऑर्टेगा वाई–गैसेट ने काफी पहले इंगित किया था, इसका एक विशेष कारण है कि क्यों कहा जाता है कि लोग जानते हैं, क्यों आम आदमी के फैसले को इस तरह ऊँचा रखा जाता है कि उसे ही माना जाना चाहिए। उन्होंने लिखा कि उसके फैसले को सही घोषित किया जाता है, क्योंकि यह आम है, इस अर्थ में नहीं कि यह फैसला 'आमतौर पर माना जाता है' बल्कि इस अर्थ में कि यह ऐसे लोगों द्वारा माना जाता है, जो मौजूदा मुद्दे पर कोई विशेष योग्यता नहीं रखते हैं। दूसरे शब्दों में, मसला चाहे जो कुछ भी हो, आम आदमी का फैसला इस कारण सही है कि वह इस मुद्दे पर एक विशेषज्ञ नहीं है। दरअसल, इसके बावजूद यह नहीं माना जाना चाहिए, बल्कि इसी वजह से यह माना जाना चाहिए कि उसने इस मसले पर जानकारी हासिल करने के लिए कोई खास प्रयास नहीं किया है।

ठीक वैसे ही, जैसी कि ऑर्टेगा वाई. गैसेट ने इस प्रस्ताव की भविष्यवाणी की थी कि आप जनता जनार्दन हैं, वैसे ही इसके अनुपूरक के तौर पर आगे प्रस्ताव किया जाता है, 'आप ठीक जैसे हैं, वैसे ही जनार्दन हैं।' आपको किसी भी तरह बेहतर नहीं होना है, आपको किसी भी तरह बेहतर बनने के लिए कोई प्रयास नहीं करना है। बिहार में अराजकता असहनीय गहराई तक चली गई। आलोचक इसे जंगलराज कहने लगे। लालू यादव ने तुरंत इस वर्णन को अपना बना लिया। उन्होंने घोषित कर दिया, "हाँ, हम जंगली हैं।" उनके आलोचक रक्षात्मक मुद्रा में आ गए। मुझे उन लोगों की एक बैठक अच्छी तरह याद है, जो उनके (लालू राज) कुशासन को समाप्त करने के लिए संघर्ष कर रहे थे। बिहार से एक प्रवक्ता ने सलाह दी, "लालू की सरकार का वर्णन करने के लिए 'जंगलराज' मुहावरे का प्रयोग न करें, क्योंकि इस मुहावरे ने बिहार में राजनीतिक रंग ले लिया है और लालू इसका इस्तेमाल हमारे खिलाफ कर

रहे हैं।'' ऑर्टिगा वाई. गैसेट ने सटीकता से परिणाम बताया कि उन्होंने इसे 'हमारे वक्त की खासियत' बताया, ''यह नहीं कि गँवार अपने को गँवार नहीं, अति श्रेष्ठ मानता है, बल्कि यह कि गँवार घोषणा करता है और गँवारूपन, असभ्यता के अधिकार थोपता है या असभ्यता को, अशिष्टता को एक अधिकार मानता है।''[1]

लोगों के सामने निरंतर अधिकारों की बात कही जाती है। राजनीतिज्ञ दिन-रात उनसे कहते हैं, आपका अधिकार है कि आपके पास न केवल वह होना चाहिए 'जिसकी मुझे जरूरत है'; आपका अधिकार है कि आपके पास न केवल वह होना चाहिए 'जिसकी मैं इच्छा करता हूँ'; आपका यह अधिकार है कि आपके पास वह सबकुछ और उससे ज्यादा हो तथा अभी और यहाँ आपको वह सब हासिल हो। और क्या आप जानते हैं कि आपको यह क्यों नहीं मिल रहा है? सिर्फ इस कारण कि जो आपका है, उसे दूसरे छीन ले जा रहे हैं।

तथ्य यह है कि कोई भी समाज, और आज के भारत जैसा समाज तो निश्चित रूप से नहीं, यहाँ और अभी, वह सब प्राप्त कर सकता है, जिसकी वे इच्छा करते हैं या यहाँ तक कि जिसकी उन्हें जरूरत है। वस्तुत: यह धारणा कि अधिकार अनिवार्य विशेषाधिकार है, खुद ऐसे समाजों को उस प्रयास से भटका देता है जिसकी जरूरत राष्ट्र-निर्माण एवं सुरक्षा के लिए होती है।

लोगों में ये धारणाएँ बोकर , उन्हें यह विश्वास दिलाकर कि उन्हें वह सबकुछ यहाँ और अभी पाने का अधिकार है, जो वे चाहते हैं या जिसकी उन्हें जरूरत है, नेता और दल हताशा को सुलगाते हैं, फिर कटुता को, फिर गुस्से को, फिर हिंसा या चिरकालिक अस्थिरता को भड़काते हैं। नतीजा यह होता है कि लोग एक पार्टी को सत्ता से हटाते हैं, लेकिन जो दूसरी पार्टी सत्ता में आती है, उसे भी वे अगली बार उखाड़ फेंकते हैं।

वे पार्टियों को क्रमिक रूप से उखाड़ फेंक सकते हैं, इससे उनमें यह भ्रम पैदा होता है कि व्यवस्था उन्हें न केवल एक विकल्प दे रही है, बल्कि यह उन्हें उस विकल्प को लागू करने की ताकत भी दे रही है। लेकिन दरअसल, जैसा कि हमने पहले देखा, एक क्रमिक समरूपता आती-जाती है। पार्टियाँ और नियंत्रक ज्यादा-से-ज्यादा एक-दूसरे के समान होते जाते हैं। हरेक पर वैसे ही दबाव पड़ते हैं। हरेक को

1. जोसे ऑर्टिगा वाई. गैसेट, दी रिवोल्ट ऑफ दी मासेस, डब्ल्यू.डब्ल्यू. नॉर्टन ऐंड कंपनी, न्यूयॉर्क, 1957, पृष्ठ 70

वैसी ही लालच होती है। हरेक वही साधन या तरीके अपनाता है। हरेक वही हुनर या कौशल को माँजता है। हरेक में, वैसे ही लोग शीर्ष पर काबिज हो जाते हैं।

लोगों की तुलना में राजनीतिज्ञ जल्द ही इसे ताड़ लेते हैं। जब से मैं संसद् में आया हूँ, मुझे एक जिस चीज ने सर्वाधिक हतप्रभ किया है, वह यह कि राजनीतिज्ञों में एक-दूसरे की दशा-दुर्दशा के बारे में कितनी समझदारी है! और इसलिए, वे एक-दूसरे का कितना खयाल रखते हैं। यह एक कारण है कि कोई भी राजनीतिज्ञ पकड़ा नहीं जाता है, यह और बात है कि हमारी फौजदारी न्याय प्रणाली, जिसमें जाँच मशीनरी भी शामिल है, इतना ज्यादा अवरुद्ध है। जो अपने विरोधियों के भ्रष्टाचार की निंदा करते हुए सत्ता में आते हैं, वे शीघ्र ही समझ जाते हैं, 'बेचारे ने कितनी फूहड़ता से काम किया! लेकिन, भाई साहब, कई महसूस करते हैं कि यदि वे यह सब नहीं करेंगे, तो मंत्री बनने की क्या तुक है?'

यह आपसी समझ राजनीतिज्ञ की ताकत है। यह व्यवस्था की कमजोरी है। यह राजनीतिज्ञ को बचाता है, लेकिन व्यवस्था को नीचा दिखाता है। लोगों का किसी भी प्राधिकार के प्रति सम्मान खत्म कर दिया जाता है। जल्दी ही, वे भी किसी भी चीज में यकीन नहीं करते हैं, वे किसी की नहीं सुनते हैं, किसी की नहीं मानते हैं।

यह गूँगापन शीघ्र ही मानकों को और फिर अगले चक्र में कानून को ही अपने दायरे में समेट लेता है। जैसा कि एक चीज जो मायने रखती है, वह है आपका हित, आप जैसे ही जानते हैं कि आपके हित में क्या है और चूँकि आप संप्रभु हैं, इसलिए आपकी राह में जो भी बाधा बनता है, उसे परे कर देने का, दरकिनार कर देने का आपका अधिकार बनता है। आप जिस कानून को, जिस सिद्धांत को असुविधाजनक पाते हैं, वह पारिभाषिक रूप से अनैतिक है, यह उन लोगों की साजिश है, जो आपको अपने अधिकार से वंचित किए हुए हैं। निर्वाचित प्रतिनिधि न केवल आपसे कहते रहते हैं कि आप संप्रभु हैं, और इसीलिए, आपके रास्ते में जो भी खड़ा है, उसे उठा फेंकना आपका अधिकार है, बल्कि वे खुद ऐसा करके आपके समक्ष विविध उदाहरण पेश करते हैं, उस 'कानून' को देखिए, जिसे उन्होंने हाल में संसद् में अपनी सीटों को बचाने के लिए पारित किया है। उन्होंने घोषणा कर दी है कि जो इस पल तक लाभ का पद है, अगले पल वह लाभ का पद नहीं है।

जिन्हें आपने संसद् में चुनकर भेजा है, जब वे ऐसा कर सकते हैं, तो आप ऐसा क्यों नहीं कर सकते हैं? आप क्यों नहीं करते? आप जनार्दन हैं, आपको कानून को

धता बताने की शक्ति है, वस्तुतः आप यदि चाहें तो सबकुछ रास्ते से हटा सकते हैं। इसलिए, व्यक्ति को यह विश्वास होने लगता है कि तमाम बाधाएँ हटाई जा सकती हैं और हटाई जानी चाहिए। लेकिन एक नदी, जिसके बाँध टूट गए हों, एक नदी नहीं रह सकती है।

'अधिकारों की यह बात' एक ओर शांत न की जा सकनेवाली भूख को हवा देती है और दूसरी ओर, यह लोगों को विश्वास दिलाने लगती है कि उन्हें जोर लगाने का, प्रयास करने का एकदम कोई कारण नहीं है। जब हर कोई उनसे कहता रहता है कि 'आप संप्रभु हैं', तो तमाम विशेषाधिकार क्यों नहीं उन्हें मिलने चाहिए? बगैर कोई प्रयास किए, क्यों नहीं हरेक सुविधा और विशेषाधिकार उन्हें हासिल होना चाहिए? इस तरह, 'अधिकारों की बात' इस अहम तथ्य को नजरों से ओझल कर देती है कि अधिकारों का अस्तित्व तभी हो सकता है और इसे तभी प्राप्त किया जा सकता है, जब दायित्वों का निर्वाह किया जाए; कि जो चीजें, जैसे कि भौतिक समृद्धि, वे चाहते हैं, वे तभी हासिल की जा सकती हैं और बनाई रखी जा सकती हैं, यदि एक नई कार्य-संस्कृति को अपनाया जाए, कड़ी तथा निरंतर कार्य एवं अनुशासन की संस्कृति को अपनाया जाए।

## संस्थागत रूप से अधिकारों का कारोबार करना

वैसे, अपने समर्थक बनाने के लिए केवल कार्यकर्ता और राजनीतिज्ञ नहीं हैं, जो अधिकारों का ढोल पीटते हैं। दूसरे भी बहुत पीछे नहीं हैं। सिर्फ उदाहरण के लिए, हरेक आयोग महसूस करता है कि उसे अपने पूर्ववर्ती आयोगों से आगे निकलना चाहिए। संविधान के कामकाज की समीक्षा के लिए बनाया गया आयोग, जिसका हमने पहले सामना किया है, वही रिपोर्ट एक तैयार उदाहरण है—गरीबी, असमानता, वैश्वीकरण··· और अधिकारों पर सर्वाधिक पिष्टोक्तियों का सार-संग्रह। संविधान के भाग-तीन में जो मौलिक अधिकार दिए गए हैं, आयोग ने अपील की कि उनके अलावा निम्न अधिकारों को भी शामिल करने के लिए संविधान का संशोधन किया जाए—

- प्रेस और अन्य मीडिया की स्वतंत्रता—विचार रखने, सूचना माँगने, प्राप्त करने तथा देने का अधिकार;
- अत्याचार और अमानवीय, अपमानजनक एवं निर्दयी इलाज के खिलाफ अधिकार एवं दंड;
- जीवन एवं स्वतंत्रता के अधिकार से किसी को अवैध रूप से वंचित करने

पर मुआवजा पाने का अधिकार;

- विदेश जाने और अपने देश लौटने का अधिकार;
- गोपनीयता का अधिकार;
- काम का अधिकार, खासकर 80 दिनों तक ग्रामीण सवैतनिक रोजगार का अधिकार;
- अदालतों और न्यायाधिकरणों में जाने और तेजी से न्याय पाने का अधिकार। इसमें यह अधिकार शामिल होगा कि जिस किसी विवाद का हल कानून के प्रयोग से किया जा सकता है, उसका निर्णय एक स्वतंत्र अदालत या जहाँ उचित हो, एक अन्य स्वतंत्र एवं निष्पक्ष न्यायाधिकरण या मंच में उचित सार्वजनिक सुनवाई के द्वारा किया जाए। यह अधिकार भी शामिल हो कि अदालतों, न्यायाधिकरणों और अन्य मंच के सामने प्रस्तुत तमाम मामलों में पर्याप्त शीघ्रता से तथा प्रभावी न्याय प्राप्त हो। और राज्य यह उद्‌देश्य प्राप्त करने के लिए तमाम उपयुक्त कदम उठाए तथा निःशुल्क कानूनी मदद मुहैया कराए।
- संपत्ति का अधिकार, यह सुनिश्चित करते हुए कि किसी को भी मनमाने ढंग से और कानून द्वारा निर्धारित प्रक्रिया को अपनाए बगैर तथा सार्वजनिक मकसद के अलावा और किसी उद्‌देश्य से अपनी संपत्ति से वंचित नहीं किया जाएगा। एवं यदि संपत्ति अनुसूचित जाति या जनजाति के किसी सदस्य की है, तो जब तक उसके पुनर्वास की योजना बना नहीं ली जाती, तब तक उसे अपनी संपत्ति से बेदखल नहीं किया जाएगा।
- चौदह साल की उम्र तक निःशुल्क एवं अनिवार्य शिक्षा का अधिकार— अनुसूचित जातियों और जनजातियों तथा लड़कियों के मामलों में यह अधिकार अठारह साल की उम्र तक मिले।
- बच्चों का अधिकार, 'हरेक बच्चे को मूलभूत जरूरतों में मदद व देखभाल पाने, तमाम तरह की अनदेखी, नुकसान और शोषण के खिलाफ अधिकार प्राप्त होगा।'
- स्वच्छ सुरक्षित पेयजल, प्रदूषण की रोकथाम, पारिस्थितिकी का संरक्षण और निरंतर विकास का अधिकार—

हर व्यक्ति को अधिकार होगा—

(ए) सुरक्षित पेयजल;

(बी) ऐसा पर्यावरण, जो किसी के स्वास्थ्य एवं कल्याण के लिए हानिकर नहीं हो, और

(सी) वर्तमान एवं भविष्य की पीढ़ियों के लिए पर्यावरण की सुरक्षा, ताकि :

(i) प्रदूषण एवं पारिस्थितिकी ह्रास को रोका जाए;

(ii) संरक्षण को बढ़ावा दिया जाए; और

(iii) पर्यावरण व पारिस्थितिकी के अनुरूप निरंतर विकास को सुनिश्चित किया जाए और न्यायोचित आर्थिक एवं सामाजिक विकास को आगे बढ़ाते हुए प्राकृतिक संसाधनों का विकास किया जाए;

- सामाजिक सुरक्षा एवं काम का अधिकार;
- स्वास्थ्य का अधिकार;
- भोजन एवं भूख से मुक्ति का अधिकार;
- कपड़ा, घर या निवास या आश्रय का अधिकार;
- संस्कृति का अधिकार...

ये अधिकार हमें पहले से ही संविधान द्वारा दिए गए हैं। फिर भी उन अधिकारों पर इन अधिकारों का ढेर लगाते जाने की खूबसूरती यह है कि आयोग कोई अपने आप कुछ नहीं कर रहा था। ज्यादातर मामलों में, वह बस उन अधिकारों की सिफारिश कर रहा था, जिनकी अपील उच्चतम न्यायालय की पीठों से सक्रियतावादी जजों ने पहले ही की हुई थी!

वैसे, आयोग आरक्षणों के पक्ष में था। यहाँ तक कि वह नौवीं अनुसूची के अत्यधिक प्रयोग के खिलाफ था, लेकिन समुचित डिग्री के आरक्षणों का प्रावधान करनेवाले कानूनों को नौवीं अनुसूची में डाल दिए जाने का पक्षधर था, ताकि ये अदालतों के सीमा क्षेत्र से बाहर हो जाएँ। अल्पसंख्यकों को आरक्षण का लाभ देने के मामले में आयोग काफी उदार था और उसने घोषणा भी की, इसके लिए संविधान का संशोधन करने की जरूरत नहीं पड़ेगी तथा यदि राज्य (सरकार) को लगता है कि ऐसे आरक्षण की जरूरत है, तो वह आरक्षण का विस्तार कर सकता है!

इन सबके अतिरिक्त, आयोग ने रोजगार पैदा करने की कई योजनाएँ शुरू करने की अपील की। उसने सुझाया कि वनीकरण, बागवानी, पशुपालन, सघन मत्स्य पालन, मृदा एवं जल संरक्षण, तालाब पुनर्वास, कृमि पालन, ऑर्गेनिक खाद्य पदार्थों का उत्पादन

का काम शुरू किया जाए तथा रोजगार पैदा किए जाएँ। और यह सब काम आयोग ने संविधान के कामकाज की समीक्षा के नाम पर किया। और क्यों नहीं? नीति निदेशक सिद्धांत समानता एवं रोजगार··· की वकालत करते हैं।

आयोग ने जोर देकर कहा कि इन अधिकारों को लागू किए जाने योग्य बनाया जाना चाहिए। लेकिन यह स्पष्ट नहीं है कि संस्कृति के अधिकार या आधारभूत जरूरतों में मदद व देखभाल तथा तमाम तरह की उपेक्षा, नुकसान और शोषण के खिलाफ सुरक्षा के लिए प्रत्येक बच्चे के अधिकार को किनके खिलाफ लागू किया जाएगा? यह सुनिश्चित करने के लिए सर्वाधिक विस्तृत दायरे में ये अधिकार लागू करने योग्य हों, आयोग ने अपील की कि 'राज्य' (सरकार) की परिभाषा को विस्तारित किया जाए और इसमें 'वैसे किसी भी व्यक्ति को शामिल किया जाए, जिसका कार्य सार्वजनिक प्रकृति का हो।' इसका आशय है कि हर डॉक्टर, हर पायलट, हर बस चालक, हर शिक्षक, हर नियोक्ता, हर पत्रकार, हर शेयर दलाल, वस्तुतः हर माँ-बाप··· उनमें से प्रत्येक अब से भारत देश या भारत सरकार होगा, क्योंकि प्रत्येक के काम के पहलू या आयाम 'सार्वजनिक प्रकृति' के हैं।

आयोग ने इस पर भी जोर दिया कि नीति निदेशक सिद्धांत भी वास्तविक कार्यरूप में परिणत होने चाहिए। इसलिए, शुरुआत करने के लिए, उनका नाम अवश्य ही 'राज्य नीति एवं कार्य के नीति निदेशक सिद्धांत' किया जाना चाहिए। और योजना आयोग द्वारा, हरेक मंत्रालय द्वारा अवश्य ही सालाना रिपोर्ट पेश की जानी चाहिए कि सरकार ने हरेक नीति निदेशक सिद्धांत को आगे बढ़ाने के लिए क्या किया! तथा हरेक रिपोर्ट पर संसद् की स्थायी समिति द्वारा विचार-विमर्श किया जाना चाहिए···। क्या इसमें यह रिपोर्ट भी शामिल की जानी चाहिए कि अनुच्छेद 47 के कार्यान्वयन के लिए क्या किया गया? यह अनुच्छेद मद्य-निषेध की सिफारिश करता है। इस अनुच्छेद के बारे में आयोग ने नहीं कहा! क्या इसमें अनुच्छेद 48 के कार्यान्वयन पर रिपोर्टों को भी शामिल किया जाए, जो गो-हत्या पर प्रतिबंध लगाने की सिफारिश करता है? इस बारे में आयोग ने नहीं कहा! क्या अनुच्छेद 44 के कार्यान्वयन पर रिपोर्टों को भी शामिल किया जाए, जो समान नागरिक संहिता लागू करने के लिए राज्य (सरकार) द्वारा प्रयास करने की बात करता है? आयोग ने नहीं कहा!

और यह नमूना नीचे की ओर दोहराया जाता है। राज्य या सरकार की तुलना में

नागरिक अलाभ की स्थिति में हैं। इसलिए, ये अधिकार, आम नागरिकों की तुलना में गरीब अलाभ की स्थिति में हैं। इसलिए, ये अधिकार। उससे यह है लेकिन एक छोटा कदम, 'गरीबों के बीच, मुसलमान अलाभ की स्थिति में हैं। इसलिए…' इस तरह हमारे पास सच्चर समिति में परिचित क्रम है।

इस समिति का गठन सरकार द्वारा किया गया, ताकि सत्तारूढ़ गठबंधन, जिसे अपना वोट बैंक समझता है, उसे वह अपने खेमे में वापस ला सके और इसके लिए समिति औचित्य प्रदान करे। तद्नुरूप, समिति उस सबूत की तलाश करती है, जो यह स्थापित करेगा कि मुसलमानों की हालत बुरी है। यह अपनी ही तालिकाओं में दिए गए उन आँकड़ों से पूरी तरह आँख मूँद लेती है, जो विपरीत दिशा में संकेत करते हैं कि देश के कई भागों में मुसलमान दूसरों की तुलना में वाकई बेहतर कर रहे हैं। यह श्रम करके मुसलिमों को जाग्रत् करने से इनकार करती है कि वे जो कर रहे हैं अथवा करने से अनदेखी कर रहे हैं, उपेक्षा कर रहे हैं, वह देश के अन्य भागों में उनके ऐसे अलाभकर हाल के लिए जिम्मेदार है। जैसा कि ऐसा तमाम भाषण करता है, यह समिति इस जिम्मेदारी को दूसरों पर थोप देती है।

अंतिम परिणाम अनुमान योग्य है। रियायतों की एक अन्य खेप, जो इस समूह को बाकी देश से पृथक् और स्पष्ट समूह के रूप में पहचान दे, ऐसे समूह के रूप में अवश्य ही दी जानी चाहिए।

कारगिल युद्ध के मद्देनजर चार टास्क फोर्स का गठन किया गया था। इन्हीं में से एक टास्क फोर्स सीमा प्रबंधन पर था। इसने अपनी रिपोर्ट में चेतावनी दी थी कि किस तरह भारत के सीमा क्षेत्रों में मदरसों की भरमार हो गई है। खुफिया एजेंसियों से प्राप्त की गई सूचना के आधार पर, इसने इस बात पर गंभीर चिंता जताई कि इन मदरसों को विदेशी स्रोतों से बड़ी मात्रा में धनराशि मिल रही है। इसने खबर दी कि इन संस्थानों में बड़ी तादाद में लोगों को ऐसे विषय पढ़ाए जा रहे हैं, जो उन्हें नौकरियाँ दिलाने के लिहाज से एकदम उपयुक्त नहीं हैं, सिवा इसके कि वे ऐसे उपदेशक और शिक्षक बन जाएँ तथा उसी तरह के और बेरोजगार पैदा करें। इसने इस पर गंभीरतम चिंता जताई कि ये मदरसे अपने विद्यार्थियों में अलगाव की भावना मजबूत कर रहे हैं। अपने पाठ्यक्रम के जरिए, शिक्षा के माध्यम के जरिए, शिक्षा का पूरा रुख अरब की ओर करने, इसलामी शासन के 'स्वर्णिम युग' की ओर करने के जरिए वे अलगाव को बढ़ावा दे रहे हैं। इसने उन परिणामों की ओर इंगित किया, जो इन मदरसों के

'तालिबानीकरन' से निश्चित तौर पर निकलेंगे।[1]

और सच्चर कमेटी ने क्या सिफारिश की? 'लोक सेवाओं, बैंकों, रक्षा सेवाओं जैसी प्रतियोगी परीक्षाओं एवं अन्य वैसी परीक्षाओं में मदरसों की डिग्रियों को योग्यता के लिए मान्यता देना!' यह सिफारिश करती है कि सरकार अपने पैसों का इस्तेमाल मुसलिम स्वयंसेवी संगठनों के गठन और उनकी गतिविधियों को बढ़ावा देने के लिए करे। यह सिफारिश करती है कि सरकार उन पेशों और क्षेत्रों को वित्तीय तथा अन्य समर्थन दे, जिनमें मुसलमानों का वर्चस्व है। यह सिफारिश करती है कि लोक सेवाओं के लिए चयन समितियों, इंटरव्यू पैनलों और बोर्डों में मुसलमान हों। यह सिफारिश करती है कि जनता से कार्य करनेवाले दफ्तरों में मुसलमानों को ज्यादा अनुपात में भरती किया जाए, जैसे 'पढ़ानेवाले समुदाय, स्वास्थ्यकर्मियों, पुलिसकर्मियों, बैंक कर्मचारियों और इसी तरह के पेशों में।' यह सिफारिश करती है कि उच्चतर शिक्षा संस्थानों में दाखिलों में मदरसों की डिग्रियों को समान दरजा दिए जाने का प्रावधान किया जाए। यह सिफारिश करती है कि बैंकों के लिए यह आवश्यक किया जाए कि वे बचत, ऋण जैसी अपनी लेन-देन में मुसलमानों के लिए अलग से सूचना जुटाएँ और उसका रिकॉर्ड रखें तथा उन्हें भारत के रिजर्व बैंक में जमा कराएँ! यह सिफारिश करती है कि बैंकों को प्राथमिकता वाले सेक्टरों को कर्ज देने का जो दायित्व सौंपा जाता है, उसके एक हिस्से के तौर पर मुसलमानों को ऋण देने के लिए कहा जाए। यह सिफारिश करती है कि सरकार मुसलिम बहुल क्षेत्रों में अपनी शाखाएँ खोलने के लिए बैंकों को प्रोत्साहन-राशि दे। यह सिफारिश करती है कि बैंकों से कहा जाए कि वे महज 'बकाया राशि' की रिपोर्ट न दें, बल्कि वे 'अल्पसंख्यकों को मंजूर की गई या बाँटी गई राशि' की रिपोर्ट दें। यह सिफारिश करती है कि वित्तीय संस्थानों के लिए यह आवश्यक किया जाए कि वे मुसलिम उद्यमियों को प्रशिक्षित करने के लिए अलग कोष स्थापित करें, कि वे मुसलमानों के लिए लघु ऋण देनेवाली विशेष योजनाएँ बनाएँ। यह सिफारिश करती है कि ऐसे तमाम जिले, जिनकी एक-चौथाई से ज्यादा आबादी मुसलिम है, उन्हें प्रधानमंत्री के 15-सूत्री कार्यक्रम के तहत लाया जाए। समिति घोषणा करती है कि 'तमाम गतिविधियों में अल्पसंख्यकों के बारे में सूचना देने में पारदर्शिता होनी चाहिए। यह अनिवार्य किया जाना चाहिए कि तीन महीनों में एक

1. इसकी टिप्पणियों के सारांश के लिए देखें, 'विल द आयरन फेंस सेव ए ट्री हॉलौड बाय टरमाइट्स' डिफेंस इम्परेटिव्स बियांड दी मिलिटरी, ए.एस.ए., दिल्ली, 2005

बार निर्धारित फॉर्मेट में सूचना प्रकाशित/उपलब्ध कराई जाए तथा इन्हें विभागों और राज्य सरकारों की वेबसाइट पर भी डाला जाए।' यह सिफारिश करती है कि सरकार के हरेक कार्यक्रम के लिए अलग से आँकड़े रखे जाएँ कि उनसे मुसलमानों और अन्य अल्पसंख्यकों को कितना लाभ हो रहा है। यह सिफारिश करती है कि 'अल्पसंख्यकों के लिए विशेष एवं पृथक् केंद्र द्वारा प्रायोजित योजनाएँ तथा केंद्रीय योजनाएँ चलाई जाएँ, और इनमें मुसलमानों के लिए न्यायसंगत प्रावधान हो।' यह उर्दू के उत्थान एवं प्रसार के लिए विशेष उपाय करने की सिफारिश करती है। यह सिफारिश करती है कि विश्वविद्यालयों एवं स्वायत्त कॉलेजों में 'वैकल्पिक दाखिला पैमाना' अपनाया जाए, योग्यता के आकलन को कुल अंक की 60 फीसदी से ज्यादा नहीं आवंटित किया जाए, बाकी 40 फीसदी अंक घर की आय, जिले के पिछड़ापन और जाति के पिछड़ेपन एवं परिवार के पेशे के आधार पर आवंटित किए जाएँ। यह सिफारिश करती है कि विश्वविद्यालय अनुदान आयोग के अनुदानों को विद्यार्थी समुदाय की विविधता से जोड़ दिया जाए। यह सिफारिश करती है कि आई.टी.आई. में दाखिले के लिए पूर्व-प्रवेश अर्हता को कम किया जाए, कि 'ऐसे कार्यक्रमों की अर्हता का विस्तार मदरसों में शिक्षित बच्चों तक किया जाए।' यह सिफारिश करती है कि जहाँ मुसलमान पर्याप्त से कम संख्या में चुने या चयनित किए जाते हैं, वहाँ सावधानीपूर्वक ऐसी नामांकन प्रक्रिया तैयार की जाए कि एकदम निचले स्तर पर अल्सपंख्यकों की भागीदारी बढ़े। यह उल्लेख करती है कि राज्य काररवाई के संदर्भ में अल्पसंख्यकों की शिकायतों को सुनने-देखने के लिए पहले से ही मानव अधिकार आयोग और अल्पसंख्यक आयोग हैं। लेकिन यह पर्याप्त नहीं है, क्योंकि मुसलमान अभी भी महसूस करते हैं कि उन्हें समुचित हिस्सा नहीं मिल रहा है। समाधान? यहाँ प्रस्तुत है इसकी सिफारिश, और एक नमूना उद्धरण। यह अनिवार्य है कि यदि अल्पसंख्यकों को असंतुष्ट होने की खास धारणाएँ हैं,

कसौटी पर गौर करें, 'अगर अल्पसंख्यकों को असंतुष्ट होने की खास धारणाएँ हैं' तो राज्य (सरकार) द्वारा ऐसा तरीका खोजने के लिए तमाम प्रयास किए जाने चाहिए, जिससे इन शिकायतों का शीघ्रता से निवारण हो सके। इस प्रणाली को इस प्रकार काम करना चाहिए कि यह अल्पसंख्यकों को पूर्ण संतुष्टि प्रदान करे।

कसौटी पर फिर गौर करें, कोई बाह्य पैमाना नहीं, बल्कि 'अल्पसंख्यकों को पूर्ण संतुष्टि'।

अल्पसंख्यकों के साथ कार्य–व्यवहार करने में यदि किसी सरकारी कर्मी अथवा किसी निजी व्यक्ति द्वारा उन्हें समान अवसर नहीं दिए जाते हैं या उनके साथ पक्षपात या भेदभाव किया जाता है, तो इस पर तुरंत ध्यान दिया जाना चाहिए और इसका निदान किया जाना चाहिए। ऐसी प्रणाली तक उन तमाम व्यक्तियों एवं संस्थानों की पहुँच होनी चाहिए, जो यह शिकायत श्रेणी की पृष्ठभूमि एवं लिंग के आधार पर किसी नियोक्ता अथवा किसी व्यक्ति से कम अनुकूल व्यवहार मिला है।

जिम्मेदारी पूरी तरह दूसरे की है। दूसरे को अवश्य ही मुसलमानों की पूर्ण संतुष्टि के लिए कार्य करना चाहिए। जब तक मुसलमानों में 'असंतुष्ट होने की खास धारणाएँ हैं', तब तक दूसरा दोषी है…

और इन सबके लिए यह सिफारिश करती है कि एक 'राष्ट्रीय डाटा बैंक' बनाया जाना चाहिए तथा तमाम विभागों व एजेंसियों के लिए यह अनिवार्य कर दिया जाना चाहिए कि वे इसे सूचनाएँ प्रदान करें, ताकि दस्तावेज तैयार किया जा सके कि उनकी गतिविधियाँ मुसलमानों और अन्य अल्पसंख्यकों को कैसे प्रभावित कर रही हैं। और इन सबके ऊपर, सरकार को एक 'आकलन एवं निगरानी प्राधीकरण' बनाना चाहिए, जो हरेक कार्यक्रम और गतिविधि से अल्पसंख्यकों को मिलनेवाले लाभों का मूल्यांकन करें…

अविचलित क्रम—

- अधिकारों का ढिंढोरा पीटना, जो बदले में ले जाता है
- असंतोष को हवा देने में, जो बदले में ले जाता है
- असंतोष की तलाश करने में, जो बदले में ले जाता है
- असंतोष का ईजाद करने में, जो बदले में ले जाता है
- 'असंतुष्ट होने की धारणा' बनाने में, जो कसौटी बन जाता है और जो बदले में ले जाती है
- उस समूह के 'नेता' समूह में और गहरे कुरेदते हैं तथा पता करते हैं कि यह समूह तो भेदभाव से ग्रस्त है, जो बदले में ले जाता है
- शासक और होनेवाले शासक उस समूह पर एक समूह के रूप में ज़्यादा-से-ज़्यादा लुटाते जाते हैं (धन व सुविधाएँ), जो कि बदले में ले जाता है
- समाज और भी छोटे टुकड़ों में बिखरता जाता है…

क्या ही शानदार विकास! बहुत समय पहले नहीं, जब तक आप एक मुसलिम

को मुसलिम के रूप में नहीं, बल्कि एक इनसान के रूप में देखते थे, तब तक आप धर्मनिरपेक्ष नहीं थे। अब यदि आप एक मुसलिम को एक इनसान के रूप में देखते हैं, एक मुसलिम के रूप में नहीं, तो आप धर्मनिरपेक्ष नहीं हैं!

## परिणाम

अधिकारों का इस तरह ढिंढोरा पीटने के नतीजे हमारे चारों तरफ नजर आते हैं। ऐसा नहीं है कि लोग भ्रष्टाचार से खुश हैं। लेकिन वे इसे रोकने के लिए अधिकारियों का सामना करने के लिए तैयार नहीं हैं। इसके विपरीत, वे कहते हैं, ''आप देखते हैं, मुझे बस भुगतान करना है, और किसी तरह प्रश्नपत्र हासिल करना है। आप देखते हैं, यह मेरे बेटे के पूरे भविष्य का सवाल है। लेकिन मैं आपसे एक बात कहता हूँ, जब तक आप प्रेसवाले इन लोगों का पर्दाफाश नहीं करेंगे, और भ्रष्टाचार को खत्म नहीं करेंगे, इस मुल्क का गर्त में जाना तय है।' ठीक यही पैटर्न गंभीरतम मामला, राष्ट्रीय सुरक्षा में भी दोहराया जाता है। ऐसा क्यों है कि वह बार-बार विश्वासघात करता है, और हम हैं कि मुशर्रफ पर भरोसा करते रहते हैं? क्योंकि यदि हम उसके विश्वासघातों के सबूत को रिसने देंगे, तो हमें अपना आचरण बदलना पड़ेगा, हमें राष्ट्रीय सुरक्षा के लिए वस्तुतः कुछ कुरबान करना पड़ेगा। और वह हम करने को तैयार नहीं हैं। ऐसा क्यों है कि असमी लोग रोते हैं कि बांग्लादेशी घुसपैठिए उनकी जमीन पर कब्जा कर रहे हैं, लेकिन हम घुसपैठियों को घरेलू नौकरों के रूप में नियुक्त कर लेते हैं? यह वही लक्षण है, 'हमारे पास कोई विकल्प नहीं है, बल्कि हमें वही करना है, जो हम कर रहे हैं, लेकिन आपको अवश्य ही…' इन लोगों को पकड़ना चाहिए और भ्रष्टाचार को खत्म करना चाहिए, घुसपैठियों की पहचान करनी चाहिए तथा उन्हें निकाल बाहर करना चाहिए; बचे-खुचे दुश्मनों को सफाया तब करना चाहिए, जब मुशर्रफ हमसे सबसे बुरा सलूक कर चुका हो।

'हरेक के पास अधिकार हैं' 'हरेक के पास क्षमताएँ हैं' बन जाता है। इसी तरह, 'हरेक के पास समान अधिकार हैं' 'हर कोई समान रूप से सक्षम है' बन जाता है। मानकों की सुनना श्रेष्ठतावादी बनना है। चूँकि 'हर कोई समान रूप से सक्षम है', इसलिए मानक और परीक्षण जो अन्यथा सुझाते हैं, विशिष्ट वर्ग की, श्रेष्ठ वर्ग के वंचित लोगों को दबाए रखने की साजिश है। मानक इस तरह अवैध, 'श्रेष्ठतावादी' बन जाते हैं। मामूली ही आदर्श बन जाता है। परिणाम?

उच्चतम न्यायालय का फैसला वी.टी. राजशेखर द्वारा लिखे गए लेख को उद्धृत

करता है, 'योग्यता और सक्षमता विशुद्ध रूप से आर्यों की खोज है, जिसका मकसद अपने एकाधिकार को बनाए रखना है।' इस लेख का शीर्षक है, 'मेरिट, माई फुट। ए रिप्लाई टू एंटी-रिजर्वेशन रेसिस्ट्स।'[1] उच्चतम न्यायालय द्वारा, जो यह उद्धरण लिया गया है, इसे उसकी स्वीकृति के रूप में ही लिया जाना चाहिए। उच्चतम न्यायालय इस व्यक्ति की प्रामाणिकता पर कहता है, 'दुनिया में कहीं भी योग्यता एवं सक्षमता को इतना महत्त्व नहीं दिया जाता है, जितना भारत में, जो कि अब 120वें स्थान पर धकेल दिया गया है, वस्तुतः दुनिया के विभिन्न देशों में सबसे आखिर में पहुँच गया है।' अदालत इस व्यक्ति की सत्ता के बारे में अपनी बात जारी रखता है, भारत में उच्च जाति के शासक इस 'योग्यता' मंत्र की सहायता से देश के विशाल मूल बाशिंदों, अछूतों, आदिवासियों, पिछड़ी जातियों और 'धार्मिक अल्पसंख्यकों' को स्थायी रूप से गुलामों की तरह रखते हैं। 'योग्यता एवं सक्षमता' से उनका आशय जन्म होता है। योग्यता उच्च कुल में पैदा हुए लोगों, नीले खून में होता है। यह विशुद्ध एवं सीधा नस्लवाद है। जन्म और चमड़ी के रंग का 'योग्यता एवं सक्षमता' (दिमाग) से कुछ लेना-देना नहीं है, यह एक वैज्ञानिक रूप से सिद्ध तथ्य है। लेकिन सत्तारूढ़ वर्ग दुनिया में कहीं भी विज्ञान से जुड़ा नहीं होता है, क्योंकि विज्ञान प्रगति की बात करता है। और जिनकी प्रगति में दिलचस्पी है, उन्हें मानव (मानवीय) होना पड़ेगा। भारत में ऐसा नहीं है। अगर किसी को आदमी के प्रति आदमी की अमानवीयता को देखना हो, तो उसे अवश्य ही भारत आना चाहिए, जो कि नस्लवाद और असमानता का मूल निवास है। इसलिए, योग्यता का सिद्धांत खूबसूरती से इस सत्तारूढ़ वर्ग या जाति के अनुकूल बैठता है…'[2]

इस उद्धरण के लेखक एक अतिवादी प्रकार का प्रचारक हैं। माना जाता है कि वे सबसे घिनौनी गाली देते हैं। बरसों से उन्होंने और उनकी विषैली पत्रिका ने ब्रिटिश शासकों तथा ब्रिटिश शासन की तारीफ की है। उन्होंने उन लोगों की सराहना की है, जिन्होंने अंग्रेजों को भारत जीतने में मदद की, उन्होंने हिंसा की वकालत की है। और यहाँ हमारे पास भारत का उच्चतम न्यायालय है, जो ऐसे व्यक्ति के मूर्खतापूर्ण दावों को अपने फैसले में जाहिर स्वीकृति के तौर पर उद्धृत करता है!

इसके प्रबल विचारधारा बन जाने के बाद, अब मानक है 'आम आदमी'। जो

---

1. दलित साहित्य अकादमी, 1996, बंगलुरु
2. अशोक कुमार गुप्ता बनाम उत्तर प्रदेश राज्य, (1997) 5 एस.सी.सी. 201, 231 पर, पैरा 35

काम करने की जरूरत है, उसके लिए उसके पास कोई विशेष योग्यताएँ या अर्हताएँ नहीं हैं, विधायकों के पास विधायन के लिए कोई खास कौशल नहीं है; अफसरों के पास मंत्रालयों को चलाने के लिए कोई विशेष हुनर नहीं है, ठीक वैसे ही, जैसे कि जो काम किया जाना है, उसके लिए आरक्षणवादियों के पास कोई कौशल नहीं होता है।

इस पतन को रोकने का एक रास्ता है प्रवचन। लेकिन यहाँ भी 'आम आदमी' का दैवीकरण वही परिणाम सामने लाता है। जैसे कि सांसद या मंत्री या अधिकारी बनने के लिए किसी विशेष अर्हता की आवश्यकता नहीं होती है, वैसे ही चीन पर, पाकिस्तान पर, बजट पर एक राय रखने के लिए न तो किसी विशेष प्रयास की जरूरत है और न ही विशेषज्ञता की। जैसा कि ऑर्टेगा वाई-गैसेट ने इसे रखा है, "आज... विश्व में जो कुछ घटता है या जो कुछ घटना चाहिए, उसके बारे में औसत आदमी सबसे गणितीय 'विचार' रखता है। इसलिए उसने अपनी श्रवण शक्ति का प्रयोग करना छोड़ दिया है या खो दिया है। यदि उसके अंदर वह सबकुछ है, जिसकी जरूरत है, तो उसे क्यों सुनना चाहिए? अब सुनने की कोई वजह नहीं है, बल्कि केवल फैसला देना है, घोषणा करनी है, निर्णय करना है, आकलन करना है। उस सार्वजनिक जीवन का कोई सवाल नहीं उठता, जिसमें वह दखल नहीं देता है; वह अंधा और बहरा है, बस अपनी 'राय' थोप देता है।"[1]

और 'विचारों' के इस प्रसंस्करण की एक सर्व-महत्त्वपूर्ण सहायक क्रिया है। ऑर्टेगा वाई. गैसेट अपनी बात जारी रखते हैं, "औसत आदमी खुद को पाता है कि उसके माथे में 'विचार' हैं, लेकिन उसके पास उद्भावना की क्षमता का अभाव है। उसे उस विरले वातावरण की धारणा तक नहीं है, जिसमें विचार पलते हैं। वह राय रखना चाहता है, लेकिन वह उन शर्तों और पूर्व धारणाओं को स्वीकार करने के लिए इच्छुक नहीं है, जो सभी विचारों के मूल में होता है। इसलिए उसके विचार वास्तव में शब्दों में भूख से ज्यादा कुछ नहीं होते हैं।'[2]

और यह 'आम आदमी' की राय होती है, जो फिर प्राप्त की जाती है तथा उपाय के तौर पर उसे प्रसारित किया जाता है। उन कार्यक्रमों को देखें, जिनमें 'आम लोगों' के मिश्रण से घोषणा करने के लिए कहा जाता है। स्टूडियो की एस.एम.एस.

1. ऑर्टेगा वाई. गैसेट, पृष्ठ 71 के उलट उद्धृत
2. वही, पृष्ठ 73

की गई टिप्पणियों को देखें, जो टी.वी. के परदे पर बहती हुई दिखाई जाती हैं। टी.वी. चैनलों के त्वरित 'मतदान' को देखें, 83% कहते हैं, 'हम मुशर्रफ पर विश्वास नहीं कर सकते हैं, इसके फॉर्मूले पर अवश्य ही सकारात्मक रवैया अपनाना चाहिए''! यह बस इतना ही नहीं है कि वे आपको कभी नहीं बताते हैं कि कितनों का 83%? 10 का या 10,000 का? यहाँ 'आम आदमी हैं जिनके पास विषय का कोई विशेष ज्ञान नहीं है; यहाँ पर 'आम आदमी' हैं, जिनकी संख्या तक के बारे में हमें नहीं पता। लेकिन आपको हरेक मुद्दे पर उनकी राय गंभीरतापूर्वक अवश्य लेनी चाहिए; चाहे मसला हो कि क्या सचिन तेंदुलकर को रिटायर कर जाना चाहिए या हमें चीन के मामले में क्या करना चाहिए!

लोगों की इसी श्रेणी में उन्हें रखा जा सकता है, जिनके पास बगैर कोई प्रयास किए राय हैं, विचार हैं। खुद मीडिया में काम करनेवाले लोग, जैसे आज के टी.वी. संवाददाता—कॉलेज से ताजा पास होकर निकले हुए, हाथ में माइक लिये हुए, वह हर चीज पर घोषणा करता है। टी.वी. कार्यक्रमों में कई परिचर्या करनेवाले थोड़े अलग होते हैं, वे वहाँ महज इस कारण हैं कि वे एक पद पर हैं या एक राजनीतिक पार्टी से हैं। वैकल्पिक रूप में, क्योंकि वे ये भी नहीं हैं, लेकिन 'आम आदमी' के स्थानापन्न हैं। विरले मौके पर जब एक विशेषज्ञ को आमंत्रित किया जाता है, तो उनसे कहा जाता है कि वे अपनी राय को सरल रूप में रखें और इसे 'आम आदमी' के तरीके से कहें, ताकि हालाँकि यह विशेषज्ञ ज्ञान से मंडित हैं, लेकिन उनका विचार बस एक अन्य विचार है, विभिन्न लोगों द्वारा जाहिर किए गए कई विभिन्न विचारों या रायों में से एक और राय! इनमें से हरेक राय का उतना ही वजन है, उतना ही महत्त्व है, जितना किसी अन्य राय का।

इनमें से कई परिचर्चा करनेवाले अपनी बात को तर्क या सबूत के द्वारा स्थापित नहीं करते हैं। वे भीड़ की ताकत के समर्थन पर ऐसा दावा करते हैं। अलिखित संदेश है कि यदि आप उस पर नहीं झुकते हैं, जो कुछ वे कह रहे हैं, तो आपको निंदा का सामना करना पड़ेगा, ''वह गरीब-विरोधी है, दलित-विरोधी है'' और आखिरकार हिंसक भीड़ का सामना करना पड़ेगा।

घटनाक्रम स्व-संदर्भित है। और इसलिए यह खुद की पुष्टि करता चलता है। एक टी.वी. कार्यक्रम का आकलन 'टी.आर.पी. रेटिंग्स' के द्वारा किया जाता है। ऐसी रेटिंगों में उच्च अंक तय करता है कि यह प्रोग्राम कितना विज्ञापन-राजस्व जुटाता है।

एक फिल्म की काबिलियत उसका बॉक्स-ऑफिस पर प्रदर्शन है। इसका अर्थ है कि जिस हद तक 'जनता' इसे देखती है। पाठकों की संख्या जैसे-जैसे बढ़ती है, अखबार की सामग्री छिछली होती जाती है। और यह संयोग नहीं है। अखबार को 'औसत पाठक' पर नजर गड़ानी होती है। दरअसल सबसे कम योग्य, सीमांत पाठक या दर्शक को लक्ष्य करना होता है। अगर वह ऊँचा लक्ष्य तय करता है, तो वह उसे निम्नतर अखबार या प्रतिद्वंद्वी टी.वी. चैनल को खो देगा।

अखबारों के स्तर गिरते हैं। खासकर जब लाभ पाठकों की संख्या पर निर्भर करता है और 'जनता' को इतना पवित्र बना दिया है, इतना महत्त्व प्रदान किया गया है कि उनके हिसाब से ही स्तर तय किया जाना है। यह बाद वाला प्रस्ताव विडंबनापूर्ण ढंग से लेनिन द्वारा आगे बढ़ाया गया, जो जनता को तुच्छ समझते थे, और माओ जैसे लोगों द्वारा जिन्होंने जनता को और यहाँ भारत में ऐसे लोगों को उनके स्थान पर रखा, जो उनके उद्धरण को उलटा पेश करते हैं तथा ये हैं हमारे प्रगतिशील बुद्धिजीवी!

एक ओर खामोशी बरतना और दूसरी ओर लाभ को एकमात्र लक्ष्य बनाना, बल्कि लाभ के लिए चुप रहने को अपना साधन बनाना अब एक विचारधारा बन गया है। जहाँ तक सामग्री की बात है, दंभी की, तिरस्कारक की विचारधारा। अब यह घोषणा की जाती है कि अखबार एक 'उत्पाद' है। अगला कदम उतना ही अनुमानेय हो गया है, जितना कि अवश्यंभावी। आज कुछ अखबार तसवीर, फीचर और यहाँ तक कि जो 'खबर' के रूप में छापा जाता है, प्रकाशित करने के लिए खुलेआम पैसे लेते हैं। मुझे अपने जीवन का सबसे बड़ा आश्चर्य तब हुआ, जब कोलकाता में एक पुस्तक उद्यमी ने एक छपा हुआ 'रेट कार्ड' भेजा, जिसमें दिया हुआ था कि किस तरह की चीज छापने के लिए कितना भुगतान करना होगा। मुझे बस यकीन नहीं हुआ कि ऐसा कुछ होता होगा!

'आम आदमी की पूजा' को खुद जल्द ही चालाकी से उखाड़ फेंका जाता है। जैसा कि हमने देखा है कि 'आम आदमी' की दुर्दशा के लिए छाती पीटने की जो होड़ लगी रहती है, उसका स्थान सहज रूप में उनके लिए छाती पीटना ले लेता है, जो आम आदमी के बीच कमजोर हैं। शिक्षाविद् और कार्यकर्ता तथा राजनीतिज्ञ उन वर्गों या खंडों की तलाश करते रहते हैं, जो इस आखिरी वर्ग से भी बुरी स्थिति में हैं, जिनके लिए वे पहले चीख-पुकार मचाए हुए थे। वे इन खंडों के आयामों को तलाशने में लग जाते हैं, जिन पर दूसरों ने अभी तक ध्यान नहीं दिया है। वे शिकायतों को

भड़काते हैं। शीघ्र ही, पूर्णकालिक राजनीतिज्ञों की तरह, वे शिकायतों का आविष्कार कर रहे होते हैं। अब तक 'आम आदमी' की पूजा ने इतना जकड़ लिया है कि अन्य चीजों के अलावा, इस दिशा में आगे निकल जाना कई लोगों को प्रगतिशील होने का अहसास कराता है।

## जन-प्रतिनिधि

'आम आदमी' की पूजा उनमें अपनी पराकाष्ठा पर पहुँच जाती है, जो खुद को 'आम आदमी' के प्रतिनिधि के रूप में पेश करते हैं। विधायक दावा करता है कि वह आम आदमी का प्रतिनिधि है, क्योंकि आम आदमी ने उन्हें चुना है। हमने पहले ही देखा है कि इस दावे में कितना कम सार है, कितनी कम सच्चाई है; क्योंकि यहाँ तक कि लोकसभा के ९८.८ फीसदी सदस्य भी मतदाताओं के अल्पमत से चुने जाते रहते हैं। लेकिन उससे भी ज्यादा नेता और भी मजबूती से करते हैं, वे आम आदमी का प्रतिनिधित्व करते हैं, क्योंकि वे सबसे ज्यादा उनकी तरह हैं, वे देहाती शब्द और बोली अपनाते हैं, वे आम जन की तरह कपड़े पहनते हैं; वे अपनी अश्लीलता का प्रदर्शन करते हैं और असभ्यता व गँवारूपन को 'प्रमाणिकता' के रूप में पेश करते हैं। 'आम आदमी' के लिए बोलने का एकाधिकार प्राप्त कर लेने के बाद वे हर उस प्रस्ताव की निंदा करते हैं, जो व्यवस्था को, प्रणाली को बदल सकता है; क्योंकि इस व्यवस्था के वे मालिक बन गए हैं, क्योंकि इस व्यवस्था पर उन्होंने काबू पा लिया है।

संक्षेप में, हमें अपना जोर अवश्य ही प्रतिनिधित्व से बदलकर प्रभावकारिता पर लगाना चाहिए।

## एक प्रति–उदाहरण

एडमंड बर्क को याद करें। आप याद करें कि मुद्दा–दर–मुद्दा वे जिन विचारों की वकालत कर रहे थे, उस पर उनके निर्वाचन क्षेत्र के मतदाता कितना क्रुद्ध हो गए थे! जब उनके पुनर्निर्वाचन का वक्त आया, तो उन्होंने बर्क पर अपना गुस्सा जाहिर किया कि जब वे उनका प्रतिनिधित्व करते थे, तो उन्होंने उनके हितों को आगे बढ़ाने के लिए प्रयास नहीं किया, वे मुख्यत: व्यापारी थे, बल्कि उन्होंने जो निष्कर्ष निकाले, वे देश के हित में थे। ब्रिस्टल में अपने निर्वाचकों के नाम उनका पत्र, इस सवाल पर उनके भाषण कि क्या एक संसद् सदस्य को अपने निर्वाचकों के

निर्देशों का अवश्य ही पालन करना चाहिए, पूरी सटीकता से उन सबकों को व्यक्त करते हैं, जिन्हें हमें सीखना चाहिए।

हम ऐसे आदमी की तलाश करते हैं, जो हमारी दलाली करेगा, ऐसे शख्स को खोजते हैं, जो हमारे मुहल्ले या इलाके की, हमारी जाति की जरूरतों को पूरा करेगा। बर्क स्पष्ट रूप से अपने निर्वाचकों से कहते हैं, ''अपने जन्म स्थान के लिए निश्चित रूप से मेरे दिल में बड़ी गर्मजोशी भरी शुभकामनाएँ हैं। लेकिन मेरे कर्तव्यों का दायरा मेरा असली देश है।''

हम ऐसे शख्स की तलाश में रहते हैं, जो वैसा करेगा, जैसा कि हम चाहते हैं, जो तुलमोहन राम होगा, फर्क यह होगा कि वह ऐसा न केवल अपनी ओर से, बल्कि हमारी ओर से भी होगा। और हरेक राजनीतिज्ञ एक–दूसरे को पीछे छोड़ देता है और कहता है कि कैसे वह अपने प्रतिद्वंद्वियों की तुलना में हमारी ओर से एक बेहतर तुलमोहन राम होगा। और बर्क? वे अपने निर्वाचकों से कहते हैं, ''इस पर निर्भर करें''

> '''कि स्वतंत्रता के प्रेमी मुक्त होंगे। भरोसेमंद एवं स्नेहपूर्ण सेवा कर कोई हमें खुश करने के लिए अपनी अंतरात्मा का उल्लंघन नहीं करेगा, वह उस अंतरात्मा से छुटकारा पा लेगा, जिसका उन्होंने उल्लंघन किया है। अगर हम ताबेदारी के द्वारा उनके दिमागों को निम्न और भ्रष्ट कर देंगे, तो यह उम्मीद करना बेवकूफी होगी, कि वे जो हमारी ओर अधम और नीच हैं, वे कभी भी सर्वाधिक ललचानेवाली तथा सर्वाधिक भयावह ताकत के खिलाफ हमारी स्वतंत्रता के लिए साहसिक एवं भ्रष्टहीन दावेदार नहीं बनेंगे। नहीं! मानव स्वभाव इस तरह का नहीं बना है और न तो ठगों व ढोंगियों का निर्माण करने के लिए दुनिया में सबसे अमोघ पावती को अपने पास रखकर हम सार्वजनिक लोगों की क्षमताओं में सुधार करेंगे या उनकी नैतिकता को बेहतर करेंगे।
>
> ''मुझे साफगोई से कहने दें कि मैं अब एक सार्वजनिक शख्सियत नहीं हूँ। अगर हम अपने प्रतिनिधियों के प्रति एक समुचित, कृपालु और भद्रतापूर्ण आचरण के द्वारा उनके दिमागों को आत्मविश्वास नहीं देंगे; और उनकी समझ को एक उदारवादी दायरा नहीं देंगे; अगर हम अपने सदस्यों को बेहद विस्तृत दृष्टि रखते हुए काम करने की इजाजत नहीं देंगे, तो हम अपने राष्ट्रीय नेतृत्व को विस्तृत रूप से, अचूक रूप से निम्नतर करते हुए एक स्थानीय एजेंसी के भ्रमित और हाथापाई करनेवाले शख्स में तब्दील कर देंगे। जब लोकप्रिय सदस्य अपने विचारों में संकीर्ण हो जाता है और अपनी काररवाइयों में डरपोक न कायर हो जाता है, तो ताज की सेवा करना राजनीतिज्ञों की एकमात्र बालवाड़ी

बन जाएगा। राजदरबार में आमोद-प्रमोद करनेवालों के बीच इसके कार्य-व्यवहार में हिस्सा लेने में यह काफी कतर-ब्योंत कर सकता है। फिर उसके अधिकार में जो अन्य प्रकार की तमाम शक्तियाँ हैं, उसमें मानसिक शक्ति का एकाधिकार जोड़ा जाएगा। लोगों के पक्ष में और कुछ नहीं, बल्कि बेबसी होगी, क्योंकि अज्ञानता बेबसी है; दिमाग की संकीर्णता बेबसी है; कायरता बेबसी है, और इसके साथ रहनेवाले अन्य गुणों को भी यह असमर्थ एवं बेकार बना देती है।

''वर्तमान में हमारे राजदरबार की यह योजना है कि अपने सेवकों को महत्त्वहीन बना दिया जाए। अगर लोग उसी मनोदशा में आ जाएँगे और अपने सेवकों को महज ताबेदारी तथा लचीलेपन के वैसे ही सिद्धांतों एवं तमाम सार्वजनिक मामलों में पूर्ण रिक्तता या उदासीन भावना के साथ अपने सेवकों को चुनेंगे, तो मुल्क का कोई भी भाग स्वस्थ नहीं रह पाएगा और इसे बचाने की बात सोचना व्यर्थ होगा।''

एक प्रतिद्वंद्वी ने निर्वाचकों से कहा कि वे हमेशा उनके निर्देशों के अनुसार काम करेंगे। बर्क ने तहेदिल से इस प्रस्ताव की निंदा की, यह जानते हुए भी अपने इस मत की उन्हें क्या कीमत चुकानी पड़ सकती है। उन्होंने अपने निर्वाचकों से कहा—

''निश्चित रूप से भद्रजनो, यह एक प्रतिनिधि की खुशी और गरिमा होनी चाहिए कि वह अपने निर्वाचकों के साथ निकटतम संबंध बनाकर रहे, सर्वाधिक करीबी अनुकूलता में रहे और सर्वाधिक अनारक्षित संपर्क-संवाद करे। उनकी इच्छाओं को उसे अत्यधिक महत्त्व देना चाहिए; उनके मत को ऊँचा सम्मान देना चाहिए; उनके कामकाज व कारोबार पर निरंतर ध्यान देना चाहिए। यह उसका कर्तव्य है कि वह अपनी विश्रांति, अपनी खुशियाँ, अपनी संतुष्टियों को उनके ऊपर कुरबान कर दे, और सर्वोपरि कि वह अपने हितों की बजाय उनके हितों की फिक्र करे। लेकिन उसका निष्पक्ष मत, उसका परिपक्व फैसला, उसकी प्रबुद्ध अंतरात्मा, इन सबको उसे आप लोगों पर, किसी भी शख्स पर या किसी भी व्यक्ति-समूह पर न्योछावर नहीं कर देना चाहिए। वह इन्हें न तो आपकी खुशी से हासिल करता है और न ही कानून या संविधान से। वे ईश्वर से प्राप्त एक विश्वास हैं, एक न्यास हैं और इनके दुरुपयोग के लिए वह अंतरतम से जिम्मेदार है। आपका प्रतिनिधि आपको केवल अपना परिश्रम ही नहीं, बल्कि अपना फैसला भी धारता है; और यदि वह इसे आपके मत पर लुटा देता है, तो वह आपकी सेवा करने की बजाय आपके साथ विश्वासघात करता है।''

बर्क के विरोधी ने कहा था कि वह अपनी इच्छा को उन लोगों के मत और निर्देश के अधीन कर देगा, जिनका वह प्रतिनिधित्व करना चाहता है। बर्क ने इस तर्क को सिर के बल पलट दिया और उनसे दो टूक कहा कि हालाँकि उनके मत एवं

झुकाव हो सकते हैं, लेकिन 'सरकार और विधायन विवेक तथा फैसले के मामले हैं, न कि झुकाव के…' उन्होंने निर्वाचकों से कहा—

"मेरे काबिल सहयोगी कहते हैं, उनकी इच्छा आपकी इच्छा के अधीन होगी। अगर यही सबकुछ हो, तो बात निर्दोष है, मासूम है। अगर सरकार के किसी पक्ष की इच्छा का मामला हो, तो निस्संदेह आपकी इच्छा का दरजा ऊँचा होना चाहिए। लेकिन सरकार और विधायन, विवेक और फैसले के मामले हैं, किसी झुकाव के नहीं। और यह किस किस्म का तर्क है, जिसमें चर्चा के पहले निर्णय हो जाता है, जिसमें व्यक्तियों का एक वर्ग विचार-विमर्श करता है तथा दूसरा समूह फैसला करता है, एसं जो निष्कर्ष निकालते हैं, वे संभवत: उनसे तीन सौ मील दूर हैं, जो तर्कों को सुनते हैं?

"अपनी राय देना सभी लोगों का अधिकार है। निर्वाचकों की राय एक वजनदार एवं सम्मानित राय है, जिसे एक प्रतिनिधि को सुनकर आनंदित होना चाहिए; और जिस पर उसे हमेशा सबसे ज्यादा गंभीरता से विचार करना चाहिए। लेकिन आधिकारिक निर्देश, आदेश जारी करना, जिससे निर्वाचित सदस्य आँख मूँदकर बँधा हो और परोक्ष रूप से वह उसका पालन करे, वोट दे तर्क रखे, भले ही यह उसके अपने निर्णय तथा अपनी अंतरात्मा के एकदम खिलाफ हो, तो ये ऐसी बातें हैं, जो इस देश के कानूनों के लिए अज्ञात हैं, और जो हमारे संविधान की पूरी व्यवस्था एवं प्रकृति की मौलिक भूल से पैदा होती हैं।"

और फिर उन्होंने एक विधायिका की सच्ची प्रकृति तथा उसके कार्य का वर्णन किया। यदि सिर्फ हमारे विधायक एवं टिप्पणीकार इन शब्दों को अपने दिमाग में याद रखें!

बर्क ने कहा,

"संसद् भिन्न-भिन्न एवं विरोधी हितों के दूतों का सदन नहीं है, जिसमें हरेक दूत एक एजेंट और वकील के रूप में अन्य एजेंटों तथा वकीलों के खिलाफ अपने हित का अवश्य ही ध्यान रखे; बल्कि संसद् एक देश का वैचारिक सदन है, जिसमें एक ही हित पर विचार किया जाता है और वह है संपूर्ण का हित; जहाँ स्थानीय मकसद नहीं, स्थानीय दुराग्रह नहीं, बल्कि संपूर्ण के आम विवेक से निकली सामान्य भलाई को विधायकों का मार्गदर्शन करना चाहिए। आप वाकई एक सदस्य चुनते हैं; लेकिन जब आप उसे चुन चुके होते हैं, तो वह ब्रिस्टल का एक सदस्य नहीं होता है, बल्कि वह संसद् का एक सदस्य हो जाता है। अगर स्थानीय निर्वाचक का कोई ऐसा हित हो, या वह जल्दबाजी में कोई राय बना ले, जो जाहिर तौर पर बाकी समुदाय की वास्तविक भलाई के विपरीत हो, तो सदस्य (उस निर्वाचन क्षेत्र का) को उस हित को अमली

जामा पहनाए जाने से उतना ही दूर हो जाना चाहिए, जितना कि कोई अन्य सदस्य। इस विषय पर इतना कुछ बोलने के लिए मैं क्षमाप्रार्थी हूँ…''

आज न केवल राजनीतिक दलों के सदस्य अपनी राय जाहिर करने में हिचकते हैं, बल्कि पार्टियाँ भी उन्हें ऐसा करने देने का साहस नहीं करती हैं। सार्वजनिक भाषण की परिस्थिति ऐसी है कि मीडिया तथा प्रतिद्वंद्वी पार्टियाँ निश्चित रूप से उस अभिव्यक्ति पर टूट पड़ती हैं और चिल्ला पड़ती हैं, 'पार्टी में मतभेद हैं।' और बर्क? आयरिश के सवाल पर एक आयरिश होने का, अमरीकी के सवाल पर एक अमरीकी होने का, न कि एक अंग्रेज होने का आरोप लगाया गया, क्योंकि दोनों ही मौकों पर उन्होंने लोकप्रिय भावना की अवहेलना की। वे लोकप्रिय भर्त्सना के सामने खड़े हुए और उन्होंने अपील की कि इन लोगों की उचित माँगें मानी जानी चाहिए। वे अपने निर्वाचकों से बेलाग कहते हैं कि उन्होंने उन आपदाओं को पहले से देख लिया है, जिसे उन्होंने (निर्वाचकों ने) अपने पर बुला लिया है; वे याद दिलाते हैं कि उन्होंने उन्हें चेतावनी दी थी और उन्होंने उन्हें तिरस्कृत किया था। वे पूछते हैं, ''क्यों! भद्रजनो' क्या मुझे यह नहीं देखना था, या मैं नहीं देख रहा हूँ, क्या मुझे इन तमाम दुष्टताओं और अपमानों से आपको बचाने का प्रयास नहीं करना था? क्या निर्देशों का पालन करने का, और अपना कोई मत नहीं रखने, बल्कि केवल आपकी राय पर चलने का तुच्छ, मूर्खतापूर्ण वोट माँगने का बकबक, और ऐसी बकवास, निरर्थक कहानियाँ, जो बिना सोच-विचारवाले लोगों के खाली कानों को सुहाती हैं, आपको 'निर्दयी तूफान के थपेड़ों' से बचा पातीं? जो ढीले अदूरदर्शी लोग होते हैं, वे कायरतापूर्ण उतावलापन दिखाते हैं, वे सामने खड़े खतरे को देखने का साहस नहीं करते हैं, ताकि वक्त रहते सँभल सकें, और इसीलिए खुद को सीधे खतरे के बीच झोंक देते हैं। ऐसा रवैया क्या राष्ट्र को अपमानजनक स्थिति में नहीं ला दिया होता, पराजित होकर धरती पर गिरा नहीं दिया होता, बेसहारा, निरस्त्र, विरोध रहित नहीं कर दिया होता? या उस दिन मैं अपना सिर झुका लेता और ग्रेट ब्रिटेन के अपमान पर शर्म एवं खामोशी से रोता? मैं एक बात के लिए इंग्लैंड में अलोकप्रिय हुआ और दूसरी बात के लिए आयरलैंड में अलोकप्रिय हुआ। तो क्या? लोकप्रिय होने के लिए मेरा क्या दायित्व बनता है? मैं दोनों ही राज्यों की सेवा करने के लिए बाध्य था। मेरी सेवा से खुश होना! उनका काम था, मेरा नहीं। आयरिश मसले पर मैं एक उतना ही आयरिश था, जितना अमरीकी मसले पर उन्हीं सिद्धांतों पर एक अमेरिकी था। मैं चाहता था कि जिस वक्त अमरीका

हमारे कदमों में रियायत की गुहार कर रहा था, आप उसे वह दे दें। मैं तब भी उतना ही एक अमरीका था, जब मैंने चाहा कि संसद् जीत की शर्तें प्रस्तुत कर दे और पराजय की घड़ी का इंतजार न करे, ताकि कमजोरी की भरपाई हो जाए एवं अपने विशेषाधिकार, उत्कर्ष एवं प्राधिकार के दावे का अनुनय करे...

"इस तरह, क्षमता, सुदृढ़ स्वतंत्रता, और प्रतिबद्धता का मैंने प्रदर्शन किया है। लेकिन मेरी प्रतिबद्धता हमारे तथा हमारे समूह के लिए नहीं, बल्कि संपूर्ण के लिए थीं..."

और, जैसा कि बर्क ने जितना अपने उदाहरण द्वारा, उतना ही अपने शब्दों द्वारा बताया कि एक व्यक्ति इसलिए निर्वाचित होने के योग्य नहीं है कि वह 'लोगों की तरह' है—वैसे ही थोड़े शिक्षित जितने वे हैं, दुनिया के बारे में उतने ही अनभिज्ञ जितने वे हैं, जटिल विधायी प्रस्तावों का आकलन करने या उन्हें तौलने और वैकल्पिक नीतियों के बीच चुनने में उतने ही अनाड़ी, जितने वे हैं। उसे इसलिए चुना जाना चाहिए कि वह प्रतियोगी प्रस्तावों और विकल्पों का आकलन करने के लिए वे सबसे उपयुक्त व्यक्ति है। और उन्हें खासतौर पर उनके लिए नहीं चुना जाना है, बल्कि पूरे देश के लिए चुना जाना है।

हमने देखा है कि इन आधारभूत बातों से विचलन किस तरह तमाम लोगों के साथ विश्वासघात करने का दरवाजा खोल देता है। लोग संप्रभु हैं। विधायक लोगों की तरह है। इसलिए, वह उनका प्रतिनिधि है। वह उनके हित में काम करता है। इसलिए, वह उनकी ओर से शक्ति का प्रयोग करता है। इसलिए, उनके समूह के तौर पर, संसद् संप्रभु है... । यह क्रम लोगों का हित नहीं, बल्कि तथाकथित प्रतिनिधि का हित साधता है। व्यक्तिगत रूप से विधायक को तब देखें, जब वह अध्यक्ष की अवज्ञा करता है, जब वह सदन की काररवाई के नियमों का उल्लंघन करता है। वह लोग हैं, वह संप्रभु हैं। नियम क्या हैं, उसके बनाए हुए हैं? चूँकि उसने उन्हें बनाया है, इसलिए वह उनकी 'व्याख्या' कर सकता है, वह उनकी अवहेलना कर सकता है। निष्कर्ष, जैसा कि हमने देखा है, 'इसलिए, संसद् संप्रभु है' नेता का और भी हित साधता है। क्योंकि, जैसा कि एक वरिष्ठ नौकरशाह ने मुझे एक बार तर्कविद्या के जरिए समझाया कि आपके और मेरे समक्ष विधायक 'कमजोर के लिए मजबूत और मजबूत के लिए कमजोर होता है'। 'संप्रभु' की तरह अभिमान से चलता है, लेकिन अपने नेता के सामने वह खुद ताबेदारी करता है।

संक्षेप में, जब हम 'लोग' को देवतुल्य बनाते हैं, तो हम अपहरणकर्ता, कब्जा करनेवाले के लिए रास्ता साफ कर देते हैं, हम उन असंख्य स्वयंसिद्ध चीजों को वैधता प्रदान कर देते हैं, जो उनके 'प्रतिनिधि' उनके नाम का हवाला देकर करते हैं। लोग संप्रभु नहीं हैं। वे सर्वज्ञ नहीं हैं। वे धूर्त लोगों द्वारा गलत विकल्पों के जाल में फँसाए जा सकते हैं। इसलिए, जैसे कि हमें अवश्य ही अपना जोर प्रतिनिधित्व की बजाय प्रभावकारिता पर लगाना चाहिए, वैसे ही हमें अवश्य ही लोगों को अपनी जिम्मेदारियों के प्रति जागरूक बनाना चाहिए। हमें उन्हें उन सीमाओं से अवश्य ही वाकिफ कराना चाहिए, जिनके तहत ही वे कार्य कर सकते हैं।

## नियम-पालन

यह एक चमकदार समारोह था। संसद् सदस्य केंद्रीय सभागार में एकत्र हुए थे। यह वही सभागार है, जिसमें संविधान को अपनाया गया था। वे वहाँ आबादी की स्वर्णिम जयंती का जश्न मनाने के लिए एकत्र हुए थे। राष्ट्रपति, प्रधानमंत्री और बाकी गण्यमान्य लोग भी वहाँ थे। वहाँ अन्य चमकदार घटनाएँ भी हुईं। इस 'ऐतिहासिक अवसर', जैसा कि उन्होंने इसे कहा, पर लोकसभा के सदस्यों ने सर्वसम्मति से एक प्रस्ताव अपनाया। उन्होंने घोषणा की कि यह 'भारत के लिए हमारा एजेंडा' (कार्य-सूची) है, उससे कम नहीं।

अन्य बातों के अलावा, उन्होंने 'सार्थक चुनाव सुधार करने का संकल्प लिया, ताकि हमारी संसद् और अन्य विधायी निकाय लोकतंत्र के संतुलित और प्रभावी साधन बनें; तथा राजनीतिक जीवन एवं प्रक्रियाएँ अवांछित बाह्य कारकों, जिसमें अपराधीकरण शामिल है, के प्रशासन पर विपरीत या प्रतिकूल प्रभाव से मुक्त हों।' वे इतने से ही संतुष्ट नहीं हुए, उन्होंने बाद के पैराग्राफ में उस संकल्प को दोहराया और उसे विस्तार से बताया! उन्होंने संकल्प लिया कि सार्वजनिक जीवन में बृहत्तर पारदर्शिता, ईमानदारी और उत्तरदायित्व सुनिश्चित करने के लिए निरंतर एवं पूर्व-सक्रिय प्रयास किए जाएँगे, ताकि संसद् और अन्य विधायी निकायों की सत्ता एवं सम्मान सुनिश्चित किए जाएँ और उन्हें बढ़ाया जाए। खासतौर पर तमाम राजनीतिक दल ऐसे सभी कदम उठाएँगे, जो हमारी राजनीतिक व्यवस्था को अपराधीकरण या उसके प्रभाव से मुक्त करने में मदद करेंगे।'

सांसदों ने और आगे संकल्प लिया कि 'संसद् की प्रतिष्ठा संरक्षित की जाए तथा इसे बढ़ाया जाए। इसके लिए सदनों के कार्य-संचालन के लिए बनाए गए तमाम

नियम प्रक्रिया का सजग एवं सम्मानजनक ढंग से अनुपालन किया जाए और सुचारू रूप से कारवाई चलाने के लिए पीठासीन अधिकारियों के निर्देशों का पालन किया जाए। इसके लिए खासतौर पर निम्न बातों का ध्यान रखा जाए—

- प्रश्नकाल की अनुल्लंघनीयता को बरकरार रखा जाए;
- सदन के सरकारी क्षेत्रों के अतिक्रमण या उल्लंघन से बचा जाए या नारेबाजी न की जाए; और
- राष्ट्रपति द्वारा संबोधन किए जाने के दौरान बाधा डालने या हस्तक्षेप करने के किसी भी प्रयास से बचा जाए।'

अब सदन की कारवाई का टी.वी. पर प्रसारण किया जाता है, इसलिए आप अवश्य ही देखते होंगे कि वे कितनी ईमानदारी से अपने गंभीर संकल्प को निभाते हैं!

'लेकिन हम संप्रभु हैं। सदन के कार्य-संचालन की नियम-प्रक्रियाएँ क्या हैं? उन्हें किसने बनाया? उन्हें हमने बनाया। इसलिए, हम उन्हें बदल सकते हैं, हम उनकी व्याख्या कर सकते हैं, हम उन्हें दरकिनार कर सकते हैं। सवाल है, "कौन संप्रभु है? हम या वे नियम, जिन्हें हमने बनाया है?" यह परिकल्पना की बजाय आधार-वाक्य है। और यह 'लोग' के दैवीकरण और 'लोग' के विनियोग का अनुसरण करता है।

लेकिन इस तरह हमारा देश भी उसी तरह का हो जाएगा, जैसा कि हमारे विधायक (सांसद) बन गए हैं। हमें विपरीत आधार-वाक्य की जरूरत है।

मैं जब पहली बार अपनी डॉक्टरेट के अध्ययन के लिए अमरीका गया था, तो मुझे उस दौरान सीखा गया एक सुस्पष्ट सबक अभी भी याद है। उन दिनों बस एक सौ डॉलर में कोई एक टिकट खरीद सकता था और कई महीनों तक एक धूसर बस में बैठकर अमरीका में कहीं भी यात्रा कर सकता था। मैंने पहली छुट्टी का उपयोग सिराक्यूस से सिएटल, वहाँ से सैन फ्रांसिस्को और वहाँ से सैन जोंस जाने के लिए करने का फैसला किया; यानी सिराक्यूस से शुरू होकर पूरा वृत्त चक्कर काटते हुए सिराक्यूस ही लौटना था। आखिरी मिनट में एक प्रोफेसर ने मुझसे कहा कि मैं अपनी यात्रा का एक भाग बस की तुलना में ज्यादा आराम से पूरा कर सकता हूँ, कि वे सिएटल में अपने घर लौट रहे हैं और मेरा उनकी कार में स्वागत है।

यह एक स्पोर्ट्स कार थी। हम मध्य-पश्चिमी राज्यों को फर्राटे से पार कर रहे थे। आप मीलों तक किसी शख्स को नहीं देख सकते हैं। प्रोफेसर विचलित कर देनेवाली

गति से गाड़ी चला रहे थे। लेकिन वे अकसर ही गाड़ी धीमी कर देते थे, पूरी तरह रुक जाते थे, और फिर रफ्तार पकड़ते थे। आखिरकार मैंने उनसे पूछा कि वह ऐसा क्यों कर रहे थे। उन्होंने समझाया, ''लेकिन वहाँ पर 'रुकने' का निशान लगा हुआ था।'' यहाँ क्षितिज पर जहाँ तक नजर जाती थी, कोई नजर नहीं आता था। हम एक विशाल पठार पर थे। लेकिन महज इस कारण कि एक निशान लगा हुआ था, वे कार को पूरी तरह रोक देते थे।

हमारे मामले में, एक व्यक्ति की हैसियत इस बात से जानी जाती है कि वह कितने नियमों की अवहेलना कर सकता है। यह एक बड़ा कारण है कि मंत्री और विधायक हैसियत की सीढ़ी पर इतने ऊँचे नजर आते हैं!

लेकिन मजबूत किनारे पानी को तेजी से बहने योग्य बनाते हैं। नियम मेरी स्वतंत्रता को बढ़ाते हैं, विस्तार देते हैं, क्योंकि वे दूसरों को उन सीमाओं में बाँधते हैं, जिनका वे उल्लंघन नहीं कर सकते हैं। वस्तुत:, लोगों का एक समूह उतना ही एक समुदाय होता है, जितना उसके सदस्य एक साझा नियम-संग्रह को मानते हैं, जितना वे साझा मूल्यों का अनुपालन करते हैं। हमारे ढाँचों के कार्य करने के लिए, हमें अपने विधायकों में नियम-पालन करने की आदत उतनी ही डालनी पड़ेगी, जितनी कि अपने बच्चों में।

यह सही है कि हमें ऐसी परंपराएँ बनानी पड़ेंगी और ऐसे तरीके निकालने पड़ेंगे, जिनके द्वारा संस्थानों में उपयुक्त व्यक्ति नियुक्त किए जाएँ। लेकिन कामों में, नौकरियों में सर्वोत्तम व्यक्तियों को लगाना केवल पहला कदम है। संस्थान उस तरीके से मजबूत किए जाते हैं या बरबाद कर दिए जाते हैं, जिससे वे रोजाना साधारण मामलों में काम करते हैं। जिस तरह धूल भरे गरमी के मौसम में हम दिन में दो बार स्नान करते हैं, वैसे ही हमें संस्थानों को दिन में दो बार पोषण करने की जरूरत है।

दिन भर।

रोजाना।

जब तक हम जीवित हैं।

और न ही ऐसा कोई बटन है, जिसे एक बार चालू कर दिया जाए, तो वह यह सुनिश्चित करेगा कि हमारे संस्थान इसके बाद सुचारू रूप से काम करेंगे, ढाँचे में ऐसा कोई बदलाव नहीं हो सकता, जो यह सुनिश्चित करे कि इसके बाद यह हमेशा के लिए आम हित को साधेगा।

'धम्मपद' हमें व्यक्ति के रूप में जो सुझाव देता है, वह हमें वह रास्ता भी बताता है जिस तरह संस्थानों का पोषण किया जाना चाहिए, उसकी देखभाल की जानी चाहिए—

> जैसे सुनार चाँदी से अशुद्धियाँ हटाता है, वैसे ही बुद्धिमान व्यक्ति अपने व्यक्तित्व से अशुद्धियाँ हटाता है—एक-एक कर, थोड़ा-थोड़ा, बार-बार।

## व्यक्ति

वैसे, आखिर में, हर चीज व्यक्ति पर आकर टिक जाती है और इस पर कि वह कैसा आचरण करता है!

याद करें जोसफ की कहानी की चेतावनी को, जो तात्कालिक अध्यक्ष डॉ. सच्चिदानंद सिन्हा ने संविधान सभा के उद्घाटन भाषण में दी थी। कहानी में कहा गया था—

> 'अमरीका युवाओं को नहीं भूलने दें कि उनके पास एक आदर्श विरासत है (अपने संविधान में), जिसे उनके पूर्वजों ने अपने परिश्रम, और तकलीफों, तथा अपने खून-पीसने से खरीदा है और यदि बुद्धिमानी से इसे बेहतर किया जाए एवं निष्ठापूर्वक इसकी रक्षा की जाए, तो यह उनकी नवीनतम पीढ़ी को जीवन की तमाम बड़ी नेमतें, खुशियाँ, स्वतंत्रता, संपत्ति, धर्म और आजादी के शांतिपूर्ण सुखोपभोग बख्शने में समर्थ है। यह ढाँचा परिपूर्ण कौशल और निष्ठा के शिल्पकारों द्वारा खड़ा किया गया है; इसकी नीवें ठोस हैं; इसके विभाग सुंदर व उपयोगी हैं; इसके इंतजाम बुद्धिमानी और व्यवस्था से परिपूर्ण हैं; तथा इसकी सुरक्षा-व्यवस्था बाहर से भेदने योग्य नहीं है। इसे अमरत्व पाने के लिए पोसा गया है, यदि आदमी का कृत्य ऐसा नाम हासिल करने की आकांक्षा रखता है। बावजूद इसके यह एकमात्र संरक्षक, लोगों द्वारा की गई गलती, या भ्रष्टाचार, या लापरवाही से घंटे भर में नष्ट हो जा सकता है। गणतंत्र (और यहाँ डॉ. सिन्हा रुके, तथा उन्होंने एकत्र सदस्यों से कहा, 'ये वे शब्द हैं, जिन पर मैं आपसे विचार करने की अनुशंसा करता हूँ) नागरिकों के सद्गुण, सार्वजनिक भावना और बुद्धि से गढ़े जाते हैं। जब जन-परिषदों से बुद्धिमान लोग इसलिए निकाल दिए जाते हैं कि वे ईमानदार होने का साहस दिखाते हैं, और लंपट लोग पुरस्कृत किए जाते हैं, क्योंकि वे लोगों के साथ विश्वासघात करने के लिए उनकी चापलूसी करते हैं, तो उनका पतन हो जाता है।''[1]

आखिर के चंद शब्दों पर पल भर के लिए रुकें, ''जब जन-परिषदों से बुद्धिमान

1. कांस्टिटुएंट एसेंबली ऑफ इंडिया, डिबेट्स, 9 दिसंबर, 1946, पुस्तक 1, अंक 1, पृष्ठ 5

लोगों को निकाल दिया जाता है, क्योंकि वे ईमानदार होने का साहस दिखाते हैं, और लंपट लोग इसलिए पुरस्कृत किए जाते हैं कि वे चापलूसी करते हैं, लेकिन अंतत: लोगों के साथ विश्वासघात करते हैं, तो उनका पतन हो जाता है।'' जैसा हाल डॉ. सिन्हा के राज्य बिहार का कर दिया गया है, क्या इससे कोई बेहतर वर्णन हो सकता है? आधार-शर्त स्पष्ट कर दिए जाने के बाद, क्या पहले कही गई नतीजतन कहानी से बचा जा सकता है? और क्या उत्तर प्रदेश में भी बिहार की कहानी नहीं दोहराई जा रही है? क्या इस विनाश में स्वतंत्रता जीवित रह पाएगी? कैसे कोई विकास-कार्य बना रह सकेगा?

तीन साल बाद, राष्ट्रपति डॉ. राजेंद्र प्रसाद ने जब संविधान सभा के विचार-विमर्श का समापन किया, तो वे इसी बात पर लौटे। आप उनके शब्दों को याद करें—

संविधान जो कुछ प्रदान करे या न करे, देश का कल्याण इस पर निर्भर करेगा कि मुल्क का प्रशासन कैसे चलाया जाता है। वह उन आदमियों पर निर्भर करेगा, जो प्रशासन चलाएँगे। यह एक घिसा-पिटा कथन है कि एक देश में सिर्फ वैसी ही सरकार हो सकती है, जिस लायक वह है। हमारे संविधान में ऐसे प्रावधान हैं, जो कुछ लोगों को एक बात से या दूसरी बात से आपत्तिजनक लगते हैं। हमें यह अवश्य ही स्वीकार करना चाहिए कि देश के हालात में और व्यापक लोगों में कमियाँ या दोष अंतर्निहित हैं। यदि जो लोग चुने जाते हैं, वे सामर्थ्यवान और चरित्रवान व निष्ठावान हैं, तो वे एक दोषपूर्ण संविधान के रहते हुए भी सर्वोत्तम परिणाम देंगे। लेकिन उनमें इनका अभाव है, तो संविधान देश की मदद नहीं कर सकता है। आखिरकार, संविधान एक मशीन की तरह बेजान है। यह जीवंत तब होता है, जब इसका नियंत्रण और संचालन करनेवाले लोग इसमें जान फूँकते हैं। और भारत को आज बस ईमानदार लोगों के एक समूह से ज्यादा की जरूरत नहीं है, जिनके सामने देश का हित रहेगा। हमारे जीवन के विविध तत्त्वों से विभाजनकारी प्रवृत्ति पैदा होती है। हममें सांप्रदायिक अंतर, जातिगत अंतर, भाषीय फर्क, प्रांतीय फर्क आदि हैं। हमें सुदृढ़ चरित्र, दूरदृष्टिवाले लोगों और ऐसे लोगों की जरूरत है जो व्यापक मुल्क के हितों को लघुतर समूहों एवं क्षेत्रों की खातिर कुरबान नहीं कर देंगे तथा जो इन अंतरों से पैदा हुए पूर्वग्रहों से ऊपर उठकर काम करेंगे···

अवसर के मद्देनजर, उन्होंने भी उम्मीद और आस्था जाहिर की—

''हम सिर्फ उम्मीद कर सकते हैं कि देश ऐसे लोगों को प्रचुरता से सामने लाएगा।

मैं स्वतंत्रता आंदोलन के दौरान संघर्ष के अपने अनुभव से कह सकता हूँ कि नए अवसर नए आदमियों को सामने लाते हैं, एक बार नहीं, बल्कि हरेक अवसर पर। जब कांग्रेस के तमाम प्रमुख लोगों को अचानक जेल में डाल दिया गया और उन्हें अन्यों को निर्देश देने तक का तथा अपने अभियानों को आगे बढ़ाने की योजना बनाने तक का वक्त नहीं मिला, तो आमजनों में से कुछ ऐसे लोभ सामने आए, जो आंदोलनों व अभियानों को जारी रखने और बुद्धिमानी से, पहल करके उनका संचालन करने में समर्थ थे। उन्होंने संगठनात्मक क्षमता का प्रदर्शन किया, जिसके बारे में किसी को भी भान नहीं था कि उनमें ऐसी क्षमता है। मुझे कोई शंका नहीं है कि जब मुल्क को ऐसे चरित्रवान् लोगों की जरूरत पड़ेगी, वे सामने आएँगे और जनता उन्हें कमान थमाती रहेगी।''

वैसे, वे हाथ खड़े करनवालों में से नहीं थे, उस पीढ़ी में कोई भी इस तरह का नहीं था। न तो वे चाहते थे और केंद्रीय सभागार में मौजूद किसी भी शख्सियत ने नहीं चाहा होता कि राज-काज के मामले घटनाओं और मौकों के भरोसे छोड़ दिए जाएँ। और इसीलिए उनके सामने एकत्र लोगों द्वारा दशकों तक देश के लिए पीड़ा झेलते रहने के बावजूद, उन्होंने उन्हें सलाह दी,

''जिन्होंने अतीत में सेवा की है, इसलिए वे यह कहकर सुस्ताने मत दें कि उन्होंने अपनी भूमिका निभा दी है और अब अपनी मेहनत का फल भोगने का समय है। अपने काम के प्रति जो शख्स वाकई गंभीर, संजीदा है, उसके लिए ऐसा कोई वक्त नहीं आता है। मैं महसूस करता हूँ कि भारत में आज हम जिस काम का सामना कर रहे हैं, वह उस काम से ज्यादा कठिन है, जो हम स्वतंत्रता संघर्ष के दौरान करने में व्यस्त रहते थे। तब हमें विरोधाभासी दावों में तालमेल नहीं बिठाना पड़ता था, सुख-सुविधाओं के साधन बाँटने नहीं होते थे और सत्ता में भागीदारी नहीं करनी होती थी। मगर अब हमें ये तमाम काम करने हैं, और लालच वाकई बड़ी है। मैं ईश्वर से प्रार्थना करूँगा कि हमें इतनी बुद्धि और शक्ति प्रदान करें कि हम इन लालचों से ऊपर उठ सकें, और हम उस मुल्क की सेवा कर सकें, जिसे आजाद कराने में हम सफल हुए हैं।''[1]

क्या उनकी प्रार्थना सुन ली गई है? क्या घटनाओं और मौकों में उनके विश्वास की पुष्टि हुई है? क्या हमारा राजनीतिक वर्ग विरोधाभासी, प्रतिद्वंद्वी दावों में तालमेल बिठाने के लिए मशक्कत कर रहा है या उन दावों को और भड़का रहा है? कई नेता तो साजिश कर उस संघर्ष को और भड़काते हैं, ताकि वे अपने समर्थकों को पक्का

1. कांस्टिटुएंट एसेंबली ऑफ इंडिया, डिबेट्स, 26 नवंबर, 1949, पुस्तक-छह, अंक 10, पृष्ठ 993-94

कर सकें। क्या वे उन लालचों के फंदे से बच सके हैं? सुख-सुविधाएँ बाँटने के मोह और सत्ता में भागीदारी की लिप्सा से वे दूर रह सके हैं?

लेकिन मैं दो अन्य बातें सामने रखना चाहता हूँ। यह उम्मीद करना कि संकट की घड़ी चरित्रवान् पुरुषों एवं महिलाओं, जैसे कि आपातकाल में जयप्रकाश नारायण को सामने लाएगी, पर्याप्त नहीं है। क्योंकि शासन-प्रशासन को सामान्य दिन से ही स्तरीय होना पड़ेगा। इसलिए हमें इस सवाल का अवश्य ही सामना करना चाहिए कि क्या संसदीय प्रणाली और इसकी नींव के रूप में संविधान के तहत अपनाई गई चुनाव प्रणाली 'ऐसे ईमानदार लोगों का एक समूह प्रदान कर रही है, जिनके समक्ष अपने हित से पहले देश का हित होगा?' या यह कहना ज्यादा उपयुक्त होगा कि क्या हमने, जो व्यवस्था बना दी है, वह ऐसे मजबूत चरित्रवाले, दूरदृष्टिवाले लोगों को सामने ला रही है, जो देश के व्यापक हितों को छोटे समूहों और क्षेत्रों की खातिर कुरबान नहीं कर देंगे और जो इन मतभेदों से उत्पन्न पूर्वाग्रहों से ऊपर उठकर काम करेंगे? क्या चुनाव ऐसे लोगों को सामने ला रहे हैं, जिनके पास सरकारों को चलाने की काबिलियत है?

इसलिए—

- अंततः हर चीज व्यक्ति पर आकर टिक जाती है।
- घटनाएँ और अवसर या संयोग, अचानक उत्पन्न संकट, यहाँ तक कि दीर्घकालीन एवं दर्दनाक पतन भी स्वयमेव ऐसे व्यक्तियों को प्रस्तुत नहीं करते, जिनकी समाज को बेहद जरूरत है। ज्यादा सटीक रूप में कहा जाए, तो घटनाएँ एवं संकट और पतन स्वतः ही ऐसे लोगों को पदासीन नहीं कर देते कि वे अपसरण को रोक सकें।
- और न ही एक देश को महज इस बात से संतोष कर लेना चाहिए कि मौका आने पर ऐसे व्यक्ति वाकई उन पदों पर पहुँच गए। विकास के लिए, और सुरक्षा के लिए और भी जरूरी है कि नीतियाँ निरंतर हों, उन्हें दशकों तक बिना विचलित हुए अपनाया जाए। मौके पर आकस्मिक सफलता मिलना पर्याप्त नहीं है।
- और न ही यह पर्याप्त है कि शासन तंत्र के दायरे के बाहर प्रतियोगिता सर्वोत्तम व्यक्तियों को आधिकारिक पदों पर आसीन कर रही है। हमारे जीवन में सरकार की भूमिका अवश्य ही कम की जानी चाहिए। लेकिन

कुछ ऐसे न्यूनतम कार्य हैं, जिन्हें सिर्फ सरकार द्वारा ही अंजाम दिया जा सकता है और इसके किसी भी अंग में बैठा अधूरा, अपर्याप्त व्यक्ति पूरे ढाँचे को कमजोर करेगा।

- संक्षेप में, हमें अवश्य ही ऐसी प्रणालियाँ विकसित करनी चाहिए, जो ऐसे लोगों को सार्वजनिक पदों पर आने के लिए प्रेरित करेंगी, समर्थ बनाएँगी और उन्हें निरंतर बनाए रखेंगी।

## स्वप्नदर्शी?

क्या यह सब महज अरण्यरोदन है, बियावान में रोना है? क्या यह इतना अवास्तविक है कि यह बस अव्यावहारिक है?

मुझे याद है कि पिछली सदी के साठ के दशक मध्य में जब मेरे जैसे एक व्यक्ति ने लाइसेंस-कोटा राज के खिलाफ लिखा था, तो इसी तरह की प्रतिक्रियाएँ देखने-सुनने को मिली थीं। मुझे वे प्रतिक्रियाएँ याद हैं, जब हममें से कुछेक ने दलील दी कि 'समाजवाद' और इसके नाम से जो आर्थिक नीतियाँ लादी जा रही हैं, वे विनाशकारी हैं; कि वे देश को एक पीढ़ी की कीमत चुकाने को बाध्य करेंगी; कि उन्हें अवश्य ही विस्थापित किया जाना चाहिए। हमें न केवल अव्यावहारिक और स्वप्नदर्शी होने का ठप्पा लगाया गया, बल्कि हमारी आवाज को आलोचना के पहाड़ तले दफन करने की माँग की गई। आर्थिक प्रगति की एक पीढ़ी खो देने के बाद, अब क्या स्थिति है? वही लोग, जो शासकों के लिए वे समाजवादी भाषण लिख रहे थे, अब वे सुधार (आर्थिक) के चैंपियन के तौर पर इर्द-गिर्द अकड़ कर चलते हैं!

क्या करने की जरूरत है, तब यह बात स्पष्ट थी। लेकिन एक कमजोर राजनीतिक वर्ग, अव्यवस्था में घिरा वर्ग, नारों और पिष्टोक्तियों का बंदी वर्ग, अपने लिए सोचने में असमर्थ को जाहिर सी चीज करने के लिए व्यवस्था के पूरी तरह चरमरा जाने की बाध्यता की जरूरत थी। इस तरह मनोविश्लेषण में कहावत दर्ज है, "व्यवस्था का चरमरा जाना अचानक महत्त्वपूर्ण घटनाक्रम की शुरुआत है!"

कई तरह से, सामान्य प्रशासन के मामले में स्थिति उसी बिंदु पर पहुँच रही है। पतन के परिणाम अब प्रभावशाली लोगों को भी लपेटे में ले रहे हैं, डेंगू का भय दिल्ली में ऊँचे ओहदेवालों के परिवारों को भी नहीं बख्शता; अमीर और अच्छे-संपर्कोंवालों के बच्चे भी अगवा कर लिये जाते हैं; जुर्म और आतंकवाद सभी को प्रभावित करते हैं। जाति-समूहों की दलाली करने के परिणामस्वरूप प्रतिभावान् बच्चों

की अच्छी शिक्षा तक पहुँच बाधित होती है, चाहे वे समृद्ध परिवारों के बच्चे हों या गरीबों के। मुसलिमों की दलाली करने का सिलसिला जारी है। इसकी तीखी प्रतिक्रिया देश को उड़ा ले जाएगी और इसका गुबार सबको घेर लेगा।

इसलिए, मुझे तनिक भी शंका नहीं है कि लोग तैयार किए जा रहे हैं। बहुत वक्त नहीं लगेगा, जब वे इधर-उधर विकल्प की तलाश करेंगे। लेकिन हमारा भी एक दायित्व बनता है, जैसा कि लेनिन ने कहा था, हमें इतिहास को एक सहायक हाथ प्रदान करना चाहिए। हमें अवश्य ही विकल्प तैयार करना चाहिए और उन्हें सामान्य विचार-विमर्श का हिस्सा बनाना चाहिए, ताकि जब व्यवस्था चरमरा जाए तथा लोग किसी बेहतर इंतजाम के लिए छटपटा रहे हों, तो विकल्पों को न केवल तैयार रखना होगा, बल्कि उन्हें परिचित भी बनाकर रखना होगा।

वह सहायक हाथ किसे प्रदान करना है? जैसा कि शुरुआत में हमने गौर दिया कि भारत में आज दो दौड़ें चल रही हैं। पहली दौड़ में एक ओर रचनात्मक व सर्जनात्मक समाज है, जो काफी ऊर्जा और अभिनव प्रयोग का प्रदर्शन करता है, तथा दूसरी ओर राज्य या सरकार का मंच है, जिसे दीमकों द्वारा खोखला किया जा रहा है। और दूसरी दौड़ उन लोगों की है, जो एक नए भारत का निर्माण कर रहे हैं, मध्यवर्गीय पेशेवर और उद्यमी तथा राजनीतिक वर्ग के बीच है, जो गद्दी से चिपके रहने के लिए पुराने भारत की दुहाई दे रहा है। इस सवाल का जवाब कि 'देश को वैकल्पिक व्यवस्था अपनाने में कौन मदद करेगा?' इन्हीं दौड़ों में निहित है। जो लोग नए भारत का निर्माण कर रहे हैं, वे ही हैं, जिन्हें यह दायित्व निभाना है, यह कार्य करना है।

वैधता, प्राधिकार, यहाँ तक कि शक्ति भी राजनीतिक वर्ग से निकलकर उनके पास चली गई है। उन्हें इन चीजों को अपने कब्जे में लेना है, और उन्हें देश की भलाई में कारगर बनाना है। यह सही है कि उनमें से कई, उदाहरण के लिए, कई व्यापारिक घराने अपने पेशों और कारोबार के दायरे के बाहर अनुकरणीय कार्य कर रहे हैं। वे शिक्षा को बढ़ावा दे रहे हैं, वे शोध-कार्य को प्रोत्साहन दे रहे हैं, वे उन व्यक्तियों और समूहों को अपरिहार्य मदद दे रहे हैं, जो बदले में जरूरतमंदों की मदद कर रहे हैं। यह कार्य वाकई सराहनीय है। यह अनिवार्य है। लेकिन यह पर्याप्त नहीं है। सार्वजनिक जीवन केंद्रीय बीमारी है, जिसका आज इलाज किए जाने की जरूरत है, सार्वजनिक संस्थान वे स्थान हैं, जिनका पुनरोदय और पुनर्वास किए जाने की आवश्यकता है। जो लोग नए भारत का निर्माण कर रहे हैं, उन्हें ही इस दायित्व को निभाने के लिए अपना

प्रयास और संसाधन लगाने हैं। एक तर्क आवश्यकता का है। जब तक वे ऐसा नहीं करेंगे, वे तमाम अच्छे कार्य, जो वे कर रहे हैं, वे संस्थानों के ढहने से व्यर्थ हो जाएँगे। जब पूरा कपड़ा जलता है, तो कपड़े के एक कोने में उन्होंने चाहे जितनी बेहतरीन मीनाकारी की हो, वे भी जल जाएँगी। दूसरा तर्क मिलीभगत का है। आखिरकार, एक उदाहरण लें तो राजनीतिक वर्ग को आगे बढ़ाते रहने में उनका बड़ा हाथ रहा है। वह वर्ग व्यापारिक वर्ग से प्राप्त धन के बगैर जीवित नहीं रह सकता है। आप जो इतना धन देते हैं, उससे प्राप्त अत्यधिक दबदबे का इस्तेमाल आप यह कहने में क्यों नहीं करते कि यदि आपने आपराधिक रिकॉर्डवाले एक भी शख्स को उम्मीदवार बनाया, तो हम आपके तमाम धन बंद कर देंगे?''

## सक्रियतावादी समूह

एक अन्य समूह है, जो बहुत कुछ कर सकता है, वे लोग जो गांधीजी के शब्दों में संरचनात्मक कार्य कर रहे हैं। आज ऐसे हजारों-हजार समूह और व्यक्ति हैं, ऐसे लोग और संगठन हैं, जो भारी प्रतिकूलताओं और बाधाओं के बीच दूसरों की मदद कर रहे हैं। यह वाकई संभव है कि उनकी शिक्षा और उनके उदाहरण का अनुसरण करते हुए आज बड़ी तादाद में ऐसे लोग काम कर रहे हैं, इतने लोग तो खुद गांधीजी के वक्त भी सामाजिक कार्यों में नहीं लगे हुए थे। उनका काम असंख्य लोगों को राहत प्रदान कर रहा है। इन लोगों के लिए उनका काम अकसर ही जीवन-मरण का फर्क पैदा करता है। लेकिन उनका अत्यधिक कार्य उस तरह का असर पैदा नहीं कर रहा है, जैसा कि गांधी जी के वक्त में संरचनात्मक कार्य का होता था। न तो उस दिशा पर असर हो रहा है, जिस ओर देश बढ़ रहा है, और न ही सार्वजनिक जीवन या संस्थानों पर असर हो रहा है। इस वैषम्य में कुछ प्रतिबिंब और सुदृढ़ संशोधन निहित हैं।

गांधीजी अकसर संरचनात्मक कार्य का इस्तेमाल प्रशिक्षण पाठशाला के रूप में करते थे, जिसमें वे लोगों को विकसित और परिपक्व करते थे तथा अंततः उन्हें सार्वजनिक जीवन में शामिल करते थे। दूसरे, वे उस कार्य को, चाहे वह सूत कातना हो या कोढ़ियों की सेवा करनी हो, मुक्ति के लिए आम आंदोलन का हिस्सा बनाते थे। ऐसे तमाम प्रयास आखिरकार उनसे जुड़े हुए थे और वे चूँकि हमारे स्वतंत्रता संघर्ष के महान् हित से अग्रणी रूप से जुड़े हुए थे, इसलिए वे लोग भी स्वयंसिद्ध रूप से उस संघर्ष से जुड़ जाते थे। गांधीजी ने सजगता से उन्हें एक-दूसरे से और स्वतंत्रता-

आंदोलन से जोड़ा। उन्होंने यह सुनिश्चित किया कि उनमें से हरेक को महान् ब्रह्मपुत्र की सहायक नदी के रूप में देखा जाए। आज जो विविध प्रयास किए जा रहे हैं, वे किसी एक हित या मकसद से जुड़े हुए नहीं हैं।

लेकिन एक और फर्क है। गांधीजी का एक और महान् कौशल था कि उनके पास हरेक के लिए एक कार्यक्रम था। अगर आप अपना जीवन न्योछावर कर सकते हैं, तो उनके पास आपके लिए एक प्रोग्राम था। अगर आप अपना जीवन नहीं दे सकते हैं, लेकिन जेल जा सकते हैं, तो उनके पास आपके लिए एक कार्यक्रम था। अगर आप जेल में वक्त नहीं काट सकते, लेकिन एक प्रदर्शन में शामिल हो सकते हैं, तो उनके पास आपके लिए एक कार्यक्रम था। अगर आप प्रदर्शन में शामिल नहीं हो सकते, लेकिन खादी पहन सकते हैं, उनके पास आपके लिए एक कार्यक्रम था। अगर आप सार्वजनिक रूप से खादी नहीं पहन सकते हैं, लेकिन अपने घर के अंदर धागा कात सकते हैं, तो उनके पास आपके लिए एक कार्यक्रम था। अगर आप धागा नहीं कात सकते लेकिन राम-धुन गा सकते हैं, तो वह उस उच्चारण को राष्ट्रीय आंदोलन से जोड़ देते थे। आज, यदि किसी समूह या व्यक्ति ने कोई कार्यक्रम चलाया हुआ है, तो आप यदि उस कार्यक्रम से या उस मकसद से दिलोजान से नहीं जुड़ते हैं, तो आप निंदा और उपहास के पात्र बन जाते हैं।

अन्य परिणामों के अलावा, यह 'एकल-मुद्दा कट्टरपंथ' हमारे रचनात्मक कार्यकर्ताओं को दूसरों के समान तरह के अनुकरणीय कार्य का पर्याप्त रूप से मूल्यांकन करने से रोकता है। हो सकता है कि आप देश को बांग्लादेशियों की बाढ़ से बचाने के लिए अपना सबकुछ दाँव पर लगा रहे हों, लेकिन जब तक आप वनों को बचाने के लिए काम नहीं कर रहे हैं, तब तक माना जाएगा कि आप 'वास्तविक मुद्दे' पर कुछ भी नहीं कर रहे हैं। और यह नरमी से व्यक्त किया जा रहा है।

और फिर साधन में दोष है। गांधीजी साधनों की पवित्रता पर सबसे ज्यादा जोर देते थे। लेकिन आज, और मेरा इसके उदाहरणों से निजी तौर पर साबका पड़ा है, एक मकसद के प्रति उत्साह, निष्ठा, प्रतिबद्धता की जगह बढ़ा-चढ़ाकर पेश करने, यहाँ तक कि असत्य, और निश्चित रूप से हिंसा एवं बाधा डालने ने लिया है और इसकी अनदेखी की जाती है। बंद, मोरचा, हड़ताल, भोजन करने के बीच भूख हड़ताल, गुस्सा जाहिर करना और चीखना-चिल्लाना तथा निंदा करना मानक साधन हैं। इससे लोग आजिज आ गए हैं।

वैसे यह सच है कि अच्छा काम करने के रास्ते में जिस तरह की बाधाएँ खड़ी

की जाती हैं, वे अत्याचार हैं, लेकिन सेवा के काम में लगे जो लोग गुस्से में प्रतिक्रिया जाहिर करते हैं, वे अंततः उस जुल्म को सही ठहराने में मदद करते हैं। वे उस मकसद को ही पराजित कर देते हैं, जिसे वे आगे बढ़ाना चाहते हैं, वियतनाम युद्ध के दौरान थिच नात हान्ह ने अमरीकी राष्ट्रपति को रोष से भरे पत्रों की मानो बौछार कर दी, लेकिन वे इस बात पर चकित हुए कि क्या राष्ट्रपति पहले की चंद रोष भरी पंक्तियों के आगे पढ़ेंगे''' और फिर सवाल उठता है कि ऐसा गुस्सा तथा ऐसे साधन का अपनाया जाना खुद पर क्या असर डालता है। थिच नात हान्ह ने शांति कार्यकर्ताओं से जो सवाल पूछा, वह वाकई इसके विपरीत था, ''लेकिन क्या आप एक प्रेम-पत्र लिख सकते हैं? एक ऐसा पत्र जिसे वह पढ़ेंगे···''[1] अति आक्रामक आलोचनाएँ और हमारे कार्यकर्ताओं के 'सबूत' तथा सम्यक वचन के बारे में बुद्ध के वर्णन के बीच कितना वैषम्य है, कितनी असमानता है, 'वह झूठी बात बोलने से बचता है, एक सच्चा बोलनेवाला, वह जिस पर भरोसा किया जा सके, विश्वसनीय, भरोसेमंद, न कि दुनिया को धोखा देनेवाला। दुर्भावनापूर्ण भाषण को छोड़ते हुए, यहाँ वह उस बात को नहीं दोहराता, जो उसने उनके लिए हानिकर बातें वहाँ सुनी थीं। इस तरह वह अलग-अलग विचार रखनेवालों के बीच सुलहकर्ता का काम करता है···[2]

सबसे महत्त्वपूर्ण परिणाम कार्यकर्ताओं पर पड़नेवाले असर, जिस खास हित या मकसद को उन्होंने उठाया है, उसे तो नुकसान पहुँचता ही है, लेकिन यह उसके दायरे के बाहर जाता है। ऐसे साधन को अपनाने से, इतना ज्यादा गुस्सा व्यक्त करने से सार्वजनिक जीवन को नुकसान पहुँचता है। और यह असर कई तरह से होता है, प्रत्यक्ष या अप्रत्यक्ष—

- जो अच्छा काम किया जा रहा है, वह लोगों के दिमाग में बाधा और निंदा से जुड़ जाता है तथा इससे उसकी वह शक्ति खत्म हो जाती है, जो कि एक उदाहरण बनती।
- यह उस ढेर पर और नकारात्मकता उड़ेल देता है, जो कि हमारे देश में सार्वजनिक भाषणों में पहले से जमा हो रखा है।
- यह उस प्रतिरोधी माहौल को और ज्यादा तीव्र कर देता है, जो कि हमारी राजनीतिक व्यवस्था, जैसा कि हमने देखा है, पैदा करती है।

1. थिच नात हान्ह, बोइंग पीस, पैरालैक्स प्रेस, बर्कले, कैलिफोर्निया, 1987, पृष्ठ 79-80
2. सुविद भाषण अप्पा खेमा की 'हू इज माई सेल्फ?' की विषयवस्तु है, विज्डम पब्लिकेशंस, बोस्टन, 1997, यहीं से यह अनुवाद लिया गया है।

- अच्छा काम करना अपने आप में एक विशेषता बन जाता है, यह न तो प्रशासन के संस्थानों के पुनर्वास में योगदान करता है, और न ही सार्वजनिक भाषण के पुनर्गठन में मदद करता है।

इस तरह, सक्रियतावाद को अपने रंग-ढंग बदलना है, और अपने तेवर को छोड़ना है तथा समूहों को राज्य से, सरकार से स्वतंत्र होना है। वाकई, उन्हें सरकार का एक विकल्प होना है। लेकिन यदि कोई राज्य पर या सरकार पर निर्भर है, यदि कोई किसी राजनीतिक दल का अंग है, तो वह सरकार का विकल्प कैसे हो सकता है, एक बराबर की ताकत या शक्ति कैसे बन सकता है?

यहाँ तक एक विशाल सेना है, जो काफी ज्यादा कर सकती है। ऐसा करने के लिए रचनात्मक कार्यकर्ताओं और सक्रियतावादियों को निम्न करने की जरूरत है—

- ऊँची आवाज को कम करना।
- ईमानदारी से उन साधनों पर बने रहें, जो शुद्ध हैं।
- एक-दूसरे के प्रति उदार मन का बनें।
- उनकी पृथक् किरण-पुंजों को एकत्र करें और उनका एकमात्र इस्तेमाल जन संस्थानों एवं सार्वजनिक भाषण के पुनर्वास में करें।

## हमारा कर्तव्य

वैसे, चाहे जो नए भारत का निर्माण कर रहे हैं, उद्यमी और पेशेवर तथा जो खास क्षेत्रों में बढ़िया काम कर रहे हैं, वे अपने प्रयासों को अनुप्रेषित करें या नहीं, हममें से प्रत्येक को, महज एक व्यक्ति के रूप में, अपना योगदान अवश्य करना चाहिए। अकेले के बतौर भी हम मदद कर सकते हैं। 'धम्मपद' सुझाता है, 'बुराई से बचो। अच्छा करना सीखो।' हम ज्यादा कर सकते हैं। हम इस तथ्य की ओर ध्यान आकर्षित करते रह सकते हैं कि इससे एक बेहतर रास्ता है। हमें ऐसा जरूर करना चाहिए और यह काम उस विश्वास के साथ करना चाहिए, जैसा कि गांधीजी के राजनीतिक गुरु, गोपाल कृष्ण गोखले ने उन यादगार शब्दों में व्यक्त किया था।

**मार्च** 1911—गोखले ने एक विधेयक सदन में प्रस्तुत किया था, जिसमें कहा गया था कि सरकार प्राथमिक शिक्षा का प्रसार करे। इस पर दो दिनों तक जोरदार बहस हुई। गोखले इस चर्चा पर अपनी बात रख रहे थे। जब वे अपनी बात के आखिर में आए, तो उन्होंने कहा, ''श्रीमान् मैं जानता हूँ कि दिन ढलने के पूर्व ही मेरा विधेयक फेंक दिया जाएगा। मुझे कोई शिकायत नहीं है। यहाँ तक कि मैं कुंठित भी नहीं

महसूस करूँगा। मैं अच्छी तरह जानता हूँ कि इंग्लैंड में भी सन् 1870 का कानून पारित किए जाने के पूर्व, शिकायत करने या अवसादग्रस्त महसूस करने के लिए कितने प्रारंभिक प्रयासों की जरूरत पड़ती थी। इतना ही नहीं, मैंने हमेशा महसूस किया है और अकसर कहा भी है कि हम, भारत की मौजूदा पीढ़ी के लोग, अपनी विफलताओं के जरिए ही अपने देश की सेवा करने की उम्मीद कर सकते हैं। जिन पुरुषों और महिलाओं को अपनी सफलताओं से सेवा करने का सौभाग्य मिलेगा, वे बाद में आएँगे। हमें उस स्थान को प्रसन्नतापूर्वक स्वीकार कर संतुष्ट होना चाहिए, जो हमारी इस अग्रगामी यात्रा में हमें आवंटित किया गया है। यह बिल आज बाहर फेंक दिया जाएगा, लेकिन यह बार–बार तब तक आता रहेगा, जब तक कि इसकी कब्र के पायदान से अंततः कोई उपाय न उगेगा, जो पूरे देश में ज्ञान की रोशनी फैलाएगा। ऐसा हो सकता है कि हम सबके दिलों में जो महान् मकसद है, हित है, हमारा प्रयास अप्रत्यक्ष रूप से भी उसे आगे बढ़ाने के अनुकूल न हो और यह भी हो सकता है कि हमारा प्रयास समुद्र तट पर बालू में हल जोतने से ज्यादा कुछ न हो। लेकिन श्रीमान्, हमारी मेहनत में जो कुछ बदा हो, एक बात स्पष्ट है। हम इस अनुभूति के हकदार होंगे कि हमने अपना कर्तव्य पूरा किया है, और जहाँ कर्तव्य का आह्वान स्पष्ट होता है, वहाँ मेहनत करना, प्रयास करना और विफल हो जाना भी बेहतर है, बजाय, इसके कि हम मेहनत ही न करें, प्रयास ही न करें…'

हम ज्यादा उम्मीद पाल सकते हैं। वैधता, प्राधिकार और शक्ति उस वर्ग के हाथों से ले ली गई है, जो संविधान–निर्माताओं द्वारा तैयार की गई संवैधानिक प्रणाली को मुख्य रूप से प्रदूषित करनेवाले एजेंट थे। वह उन हाथों में चली गई हैं, जो नए भारत का निर्माण कर रहे हैं। इतना ही नहीं, अकेले दम मेहनत करके भी उल्लेखनीय सफलताएँ हासिल की गई हैं। और आखिरकार, राजनीतिक वर्ग की करतूतों से पैदा हुई अराजकता तथा अव्यवस्था उस चरम पर पहुँच गई है कि लोग अब वाकई परिवर्तन चाहते हैं।

वैसे भी, इन आशाजनक कारकों में से कोई भी मौजूद नहीं होता, तो भी हमारे सामने उन पीढ़ियों की मिसाल है, जिन्होंने हमें आजादी प्रदान की। हमें उनके प्रति श्रद्धा और भक्ति के बतौर जरूर ही मेहनत करनी चाहिए, प्रयास करना चाहिए तथा उनके विश्वास पर खरा उतरना चाहिए।

□

# कुछ पाठ्य-सामग्री

(i) *ऑर कांस्ट्यूशन, कॉस्टिट्यूशन ऑफ इंडिया*

(ii) *द वे ऑर कांस्टिट्यूशन केम इन टू बीइंग कांस्टिटुएंट एसेंबली डिबेट्स,* अंक I से XII लोकसभा सचिवालय, नई दिल्ली, 1985

— *दी फ्रेमिंग ऑफ इंडियाज कांस्टिट्यूशन,* बी. शिखा राव, संपादित, अंक I से IV तक, इंडियन इंस्टिट्यूट ऑफ पब्लिक एडमिनिस्ट्रेशन, नई दिल्ली, 1966–68

— *दी फ्रेमिंग ऑफ इंडियाज कांस्टिट्यूशन,* ए स्टडी, बी. शिखा राव, एवं अन्य, इंडियन इंस्टिट्यूट ऑफ पब्लिक एडमिनिस्ट्रेशन, नई दिल्ली, 1968

— ग्रैनविले ऑस्टिन, *द इंडियन कांस्टिट्यूशन, कॉर्नरस्टोन ऑफ ए नेशन,* ऑक्सफोर्ड यूनिवर्सिटी प्रेस, दिल्ली, 1966, नौंवा प्रकाशन 2005

— अरुण शौरी, *वरशिपिंग फॉल्स गॉड्स,* ए.एस.ए. 1997

(iii) *द वे ऑर कांस्टिट्यूशन हैज बिन चेंज्ड*

— *कांस्टिट्यूशन अमेंडमेंट इन इंडिया,* लोकसभा सचिवालय, नई दिल्ली, 1986

— एस.सी. कश्यप, *कांस्टिट्यूशन मेकिंग सिंस 1950,* यूनिवर्सल लॉ पब्लिशिंग कंपनी, दिल्ली, 2004

(iv) *ऑर कांस्टिट्यूशन इन प्रैक्टिस*

— *रिपोर्ट ऑफ दी नेशनल कमीशन टू रिव्यू दी वर्किंग ऑफ द कांस्टिट्यूशन,* जस्टिस एम.एन. वेंकटचलैया एवं अन्य, नई दिल्ली, 2002

— ग्रैनविले ऑस्टिन, *वर्किंग ए डिमोक्रेटिक कांस्टिट्यूशन,* द इंडियन एक्सपीरिएंश, ऑक्सफार्ड यूनिवर्सिटी प्रेस, दिल्ली, 1999, 5वाँ इम्प्रेशन (संस्करण), 2001

— एन.ए. पालखीवाला, *ऑर कांस्टिट्यूशन, डिफेस्ड ऐंड डिफायड,* मैकमिलन, दिल्ली, 1974

(v) *प्रपोजल्स फॉर रिफॉर्म* (सुधार के लिए प्रस्ताव)

— जयप्रकाश नारायण, *‘ए प्ली फॉर रीकंस्ट्रक्शन ऑफ द इंडियन पॉलिटिक्स,’’*

विमल प्रसाद द्वारा संपादित, एरिल्यूशनरीज क्वेस्ट में, ऑक्सफोर्ड यूनिवर्सिटी प्रेस, 1980

— बी.के. नेहरू, *'ए प्रपोजल फॉर कांस्टिट्यूशनल रिफार्म,' थॉट्स ऑन ऑर प्रजेंट डिस्कंटेंट्स*, एलाइड, दिल्ली, 1986

— एन.ए. पालखीवाला, *वी, द पीपुल*, स्ट्रैंड बुकस्टॉल, बॉम्बे, 1984

— एल.पी. सिंह, *इलेक्टोरल रिफॉर्म*, उप्पल पब्लिशिंग हाउस, दिल्ली, 1986

(vi) *इलेक्टोरल सिस्टम्स* (चुनाव प्रणालियाँ)

— एंड्रयू रेनॉल्ड्स, बेन रीली ऐंड एंड्रयू इलिस, *इलक्टोरल सिस्टम डिजाइन, दी न्यू इंटरनेशनल हैंडबुक*, इंटरनेशनल इंस्टीट्यूट फॉर डिमोक्रेसी ऐंड इलेक्टोरल एसिस्टेंस, स्टॉकहोम, 2005

— हैंसार्ड सोसाइटी, *रिपोर्ट ऑफ दी हैंसार्ड सोसाइटी कमीशन ऑन इलेक्टोरल रिफॉर्म*, हैंसार्ड सोसाइटी, लंदन, 1976

— सी. जेफेरी, *'इलेक्टोरल रिफॉर्म : लर्निंग फ्रार्म जर्मनी,'* दी पॉलिटिकल क्वार्टरली, 1998

— *रिफ्रेशिंग दी पार्ट्स : इलेक्टोरल रिफॉर्म ऐंड ब्रिटिश पॉलिटिक्स*, जी. स्मिथ (संपादित), लॉरैन ऐंड विशार्ट, लंदन, 1992

— आर. ब्लैकबर्न, *दी इलेक्टोरल सिस्टम इन ब्रिटेन*, मैकमिलन, लंदन, 1995

— डी. फैरेल, *कंपेरिंग इलेक्टोरल सिस्टम्स*, प्रेन्टिस हॉल, 1997

— डी. फैरेल, इलेक्टोरल सिस्टम्स, पाल्ग्रेव, 2001

— ए. रीवे ऐंड ए. वेयर, *इलेक्टोरल सिस्टम्स : ए कंपेरेटिव ऐंड थियोरेटिकल इंट्रोडक्शन*, रॉउतलेज, 1992

— *रिपोर्ट ऑफ दी रॉयल कमीशन ऑन दी इलेक्टोरल सिस्टम*, न्यूजीलैंड, 1986—खासकर 'दी वोटिंग सिस्टम' में, पृष्ठ 11-80

(vii) दी कल्ट ऑफ दी कॉमन मैन ऐंड ऑर पॉलिटिकल क्लास

(आम आदमी की पूजा और हमारा राजनीतिक वर्ग)

— जोसे ऑर्टेगा वाई. गैसेट, *दी रिवोल्ट ऑफ दी मासेस*, डब्ल्यू.डब्ल्यू. नॉर्टन ऐंड कंपनी, न्यूयॉर्क, 1957

— *मैंकर ऑल्सन, पावर ऐंड प्रॉस्पेरिटी, आउटग्रोइंग कम्युनिस्ट ऐंड कैपिटैलिस्ट डिक्टेरशिप्स*, बेसिक बुक्स, न्यूयॉर्क, 2000

— *एडवरसेरी पॉलिटिक्स ऐंड इलेक्टोरल रिफॉर्म*, एस.ई.फाइनर (संपादित), एंथनी विग्राम, लंदन, 1975

— एच.डब्ल्यू.आर. वाडे, *कांस्टिट्यूशनल फंडामेंटल्स*, दी हैम्लीन लेक्चर्स, थर्टी सेकेंड सीरीज, स्टीवेंस, लंदन, 1980

□□□